Henry Benrath:
Die Kaiserin Galla Placidia

Deutscher
Taschenbuch
Verlag

Ungekürzte Ausgabe
Januar 1978
Deutscher Taschenbuch Verlag GmbH & Co. KG,
München
© 1937 Deutsche Verlags-Anstalt, Stuttgart
Umschlaggestaltung: Celestino Piatti
Gesamtherstellung: C. H. Beck'sche Buchdruckerei,
Nördlingen
Printed in Germany · ISBN 3-423-01322-2

Das Buch

Galla Placidia (392–450), Tochter des Kaisers Theodosius I., war eine der außergewöhnlichsten Frauengestalten der abendländischen Geschichte. Ihre Stiefbrüder Honorius und Arkadius, die als west- und oströmische Kaiser in Byzanz und Ravenna residierten, waren unfähig, das am Wohlstand, an Intrigen und an der Spaltung niedergehende Reich zu erhalten. – Nach der Eroberung Roms macht der Westgotenkönig Alarich die schöne Prinzessin zu seiner Gefangenen. Galla Placidia, die wie nur wenige die Zeichen der Zeit versteht und sich in das Wesen der Germanen einzufühlen vermag, folgt den Westgoten nach Südfrankreich und Spanien und wird 414 durch die Heirat mit Athaulf, dem Sohn Alarichs, deren Königin. Sie möchte die Goten an das römische Imperium binden, stößt aber auf den Widerstand des mächtigen germanenfeindlichen Constantius, der als Generalissimus in Ravenna die Politik bestimmt. Nach der Ermordung Athaulfs kehrt Galla Placidia an den Hof ihres Stiefbruders Honorius zurück und versöhnt sich mit Constantius. Sie erkennt, daß dessen Auffassungen ihren eigenen imperialen Vorstellungen entsprechen, und heiratet ihn. 421 wird Constantius zum Mitkaiser erhoben. Nach seinem Tod muß Galla Placidia nach Byzanz fliehen, es gelingt ihr jedoch, die Anerkennung für ihren Sohn Valentinian zu erreichen, und sie wird 425 weströmische Kaiserin. Erst nachdem sie das Imperium weiter gefestigt hat, legt sie die Regierung in die Hände ihres Sohnes. »In seinem Buch über die große westgotische Königin und römische Kaiserin, die als Herrscherin wie als Frau gleichermaßen unser lebendiges Interesse erweckt, hat Benrath zweifellos einen Höhepunkt seiner dichterischen Leistung erreicht.« (Hamburger Freie Presse)

Der Autor

Henry Benrath (eig. Albert H. Rausch), am 5. 5. 1882 in Friedberg (Hessen) geboren, studierte Geschichte und Philologie und schrieb seit 1932 unter dem Pseudonym H. B. Er unternahm ausgedehnte Reisen, veröffentlichte Gedichte, Romane, Erzählungen, Reisebücher und Essays. Benrath starb am 11. 10. 1949 in Magreglio (Italien).

Inhalt

Widmung an Rose Gut

Je mehr der Seele große Regung schwindet
Und nach dem Billigsten die Wünsche streben:
Um so beglückter ist, wer plötzlich findet
Ein ganz in sein Gesetz gestelltes Leben.

Stoa (Nómoi X)

Die Kaiserin Galla Placidia (392–450), eine der großartigsten Frauengestalten der abendländischen Geschichte, kann nur von einem »Letzten« her gedeutet werden: von dem Wunder ihres Grabmales, das sie sich zwischen 445 und 450 errichten ließ. Die niemals mit irdischen Worten zu schildernde Schönheit dieses Heiligtumes von Ravenna hat den Dichter des vorliegenden Werkes veranlaßt, dem Leben der letzten großen Römerin und gleichzeitig ersten Vorausahnerin nachzugehen, welche sich liebend in gotisches – also deutsches – Wesen einzufühlen vermochte und um die Nähe einer Zeitenwende wußte, deren Zeichen nur von ganz wenigen, aufgelichteten Geistern schon verstanden wurden. Viele Jahre abwägender und vergleichender Kleinarbeit waren nötig, um das Bildnis zusammenzufügen, das sich aus dem ungewissen Dämmer unübersehbarer Wahrscheinlichkeitsrechnungen schließlich in zwingender Klarheit aufhob. Immer hat sich die schöpferische Phantasie an diejenigen Möglichkeiten gehalten, welche den geschichtlichen Gegebenheiten innewohnten: niemals hat sie Motive erfunden, welche in dem Rahmen dieser Gegebenheiten nicht denkbar wären. Man muß den Geschichtsschreibern aller Zeiten, welche irgendeinen Beitrag zur Erhellung des fünften christlichen Jahrhunderts geliefert haben, dankbar sein, kann sich aber andrerseits – je sorgfältiger man ihre Aufzeichnungen oder Darstellungen liest – nicht der Erkenntnis entziehen, daß die geistig-seelische (psychologische) *Erschließung* geschichtlicher Erscheinungen eine Sache des Dichters und nicht des aufzeichnenden Berichterstatters ist (siehe Bemerkungen im Anhang).

Die Kaiserin Galla Placidia ist einige Male das Opfer unfaßlicher Irrtümer geworden: Biedere Stoffansammler oder geschulte Techniker der Quellenvergleichung – nomina sunt odiosa – haben Werturteile über die außergewöhnliche Frau gefällt, welche wahrhaftes Mitleid erregen, gleichzeitig aber in beängstigender Deutlichkeit dartun, was aus der stoisch-tragischen Lebensführung überragender (also ferner) menschlicher Gestalten werden *muß*, wenn witterungslose Routine sich über sie hermacht. So ist Galla Placidia – anderthalb Jahrtausende über ihr Sterben hinaus – fast zu einem Prüfstein für die menschliche Grundhaltung derer geworden, welche sich an die Deutung ihres Schicksals gewagt haben. Sie würde – könnte sie plötzlich unter uns treten – jene unberufenen Begutachter wohl mit demselben leidgeborenen Lächeln in ihre Grenzen zurückverweisen, mit dem sie ihre eigene Zeit verabschiedete, als sie sich, lange vor ihrem Tode, ganz in die Umschattung Gottes zurückzog.

ERSTER TEIL
DIE RÖMISCHE PRINZESSIN

Die Sitzung des Senates, welche der Kaiser Honorius auf die vierte Nachmittagsstunde des 21. Mai 408 nach Rom einberufen hatte, wurde vor überfülltem Hause eröffnet.

Flavius Stilicho, der Generalfeldmarschall und Oberstkommandierende sämtlicher Streitkräfte des Imperiums, ergriff das Wort:

»Erhabenste Majestät, Durchlauchten, Erlauchten, Exzellenzen!

Die Gründe für die Einberufung dieser Sitzung sind Ihnen allen bekannt: das Vaterland ist in Gefahr. In Gallien, einer der wertvollsten Provinzen des Imperiums, sind die Völker der Vandalen, Alanen und Sueben vom Rhein her eingebrochen, ohne daß es uns – angesichts unserer ungenügenden Heeresbestände – bis heute möglich gewesen wäre, ihrem Vordringen Einhalt zu gebieten. Ein Usurpator – Constantinus mit Namen – hat unsre mißliche Lage ausgenützt und sich von seinen Soldaten zum Kaiser ausrufen lassen. Es ist ihm gelungen, den südöstlichen Teil Galliens in seine Gewalt zu bekommen und sein Hauptquartier in Arles aufzuschlagen, ohne jedoch die gegen Spanien vordrängenden Germanenstämme vernichten oder unterwerfen zu können.

Die gallische Frage allein würde uns keine allzu großen Sorgen bereiten. Die wirkliche Schwere der Lage ergibt sich erst aus der Tatsache, daß unser westgotischer Verbündeter, der König Alarich, aus den ihm vorläufig am Save-Fluß angewiesenen Wohnsitzen aufgebrochen und in die julischen Pässe, welche die Po-Ebene beherrschen, eingerückt ist. Er hat diesen Schritt unternommen, weil die ihm von mir zugedachte militärische Aufgabe, nämlich sein Vormarsch in oströmisches Gebiet zwecks Rückeroberung der Gaue Dakien und Makedonien für Westrom, vorläufig aufgegeben werden mußte. Er hat also, wie er geltend macht, dem weströmischen Staate drei Jahre lang ohne entsprechende Entlohnung gedient. Er droht mit einem Einfall in die oberitalienische Tiefebene, falls wir ihm nicht für seine Mühewaltung viertausend Goldpfund zahlen. Es ist für jeden, der Politik treibt, noch immer ein Grundgesetz gewesen, die Schwäche des Gegners auszunutzen. Es ist aber die Pflicht des Gegners – im vorliegenden Falle also die der weströmischen Regierung –, dieser Schwäche den Stachel zu nehmen und sie nicht gefährlicher werden zu lassen, als sie bei unklugem Verhalten werden könnte. Hat man nur zwischen zwei Übeln zu wählen, so wählt man selbstredend das kleinere – und doppelt, wenn man es mit Leichtigkeit in sein Gegenteil umkehren kann! Die beiden Übel heißen: Zweifrontenkrieg, falls Alarich infolge Nichtbefriedigung seiner Wünsche in Oberitalien einmarschiert – oder: Zahlung der geforderten Summe und Erhaltung der westgotischen Bundesgenossenschaft gegen den gallischen Usurpator. Daß der Zweifrontenkrieg unmöglich ist, wissen Sie alle. Also – sprechen wir es ruhig aus – werden wir die Westgoten für ihre dreijährigen Dienste bezahlen und ihnen die geforderte Summe zustellen müssen.«

Stilicho hatte kaum den Satz vollendet, als der Alterspräsident des Senates, Lampadius, krebsrot vor Erregung, aus seinem Sessel aufsprang, mit der Rechten auf die bronzene Armlehne schlug, daß es knallte, und in den Saal rief:

»Das ist kein Friede, das ist Verkauf des Imperiums in die Knechtschaft der Barbaren. Niemals wird der Senat zu einer solchen Infamie seine Zustimmung geben! Was Sie uns zumuten, Generalfeldmarschall, ist Landesverrat! Was Sie uns anzusinnen wagen, entspricht ganz dem Bilde, das wir uns von Ihnen machen, entspricht auch unserem Wissen um Ihre heimlichen Verabredungen mit den Westgoten, welche Ihre Stammesverwandten sind. Zweimal schon haben Sie sie entkommen lassen: im Jahre 395 in Thessalien und im Jahre 397 am Pholoë-Gebirge in Elis. Heute muten Sie uns das Unverschämteste zu: diese Barbaren mit unsrem guten Golde Ihren verräterischen Zwecken auch noch gefügig zu machen! Halten Sie uns doch nicht für so hirnverbrannt, Ihre Politik nicht zu durchschauen! Was man im entfernten Byzanz weiß, daß wissen wir hier auch! Sie sind der zielbewußte Zertrümmerer der weströmischen Macht! Sie wollen den Staat zum Falle reif machen, um sich schließlich über eine zerstörte Gesellschaft mit Hilfe Ihrer Barbarenfreunde selbst zum Tyrannen aufzuschwingen! Pfui!«

Sehr schlank, sehr groß, sehr blond, gehobenen Kopfes, ohne ein Zeichen der Erregung in den klaren, stahlgrauen Augen, hatte Stilicho auf der Rednerbühne gestanden, während die Beleidigungen des alten Senators auf ihn niedergehagelt waren. Fast hatte es geschienen, er lächle ein wenig. Auch als sich die Pfuirufe auf den Bänken wiederholten (aber bei weitem nicht so stark, wie es vielleicht Lampadius erwartet hatte), rührte er sich nicht. Er wartete, bis sich der Tumult, auf den er gefaßt gewesen war, von selber legte. Dies geschah – wie auf einen Befehl –, als sich der römische Adjutant des jugendlichen Kaisers, Cassius Vitensis, in der Hofloge erhob und dadurch die Blicke auf sich zog.

Der Kaiser, blaß und gelangweilt, lehnte, in eine ligustergrüne Tunika aus lydischer Seide gekleidet, gegen die Rückwand seines Sessels, über dem zwei Sklaven mächtige Pfauenwedel bewegten, und sprach mit einigen Herren seines Gefolges. Stilicho wandte sich gegen ihn mit einer Verneigung, als warte er auf die Erlaubnis, seine Rede fortsetzen zu dürfen. Da fiel die Stimme des Adjutanten hart und hell in den Raum:

»Seine Majestät verbittet sich jede weitere Unterbrechung der Darlegungen des Generalissimus.«

Wieder verneigte sich Stilicho. Der Adjutant trat von der Rampe der Loge zurück. Der Kaiser stützte den Kopf mit den weichen, etwas gequälten Zügen in die linke Hand, ordnete mit der rechten eine Gewandfalte über dem Smaragdreif des Oberarmes – und der Generalfeldmarschall begann eine ganz neue Rede. Schon nach wenigen Worten wurde offenbar, welche Freude es ihm bereitete, nun in einem sehr anderen Ton sprechen zu können:

»Ich wollte Ihnen, meine Herren, einen kurzen militärischen Bericht der Lage geben und im Vertrauen auf Ihre Vaterlandsliebe Ihre Unterstützung erbitten. Der Ausbruch der Durchlaucht Lampadius hat mir bewiesen, daß ich Ihnen – sehr gegen meinen Wunsch – anders kommen muß. Wollen Sie mir die etwas derbe, aber ehrliche Sprache eines alten Soldaten nicht allzusehr verübeln.

Wenn Sie mir das heute abgedroschenste aller Schlagworte: ›Verrat‹ an den Kopf werfen, einen Begriff, den Ihre Verlogenheit immer dann anzuwenden pflegt, wenn Sie Ihr eignes, nicht ganz sauberes Gewissen schlagen fühlen, so haben Sie damit gerade diejenigen Schleusen geöffnet, die ich selbst gern geschlossen gehalten hätte. Ich werde also Abrechnung mit Ihnen halten und Ihnen beweisen, daß die Geschichte eines Tages Sie, aber nicht mich, als ›Verräter‹ brandmarken wird, sofern Sie sich der *einzigen* Lösung widersetzen, die den Staat noch retten kann.

Wer hat Sie denn – im Jahre 397, nachdem Sie jahrhundertelang nur noch stumme Befehlsempfänger und Beisitzer in diesem Hohen Hause gewesen waren – wieder zu beratenden Mitgliedern der Regierung erhoben? Ich, und kein anderer! Und was ist mein Lohn? Undank? Nein. Verleumdung und Ehrabschneidung. Hetze jeder Art hinter meinem Rücken, die nicht einmal vor dem Namen meiner Gattin, der Prinzessin Serena, halt-macht! Serena, die Mutter der verstorbenen Kaiserin Maria, die Mutter der gegenwärtigen Kaiserin Thermantia, die Nichte und gleichzeitig Adoptivtochter des großen Kaisers Theodosius, ist in Ihren Kreisen des gemeinsten Diebstahls bezichtigt worden! Ihre Frauen und Töchter haben sich eine teuflische Freude dar-aus gemacht, die dümmste aller Niedrigkeiten herumzuerzählen: die Prinzessin Serena sei – als fanatische Christin – in den Tempel der Vesta eingedrungen, habe der Göttin ihre Perlenkette abge-nommen und sich selber um den Hals gelegt! Das war eine ›runde‹ Sache – um in Ihrer Sprache zu reden –, die man gegen diesen verhaßten Stilicho ausschlachten konnte! Nicht wahr? Gegen den Vandalen, den Ausbeuter, den Abenteurer! Was sollte dieser Kerl auch sonst sein? Woher hat er sein Riesen-vermögen? Stilicho, der ›reichste Mann im ganzen Imperium‹!

Gott sei Dank, meine Durchlauchten, Erlauchten, Exzellen-zen, bin ich wirklich einer der reichsten Männer des Imperiums! Es wäre schlimm um Rom bestellt, wenn ich von Ihrer Großmut abhinge! Gott sei Dank kann ich mir aus eignem Gelde meine verschiedenen Leibgarden so zahlreich halten, wie ich es für nötig befinde. Gewiß, ich gebe zu: man hat es wohl noch kaum gesehen, daß der Oberbefehlshaber des Imperiums zu seinem persönlichen Schutz vor der Rednertribüne des Hohen Senates in Rom hunnische Manipeln aufstellt! Aber: Vorsicht ist die Mutter der Weisheit! Wer so verleumdet wie Sie, der kann sich auch noch etwas ganz anderes einfallen lassen! Ich bin ja ein Barbar – ich bin ein Vandale! Dieses Argument verfängt immer! Und zwiefach natürlich in einer Zeit, wo Ihre Kollegen in Byzanz in das gleiche Horn blasen wie Sie selbst: ›Schluß mit der Barbaren-wirtschaft in der römischen Regierung! Das römische Imperium den Römern! Nur den Römern! Ausschließlich den Römern!‹

Wir kennen ja die holdselige Litanei, welche die bischöfliche Eminenz des Namens Synesius von Kyrene dem Kaiser Arkadius in Byzanz heruntergeleiert hat! Man hat sie, auf feinstes Perga-ment gemalt, ›zur freundlichen Erwägung‹ in unsre politische Kanzlei nach Ravenna geschickt. Sie wäre gar nicht einmal so dumm, wenn sie etwas gescheiter wäre! Ich will sagen: wenn sie den politischen Wirklichkeiten etwas mehr Rechnung trüge. Aber es scheint merkwürdigerweise, daß bei den meisten Men-schen der Sinn für das Mögliche in eben dem Maße schwindet, wie die Gefährlichkeit einer Lage seine Verschärfung verlangt! Wo man keine fruchtbare Arbeit zu leisten versteht, posaunt man ganz einfach seine Gesinnungstüchtigkeit in die Welt hinaus. In seinen Führungsakten hat man dann wenigstens eine gute Note, die weder Zeit noch Geld gekostet hat. Es brauchte jetzt nur noch einer von den erlauchten Herren aufzustehen, mit der Geste des ehrwürdigen Vaters Cato seine Toga zu raffen, die rechte Hand auf sein linkes Herz zu legen und im Ton senatorialer Überzeugungstreue in den Saal zu schmettern: ›Ceterum censeo, esse delendas gentes Germanorum‹ – und es wäre alles so, wie es sich in Rom gehört.

Leider, verehrte Senatoren, können wir uns den Luxus eines solchen Theaters nicht mehr erlauben. Die Not brennt uns zu dicht auf die Fingernägel. Nein, wir können es nicht mehr stillschweigend mit ansehen, wie große Herren, welche unter dem Schutz unserer Waffen und im tragischen Schatten so vieler tapferer Toten in bukolischer Beschaulichkeit ihr Schweine-, Horn- und Federvieh mästen, uns die Seifenblasen ihrer billigen Axiome oder den trüben Schaum ihrer hochnäsigen Kritik ins Gesicht pusten, anstatt uns ihre Goldstücke zur Verfügung zu stellen, die einzigen wirklichen Werte, über die sie noch verfügen.

Machen wir doch einmal die Bilanz der letzten zwölf Jahre, da wir ja genügend Zeit dazu haben, und gehen wir zurück bis zu dem Trauerjahr 395, das uns – um drei Jahrzehnte zu früh – unseren geliebten Kaiser Theodosius nahm. Der Kaiser hatte – wie Sie alle ja wissen – den Schutz für das gesamte Imperium und seine beiden Söhne in meine Obhut gegeben. Nur zu meiner Entlastung, nicht als mein ebenbürtiger Partner, war der Minister Rufinus zum *stellvertretenden* Reichsverweser für den ältesten Kaisersohn Arkadius in Byzanz bestellt worden. Das ist noch am Todestag des Herrschers, am 17. Januar 395, vor dessen Beichtvater, dem Bischof Ambrosius von Mailand, festgelegt und zu Protokoll gegeben worden. Denn der Leitgedanke des Theodosius war, daß unter allen Umständen die Reichseinheit gewahrt bleibe.

Was mußte ich feststellen, als ich im gleichen Jahre 395 dem Ostreich im Westgotenkrieg mit der gesamten kaiserlichen Heeresmacht zu Hilfe geeilt war? Daß sich Rufinus meiner Obergewalt entziehen und nicht nur separatistische, sondern sogar räuberische Politik treiben wollte! Sein Einfluß auf den kaum achtzehnjährigen Kaiser Arkadius war so groß, daß dieser mir befahl, die in Ostrom zuständigen Truppenteile des Reichsheeres, deren Führer der General Gainas war, an ihn zurückzusenden: und dies in einem Augenblick höchster Gefahr! Da ich kein Rebell bin, sondern ein Diener der Dynastie, habe ich gehorcht. Dieser mein Gehorsam gegen die ›Idee‹ meines toten Herrn und das Erstgeburtsrecht seines Sohnes Arkadius war aber – wohlverstanden: *damals* – gleichbedeutend mit der Preisgabe der Gaue Dakien und Makedonien, welche nach dem ausdrücklichen und immer wieder betonten Willen des großen Theodosius zu *Westrom* gehören sollten. Denn die mir nun noch verbleibende Heeresmacht genügte nicht, den Gotenkönig Alarich, der die erwähnten Gaue auf den verräterischen Wunsch des Rufinus hin besetzt hielt, zu vertreiben. Wohl aber konnte ich diesem Rufinus eine kleine Überraschung bereiten, die ihm die Freuden des Paradieses etwas früher zuteil werden ließ, als er selber dachte. Da ich von jeher in Rufinus, diesem übelsten Blutsauger westgallischer Herkunft, den geschworenen Feind der theodosianischen Dynastie und des imperialen Einheitsgedankens erblickte, hatte ich nicht den geringsten Grund, ihn vor der Wut eben jenes aus seiner ›Karriere‹ gerissenen Generals Gainas zu schützen. Niemand verzichtet gern auf Erfolg und Ruhm. Sie kennen die Geschichte. Gainas ließ den Rufinus vor versammeltem Hofstaat – anläßlich der Rückkehr der ihm unterstellten Truppen nach Byzanz – von einigen seiner Leute niedersäbeln. Das war wenigstens ein Erfolg für unsere weströmische Politik. Mehr konnte damals leider nicht geschehen. Denn wie hätte ich die viel zu schwachen Truppen, die mir nach dem Abzug des Generals Gainas noch verblieben, gegen Alarich aufs Spiel setzen können, nachdem ich nicht einmal sicher war, welche weitere Politik der Kaiser Arkadius nach Erledigung des Rufinus verfolgen würde? Schon rief mich die Sorge um die Befestigung der unsicher gewordenen Rheingrenze im Jahre 396 nach dem Nordwesten. Diese Befestigung gelang.

Inzwischen aber war ich recht seltsamen Schlichen auf die Spur gekommen, die wohl noch von Rufinus ausgeheckt worden sein dürften. Während die oströmische Regierung in Thrakien und Kleinasien die Hunnen zu bekämpfen hatte, fielen die Westgoten und Alarich wieder in Griechenland ein. Wie sie dort hausten, ist uns allen noch in erbaulicher Erinnerung. Was geschah? Ostrom, sich nun in seiner Not der Einheit des Imperiums entsinnend, erbat sich – meine Hilfe! Dies aber, meine Herren – wir sind im Jahre 397 –, zu einem Zeitpunkt, wo ich schon die unzweifelhaftesten Beweise in Händen hielt, daß der würdige Nachfolger des Rufinus, mein angeblicher ›Mitarbeiter‹ Eutropius, hinter meinem Rücken den Abfall Afrikas – unsrer Kornkammer – von Westrom vorbereitet hatte! Er war mit dem damaligen Statthalter dieser Provinz, dem numidischen Fürsten Gildo, zwecks ihrer Angliederung an Byzanz in Verbindung getreten! Angesichts einer solchen Tatsache nun sollte ich die Westgoten, die ich am Vorgebirge Pholoë in Elis festgerammt hatte, vernichten! Dieselben Westgoten, die ich vielleicht morgen schon als Bundesgenossen Westroms gegen Byzanz gebrauchen würde? So etwas konnte mir ein Narr zumuten, aber kein pflichtbewußter Römer!

Um seinen eigenen Verrat zu decken, ließ mich Eutropius in oströmische Acht erklären. Gleichzeitig ernannte er den König der durch Hunger und Krankheit mürbe gewordenen Westgoten zum militärischen Befehlshaber der illyrischen Provinzen mit Kommandositz in Saloniki. Man kennt die Weise: Haltet den Dieb! Ich wußte natürlich, daß dieser Zustand nicht von Dauer sein könne. Ich wußte aber auch, daß ich alle meine Truppen zunächst gegen Gildo in Afrika einzusetzen hatte.

Die Lage für uns war Ende 397 sehr schlimm, denn Gildo hatte die tunesischen Getreidezufuhren gesperrt, von denen Italien lebt. Sie, meine Herren, haben natürlich vergessen, mit welcher Mühe und unter welchen persönlichen Geldopfern ich die notwendigen Ersatzlieferungen aus Spanien und Gallien besorgte.

Erst im Jahre 398 gelang es mir, mich des Gildo zu entledigen. Ich ließ ihn köpfen.

Das gleiche Jahr 398 brachte uns noch die Erfolge germanischer Ansiedelungen an der Westgrenze und die Sicherung Britanniens durch eine Reihe neuer Befestigungen.

Mittlerweile hatten in Ostrom die Dinge den Verlauf genommen, der vorauszusehen gewesen war: Eutropius, durch seine übertriebenen Machtansprüche dem Hofe gefährlich geworden, wurde seiner Ämter enthoben und im Jahre 399 enthauptet; der General Gainas aber siegte über die germanenfeindlichen Strömungen, welche auch nach dem Tode des Rufinus noch weiterbestanden, und zog mit seinen 35 000 Ostgoten Anfang 400 in Byzanz ein.

Jetzt war die Brücke geschlagen, jetzt war der Zeitpunkt gekommen, wo man sich mit Ostrom auf eine vernünftige Politik im Sinne des theodosianischen Einheitsgedankens hätte festlegen können.

Es wird ewig dunkel bleiben, was gerade in diesem entscheidendsten aller Augenblicke den General Gainas zu einem plötzlichen Abzug aus der Stadt bewog und in sein Unglück trieb.

Wieder siegten die Germanenfeinde, ja, sie wiesen nun die Westgoten auf den Weg nach Italien, nachdem die oströmische Regierung den König Alarich schon seit geraumer Zeit aus seinem Dienstverhältnis zu ihr entlassen, also das getan hatte, worauf ich seit langem wartete.

Warum denn, meine Herren, war die westgotische Gefahr so groß? Ich kann nur wiederholen, was auch für heute noch gilt: weil wir nicht genügend Truppen besaßen, um ihnen in Oberitalien zu begegnen – und eben deshalb andere Stellen des Imperiums militärisch entblößen mußten. Warum aber hatten wir nicht genug Truppen?

Nun? Will niemand von Ihnen da unten mir eine Antwort geben?

So muß ich es selber tun.

Wir hatten nicht genug Truppen, meine Herren, weil die auf der ›Legion‹ aufgebaute römische Armee – also das von nationalem Pflichtgefühl getragene römische Bürgerheer – aus wirtschaftspolitischen Gründen zusammengebrochen war und – incredibile dictu – infolge eines völligen Schwundes des militärischen Geistes durch Söldnerheere hatte ersetzt werden müssen. Ein Söldnerheer aber bewährt sich nur dann, wenn ihm regelmäßig, in barem Golde, das auf dem Tische klingt, sein Lohn ausgezahlt wird. Speist man es mit wertlosen Assignaten, mit blechernem oder gar ledernem Scheingeld ab, so wird es nicht nur untauglich, sondern auch gefährlich. Sich Söldnerheere halten, heißt also: Gold auf den Tisch legen. Nichts anderes. Ich hoffe, Sie haben sich diesen Lehrsatz der militärpolitischen Grammatik gut eingeprägt. Da er nicht befolgt wurde, mußte die große Tragödie – ich kann mich nicht anders ausdrücken –, in der wir heute alle nur noch die uns zugewiesenen Rollen zu spielen haben, ihren Lauf nehmen. Um was geht es in dieser ›Tragödie‹? Rom muß sich durch Landhergabe an germanische Völkerschaften, welche sich nur als nationale Einheiten siedeln lassen, die Kriegsdienste eben derjenigen Elemente erkaufen, die ihm morgen den Strick um den Hals legen können, wenn sie den Willen zu gemeinsamem politischem Handeln aufzubringen vermögen. Das ist die Lage, in der wir uns befinden. Das ist die dritte, die unwürdigste und unnatürlichste Form der imperialen Militärpolitik.

Ist eine Änderung in absehbarer Zeit möglich? Ich glaube es

nicht. Es gibt keine Römer mehr, die aus Pflichtgefühl heraus marschieren wollen. Vielleicht lebt der soldatische Geist noch hie und da als ›Karrieregeist‹: aber nicht mehr als eine ›ἀρετή‹ als eine ›Tugend‹ im sokratischen Sinne, auf die man bauen könnte.

Wo sind denn die Söhne der Besitzenden, um nur *ein* Beispiel unter vielen zu nennen? Was treiben sie denn? Sie spielen die großen Herren auf ihren unübersehbaren Gütern in allen Teilen der Welt, sie gehen auf die Krokodiljagd in Ägypten und auf die Gemsjagd in Helvetien, sie fahren auf ihren eignen Schiffen, welche kleinen Palästen gleichen, in die Gärten der Hesperiden, um dort die druidischen Mysterien in ihrer Urform zu entdek-ken, oder nach Troja, um am Grabe des Patroklos mit ihren Freunden dem goldenen Zeitalter nachzuweinen; sie sind zwar im Namen Jesu Christi getauft, aber sie verbringen ihre Studien-jahre bei den Neuplatonikern in Athen oder zu Füßen der schö-nen Hypatia in Alexandria. Sie sind überall und nirgends, Blind-schleichen, die man nicht fassen und fangen kann. Sie sind nur niemals da, wo es gilt, Römertum durch Einsatz der ganzen Person zu beweisen ... Der Staat? Mein Gott, das ist die Wiege, in der von je die lieben, reichen römischen Kinder geschaukelt worden sind ... Das war vielleicht einmal so. Der Staat, meine Herren, das ist heute die Gesamtheit plus Dynastie, aber ganz und gar nicht mehr eine senatorische Plutokratie, welche auf ihrem Golde festhockt wie die Glucke auf dem Ei – und erbar-mungslos von den Ereignissen fortgeschwemmt werden wird, sofern sie diese Ereignisse nicht durch Flüssigmachung ihres Goldes mitgestalten hilft.

Der Wert einer Söldnerarmee wird ausschließlich bestimmt durch den Geist, den der Oberstkommandierende seinen Trup-pen, und vor allem seinem Offizierskorps, einblasen kann. Das Heer ist also – in viel höherem Maße als früher – an die Person des Feldherrn gebunden. Es ist gewissermaßen sein Eigentum: sein Kind. Das mag manchen Leuten nicht passen. Es ist aber nun einmal so.

Mit diesen meinen so und nicht anders gearteten Heeren nun, deren Haltung vorzüglich, deren Zahl aber viel zu klein war, fand ich mich im Herbst des Jahres 401 den Westgoten gegenüber, welche Italien, den Kern des weströmischen Reiches, bedrohten. Noch hatte ich in den rätischen und norischen Gebieten zu tun, als Alarich über die offenen Pässe der Julischen Alpen in Vene-tien einfiel und auf Mailand zusteuerte, das damals noch Sitz der

Regierung war. Die Residenz wurde belagert. Der Kaiser, die gesamte Dynastie, war in höchster Gefahr. Ich ließ sofort in Eilmärschen Truppen aus Britannien und von der Rheingrenze nach Italien kommen, den Sitz der gallischen Prätorianerpräfektur von dem bedrohten Trier nach Arles verlegen, die Mauern Roms instand setzen.

Im März 402 war Mailand entsetzt. Der Hof konnte in das sichere, durch Meer und Sümpfe geschützte Ravenna übersiedeln. Die Westgoten zielten in das damals noch reiche und unverwüstete Gallien. Niemals durfte ich sie als Feinde dahin gelangen lassen. Im Tánarotal, bei Pollentia, konnte ich ihnen eine Niederlage beibringen und im Sommer 402 jenen Schlag bei Verona versetzen, von dem sie sich nicht wieder erholt haben. Ich jagte sie auf die Brennerstraße zurück – aber ich ›vernichtete‹ sie auch diesmal nicht. Im Gegenteil! Allem giftigen Geflüster trotzend, das sich natürlich sofort wieder erhob, entsann ich mich gerade jetzt eines der wichtigsten Lehrsätze meines kaiserlichen Vorbildes: daß der Germane, der die Klaue des Löwen gespürt hat, der beste Verbündete werde. Ich verpflichtete die Westgoten unserer Regierung, wies ihnen Wohnsitze an der Save an und sicherte ihnen die Ernährung durch afrikanisches Getreide zu, falls der Anbau im Lande nicht ausreichen sollte. Gleichzeitig aber – dieses wissen Sie noch, meine Herren, denn Sie haben damals einen kleinen Betrag von Gold geopfert – machte ich, ganz in Ihrem Sinne, nationalrömische Aushebungen.

Denn ich hatte Wind bekommen von neuen Germanenbewegungen im Norden der Julischen und Taurischen Alpen.

Aber ich mußte auch an die Entwicklung der Dinge in Byzanz denken.

Das Durcheinander im oströmischen Reich – ich will sagen: die innere Zerspaltung des Volkes infolge der unaufhörlichen Glaubenskämpfe und der trotz aller nationalistischen Reformversuche äußerst fragwürdige Zustand des Heeres – ließ den Augenblick zu einem Angriff und damit zur Regelung des lange überbelasteten Kontos mehr als günstig erscheinen. Der Kaiser Honorius war zum Krieg entschlossen. Alarich stand zum Einfall in die völlig von Militär entblößten illyrischen Gaue bereit, da brach, selbstverständlich vom byzantinischen Hofe angezettelt, das Verhängnis herein, welches – genau wie im Jahre 397 der Gildonische Aufstand in Afrika – alle Pläne gegen Byzanz vereitelte und mich abermals zwang, zunächst das Wichtigste zu tun: nämlich Italien zu schützen. Sie alle wissen, von welchem Verhängnis ich spreche: von dem Einbruch des Königs Radagais über Donau und Alpen im Winter des Jahres 405/406.

Niemals noch hatten wir eine solche Menschenmenge, die sich aus den verschiedensten germanischen und nichtgermanischen Stämmen zusammensetzte, unsere Grenzen überfluten sehen. Ich fand mich diesmal gezwungen, den Hunnenfürsten Huldin und den Abenteurer Sarus mit ihren Scharen anzuwerben, ja, ich mußte sogar Sklaven ausbilden lassen, um die Barbarenflut stauen zu können, welche sich nun gegen Toskana vorwälzte.

Was aber, Durchlauchten, Erlauchten und Exzellenzen, mußte ich damals von Römern reinsten Wassers erleben, während ich diese fast übermenschliche Aufgabe zu lösen versuchte! Wer Beine hatte, machte sich auf und davon. Kein Mann blieb zur Verteidigung auf den Wällen der Städte, keinem Jüngling gaben Scham- und Ehrgefühl auch nur den Anschein jener Haltung, die man früher mit Stolz die römische zu nennen pflegte. Und erst die Vermögenden, meine Herren Senatoren! Mit Sack und Pack auf die Wagen, deren Räder oft genug unter den Lasten brachen, auf die Schiffe, die in Portus, in Gaëta, in Terracina, in Neapel ankerten, um auf das erste gegebene Zeichen hin nach Sizilien, nach Sardinien, nach Korsika oder an die kalabrische Küste überzusetzen. Ja, da konnte das liebe gehamsterte Gold plötzlich aus den ängstlich verschlossenen Kassetten, aus Kellern und hohlen Wänden den Weg zu den Wucherern finden – da war nichts zu teuer und nichts unmöglich. Die Villen der hohen Herren in Bajä, in Capri, in Ischia, in Sorrent füllten sich im Nu bis in die Dachkammern hinauf. Niemals kannten diese Orte eine wirtschaftliche Blüte, niemals einen Preisanstieg, wie in jenen tragischen und schmachvollen Tagen! Die jungen Leute der sogenannten guten Gesellschaft, ja sogar die parfümierten Modepfaffen in lilaseidenen Röcken und lavendelblauen Saffianschuhen, alle die ›Geranopepe‹ und ›Pippizi‹, welche schon hier in Rom unter dem Gespött der Gassenjungen ihr ärgerliches Wesen getrieben hatten – kurz, jenes ganze Gelichter, das noch eben seine Eitelkeit und seinen Dünkel durch die Salons und Nachtlokale der Hauptstadt getragen hatte, lustwandelte nun auf den Strandpromenaden der Luftkurorte und Bäder – ja, diese Affen scheuten sich nicht – da es gerade Winter war –, in ihren germanischen Schulterfellen und vandalischen Kniehosen herumzustolzieren! Sie werden sich ja noch entsinnen, wie gerade damals die Preise für alles Pelzwerk anzogen und wie schwer es manchmal war, warme Kleidung für unsere Soldaten zu beschaffen, welche in den schneeverwehten und vereisten Pässen des Apennin dem Ansturm der Barbaren wehrten. Weiß Gott: die Sittenschilderungen des braven Hieronymus aus Bethlehem und die nihilistische Weltbetrachtung des Vaters Augustin in Bône schienen Wahrheit geworden. ›Rette sich, wer da kann‹, hieß die Losung. Was galt das Vaterland, wenn nur das eigne Leben in Sicherheit gebracht war!

Ist es denn etwa heute anders? Beginnt, angesichts der drohenden Westgotengefahr, nicht schon wieder der Auszug so vieler Gerechten? Sind nicht schon ganze Haushaltungen, ja ganze Vermögen nach Afrika verfrachtet? Stehen nicht schon unzählige Villen mit verschlossenen Läden? Und was – aus ungefährem Anstand oder weil es ›die laufenden Geschäfte dringend erfordern‹ – heute noch hier ist, wo wird es morgen und übermorgen sein? Virtus romana! Römische Charakterstärke! Welcher Hohn – und welche Enthüllung!

Im August 406 gelang es mir, bei Florenz den Radagais zu fangen, hinrichten zu lassen und die ausgehungerte Hauptmasse seiner Scharen zu vernichten oder in die Sklaverei zu verkaufen. Daß der alanische Teil des Barbarenheeres wieder über die Alpenpässe entkam – wie hätte ich dies mit meinem hastig zusammengetrommelten, ungenügend geschulten Notheere verhindern können? Ja – wenn mir auch jenseits der Alpen besondere Abfang-Truppen zur Verfügung gestanden hätten! Aber woher hätte ich solche nehmen sollen? Ich durfte die Rheingrenze nicht noch einmal schwächen, ich konnte auch Südgallien jenseits der Seealpen nicht allen Schutzes berauben! Ja, ich durfte die Entkommenen nicht einmal verfolgen und Italien dadurch gefährden. Denn schon hatte sich das Gerücht verbreitet, der Zug des Radagais sei nur ein Vorspiel gewesen – und die Hauptmassen der Vandalen, der Alanen und Sueben, begleitet von den übelsten Räuberbanden der ungarischen Tiefebene, zögen schon in gerader Linie nördlich der Alpen auf die Rheingrenze zu. Dieses schlimmste aller Gerüchte bestätigte sich. In der Neujahrsnacht 406 auf 407 setzten jene Massen, zu denen die entkommenen Alanenregimenter des Radagais gestoßen waren, bei Mainz über den Rhein und überfluteten die belgischen und lothringischen Länder, nachdem sie den geradezu heldenhaften Widerstand unserer fränkischen Verbündeten gebrochen hatten. Trier fiel. Die Burgunder und Alamannen folgten ihren Vorgängern auf dem Fuß. Das Unfaßliche, das Unvermeidliche war Tatsache: Gallien, eine der ältesten und treuesten Provinzen des Imperiums, war verloren, weil auch dort dieses Imperium nicht mehr über so starke Truppenbestände verfügte, wie es sie zum Schutze seiner Grenze benötigt hätte.

Die Flut der Verleumdungen gegen mich ging jetzt ins Uferlose. Ich selber, hieß es, ich, der Generalfeldmarschall und Reichsverweser Stilicho, habe mit voller Absicht Gallien den Barbaren in die Hände gespielt.

Meine Herren, die Schwere unserer Lage ließ mir keine Zeit, den Hetzern ihre Mäuler für immer zu stopfen. Ich hatte andere Sorgen. Es galt zu handeln, vor allem aber: zu rechnen. Es mußte Geld beschafft werden. Woher es nehmen? Da die besitzenden Schichten sogar damals nicht begreifen wollten, wie hoch uns das Wasser schon an der Kehle stand, mußte ich mich ohne sie behelfen, aber auch ohne Rücksicht auf allerhand Gefühle, welche bei dem heidnisch gebliebenen Teil der Plutokratie noch vorhanden waren. Ich erließ also gemeinsam mit dem Kaiser Honorius am 15. November 407 jenes Gesetz, welches die Einziehung sämtlicher heidnischer Tempelvermögen verfügte. Der Erlaß wurde sofort durchgeführt, und zwar unerbittlich. Ich ging aber noch einen Schritt weiter: ich rückte dem heimtückischsten Feind einer starken Gegenwarts- und Zukunftspolitik auf den Leib: dem Mysterium der Sibyllinischen Bücher. Ich ließ sie ganz einfach verbrennen. Einem höchst gefährlichen Fetischismus war damit eine Ende bereitet. Ich hatte mein Teil zu dem jahrhundertelangen Kampf beigetragen, den die Kaiser gegen Aberglauben und Zauberei führen mußten. Der Wille des gesamten Römertumes sollte endlich einmal – und sei es auch durch ein brutales Mittel – in die schonungslose Wirklichkeit gewiesen und auf deren allernächste Aufgaben festgerammt werden. Vermeintlichen Göttern ›grauer Vorzeit‹, welche längst dem Gott gewichen waren, an den wir Christen glauben, aber auch eben diesem Gott, dem ewig mißverstandenen, mußte die Verantwortung abgenommen werden für Leiden und Schrecken der Zeit, an denen nichts anderes schuld ist als die Willensträgheit, als die Gleichgültigkeit, als die Überheblichkeit einer Menschensorte, die ihre Daseinsberechtigung verloren hat. Gott hat uns nicht unsere Kräfte gegeben, damit wir sie verkommen lassen, sondern damit wir mit ihnen wuchern als mit dem Pfund, das uns anvertraut ist. Römer sein, heißt für den Heiden wie für den Christen: sich als Römer erweisen. Nicht aber als eine Vogelscheuche, die in allen Winden der Ängste und des Dünkels hin und her baumelt.

Meine Herren, noch immer standen – wir sind Ende 407 – die Westgoten mit Alarich in Illyrien und warteten auf den Befehl zum Einmarsch nach Dakien und Makedonien. Wie lange wohl würden sie mir noch vertrauen, ohne zu glauben, das Spiel, das seinerzeit Eutropius in Byzanz mit ihnen getrieben hatte, werde nun von mir wiederholt werden? Sollte ich sie mir vielleicht auch noch zu Feinden machen? Gallien war in diesem schwersten aller Augenblicke nicht zu retten, sofern es sich nicht selbst rettete. Ich konnte mich nicht vervierfachen und meine Truppen auch nicht. Ich konnte nur mit Hilfe der westgotischen Verbündeten den Versuch machen, für die gallische Niederlage einen Ausgleich im Osten zu schaffen. Ich erteilte also dem König Alarich Befehl, unverzüglich in Epirus einzumarschieren, um von dort aus die weiteren militärischen Angriffe vorzunehmen, und wollte mich eben nach Durazzo einschiffen, als – Ende November 407 – die Nachricht von der Usurpation Galliens durch den von britannischen Truppen zum Kaiser erhobenen Soldaten Constantinus eintraf.

Konnte ich es dennoch wagen, in den Osten zu gehen und den Feldzug dort persönlich zu leiten? Konnte ich das wagen angesichts eines Senates, der nur darauf wartete, mich so oder so zu ›erledigen‹, und in meiner Abreise nach dem Osten den Beweis für meine landesverräterische Gesinnung erblickt hätte? Hörte ich nicht schon an meinem Ohre das giftige Geflüster: ›Stilicho bei Alarich in dem Augenblick, wo Vaterland und Dynastie in tödlicher Gefahr schweben? Stilicho mit Alarich – gegen Byzanz und womöglich gegen Rom? Stilicho das Geschäft der Germanen im Osten besorgend, während ihm die Germanen das seine im Westen besorgen? – Stilicho im Bunde mit Vandalen, Sueben, Alanen, Burgundern, Alamannen, Hunnen – und allem Gesindel der Welt – gegen die heilige, die sakrosankte Macht des Imperiums, das ihn groß und allmächtig gemacht hat?‹

Nein, meine Durchlauchten, Erlauchten, Exzellenzen, ich konnte nicht in den Osten gehen, so leid es mir auch tat, daß ich vielen von Ihnen den Braten, den Sie schon gerochen hatten, nun wieder vor der Nase wegziehen mußte. In einer einzigen Stunde hatte sich die gesamte Fragestellung der imperialen Politik von Grund aus geändert. Es galt nicht mehr Gallien, es galt nicht mehr Westrom, nicht mehr Ostrom, nicht mehr Dakien und Makedonien, es galt jetzt nur noch: Stilicho und seine Feinde, Stilicho *oder* seine Feinde. Klarer, schärfer, unerbittlicher als je zuvor lautete so die Losung jener Stunde der Erkenntnis. Nun wissen Sie Bescheid.

Ich habe den Kampf aufgenommen. Ich werde ihn zu Ende führen. Wer Sieger bleibt, wird sich erweisen.

Es mußte – nach dem ewigen Gesetz der Verkettungen – geschehen, daß Alarich sich hintergangen fühlte, als ich nun gezwungen war, einen Scheinfrieden mit Ostrom zu schließen und ihn aus Epirus auf weströmischen Boden zurückzurufen. Natürlich mußte ich auch damit rechnen, daß er mir jetzt die Rechnung für seine dreijährige Dienstleistung vorlegen würde. Er hat sie vorgelegt. Er will entlohnt sein. Aber weiter will er auch wirklich nichts. Dies ist der Tatbestand. Keine andere Deutung besteht vor ihm zu Recht. Alarich ist in die julischen Pässe einmarschiert als Verbündeter, noch als Verbündeter, der seinen Lohn fordert. Es gibt für uns alle – in dieser Schicksalsstunde des Imperiums – eine einzige Frage: Was geschieht, angesichts der Lage in Gallien, wenn Regierung und Senat die Forderung Alarichs ablehnen? Dann ist Rom verloren. Rom hat heute keine Armee, die der in drei Jahren der Vorbereitung für den byzantinischen Feldzug mustergültig geschulten Armee Alarichs gewachsen wäre.

Aber Rom hat, was es retten kann: Rom hat Gold. Sie, meine Herren, Sie, die Blüte und der Stolz Roms, Sie, die Großgrundbesitzer und allmächtigen Herren der Wirtschaft, haben Gold. Opfern Sie einen unendlich bescheidenen Teil Ihres Goldes! Sie werden das Opfer nicht zu bereuen haben, denn Sie werden danach – voraussichtlich für lange Zeit – wieder ruhiger schlafen können. Der Gotenkönig fordert 4000 Pfund Gold. Das erscheint zunächst ungeheuerlich. Die Bedeutung dieser Summe kann jedoch nur gemessen werden an der Durchschnittshöhe der senatorialen Jahreseinkünfte. Also messen wir: Das Durchschnittseinkommen jedes einzelnen der 400 Herren, welche als stimmberechtigte Mitglieder des Hohen Senates hier vor mir sitzen (die vielen Tausende von Titularsenatoren lasse ich ganz beiseite), beträgt, wenn ich bescheiden rechne, pro Kalenderjahr rund 1143 Pfund Gold. Insgesamt also verkörpert der stimmberechtigte Senat ein Jahreseinkommen von – ich betone nochmals: mild gerechnet – 457 143 Pfund Gold. Alarich fordert weniger als ein Hundertstel dieser Summe. Bei einer Teilung durch 400 ergäbe sich also für jeden einzelnen Senator eine einmalige Leistung von sage und schreibe 10 Pfund Gold. Und diese Lappalie sollte nicht aufzubringen sein?

Ich höre schon die Einwände: ›Es geht nicht um dieses Geld. Es geht um den Standpunkt! Es geht um die Ehre! Man kennt die Taktik dieser germanischen Erpresser! Geben wir einmal, so werden die Forderungen nie mehr aufhören!‹ Daran, meine Herren, mag grundsätzlich etwas Richtiges sein. Und doch kann der Fall nicht aus diesem Winkel heraus gesehen werden: Ist nämlich erst einmal die einzige, *wirkliche* Gefahr, das heißt diejenige, welche Alarich heißt, tatsächlich abgewendet, so ist die weströmische Lage abermals von Grund aus geändert. Denn wir können dann die uns verbündeten westgotischen Stämme sofort militärisch da einsetzen, wo wir sie am dringendsten brauchen: also gegen den gallischen Usurpator. Sie können jenseits der Alpen gegen das Rhônetal vorstoßen und den Truppen des Constantinus in den Rücken fallen. Zwischen die Armee, über die ich noch verfüge, und die Gotenheere eingeklemmt, dürfte sich der Usurpator schwerlich in Südgallien halten können. Ist aber das Haupt einer Rebellion besiegt oder beseitigt, so pflegt auch die Rebellion selbst zu verschwinden. Und was könnte uns *dann* erwünschter sein, als die Westgoten zur Belohnung für ihr Eingreifen in Gallien eben in dieser Provinz anzusiedeln? Sie haben noch niemals versagt, sofern ihre Forderungen bewilligt wurden. Aber sie haben sich noch jedesmal mit Gewalt genommen, was ihnen böswillig vorenthalten worden war. Dann allerdings auch sind sie sehr gefährliche Räuber und Plünderer geworden. Wollen Sie nicht bedenken, daß sie das abermals werden könnten, wenn man sie reizte?

Meine Herren, es gibt nur einen einzigen Weg: Die große Linie der theodosianischen Politik muß beibehalten und durchgeführt werden. Niemals die Westgoten zu dauernden Feinden! Sie sind – ihren Fähigkeiten, ihrer Anpassungsgabe und ihren Zielen nach – die einzigen Germanen, welche wirklich zuverlässige Verbündete des Imperiums werden können, vorausgesetzt – ich unterstreiche dieses Wort zweimal –, daß wir ihr Gefühl für volkhafte Würde schonen. Sie wollen ja nichts anderes, als im Rahmen des Imperiums leben: unter Wahrung ihres Volks- und Königtums. Sie würden sich den schon oft erprobten Einwirkungen der lateinischen Kultur nicht nur nicht entziehen, sondern um so williger hingeben, als ihre Ansiedlung in Gallien sie ja in engster Verbindung mit dieser Kultur hielte.

Wir werden die Westgoten aber möglicherweise nicht nur gegen den Usurpator Constantinus, sondern sehr wahrscheinlich auch noch im Osten gebrauchen. Mein alter Plan, die illyrischen

Gaue zurückzugewinnen, kann vielleicht sehr bald müheloser verwirklicht werden, als wir alle heute ahnen. Es ist jetzt nicht die Stunde, auf die oströmische Frage einzugehen. Der Umstand, daß ich sie gerade jetzt erneut in meine politischen Berechnungen einbeziehe, wird Ihnen wohl sagen, daß dazu Gründe vorhanden sein müssen. Welche, das werde ich Ihnen mitteilen, wenn Sie sich – als Römer bewährt haben.

Nehmen wir aber – der Vorsicht halber – einmal an, Sie bewährten sich nicht, das heißt, sie lehnten die Goldzahlung an Alarich ab und verließen das Land.

Glauben Sie etwa, Durchlauchten, Erlauchten und Exzellenzen, ich, der Generalissimus, würde mich dann noch für solche Ausreißer opfern? Für eine römische Jugend, welcher schon der Gedanke an Uniform als Greuel erscheint? Nein, das würde ich ganz bestimmt nicht tun! Ich erkläre Ihnen hier unter meinem Eide: Ich werde Sie ganz einfach Ihrem Schicksal ausliefern, wenn Sie versagen. Mag es dann vielleicht für Sie keine andere Wahl mehr geben, als sich aus dem Staube zu machen. Meiner würde auch nach Ihrem Versagen noch eine gewaltige Aufgabe warten, wenngleich unter sehr veränderten Umständen: die Aufgabe, das Imperium neu zu gestalten und der theodosianischen Dynastie auch in abgewandelter Form zu erhalten.

Ich erkläre Ihnen aber außerdem: Mag es Ihnen immerhin gelingen, Ihre Person in Sicherheit zu bringen, die mir im Augenblick noch zur Verfügung stehenden Streitkräfte zu Wasser und zu Land würden bedeutend genug sein, um zu verhindern, daß das von Ihnen zusammengeraffte Gold denselben Weg ins Weite nähme wie Sie selbst! Ich hoffe, daß ich niemals deutlicher zu werden brauche.

Solange ich lebe, habe ich Imperium gedacht und Imperium gehandelt: also römischer als Sie alle hier! Wollen Sie mir – in so schwerer Stunde – erlauben, Ihrem überbelasteten und deshalb oft etwas brüchigen Gedächtnis noch einmal kurz die Etappen meines Weges in Erinnerung zu bringen:

Mein Vater besaß das römische Bürgerrecht. Er war, unter dem Kaiser Valens, der Befehlshaber der 8. ägyptischen Schwadron. Schon 383, als ich kaum achtzehn Jahre alt war, hat mich der Kaiser Theodosius mit Sporkius in vertraulicher Mission an den persischen Hof gesandt. 384 gab er mir seine Adoptivtochter Serena zur Gattin. Von 385 bis 386 war ich Befehlshaber der Palasttruppen. 393, als Achtundzwanzigjähriger, wurde ich des Oberbefehles über die gesamte Streitmacht des Imperiums für würdig befunden. 395, auf seinem Sterbebett, legte der Kaiser die Vormundschaft über seine beiden Söhne und die Verweserschaft über das gesamte Imperium in meine Hände. Ich habe meinen Eid auf den Kaiser Theodosius und seine Dynastie geleistet. Ich stehe und falle mit diesem Eid. Im Jahre 398 nahm der Sohn meines ersten Herrn, unser heutiger Kaiser Honorius, meine älteste Tochter Maria zur Gemahlin. Nach deren Tode meine zweite Tochter, Thermantia. Mein einziger Sohn Eucherius ist seit seinen Knabenjahren mit der Prinzessin Galla Placidia, der Tochter des Kaisers Theodosius aus zweiter Ehe, verlobt. Wollen Sie immer noch nicht begreifen, daß mein Dienst für das Imperium genau das gleiche ist wie meine Hingabe an die eigne Zielsetzung? Erhaltung und Ausbau?

Meine Herren, sobald Sie die Forderung des Königs Alarich angenommen haben, werde ich Sie bitten, mit mir gemeinsam zu beraten, wie auf der durch diese Annahme geschaffenen Grundlage meine Politik ausgeführt werden könne: eine Politik allerdings römisch-imperialer Wirklichkeit, nicht aber romantischer Spruchreminiszenzen aus überwundenen Zeiten. Vergessen Sie nicht: Ich habe Geschichte zu machen und nicht zu zitieren! Sie sollen einen Teil der Verantwortung mit mir tragen. Ich will (und wollte) Sie niemals ausschalten. Aber ehe ich Sie mit gutem Gewissen einschalten kann, muß ich Ihrer unzweifelhaften Gesinnung sicher sein: einer Gesinnung, deren Grundzug es ist, den eignen Vorteil hinter den Vorteil des Imperiums zu stellen. Videant Senatores, ne quid detrimenti capiat Imperium Romanum!«

Lampadius hatte sich, als er sah, daß der Senat dem Verlangen Stilichos nachkommen würde, noch vor der Abstimmung in eine nahe Kirche geflüchtet, da er nicht nur den Zorn des Kaisers, sondern einen Anschlag des Generalfeldmarschalls befürchtete. Es wurde ihm jedoch bedeutet, daß keinerlei Gefahr für ihn bestehe, und gleichzeitig mitgeteilt, daß ihn der Kaiser eine Stunde nach dem Empfang, der auf neun Uhr angesetzt war, in besonderer Audienz zu sich befehle.

Dieser festliche Empfang war das lange vorbereitete Werk der Prinzessin Serena. Betriebsam und kämpferischen Geistes, hatte diese Frau, deren Zauber sich nur zu entziehen vermochte, wer sie sehr genau kannte, ihren Schwiegersohn Honorius davon zu überzeugen gewußt, daß gerade der Ernst der Lage eine große Geste nach außen hin verlange. In einem Gespräch mit dem Kaiser (am letzten Apriltage, also kurz nach dem Eintreffen des Hofstaates von Ravenna in Rom) hatte sie ausgeführt:

»Stimmt der Senat gegen die Forderung Stilichos, so muß die Regierung ihn zum Staatsfeind erklären und die notwendige Summe aus den Vermögen seiner beratenden Mitglieder einziehen. Stimmt er zu – was mit fast unbedingter Sicherheit anzunehmen ist –, so verkörpert der Empfang auf dem Palatin die Einigung in der Innenpolitik. Die eben noch aufsässigen Senatoren werden sich als erste des Friedensschlusses freuen. So sind doch die Menschen. Eben toben und wettern sie – setzen angeblich ihr ganzes Leben und ihre Ehre aufs Spiel –, und eine Minute später sind sie überglücklich, wenn ihnen die Gewißheit gegeben ist, daß sie vier Wochen lang ruhig schlafen können, mag sie hundertmal dieser Schlaf auch die Preisgabe eines sogenannten ›Standpunktes‹ und einige Goldbarren gekostet haben. Jedes menschliche Glücksgefühl ist auf Rückversicherungen aufgebaut: auf wirklichen, wenn auch noch so bescheidenen, oder auf eingebildeten, welche meistens die bessere Wirkung tun. Vergessen Sie aber auch nicht die Wirkung dieses Empfangs auf das römische Volk! Denken Sie an den Eindruck, den der Anblick des hoch über der Stadt im Lichterglanz strahlenden Kaiserpalastes auf die Menge machen wird! Sie wissen doch, wie gerade die Römer dem schönen Schein verfallen! ›Wo man so feiert‹, wird man unten sagen, ›da müssen sich Hof und Senat einig sein! Der Kaiser und sein Feldherr werden die Sache schon in Ordnung gebracht haben!‹ Denn daß da etwas zu ›ordnen‹ war, das hatte natürlich das Volk längst heraus! Die Soldaten der Palastgarde, die Kanzlisten, die Kuriere, die Leute des Gesindes mit ihrem unübersehbaren Anhang schnappen mehr auf, als man ahnt! Gerade die Herrscher sollten sich in diesem Punkte nichts vormachen. Sie sind ihren Dienern mehr ausgeliefert als jeder andere. Eine Frau weiß das besser als Männer, die in großen Linien denken und das sogenannte ›Kleine‹ nicht sehen! – Und doch hängt von diesem Kleinen sehr oft das Allerletzte ab, auf das es ankommt.«

Der Kaiser hatte aus seinen grünen, verfänglichen Augen Serena von der Seite angesehen, in den Mundwinkeln gelächelt und ihr dann mit der Hand über die Wange gestrichen:

»Verfügen Sie über diesen Abend nach Ihrem Gutdünken, Serena corruptrix. Machen Sie ihn so, wie Sie ihn gerne haben möchten.«

Serena hatte langsam die mit Smaragden geschmückte, nach Lobelia duftende Hand des Kaisers – eine schöne volle, schlanke Hand, die ihr sehr angenehm war – von ihrer Wange fortgeschoben:

»Dieser Empfang muß gewichtig, kurz und prunkvoll sein. Eine Parade der Eitelkeiten. Der Hof geruht, ehe er nach Ravenna zurückkehrt, die römische Gesellschaft defilieren zu lassen. Die besten Weine der kaiserlichen Domänen müssen gereicht werden, die ausgesuchteste kalte Küche Ihres Kochs Deukalion. Es wird drei künstlerische Darbietungen geben, wie man sie bei solchen Gelegenheiten noch nicht gesehen hat. Die Tragödin Ómphale aus Antiochia, welche gerade in Rom gastiert, wird den Monolog der Hekuba sprechen, der Sänger Menon, Ihr besonderer Freund, wird Hirtenlieder aus seiner lydischen Heimat singen, die ganz frühen, wissen Sie, aus der Zeit des Königs Sarpedon – und der Knabenchor von Santi Quattro Coronati wird uns mit der neuen Pfingstmesse des Dekans Vincentius ›Flamma Dei, Spiritus‹ bekanntmachen. Danach werden die Gärten geöffnet. Die Eingeladenen mögen sich ergehen, wo und wie sie wollen: Man ist frei bei Hof, sobald man einmal zugelassen ist. Kurz vor Mitternacht werden Forum und Kapitol beleuchtet. Die Stunde Ihres vielgeliebten Volkes hat geschlagen.«

Honorius hatte mit einer fast lüsternen Bewegung Serenas Kinn in seine Hand genommen:

»Woher, Nobilissima, haben Sie diesen infamen Verstand, der Sie jeder Matrone verdächtig macht?«

»Woher haben Sie denn Ihr verkürztes unteres Augenlid, das Ihre Blicke auf die Lauer legt?«

»Sie meinen, da ist Verwandtschaft?«

»Vielleicht.«

»Dann dürfte sie wohl aus der theodosianischen Familie kommen. Wahrscheinlich von unserem gemeinsamen Großvater, dem Generaloberten Theodosius, der seinen schönen Kopf auf den Holzblock legen mußte, weil er dem sauberen Statthalter von Afrika etwas zu tief in die unsauberen Karten geschaut hatte.«

»Sicherlich.«

»Also kann Bescheidwissen gefährlich sein?«

»Kann? Es ist immer gefährlich.«

»Dann, amatissima, lassen Sie mich sagen: cave canem ›Scio‹ nominatum ... Achtung vor dem Hund, der ›Bescheidwissen‹ heißt!«

Nun hatte Serena das um Handbreite vor dem ihren stehende Gesicht aus etwas gekniffenen Lidern angeschaut – und die grünen Augen hatten diesen Blick nicht sonderlich gut ertragen.

Um seine Verlegenheit zu verbergen, hatte Honorius aus einer Emaildose eine rotlackierte Moschuspastille genommen und sie Serena zwischen die Lippen geschoben.

»Lieber Freund, Sie werden sich noch den Magen verderben mit all dem ägyptischen Zeug, das Sie da Tag und Nacht lutschen.«

»Macht nichts. Man steht dann doch wenigstens in gutem Geruch ... Das Beste, das einem widerfahren kann.«

Er hatte sie um die Schulter gefaßt und war an die Balustrade der Palmenterasse getreten, während er den neuen Schlager des Philemon von Karthago vor sich hinsummte:

> Nur die Vandalen wissen sich zu kleiden,
> Wer brachte je so schön sein Bein heraus?
> Ist ihr Gewand an Wolle auch bescheiden:
> Was es verhüllt, sticht jeden Römer aus!

»Zum Kugeln, wie Sie diesen Philemon nachmachen können«, lachte Serena.

»Sehen Sie den Abendhimmel«, sagte Honorius, in die Rich-

tung von Portus deutend. »Unser guter Hofdichter Claudianus
würde gesagt haben:

> O seht von Rosenblüten das Gefild begossen,
> Die Phöbus streut, bevor er schlafen geht ...

Wenn ich je erfahren könnte, warum der hochherzige Stilicho
diesen armen Kerl nicht vor seinen Feinden gerettet hat ... Er
hat sich doch reichlich Mühe um unser aller guten Ruf gegeben!«

Es ging auf zehn Uhr abends. Serenas Fest war in Gang.

Lampadius hatte die Berichterstattung über die staatsfeindliche
Politik Stilichos beendet. Eine große innere Befriedigung über
das Gehörte bekundend, erhob sich Olympius, der vor kaum
einer Woche zum Minister des kaiserlichen Hauses ernannt worden war.

Er war fünfunddreißig Jahre alt, armenisch-levantinischen Ur-
sprungs, verschlagen, schön, von überlegen gespielter Ergebenheit gegen Kaiser, Klerus und Senat, sehr zurückhaltend gegen
die Damen des Hofes und eben deswegen heftig von ihnen
begehrt. Nur in seiner Kleidung verriet sich noch immer der
Mann geringer Herkunft. Er bevorzugte jenes Dattelgelb, Beige,
Gold und Ziegelrot, dem alle Levantiner verfallen sind. Seine
Rubinringe waren das Gespött der Eunuchen, welche allerlei
Einzelheiten über die Betten seines dunklen Aufstieges wußten.
Stilicho hatte ihn im Jahre 395 während des thessalischen Goten-
feldzuges als Lebensmittelmakler aufgelesen, wegen seiner un-
vorstellbaren Gerissenheit zu allerhand fragwürdigen Geschäf-
ten benutzt, wie sie nun einmal das Handwerk der hohen Politik
mit sich bringt, gelegentlich des gildonischen Aufstandes in Tunesien als Spion verwendet und schließlich in einer Hofcharge
kaltgestellt. Hätte er ahnen können, daß sich der Kaiser je für
diese Verderbtheit erwärmen würde, so hätte er sie wohl auf
andere Weise erledigt.

»Wenn ich Sie ganz recht verstanden habe, wandte sich Olympius nun gegen Lampadius, so liefe die Politik, welche der Generalfeldmarschall Stilicho seit der Übernahme der Reichsverweserschaft im westlichen Teile des Imperiums verfolgt, darauf
hinaus, seinen germanischen Stammesverwandten – wie immer

sich nun die einzelnen Völker nennen mögen – vor allem die moralische Macht in die Hände zu spielen.«

»Selbstverständlich«, rief Lampadius. »Wer das nicht sieht, ist ein . . .«

»Sprechen Sie ruhig aus, was Sie sagen wollen«, lächelte Honorius. »Ihr Kopf ist nicht in Gefahr. Auch dann nicht, wenn ich mich vielleicht doch nicht Ihrer und des Ministers Ansicht anschließen sollte.«

»Aber Eure Majestät sind doch innerlich auf unserer Seite, warf Olympius ein. Das glauben wir schon lange zu spüren. Man kann – um seinem Herrn Sand in die Augen zu streuen – Siege und Schlachten in Szene setzen, hinter denen man seine eigene Absicht mit vollendeter Kunst der Lüge verbirgt. Jeder große politische Verrat bedarf langer, wohlverborgener Umwege. Welches diese Umwege Stilichos waren, zeigt die heutige Lage! Nur ein kleiner Teil der Truppen des Radagais ist vernichtet worden, den Rest ließ man entkommen. Gallien hat man – unter sehr plausiblen Vorwänden – von seinen Schutztruppen entblößt, damit jene Vandalen, Alanen und Sueben, deren Befehlshaber man morgen sein wird, über die Grenze fluten können. Die Westgoten läßt man – auf einen geheimen Wink – gerade dann in Oberitalien einmarschieren, wenn die Lage des Imperiums wirklich verzweifelt ist. Man ermuntert sie zu ihren Erpressungen. Man nennt ihnen die Summen, an denen der Senat verbluten wird. Man zeigt ihnen, wie man mit diesem Senat, mit diesem Kaiser, mit diesem Imperium Katz und Maus spielen kann. Man steigert den Nimbus seiner persönlichen Macht bis in das Übernatürliche: denn nur an eine solche Macht glaubt der Barbar! ›Hier seht ihr das gelobte Land. Wer ist sein Herr? Ich, Stilicho! Es wird das eure sein – für ewige Zeiten –, wenn ihr euch dem Auserwählten anvertraut, der euch endlich das Glück und den Frieden bringt. Völker eures Blutes ‚behüten‘ die Grenzen. Ein Wink, und sie werden sich mit ihren Brüdern vereinen! Die neue Zeit ist angebrochen: Seht ihr nicht, daß ich ausgesandt bin, sie für euch zu erfüllen? Der Kaiser, mein Schwiegersohn? Ein Sinnbild auf dem goldnen Stuhl. Laßt ihn ruhig. Er vollführt nur, was ich denke – und wird nicht ewig leben. Man muß den Anschein wahren. Man sagt: das römische Imperium, und man meint: die Herrschaft der Germanen. Was tut ein Wort? Die Welt verlangt den Fetisch des Wortes! Laßt ihr das Vergnügen! Nutzt ihre Dummheit aus und nehmt euch die Macht. Wer soll euch daran hindern, wenn ich es nur zum Scheine tue? Rom ist reif, den Römern aus der Hand zu fallen! Greift zu! Eure Stunde ist gekommen mit meiner Stunde! Gehorcht dem Rufe Gottes!‹

So, Majestät, denkt der Barbar! Nicht einmal, hundertmal haben mir die Offiziere solche Gedankengänge vorgetragen – brave, gute, überzeugte Menschen. Und der höchste der Feldherrn im Imperium – der Stammesbruder jener andern – sollte nicht so denken? Gerade er, der durch tausend unsichtbare, unerforschbare Kanäle seine eigene Meinung in die Herzen dieser Völker leitet? Diese Völker bekämpfen sich untereinander, wird man mir einwerfen. Gewiß: Wer bekämpft sich heute nicht? Um eines Dogmas willen hauen sich gestern noch Befreundete heute die Köpfe ab. Aber morgen werden diese Völker sich nicht mehr gegenseitig bekämpfen. Sie werden begriffen haben und unter einheitlicher Führung handeln. Dann werden sie unwiderstehlich sein – un-wider-steh-lich.«

Olympius hatte das letzte Wort nur geflüstert.

Als er sah, daß Honorius seine Stirn in Falten zog und auf seine Finger starrte, änderte er den Ton:

»Eure Majestät wissen, daß das Imperium nicht die rohe, äußere Macht dieser Barbaren zu befürchten hat. Das sind Märchen, die der Generalissimus erfindet, um uns Schrecken einzujagen und unseren Willen zu lähmen. Der fanatische Glaube an ihre angebliche Bestimmung ist es, den wir zu fürchten und zu brechen haben. Also müssen ihre Anführer erledigt werden. Denn eine jede Masse ist, was der Anführer aus ihr macht!«

»Jawohl, das ist richtig«, sagte Lampadius. »Das ist tausendmal richtig.«

Olympius, als ob Lampadius für ihn Luft wäre:

»Glauben denn Eure Majestät, daß Anthemius, der geniale Kanzler des Ost-Reiches, nicht ganz genau wisse, was er tut, indem er zwar die barbarischen Söldner behält, aber die barbarischen Offiziere, die hohen und die mittleren Chargen, vom Dienste ausschließt? Noch ist es Zeit, Majestät, die Gefahr zu bannen, wenn man sich des uralten römischen Grundsatzes erinnert: principiis obsta! Beseitigt man die Anführer, so beseitigt man das Mysterium. Man beweist diesen Banden, daß sie ein Dreck sind, wenn Rom ihnen seine Macht – seine höchst unmystische, brutale Macht – zu spüren gibt. Diese Macht wird in dem Augenblick wieder in Wirkung treten können, wo die beiden Kaiser des Imperiums furchtlos und unzweideutig beweisen, daß Rom von Römern geführt und für Römer regiert wird. Und es fehlt bei Gott nicht an tüchtigen Feldherrn, die ihr Leben für das

Imperium in die Schanze schlagen werden, wenn man ihnen nur erst erlaubt, dies zu tun! Solang sie nur im Schatten eines übermächtigen Vandalenwillens wirken dürfen, können sie zu keiner freien Entfaltung ihrer Kräfte kommen. Vigilentius, Veranes, vor allem aber Felix und Castinus brennen ja nur darauf, endlich als Römer der römischen Majestät durch die Tat dienen zu dürfen! Das ungeheure Vermögen des römisch-nationalen Senates steht hinter ihnen! Wollen Eure Majestät diese wichtigste aller Tatsachen nie aus dem Auge verlieren! Hinter dem Vandalen Stilicho – mein Gott, wie könnte hinter diesem das Gold eben jener stehen, die von ihm das Schlimmste zu befürchten haben? Im Osten ist die Säuberung der Armee von Barbarengeneralen gelungen – warum sollte sie nicht im Westen gelingen!«

Nun schaute Honorius von seinen Händen auf. Und wie es oft geschieht, daß gerade die unselbständigen Menschen in einem plötzlichen Sichbesinnen auf den Begriff menschlicher Würde ihre Verachtung auf solche werfen, deren Beweisführung sie sich nicht ganz entziehen können, sagte er höhnisch:

»Verraten Sie mir doch einmal, wieviel Pfund Gold Ihnen die Kamarilla um Anthemius in Byzanz geboten hat, falls es Ihnen gelingt, mich herumzukriegen. Vielleicht hat auch der hohe römische Senat seinen Obulus schon beigesteuert? Was meinen Sie, Lampadius?«

»Ich meine, Majestät, daß die Stunde für solche Scherze zu ernst ist. Der Minister vertritt vor Eurer Majestät Gedankengänge, die jeder römische Senator unterschreibt.«

»Aber ich nicht, meine Herren. Und damit erachten Sie diese Audienz für beendet. Es ist meine kaiserliche Pflicht gewesen, Sie anzuhören. Es wird meine kaiserliche Pflicht sein, Ihre Meinungen in Ruhe zu durchdenken und an dem weiteren Verhalten des Generalissimus auf Berechtigung oder Nichtberechtigung zu überprüfen. Mehr wäre von Übel. Vorläufig wenigstens. Ich bin von Ihnen gewarnt worden. Gut. Nun werden Sie von mir gewarnt! Sie sind entlassen, Senator. – Und Sie, Olympius, begleiten mich in den Festsaal zurück. Auf einem kleinen Umweg durch die unteren Gärten. Ich möchte etwas Luft schöpfen. Kein Wort mehr über Stilicho.«

Olympius nickte und küßte den perlenbestickten Saum an der Tunika des Kaisers. Er war glücklich. Er hatte den größten Erfolg errungen, den er erringen konnte. Er hatte gefährliche Zweifel gesät. Die schroffe Haltung des Kaisers bestätigte ihm die Wirkung seiner Worte. Diese Haltung war nur ein Selbstschutz gegen das Gift, das schon seine Arbeit begonnen hatte. »Die Schwachen schwächen«, hieß der Grundsatz des Olympius. Auch um den Preis einer vorübergehenden Demütigung. Er war ein Levantiner.

Galla Placidia und ihr Verlobter Eucherius hatten gegen zehn Uhr den Festsaal verlassen und eine Steineichenlaube am Ende der nordöstlichen Gärten aufgesucht.

»Ja«, sagte Eucherius, während er die Kissen auf der Onyxbank zurechtrückte, »dies ist wohl das erste Fest, das meiner Mutter nicht gehalten hat, was sie sich von ihm versprach.«

»Dieses Fest ist eine Niederlage«, bestätigte Placidia.

Die Stimme der Sechzehnjährigen war hart. Sie betonte: dieses Fest mußte zu einer Niederlage werden und hätte besser niemals stattgefunden. Die Dinge der hohen Politik lassen sich nicht durch solche Paraden meistern.

Eucherius hatte den Unterton gespürt. Er griff ihn auf:

»Immer muß meine Mutter des Guten zuviel tun. Sie hat noch nicht begreifen gelernt, daß der Kaiser Theodosius nicht mehr hinter ihr steht, obwohl er schon seit dreizehn Jahren tot ist.«

»Wie anders wäre wohl alles, wenn dieser Vater, den ich niemals kannte, noch am Leben wäre«, sagte Placidia wie zu sich.

»Ich kann mich seiner noch ungefähr entsinnen«, sagte Eucherius. »Er schenkte mir zu meinem achten Geburtstag ägyptisches Spielzeug, einen Pharaonenwagen mit Viergespann ... Er hatte ungeheure Augen. Sie verzehrten das schmale Gesicht. Ich fürchtete mich vor ihnen.«

Sie schwiegen wieder. Das Gespräch wollte nicht in Gang kommen. Die Fledermäuse schossen über das Geländer. Kein Luftzug regte sich. Aus dem Palast klang Lautenspiel.

Plötzlich brach Eucherius aus:

»Man muß das Ding bei seinem Namen nennen: Es ist schon ein Skandal, was sich der Hochadel heute abend geleistet hat! Nicht ein einziger der großen Namen ist vertreten. Ohne Absage sind sie ferngeblieben. Kein Cornelier, kein Claudier, kein Anicier weit und breit zu sehen. Wer ist da? Was sich immer am Hofe herumtreibt: das Geschmeiß, das von ihm lebt und um seine Stellungen besorgt ist. Die Eunuchenbande mit ihrem Anhang. Die syrischen und jüdischen Geldleute, ohne die man nicht zurechtkommt. Die Waffenhändler, die sich ihre Aufträge erkriechen. Die Pfaffen, die sich ein paar Mosaike für ihre Kapellen zusammensalbadern. Die levantinischen Abenteurer, die morgen brühwarm nach Byzanz berichten, was sich hier abgespielt hat. Die Rennstallbesitzer, die das Verbot der Gladiatorenspiele ausnützen und ihre Reiterturniere an den Mann bringen wollen. Nicht eine einzige Dame der hohen römischen Gesellschaft hat es für der Mühe wert gehalten, sich zu diesem Empfang in ein Abendkleid zu werfen. Da drüben sitzen sie, auf den Terrassen ihrer Villen am Janiculus, trinken schneegekühlten Falerner aus den Goldbechern ihres Familienschatzes, sehen die Lichter des Palatin die Nacht erhellen und lachen sich in die Faust über den Streich, den sie der ›Prinzessin‹ gespielt haben ... Natürlich war das Losungswort schon lange ausgegeben worden: ›Wir werden dem Hof zeigen, was er ohne uns ist: Wenn wir einig bleiben, kann man sich die Finger nach uns ablecken. Haben wir es nötig, vor denen dort zu paradieren? Was bleiben sie nicht bei den Moskitos in ihrem Sumpfnest Ravenna, wo sie lange gut verkauft sind? Haben wir sie jemals vermißt? Wer hat das Gold? Wer hat den Stammbaum?‹ Zwanzigmal habe ich meine Mutter verwarnt, sich nicht so über alle Begriffe zu verrechnen. Wir wissen ja, wie sie ist, im Guten und im Bösen ... Sie hat den Blick für das Maß verloren. Sie sieht nur sich selbst, lebt nur in ihren Phantasien und kann keine Wirkungen mehr berechnen.«

Placidia bewegte zustimmend den Kopf:

»Sie ist oberflächlich.«

»Leichtsinnig ist sie, ohne Gefühl für die Haltung, die sie meinem Vater schuldig wäre. Honorius hinten und Honorius vorn. Man könnte aus der Haut fahren, wenn man anfängt, nachzudenken.«

»Sie hat noch nie verstanden, Liebe zu erwecken.«

»Weil sie nicht lieben kann, Placidia! Sich und allerhand Dinge in Szene zu setzen: das kann sie. Aber heute hat sie auch da versagt. Meinen Sie, daß sie sich nur einmal danach erkundigte, wie es eigentlich mit mir steht? Monatelang habe ich sie nicht gesehen. Sie ist noch keine zwei Stunden in Rom, so geht schon der Betrieb los – und schließlich fällt ihr ein, daß sie ja auch noch einen Sohn hat und nicht nur einen Schwiegersohn, welcher Kaiser ist. Hätte ich nicht einen Schuß von Leichtsinn aus ihrem Blut mitbekommen, es wäre gar nicht zu ertragen, so mutterlos einer Mutter Sohn zu sein. Vielleicht ist es wirklich besser, nie eine Mutter gehabt zu haben.«

Placidia senkte die übergroßen schwarzen Augen auf ihre Hände, die Augen ihres Vaters Theodosius ...

»Ich weiß es nicht, Eucherius«, sagte sie gequält. »Ich habe weder einen Vater noch eine Mutter gekannt. Ich bin bei der Ihren aufgewachsen – und dann bei den byzantinischen Verwandten – und dann wieder bei der Ihren. Überall ist *eines* sich gleich geblieben: Ich war mit mir allein. So wird es wohl auch bleiben.«

»Glauben Sie, daß es bei mir anders ist?«

»Ich weiß es nicht. Sie sind ein Mann. Für Sie sieht die Welt anders aus.«

»Placidia, die Welt sieht nach gar nichts aus. Die Welt ist ein großes Durcheinander. Wir müssen sehen, wie wir damit fertigwerden. Erfreuliche Dinge werden wir in der nächsten Zeit wohl kaum erleben.«

Sie sahen sich plötzlich an, lange ...

»Wenn ich zu diesem Christengott beten könnte, fuhr Eucherius fort, so würde ich ihn Tag und Nacht bitten, daß er ›den Kelch an uns vorübergehen lasse‹. Aber ich trage diesen Gott nicht in meinem Herzen. Ich kann ihn ja nicht anlügen, da ich ihn nicht einmal erreichen kann.«

»Immer noch nicht?«

»Nein.«

»Placidia, Sie sind doch weniger allein als ich. Sie haben Gott. Sie sind in seiner Gnade aufgehoben. Ich habe keinen Gott und keine Gnade.«

Placidia schaute in das Dunkel, das grau und schwül über der Tiefe des Forums hing. Dann fand sie die Worte, die sich nicht hatten lösen wollen:

»Haben Sie nie daran gedacht, Eucherius, daß Ihnen ein Herz gehört, das Sie liebt?«

Sie erhielt keine Antwort. Eine Hand legte sich auf ihre Schulter, eine Wange ruhte kurze Zeit an ihrer Schläfe – aber der Mund, den sie erwartet hatte, blieb ihrem Munde fern. Sie hatte längst gelernt, daß sich Auflehnung gegen das Nicht-Seiende nicht lohnt. So drängte sie die Tränen zurück, die schon ihr Auge erreicht hatten, und lauschte in die Atemzüge des Menschen, der ihr seit frühester Jugend zum Gatten bestimmt worden war.

Plötzlich standen der Kaiser und Olympius am Eingang der Laube.

Eucherius erhob sich.

»Ach so«, sagte Honorius, der seinen Schwager haßte.
»Warum sind Sie nicht im Festsaal?«

»Ich habe ihn nur verlassen, weil Placidia mich um ihre Begleitung bat. Sie litt unter der großen Hitze und verlangte nach
frischer Luft.«

»Man kann nicht gerade sagen, Eucherius, daß Sie sich zu
Ehren des Hofes besonders festlich gekleidet hätten.«

»Es ist Eurer Majestät bekannt, daß ich mich immer sehr
einfach trage.«

»Ja, ja. Das ist mir bekannt. Eine Erscheinung wie die Ihre hat
es nicht nötig, ihre Vorzüge zu unterstreichen, nicht wahr? So
lautet doch die Formel?«

»Ich habe eine solche Formel weder erdacht noch mich ihrer
jemals bedient.«

»Ihr Hochmut ist schon sprichwörtlich geworden. Kommen
Sie, ich habe Ihnen etwas zu sagen.«

Als sie außer Hörweite der anderen waren, blieb der Kaiser an
der Gartenmauer lehnen:

»Eine schöne Bescherung, dieses ›Fest der Versöhnung‹, das
Ihre Mutter ausgeklügelt hat.«

»Ein Regiefehler. Vielleicht nicht der einzige aus der letzten
Zeit.«

»Allerdings. Sie meinen doch, ich hätte nicht zum zweitenmal
Ihr Schwager werden sollen?«

Eucherius schwieg.

Honorius, wütend über dieses Schweigen:

»Ja, es wäre besser gewesen, unsere beiden Familien wären
nicht noch einmal auf diese Weise miteinander verbunden
worden.«

Eucherius, ohne mit der Wimper zu zucken:

»Warum haben Sie sich binden lassen?«

»Weil Ihre Mutter des Teufels ist!«

»Immer wieder meine Mutter, meine arme Mutter.«

»Wer denn sonst?«

Wieder schwieg Eucherius.

Honorius fuhr auf:

»Alle, diese ganze Rasse Flavius Stilicho ist des Teufels!«

»Diese Rasse trägt zu einem Viertel das gleiche theodosianische Blut wie Sie.«

»Desto schlimmer!«

Aber schon war es dem Kaiser angst vor seinem eignen Mut
geworden. Mit der Geschmeidigkeit der Feigen, welche hassen,

was sie an seelischer Stärke nicht zu erreichen vermögen, nahm er den Arm des Eucherius:

»Wenn Sie doch wenigstens begreifen wollten! Seit meiner Knabenzeit bemühe ich mich um Sie. Aber Sie weichen mir aus, zeigen mir die kalte Schulter, verbieten mir, Sie zu verwöhnen.«

»Es ist nicht meine Art, mich verwöhnen zu lassen. Ich bin Ihnen keineswegs ausgewichen. Ich habe Sie nur nicht belügen wollen. Das ist alles. Ich kann dem Kaiser und dem Imperium dienen. Aber ich kann nicht eines Kaisers Günstling sein. Auch am Hofe leben kann ich nicht. Wenn ich einen Eunuchen nur von weitem sehe, bekomme ich den Koller.«

»Ich auch. Aber was soll ich machen?«

»Handeln. Säubern. Ausräuchern.«

»Helfen Sie mir.«

»Heute? Heute, Majestät, sind andre Fragen zu lösen. Später vielleicht einmal. Wenn allerhand Dinge in Ordnung gebracht sind, die Germanenfrage zum Beispiel, und wenn Kreaturen wie Olympius nicht mehr zu Hausministern ernannt werden.«

»Was unterstehen Sie sich?«

»Ihnen einen Wink zu geben, da Sie meine Hilfe erbaten.«

»Ich brauche solche Winke nicht.«

»Wozu wünschen Sie dann meine Hilfe?«

Honorius, nun zum zweitenmal in seinem eigenen Netz gefangen, wendete sich gegen die Steineichen zurück.

»Was ist gegen Olympius zu sagen?«

»Das wird Ihnen mein Vater besser erklären können. Mir selber will es scheinen, daß er sich Ihrer zu recht verfänglichen Zwecken bedient. Und der Senat bedient sich seiner. Und Ihr Bruder Arkadius – oder besser vielleicht dessen Minister Anthemius – bedient sich des Senates. Die ewige Kette. Es kommt jetzt nur darauf an, daß Eure Majestät sich aller drei zu Ihrem eignen Vorteil und dem Wohl des Imperiums bedienen.«

Honorius nagte mit seinen Zähnen an der Oberlippe:

»Damit wären wir ja in medias res gegangen.«

»Das dürfte man wohl behaupten.«

Der Vorhang, einen Augenblick lang über der tragischen Landschaft aufgezogen, war wieder gefallen.

Honorius und Eucherius gingen auf die Steineichenlaube zu, wo Olympius der Prinzessin Placidia allerhand Märchen über die Verwüstung seines kappadokischen Grundbesitzes während des Goteneinfalles erzählt hatte.

Ganz verloren in die Vorstellungen, welche die letzten Worte seines Schwagers in ihm aufgeweckt hatten, war Honorius noch einmal mit dem Rücken gegen ein Rosenbeet stehengeblieben. Seine Züge hatten den Ausdruck verzweifelter Hilflosigkeit. Seine Hände spielten gedankenlos mit einem hochgewucherten Zweig. Plötzlich fuhr er zusammen: Ein feiner Stachel war ihm unter den Nagel des linken Daumens gedrungen.

Er wurde bleich, als ob ihn die Spitze eines gezückten Dolches berührt hätte, und führte die blutende Stelle an seine Lippen.

»Was bedeutet das?« fragte er, noch immer sein Entsetzen nicht meisternd. »Das ist doch ein Zeichen. So reden Sie doch, Eucherius.«

Eucherius, kaum noch seinen Hohn verbergend, aber viel zu klug, um nicht die krankhafte Angst dieses Abergläubigen auszunützen, erwiderte ruhig:

»Wenn alle Zeichen so eindeutig wären wie dieser Wink der Götter, so hätten die Wunderdeuter leichtes Spiel. Sie haben gestreichelt, Majestät, was Sie sich freundlich gesinnt wähnten – und es hat Ihnen, hinterrücks, Ihren Irrtum bewiesen. Sie müssen also vor falschen Freunden auf der Hut sein.«

»Vor wem muß ich auf der Hut sein? Nennen Sie Namen! Ich befehle Ihnen, Namen zu nennen!«

»Wie kann ich wissen, Majestät, wer die Leute alle sind, denen Sie Ihr Ohr leihen? Ahne ich, wer Sie aus dem Festsaal fortgelockt und über eine Stunde lang bearbeitet hat? Ihr Platz an diesem Abend wäre doch wohl an der Seite meines Vaters gewesen. Die Abwesenheit des Kaisers ist übel vermerkt worden. Es gehen schon so viele Gerüchte, Majestät. Warum Anlaß zu neuen geben?«

Noch ehe Honorius antworten konnte, waren Placidia und der Hausminister aus der Laube getreten.

»Meine Herren«, sagte der Kaiser in einem jähen Entschluß, die Gespenster zu verjagen, die sich an ihn herangedrängt hatten, »lassen Sie mich mit der Prinzessin allein. Gehen Sie in den Palast zurück. Ich folge Ihnen in wenigen Minuten.«

Honorius nahm den Arm seiner Stiefschwester.

»Ist es Ihnen recht, wenn wir bis zu den Brunnen gehen?«

»Fürchten Sie nicht, daß Sie sich allzu lange Ihren Gästen entziehen?«

»Meinen Gästen! Ich nehme an, sie werden mich nicht vermissen.«

»Sie irren. Sie hätten den Senator Lampadius nicht heute abend empfangen sollen.«

»Gerade heute abend! Man soll nicht sagen, daß ich mich meinen Pflichten entziehe. Ich habe Unparteilichkeit zu bewahren im Spiel der Gegensätze.«

»Keineswegs. Sie hatten sich unzweideutig auf die Seite des einzigen Mannes zu stellen, der die Lage retten kann: Stilichos. Jeder denkende Mensch wird meiner Meinung sein.«

»Eucherius allen voran, nicht wahr?«

»Ganz und gar nicht. Eucherius unter anderen.«

»Sie lieben ihn?«

»Ja.«

»Und er liebt Sie?«

»Das müssen Sie ihn selbst fragen.«

»Warum so bitter?«

»Sie meinen ungehalten? Sie wissen, daß es noch niemals meine Art war, Dinge zu verreden, welche Schweigen verlangen. Frage ich Sie denn vielleicht nach den Angelegenheiten Ihres Herzens?«

»Leider tun Sie das niemals. Sonst wäre es besser um unsre Beziehung bestellt. Sie hassen Ravenna und den Hof. Ein volles Jahr sind Sie in Byzanz geblieben, obwohl Sie nur ein paar Wochen dort zubringen wollten. Und wenn nicht Stilicho darauf bestanden hätte, daß die Braut seines Sohnes ihren Verlobten besser kennenlerne, wären Sie sicher auch jetzt noch nicht zurückgekommen.«

»Ganz bestimmt nicht.«

»Aber ich werde Sie jetzt nicht mehr von hier fortlassen. Ich verlange, daß Sie in meiner Nähe bleiben.«

»Was wollen Sie von mir?«

»Ihre Nähe . . . Ihre Schönheit . . . Ihre Herbheit . . . Das, was es heute nicht mehr gibt: Ihre Unberührtheit.«

»Ich bin Ihre Schwester.«

»Meine Halbschwester. Wir hatten den gleichen Vater, aber nicht die gleiche Mutter.«

»Allerdings.«

»Was wollen Sie damit sagen?«

»Daß unsre große Verschiedenheit wohl von den Müttern herkommt.«

Der Kaiser gab keine Antwort. Er verlangsamte noch mehr die

langsamen Schritte. Placidia sah von der Seite nach seinem gesenkten Kopf. Über seinen Schläfen lag eine erschütternde Traurigkeit. Sie bedauerte ihre Härte:

»Ich wollte Ihnen nicht wehtun.«

Er blieb stehen, sah erstaunt in ihre Augen:

»Solange Sie leben, haben Sie nichts anderes getan. Als Sie ein kleines Kind waren, fingen Sie an zu schreien, wenn ich mit Ihnen spielen wollte. Und ich hatte diese kleine Schwester wirklich lieb.«

»Sie haben es mir niemals auf eine Art bewiesen, die ich hätte annehmen können.«

»Ich kann nichts zu meiner Art. Mich liebt kein Mensch.«

»Viele Menschen – verfallen Ihnen.«

»Woher wissen Sie das? Sie – ein Mädchen von sechzehn Jahren?«

»Weil ich es beobachtet habe. Schon als Kind habe ich gesehen, wie Ihnen Menschen ins Garn gingen. – Da ich viel allein war und fast ganz auf mein eigenes Denken angewiesen, habe ich wahrscheinlich schärfer beobachten gelernt als andere Mädchen meines Alters. Auch hat der Umstand, daß ich ›Kaiserliche Hoheit‹ genannt wurde, manche unerwünschte Beeinflussung von mir ferngehalten. Ja, Honorius, ich habe Sie sehr genau beobachtet.«

»Und?«

»Sie haben mir leid getan.«

»Warum?«

»Weil Sie keine Freunde hatten. Die Menschen, welche Ihnen verfielen, waren Ihnen nach kurzer Zeit gleichgültig. Andere, die Ihnen Weihrauch streuten, wurden – und mit Recht – von Ihnen mehr als schlecht behandelt. Die wirklich gefährlichen aber, nämlich die Ausbeuter, wurden von Ihnen nicht durchschaut.«

»Aber das ist doch Stilicho, der aus Ihrem Munde spricht! Wie können in einem so jungen Geschöpf solche Gedanken wachsen ...«

»Es sind noch ganz andere Gedanken in mir gewachsen. Einem Waisenkinde gehen schon früh sehr viele Dinge auf – nicht zu seiner Freude.«

»Sie haben Serena – Ihre Pflegemutter – niemals mütterlich empfunden?«

»Haben Sie das etwa getan?«

»Bei allen Heiligen: nein. Und auch als Schwester nicht, da sie ja die angenommene Tochter unseres Vaters war. Nun ist sie gar – zum zweiten Male – meine Schwiegermutter. Was ist sie nicht?«

»Was sie wäre, wenn sie ein Herz hätte. Stilicho hat ein Herz. Aber Stilicho hat keine Zeit. Stilicho wacht Tag und Nacht für das Imperium. Stilicho – der Vandale . . .«

»Daß alle Gespräche immer wieder bei diesem Namen enden müssen. Stilicho und nichts als Stilicho. Warum? Warum?«

»Weil es keinen anderen Namen gibt, an dem sie enden könnten. Wir fühlen alle, daß wir von ihm abhängen. Wir sind verloren, wenn er uns verläßt.«

»Placidia, ist das Ihre Überzeugung?«

»Wehe, wenn es nicht auch die Ihre wäre!«

»Ah – die Teufel sind an diesem Abend auf mich losgelassen! Müssen auch Sie noch mit ihnen im Bunde sein? Kann mich denn niemand nur für eine Stunde von mir selbst befreien? Sie könnten es, Placidia . . . Aber Sie wollen es nicht.«

»Ich dürfte es nicht, auch wenn ich es wollte. Sie sind der Kaiser – Sie haben der Kaiser zu bleiben! Honorius, seien Sie endlich der Kaiser!«

Ganz leise, schonend scheinbar, und doch in einem unaussprechlichen Verlangen, sie an sich zu reißen, legte Honorius den rechten Arm um die Schulter der Schwester:

»Sie könnten mich befreien, nur durch Ihre Gegenwart. Durch die Nähe Ihres reinen Lebens. Dadurch, Placidia, daß ich Ihre Hände küssen darf, so wie nun, daß ich Ihre Schläfen berühren darf, Ihre Haare, daß ich Sie lieben darf, wie ich Sie schon als Knabe liebte.«

»Wache ich, träume ich?« wankte es durch die Sinne Placidias. »Wessen Augen waren dies? Feuchte, wie von innen aufgeblühte Augen – namenlos betrübte, resedengrüne Augen, deren unteres Lid ein wenig zu kurz geschnitten war . . .«

Sie fuhr zusammen – stieß den Bruder von sich – starrte ihn an:

»Was tun Sie mit mir, Honorius? Wissen Sie noch, was Sie tun?«

Der Kaiser, errötend und sogleich darauf jede Farbe verlierend, ließ sich auf eine Bank gleiten, die am Wege stand, und legte die Stirne auf den Marmorsims der Rückenlehne.

Aus den dreifachen Schalen der Brunnen tröpfelte das Wasser über bemooste Ränder in das untere Becken, silbern-gedämpft und doch so laut, als sei ein jeder Tropfenfall ein Hammerschlag im aufgescheuchten Herzen.

Placidia trat vor den Erschöpften.

»Der Kaiser«, dachte sie. »Nein«, antwortete ihr Herz, »der Bruder, der die Sünden seiner Väter abträgt.«

Und sie fuhr ihm lange über das dunkelblonde Haar unter der Kronbinde und über die eiskalten Schläfen.

»Honorius.«

Aber die Lippen, die sie angerufen hatte, blieben stumm. Und die Augenlider öffneten sich nicht unter dem Vorhang der aufwärtsgebogenen Wimpern.

»Herr der Seelen«, trieb durch ihr Erschrecken das Gebet, »warum ist so viel Leid in deine Kreatur gegossen? Da liegt, verirrt, verstört, auf einer Gartenbank, der Mensch, dem du die Herrschaft über die halbe Welt gegeben hast. Und die für ihn um deine Gnade bittet, vergeht im Kummer doppelt unfruchtbarer Liebe. Wo wird eine Straße enden, die so beginnt?«

Kurz vor Mitternacht war Stilicho aufgebrochen, um in seinen Palast zurückzukehren, der auf halber Höhe des Palatin gegen den Severusbogen zu lag. Er machte den kurzen Weg unter militärischer Bewachung. In den Gängen seines Hauses waren Männer seiner hunnischen Leibgarde verteilt. Es war Befehl gegeben, niemanden mehr vorzulassen außer seinen Sohn Eucherius, den er auf die erste Morgenstunde zu sich gebeten hatte. In seinem Arbeitszimmer erwartete ihn Zeda, der Chef des Generalstabes, ein Mann alanischer Herkunft, aber römischer Staatsangehörigkeit.

»Sie sehen«, sagte Stilicho, »daß ich sogar meinen Adjutanten Agilo schlafen geschickt habe. Was das bedeutet, wissen Sie. Wir spielen unser größtes Spiel, Zeda. Da wir es unter keinen Umständen verlieren dürfen, müssen wir es gewinnen.«

»Wollen Eure Durchlaucht befehlen.«

»Setzen Sie sich. Trinken wir. Ich habe alamannischen Met kaltstellen lassen. Da steht auch Hasenpastete. Haben Sie mit dem General Sarus abgeschlossen?«

»Jawohl, Durchlaucht. Seine Kuriere haben Rom schon vor Einbruch der Nacht verlassen. Sarus wird den Oberbefehl über das gegen den Constantinus in Südgallien vorgesehene Heer übernehmen, da ihm auch die neuausgehobenen römisch-nationalen Truppenteile unterstellt werden. Er hält sich infolge dieser beträchtlichen Vermehrung seiner Streitkräfte für unbesiegbar.«

»Sind Sie sicher, daß der Kaiser sich nicht heimlich mit ihm ins Einvernehmen setzen konnte?«

»Ganz sicher. Ich habe die Kuriere dienstlich so in Atem gehalten, daß selbst kaiserliche Abgesandte sie nicht unbemerkt hätten erreichen können.«

»Der Kaiser muß, koste es, was es wolle, von jeder unmittelbaren Berührung mit irgendeinem Teile der Armee ferngehalten werden. Ich will versuchen, ihn so lange hier in Rom festzunageln, bis sämtliche militärischen Bewegungen im Gange sind. Wann haben meine Eilboten an den König Alarich Rom verlassen?«

»Unmittelbar nach der Zustimmung des Senates, um sieben Uhr zwanzig, über Rimini-Ravenna-Aquileia. Die Bevollmächtigten des Gotenkönigs reisen erst in einigen Tagen ab, da mit ihnen noch die Termine der Ratenzahlungen festzulegen sind.«

»Gut. Sie selber nehmen Ihr Hauptquartier in Mailand, zwischen der römischen West- und der gotischen Ostarmee. Sie werden mich dort am 10. Juni spätestens vorfinden. Es gibt für Sie vor meiner Ankunft keine kaiserlichen Befehle. Verstanden? Keine! Die Generale Veranes, Vigilentius, Felix und vor allem Castinus habe ich zwecks ›besonderer Verwendung‹ zur Disposition gestellt. Alle Gesandtschaften an den Kaiser, und vor allem die aus Byzanz, werden unauffällig abgefangen und an mich umgelenkt. Sie verstehen noch nicht ganz? Schadet nichts. Vertrauen Sie nur. In zwei Wochen werden Sie verstehen. In zwei Wochen mag der Kaiser sich ruhig auf den Weg nach Ravenna machen. Sorgen Sie dafür, daß die Hafen- und Straßensperre gegen Ostrom wieder mit unerbittlicher Strenge gehandhabt werde. Verschärfen Sie bis zur Grenze des Möglichen die See- und Paßpolizei. Ehe ich Erlaubnis erteile, verläßt die Majestät nicht mehr die Residenz Ravenna. Ich muß sie dort in Sicherheit wissen und zu meiner Verfügung haben. Eine besondere Aufgabe, in die Sie sich morgen noch mit dem Admiral Tullius teilen werden, ist die Verdreifachung der Überwachung des Hafens von Portus. Auf jeden Versuch von Goldausfuhr steht die Todesstrafe, ohne Ansehen der Person. Die Senatoren sind in ein Netz von Agenten der Militärpolizei einzuspinnen. Alle in Rom anwesenden byzantinischen Fremden – besonders die ›vornehmen Herren‹ – haben sich von morgen an über den Zweck ihres Aufenthaltes auszuweisen. Können oder wollen sie das nicht, so haben sie sofort das Land zu verlassen. Keine unnützen Härten, aber notwendige Strenge. Der Leiter der politischen Polizei, Decius Posthumus, gehört zu meinen ältesten Parteigängern. Arbeiten Sie gemeinsam mit ihm die Pläne aus. Ich lasse Ihnen drei Tage Zeit. Am vierten reisen Sie mit sechsfachem Gespann zu Sarus nach Pavia. Tag und Nacht. Ohne jede Unterbrechung. Ich verlange Übermenschliches von Ihnen, Zeda, aber ich weiß, ich kann es verlangen. In zwei Wochen müssen alle Dinge von selbst laufen. Zwei Wochen sind der Vorsprung, den ich brauche. Wenn Sie mir diesen Vorsprung verschaffen, wartet Ihrer ein Geschenk, dem ich heute noch keinen Namen geben möchte. Rem rei nomen occidit. In zehn Tagen, Zeda, muß das Heer des Sarus auf dem Marsche nach Gallien sein. In vierzehn Tagen muß das Heer der Goten wieder vertragsmäßig in unsren Diensten stehn. Und in drei Wochen müssen meine Feinde spüren, daß sie den Sonnenaufgang verschlafen haben. Dann ist der Kaiser jeder Wahl enthoben. Dann kann – vielleicht – das römische Imperium noch einmal auferstehn. In Rom. Nicht in Byzanz, von wo ihm jedes Übel kommt.

Nehmen wir jetzt noch die Beschlüsse zu Protokoll. Sie sind und bleiben Staatsgeheimnis.

Noch eines: Sollte es sich Olympius einfallen lassen, in Mailand zu erscheinen, so bemächtigen Sie sich seiner unauffällig. Nicht über die Klinge springen lassen – in Gewahrsam nehmen, mürbe machen und für mich bereitstellen. Auf einen Vandalen gehen drei Levantiner. Sie entsinnen sich des Sprichwortes.

Und nun an die Arbeit. Um drei reiten meine ersten Schwadronen auf den Janiculus und nach Portus. Ich nehme an, der Fang wird gut. Man soll schon während des palatinischen Empfangs verfrachtet haben. Man hat vergessen, daß uns die Lichter eines Spiegelsaales noch nicht nachtblind machen.«

Nachdem Zeda durch einen geheimen Ausgang den Palast verlassen hatte, blieb Stilicho lange nachsinnend in der Mitte des Arbeitszimmers stehen. Erst als ihm sein Sohn Eucherius gemeldet wurde, raffte er sich zusammen:

»Du kommst von deiner Mutter?« fragte er auf vandalisch.

»Ja.«

»In welcher Verfassung fandest du sie?«

»Sie weinte. Die Sklavinnen wagten kaum, ihr das Haar zu lösen und die Kleiderspangen abzustecken.«

»Hat sie sich ausgesprochen, als ihr allein wart?«

»Nein. Sie hat mehrere Male gesagt, daß du uns alle durch deine Heftigkeit in das Unglück reiten wirst. Was sie selbst in monatelanger Kulissenarbeit gutmache, das werde von dir in einer Stunde zerstört. Nun könne sie wieder von vorn anfangen.«

»Es wäre mir lieber, sie hörte endlich auf, Familienpolitik zu treiben. Die Heirat deiner zweiten Schwester mit dem Kaiser hängt mir wie ein Klotz am Bein.«

»Ich habe mich oft gefragt, warum du sie erlaubt hast.«

»Weil ich den Verdächtigungen, die schon umliefen, nicht eine weitere, sehr gefährliche, zufügen wollte.«

Langes Schweigen.

»Gieße dir Frascati ein«, sagte Stilicho schließlich. »Ich weiß, daß du Met nicht liebst.«

»Danke, Vater. Ich möchte jetzt nicht trinken.«

»Doch, trinke, Eucherius. Mir zuliebe. Der Wein öffnet den Geist und das Blut.«

Er trat vor den Sohn und legte ihm beide Arme auf die Schultern:

»Ahnst du eigentlich, Eucherius, warum ich dich noch um diese Stunde zu mir bat? Ahnst du, welche Mitteilung ich dir zu machen habe? Der Kaiser Arkadius ist am 1. Mai in Byzanz gestorben.«

Ein Erschrecken fuhr über die dunklen Augen des Eucherius.

»Ja. Der Kaiser Arkadius ist seit drei Wochen tot. Heute morgen brachte mir ein Eilbote unseres Freundes Caesarius die Geheimnachricht, die ich nur dir mitteile. Vielleicht verstehst du jetzt die Schärfe meiner Rede.«

»Allerdings.«

Stilicho nahm auf einem Diwan Platz und zog den Sohn neben sich:

»Der Begriff ›Imperium‹ im Sinne des großen Theodosius ist durch diesen Tod plötzlich wieder in den äußersten Vordergrund meiner Politik gerückt worden. Wenn je, so gilt es jetzt, den entscheidenden Schlag zu führen, das heißt: die politische Einheit beider Reichsteile unter dem Zwang der Verhältnisse wiederherzustellen. Wer soll das tun, wenn nicht der einzige Mann, der dazu fähig wäre? Hätte ich das Geheimnis heute nachmittag schon preisgegeben, hätte ich also dieser Bande widerspenstiger Senatoren schon den Schrecken meiner Machterweiterung eingejagt, so hätte ich einen gefährlichen Zustand geschaffen. Sie hätten meine Forderungen abgelehnt, sich sofort mit den germanenfeindlichen Politikern in Byzanz – mit Anthemius, Aurelianus, Synesius und Johannes, dem Liebhaber der verstorbenen Kaiserin Eudoxia – in Verbindung gesetzt, den Kaiser Honorius wahrscheinlich zu vorübergehender Anerkennung des gallischen Usurpators bewogen, die in Oberitalien gegen Constantinus bereitstehenden Truppen einem dem Kapital genehmen General unterstellt und gegen Alarich ins Feld geschickt. Natürlich hätten ihnen ihre Gesinnungsgenossen in Byzanz Hilfe zur See und zu Land versprochen, aber niemals geschickt. Denn gegen die Gerissenheit dieser Halunken sind die weströmischen Senatoren Schusterlehrlinge. Was wäre eingetreten? Das vorzügliche Westgotenheer hätte das unsere nach allen Regeln der Kunst zusammengestaucht, sich über die italischen Länder gewälzt und Rom erobert: natürlich im Einverständnis und Bündnis mit dem Usurpator Constantinus, der sich ja gar keinen besseren Mitkaiser wünschen kann als einen nur auf Siedlung und ausreichende Volksernährung bedachten Gotenkönig! Die Not wäre unvorstellbar geworden – und nach dem Retter Stilicho hätte man nicht mehr rufen können. Denn den – mit seiner gesamten Familie – hätte man als ›Hochverräter‹ längst um die Ecke gebracht, sofern er nicht tatsächlich ein ›Hochverräter‹ geworden wäre und sich auf die Seite der Westgoten geschlagen hätte. Glaubst du, daß dein Vater dazu fähig wäre? Glaubst du, daß er jemals den Gedanken preisgäbe, dem er seinen Aufstieg, seinen Ruhm, sein Vermögen, seine Macht verdankt? Nein, Eucherius, das glaubst du genauso wenig wie ich selbst. Stelle dir den Triumph der Minister in Byzanz vor, wenn sie so bequem und billig alle Feinde losgeworden wären, vor denen sie heute noch zittern: die weströmische Macht als solche, die ihnen längst zur verhaßten Rivalin geworden ist, Stilicho, den Germanenfreund und Führer, den eigentlichen Herren von Westrom, und den König Alarich, der nach erfolgter Sättigung wohl kaum noch einmal Lust verspürt hätte, über die oströmischen Grenzen in erschöpfte Landstriche einzubrechen. Wird dir klar, was in der hohen Politik davon abhängen kann, ob ein Wort zur rechten oder unrechten Zeit über die Lippen eines Staatsmannes tritt, ein Wort, das nicht einmal ein Programm enthält, sondern nur eine Tatsache, die in vierzehn Tagen jedes Kind wissen wird? Ja, wäre der ›Kaiser‹ Honorius, der sein Lieblingshuhn ›Roma‹ getauft hat und es eigenhändig aus einem goldnen Troge mit Hirsekörnern füttert – wäre dieser Knabe ein Mann, ein Herz, ein Kopf: wäre er ein ganzer Kerl, mit dem man rechnen könnte: wieviel einfacher lägen die Dinge! Wieviel Verleumdungen wagten sich nicht an einen heran – wieviel Umwege brauchten nicht gegangen zu werden! Die Umwege sind es, die Umwege, welche unsere Kraft zerfressen! Das Lügenmüssen – der unaufhörliche Kampf gegen den unsichtbaren Feind im Rücken, der einem folgt wie der eigne Schatten und sich nennt: Verdächtigung, Bespitzelung, Ehrabschneidung, Neid und Angst. Schriebe ich jemals meinen Lebenslauf: was wäre er anderes als die Geschichte dieses vielköpfigen Ungeheuers, dem, wie der Hydra, für jeden abgehauenen Kopf zwei neue Köpfe wachsen.

Nun weißt du, welche Entschlüsse ich heute zu fassen hatte. Es gab gar keine Wahl, sofern ich das Imperium und mich selber retten wollte – was dieses Mal bis auf das Haar das gleiche ist. Daß dieser Kopf hier – der Kopf deines Vaters – nicht von seinem Rumpfe getrennt werde: diese eine, kleine Tatsache entscheidet über das Geschick der Welt. Glaubst du, daß sich ein Sterblicher jemals hätte wünschen können, eine solche Verantwortung zu tragen? Ich glaube es nicht. Aber ich weiß – da sie mir vom Schicksal auferlegt wurde –, daß ich sie tragen muß. Bis zum Ende. Für dich, Eucherius. Und – wenn du es willst – gemeinsam mit dir. Willst du es?«

Stilicho war während der letzten Worte aufgestanden und vor seinen Sohn getreten, der sich nun ebenfalls erhob:

»Ich will es. Ich will es bis zum letzten Tropfen Blutes, der in meinen Adern fließt.«

Und er warf die Arme um den Hals seines Vaters, in dem er das Sinnbild aller Mannesgröße erblickt hatte seit den Tagen seiner glücklichen Kindheit an den Ufern des Goldnen Hornes: im Palaste von Byzanz und in den schneeweißen Sommervillen unter den wiegenden Zypressen von Kiathané und Hýdorhedý. Nun standen sie sich gegenüber auf dem goldgrünen Mosaik, hochaufgerichtet, einer so groß wie der andere, fast wie zwei Brüder anzuschauen: so sehr hatte der Vater sich die Jugend des Herzens bewahrt, so sehr war das Herz des Sohnes schon in männlicher Blüte entfaltet.

»Wenn ich ihn anschaue«, dachte Stilicho, »vergesse ich alle Qualen, alle Lasten meines Lebens. Wenn ich sehe, wie er dasteht oder ausschreitet, wie ihm die Beine aus den Hüften gewachsen sind, wie aus diesen selben engen Hüften ihm breit Brust und Schulter aufstreben – wenn ich seinen Kopf betrachte, den er so knapp und schmal auf schlankem Halse trägt wie niemals ein Lateiner – wenn ich mich am reinen Bogen seiner Brauen freue und an dem dichten Haare, das so blond ist, als sei es im Golde des Paktólos gewaschen ...«

»Woran denkst du?« fragte Eucherius, die Züge seines Vaters musternd.

Stilicho legte den Arm um die Hüfte des Fragenden und machte ein paar Schritte mit ihm gegen das weitgeöffnete Fenster:

»An dich. An die einzige Liebe, die es in meinem Leben gibt.«

»Die einzige? Und die Mutter? Und die beiden Schwestern?«

»Ich unterscheide Neigungen und Liebe, Eucherius. Lerne beizeiten das gleiche zu tun.«

»Ich habe es gelernt. Ich bin froh, daß du das Gespräch auf diese Dinge bringst. Es wäre mir schwergefallen, sie anzuschneiden.«

»Warum?«

»Sie – sagen sich nicht leicht.«

»Ah, wie die Scheu des Germanen vor dem deutlichen Wort in dir lebt, wie wenig du Römer bist.«

»Ich bin kein Römer. Ich bin noch nie Serenas Sohn gewesen.«

»Nein, Eucherius. Das bist du nie gewesen. Es ist gut, daß du es weißt. Sage mir – ohne Scheu: Liebst du deine Mutter?«

»Wie sollte ich?«

»Wie solltest du. Serena weiß nicht, was es heißt, einen Sohn zu haben. Sie lebt und fühlt mit ihren Töchtern.

»Vielleicht wäre sie sehr glücklich, wenn sie für einen Enkelsohn leben dürfte.«

»Das möge ihr nie vergönnt sein.«

»Warum nicht?«

»Von diesem Kaiser einen Enkelsohn? Dann müßtest du meine Rolle weiterspielen. Das mag dir dein ärgster Feind wünschen, dein Vater wünscht dir einen anderen Weg.«

Die Augen des jungen Mannes, in deren Dunkel die Kerzen des Tischleuchters spiegelten, schraken wieder auf.

»Welchen Weg?«

»Komm«, sagte Stilicho. »Setzen wir uns wieder. Du hast es mir leicht gemacht, im Sprechen fortzufahren. Ich muß dir Fragen stellen, Fragen, die in meinen Plänen brennen. Und du mußt mir antworten. Schonungslos. Es gibt keine Entscheidungen von Gewicht, in denen die Verschleierung Platz hätte. Wie steht es zwischen dir und Galla Placidia?«

»Fühlst du es nicht?«

»Ich fühle, daß du sie nicht liebst.«

»Muß diese Verlobung aufrechterhalten bleiben?«

»Sie muß es.«

»Ich wußte, daß ich diese Antwort erhalten würde.«

»Wen sollte man ihr zum Gatten geben? Sie ist das Imperium. Honorius wird keine Kinder haben. Er kann nicht zeugen. Ich spüre es. Der Mann erwittert den Mann. Honorius ist kein Mann. Er ist das Wesen mit dem ewig vorgehaltenen Spiegel. Narkissus-Elagabal. Er ist herzleidend. Er wäre ein liebenswürdiger, empfindsamer, kaum beachteter Mensch wie tausend andere, wenn er nicht die Krone trüge. Arkadius ist tot. Gewiß: Es ist ein Thronfolger da im Osten. Ein siebenjähriger Knabe, der ohne Mutter aufgewachsen ist: schon heute der Spielball der Hofkamarilla. Wissen wir, was mit ihm geschieht?«

»Was soll mit ihm geschehen, wenn du die Vormundschaft im Osten übernimmst?«

»Nichts. Aber er kann ja sterben – wie so viele Menschen. Plötzlich, unerwartet. Was dann? Es muß Ersatz vorhanden sein – unverzüglich einzusetzender Ersatz. Die Tochter des großen Theodosius lebt: Placidia, deine Braut, zwiefach kaiserlichen Blutes: der Theodosier und der Valentinianer. Glaubst du, ich dulde, daß eine der oströmischen Prinzessinnen von byzantinischen Generalen auf den Thron erhoben und an diesen oder jenen ihrer Söhne verschachert wird? Fließt nicht in deinen Adern auch das Blut der Theodosier? Wird nicht in dir und in Placidia die Dynastie am unverfälschtesten erhalten – die Sorge meines Lebens am reichsten entlohnt? Alle Qual im verzweifelten Kampf um jenes *eine* Atom von Macht, aus dem die Über-Macht erwächst? In dir allein verkörpert sich der Sinn meines Lebens: Sei es, daß dir Byzanz zufiele, sei es, daß dich das Schicksal nach Ravenna verwiese. Glaubst du, daß du dir selbst gehörst? Wie immer sich dein Leben gestalte, *nachdem* einmal die Würfel gefallen sein werden: so lange, bis sie fallen, mußt du dich für diesen oder jenen Weg bereithalten. Und über allen Wegen ...«

»Für dich«, ergänzte Eucherius.

»Ja«, wiederholte Stilicho, »für mich. Besäße ich diese Gewißheit nicht – ich weiß nicht, Eucherius, ob ich die Kraft hätte, das letzte Hindernis zu nehmen, das mir noch den Ausblick versperrt – und dir das Ziel. Es gilt jetzt nur noch Niederlage oder Sieg. Mein Herz hat einen einzigen Bundesgenossen auf diesem schwersten aller Gänge: dich.«

»Und das meine?«

»Vielleicht eine Liebe, von der ich nicht weiß – vielleicht eine Hoffnung, die jenseits meiner Ziele liegt.«

»Nein, Vater. Auch mein Herz hat nur einen einzigen Bundesgenossen: das Beispiel deines Lebens.«

»Und Galla Placidia?«

»Wenn sie mich nicht liebte, Vater – wenn sie mir ganz Schwester sein könnte: ich wälzte Berge auf die Stärke ihres Herzens, und sie würde lächelnd die Lasten tragen. Sie ist der einzige junge Mensch in dieser ›unsrer‹ Welt, der Sinn für Größe hat.«

»Sie ist geboren zur Herrschaft – und sie wird herrschen. Sei gütig. Schone immer ihr Gefühl, auch wo es bedrückt. Da sie kaiserlich empfindet, weiß sie, daß ein Mensch, der eine Berufung verkörpert, die Wege der Notwendigkeiten geht und nicht die Wege seiner Wünsche. Sie ist auch stark genug, ihre Schmerzen diesem Wege einzuordnen. Denn sie glaubt an den Gott, der sich in seinem Sohn dem Leid der Welt geopfert hat.«

»Sie hat den Glauben, der Berge versetzt.«

»Und versuchte niemals, dich zu bekehren?«

»Niemals. Sie wartet. Sie hält den Weg zu Gott für unentrinnbar.«

»Ich glaube, daß sie recht behält. Doch es darf nur antworten, wer erprobt hat. Auch du wirst warten müssen. Auch ich. Wir wissen nicht, wann uns das Zeichen gegeben wird.«

Das Gespräch verstummte in einer kurzen Ermattung.

Schon zum drittenmal hatte Stilicho die Gläser gefüllt. Die Flamme des Frascati begann, das Wort von neuem zu durchbrennen:

»Meinst du, Vater«, fragte Eucherius, »daß die Germanenfresser in Byzanz und Rom wirklich an den dauernden Erfolg ihrer Machenschaften glauben?«

Stilicho lachte:

»Ich wünschte, sie täten es. Dann wäre ihre Ernüchterung eines Morgens so groß, daß man leichtes Spiel mit ihnen hätte. Was sie wollen, wäre verständlich, wenn sie noch die Kraft hätten, es auszuführen: wenn hinter ihnen noch ein römisches Volk stünde, das keinen Einsatz und kein Opfer scheute. Ein solches Volk aber gibt es nicht. Das Imperium verträgt keine fragwürdigen ›Versuche‹ mehr. Will man es erhalten, weil man seinen Bestand für ein immerhin noch größeres Glück hält als das Chaos, so muß man ihm diejenigen Elemente eingliedern, deren Verlangen nach staatlicher Ordnung noch ungebrochen ist: also die sogenannten ›barbarischen‹. Die Fragestellung ist beängstigend einfach. Sie lautet: Wie mache ich die körperliche und seelische Unverbrauchtheit der Germanenvölker dem imperialen Gedanken dienstbar, ohne die Quelle solcher Kräfte zu erschöpfen? Genau auf dieser Fragestellung ruht das Werk meines Lebens. Wer an sie zu rühren wagt, ist mein Feind, gegen den es keine Schonung gibt. Es ist mir gleichgültig, ob ich, um mein Ziel zu erreichen, ein paar Leben opfern muß. Es ist mir noch viel gleichgültiger, ob mir schließlich nichts anderes übrigbleibt, als den gesamten Senatorenstand auszurotten und eine neue Oberschicht zu bilden. Es muß eine solche in jedem Staatswesen geben. Aber sie muß Antrieb und Vorbild sein, nicht wirtschaftliche Nutznießerin eines Verfalles, der sich um sie her vollzieht. Sie muß sich bemühen um den Ausgleich der Gegensätze, nicht aber hinterhältig die Verschärfung dieser Gegensätze betreiben.

Der starke Staat ruht immer auf einer mittleren Linie, und nur die Hoffnung auf Überwindung vorhandener Mängel schafft den politischen Staatsbürger, auf dessen Hilfe sich der führende Staatsmann stützen muß. Welche bessere Hilfskraft also könnte man dem Imperium wünschen als den Germanen? Der Germane ist der endlosen Entbehrungen seiner Wanderzüge müde. Er sucht Siedlung und stellt dem Staate, der ihn in seinen Grenzen aufgenommen hat, seine militärische Kraft zur Verfügung. Natürlich aber will und muß er auch in der Oberschicht dieses Staates vertreten sein: Sein Stammesbewußtsein muß einmünden in ein übergeordnetes Staatsbewußtsein. Er muß – auch wenn er in Gallien wohnt – begreifen, daß es um seine eigne Sache geht, wenn das Imperium eine Rebellion in Afrika niederschlägt. Warum sollte heute nicht möglich sein, was vor tausend Jahren der Stadtstaat Rom begriffen und erreicht hat? Das Problem bleibt das gleiche – Mittel und Radius sind geändert. Das aber wollen die Senatoren nicht begreifen. Ihr Gold verstopft ihnen Gehirn und Herz ... Glaube mir, Eucherius: Es ist ein Glück, in diesen Zeiten nicht lateinischen Blutes zu sein! Ich ziehe die Weite und die Bewegtheit des germanischen Geistes – mögen sie auch manchmal unbequem sein – dem sturen Verharrungsbedürfnis dieser Römer vor, welche die Welt nicht mehr verstehen, weil sie glauben, das Römertum sei die Welt! Vergiß in deinem Leben niemals, daß du zu einem Viertel vandalischen Ursprunges bist. Die Treue gegen dieses Viertel deines Blutes wird dir einen großen Vorsprung vor dem römischen Denken geben. Und was immer sich der römische Dünkel über die Barbaren einredet: im Innersten verneigt er sich in einer Art von Weltangst vor der anderen, der unsichtbaren Krone, die er auf unserer Stirne wittert. Solltest du jemals die Krone des Imperiums tragen müssen: in Rom oder Byzanz oder in beiden zugleich: lasse es auch dann – über dem Perlendiadem – jene andere sein, von der ich dir soeben sprach. Nur durch sie wirst du herrschen. Kraft des Perlenbandes – wirst du regieren! Auch diesen Unterschied begreift kein römisches Hirn ... Deine Mutter konnte ihr Leben lang nur im Perlenbande denken ... Sie hat mich sehr allein gelassen. Sie hat niemals begriffen, wer ich wirklich bin, noch was ich wirklich wollte.«

»Wie sollte sie es je begriffen haben, Vater? Genügt es nicht, daß sie auf ihre Weise das tut und ehrlich meint, was sie tut?«

»Ich wünschte dich weniger gerecht, Eucherius, bei solcher Jugend.«

»Jugend? Als du mein Alter hattest, warst du der Befehlshaber der Palasttruppen. Was bin ich?«

Stilicho nahm den Kopf seines Sohnes in seine beiden Hände:

»Das Siegel meines Lebens – der Erbe meines Werkes – der Bewahrer meines Geheimnisses – die Hoffnung aller Hoffnungen.«

Er wandte plötzlich den Kopf zur Seite und schaute durch die hohe Fensteröffnung in die verhängte Nacht. Noch niemals hatte Eucherius eine solche Trauer über diesen Zügen gesehen. Er fühlte: Es ist die Trauer derer, denen die Vollendung ihres Werkes nicht die Vollendung ihres eignen Wesens ist. Es ist die Trauer, von der kein Römer etwas weiß. Und er erkannte in der gleichen Sekunde, warum auch er nicht in den Schoß des Christengottes abwälzen konnte, was als Fragezeichen in sein Gewissen eingegraben war. Wer würde siegen? Der Gott der Christen – oder das Gewissen?

»Es ist spät«, nahm Stilicho nach langem Schweigen das Gespräch auf. »Ich muß dir die Pläne für die nächsten Wochen sagen. Ich werde nach Byzanz gehen und die Vormundschaft über den Thronerben übernehmen. Mein Anspruch stützt sich auf den Willen seines Großvaters. Es wird niemand mehr in der Lage sein, mich an meinem Vorhaben zu hindern. In vierzehn Tagen ist die Armee gegen Constantinus nach Gallien ins Feld gerückt. Zur gleichen Zeit werden die Goten die erste Rate des versprochenen Goldes bekommen und zu meiner Verfügung stehen, falls sich in Byzanz ein Widerspruch erhöbe. Ich wüßte allerdings nicht, wer ihn ins Werk setzen und militärisch durchführen könnte. Anthemius muß geopfert werden. Geht er freiwillig, so mag ihm das Schicksal des Rufinus erspart bleiben. Wenn nicht, so kann ich ihm nicht helfen. Ich werde von Honorius die Erhebung Placidias in den Rang einer Kaiserin verlangen. Noch vor Ende des Jahres wird deine Vermählung mit ihr stattfinden. Zu Beginn des nächsten übernimmst du als ihr Gemahl die Reichsverweserschaft in Byzanz mit Zeda als Oberbefehlshaber und Kriegsminister im Osten. Die Westgoten werde ich dann nicht in Gallien, sondern in den Donauländern ansiedeln. Dort sind sie näher bei dir. Die Vandalen und Alanen lasse ich fürs erste gegen Spanien vorstoßen. Gallien muß ganz für Rom zurückgewonnen sein, ehe ich gegen sie losschlagen kann. Honorius wird vor Tatsachen gestellt. Er darf vor Anfang Juni keine Verbindung mit den Soldaten haben. Olympius versucht, die nationalrömischen Truppen gegen mich aufzuhetzen. Es wäre

verfrüht, ihn jetzt schon beseitigen zu lassen. Ich muß ihn in
flagranti ertappen. Die Fallen sind ihm gestellt. Ich darf den
Bereich des ›Rechtmäßigen‹ nicht verlassen. Ich will die Dynastie
nicht stürzen, denn ich brauche sie. Sie ist der Magnet, der die
Völker des Imperiums bannt. Der Nimbus erhält. Genie hat
nicht die Macht der Majestät. Man muß an solchen trüben Wahr-
heiten nicht rütteln wollen. Mundus vult decipi. Ich werde selbst
den Kaiser Anfang Juni nach Ravenna zurückbringen und dort in
untertänigstem Gewahrsam halten. Er wird den Tod seines
Bruders Arkadius vor Ende dieses Monats nicht erfahren.
Es ist vorgesorgt. Ehe er handeln kann, werde ich gehandelt haben. Du selber wirst mich nach Ravenna und Byzanz
begleiten. Du bist geborener Byzantiner. Meine beschlagnahm-
ten Paläste und Güter rufen nach ihrem Herrn. Deine Mutter reist morgen mit der Kaiserin auf ihr Sommerhaus am
Posilipp, Placidia nach der Villa Cesarini am Nemisee. Die Familien sind getrennt, zerstreut. Der Schein ist gewahrt. Das
Geheimnis auch, solange es noch gewahrt werden muß.
Das Spiel ist ungeheuer. Es wird gespielt werden. Wir sind
von den Ereignissen in den Brennpunkt unseres Schicksals
getrieben worden. Nur von dort aus können wir sie noch
meistern.«

Stilicho hatte eben zu Ende gesprochen, als der Hauptmann
der hunnischen Palastgarde eintrat.

»Was ist?«

»Seine Majestät, der Kaiser Honorius, befiehlt, eingelassen zu
werden.«

»Kommt er in militärischer Begleitung?«

»Nein. Nur mit dem Hausminister Olympius.«

Keine Miene verzog sich im Gesichte Stilichos:

»Melden Sie, daß ich die Gnade des Besuches Seiner Majestät
erwarte.«

»Was bedeutet das?« fragte Eucherius erregt.

Stilicho lächelte.

»Gar nichts. Olympius will ein Theaterstück in Szene setzen
und sich einen roten Streifen an seiner Toga verdienen.«

»Soll ich gehn?«

»Warum?«

»Wollen Sie verzeihen«, sagte Honorius im Eintreten, »daß ich
Sie um diese Stunde störe. Da ich selber durch wichtige Bespre-
chungen wach gehalten wurde und vernahm, daß ebensolche bei
Ihnen schon seit Mitternacht stattfinden, schien es mir ange-

bracht, selbst noch herüberzukommen, um Ihnen einige dringende Fragen zu stellen.«

»Ich bin beschämt durch so viel Güte. Aber Eure Majestät sind offenbar falsch unterrichtet worden. Es hat bei mir nur eine der höchst seltenen persönlichen Unterhaltungen zwischen meinem Sohne und mir stattgefunden.«

Der Kaiser schaute auf Olympius.

»Ihr Generalstabschef Zeda hat vor zwei Stunden Rom mit Eilwagen in nördlicher Richtung verlassen«, sagte Olympius.

»Darf ich Eure Majestät darauf aufmerksam machen«, sagte Stilicho mit großer Verbindlichkeit, »daß Fragen, welche die Armee betreffen, nicht vor dem Hausminister verhandelt werden.«

»Das wagen Sie mir zu sagen?« brauste Honorius auf.

»Es ist meine Pflicht, es zu sagen.«

»Über meine Begleitung entscheide ich!« schrie der Kaiser.

»In persönlichen Dingen: ja. Nicht aber, wenn Eure Majestät zu politischen oder militärischen Besprechungen in das Haus Ihres obersten Feldherrn und Ministers kommen. Wollen Sie also veranlassen – sofern Sie auf dem Gespräch mit mir bestehen –, daß der Hausminister sich entfernt.«

»Gehen Sie bitte, Olympius«, sagte der Kaiser. »Gehn Sie um des lieben Friedens willen.«

Stilicho klatschte in die Hände. Der Hauptmann trat ein.

»Wollen Sie die Exzellenz Olympius im inneren Vorzimmer warten lassen, bis Seine Majestät das Haus verläßt. Sorgen Sie für Wein und Lektüre. Der Nachlaßband des Claudian ist gerade erschienen.«

Honorius hatte sich in einen Sessel fallen lassen. Er hielt die Augen geschlossen und spielte mit den Ringen seiner linken Hand, als ob ihn das sinnlose Hin- und Herdrehen bei Bewußtsein halten sollte.

»Warum spricht denn hier niemand?«

»Es ist an Ihnen, Majestät, diesen unmöglichen Auftritt zu erklären.«

»Ich weiß doch von gar nichts. Den ganzen Abend schon liegen sie mir im Ohr, hier werde ein Komplott geschmiedet.«

»Ach so ... Und Sie sollten Ihren Mut beweisen und mich in flagranti überraschen? Ausgerechnet im Schutze dieses levantinischen Abenteurers?«

»Haben Sie selbst ihn nicht in Ihre Dienste genommen?«

»Allerdings! In Dienste, wie sie nur Schufte einem Oberbefehlshaber in Feindesland leisten können. Auf die Dienste kann man nicht verzichten, aber die Schufte hält man sich vom Leib.«

»Also es ist nicht wahr, daß der General Zeda schon nach dem Norden unterwegs ist?«

»Nein. Eure Majestät können ihn morgen zur Audienz befehlen. Aber selbst wenn ich ihn schon zum Heere gesandt hätte: wer hätte mir in meine Entschlüsse dreinzureden?«

»Ich!«

»Eure Majestät irren. Solange der Oberbefehl in meiner Hand liegt: kein Mensch im ganzen Imperium! Es sei denn, er werde zum Rebellen.«

»Ich wünsche noch heute zu meinen Truppen nach Ravenna zurückzukehren.«

»Ich kann Eure Majestät nicht in Ihren Bewegungen hindern. Ich hatte – aus wohlerwogenen Gründen – eine gemeinsame Rückkehr mit dem gesamten Hofstaat auf Ende dieses Monats vorgesehen. Es dürfte sich sehr empfehlen, meine Pläne nicht zu durchkreuzen.«

Der Kaiser warf einen gequälten Blick auf seinen Feldherrn.

»Eure Majestät sind nur bei mir in voller Sicherheit.«

»Wenn ich das wüßte«, flüsterte Honorius »wenn mir der Zweifel nicht das Herz zerfräße.«

Er schlug die Hände vor das Gesicht und brach in Tränen aus.

Kopfschüttelnd, angewidert und doch voll Mitleid stand Stilicho. Eucherius hatte sich abgewendet und starrte in die Nacht, bis ihn die Stimme seines Vaters zu sich zurückrief:

»Eucherius, bringe den Kaiser mit einem hunnischen Zehnt in den Palast zurück. Er ist krank und bedarf seiner Ärzte.«

Honorius schreckte auf:

»Nein. Lassen Sie mich mit Olympius gehn. Meine Begleitung wartet am Eingang des Vorgartens. Ich muß Sie morgen sprechen, Stilicho. Es laufen unmögliche Gerüchte. Byzantinische Kaufleute, die heute abend in Portus angekommen sind, sollen erzählen, der Kaiser Arkadius sei gestorben.«

»Können sie ihr Geschwätz beweisen? Nein? Dann lassen Sie ihnen Blei in den Schlund gießen! Ich werde mich dieser Angelegenheit morgen annehmen und Ordnung schaffen. Es fehlte gerade noch, daß solche Gerüchte den Senatoren das Rückgrat stärkten und die Gotengefahr von neuem heraufbeschwören. Merken Sie denn nicht, aus welchem Winkel Ihnen dieser Pestwind um die Nase geblasen wird? Spüren Sie nicht, wer da schon die Drähte zieht? Sehen Sie nicht, welches Spiel man da mit Ihren schwachen Nerven treibt?«

»Nein! Ich sehe es nicht! Wenn ich es sähe, wäre ich ja heute nacht nicht hier.«

»Ich mache Ihnen einen Vorschlag: Kehren Sie jetzt nicht in Ihren Palast zurück. Verfügen Sie über mein Haus. Beweisen Sie diesen elenden Hetzern, daß Sie sich vor ihnen in den Schutz Ihres Generalissimus und Schwiegervaters Stilicho begeben haben, der den Titel eines ›Patricius‹ führt, eines ›Vaters des Vaterlandes‹. Nehmen Sie Ihre Leibgarde herein. Sie sind ohne Bewachung gekommen. Ich danke Ihnen für dieses Vertrauen, so schmerzlich es auch ist, einen solchen Dank für Selbstverständliches abstatten zu müssen. Warum sollten Sie nicht mit Bewachung bleiben?«

Wieder der gequälte, verzweifelte Blick aus den noch feuchten Augen.

»Lassen Sie mich lieber nach Hause gehen, Stilicho. Es ist besser, glauben Sie mir. Und lassen Sie uns morgen bei Serena in Ruhe sprechen. Ersparen Sie es mir, als der Schutzbefohlene Ihres Hauses zu erscheinen. Es hätte niemand einen Vorteil davon.«

Er erhob sich, grüßte gegen Eucherius und schritt, von Stilicho geleitet, durch die Tür in den Vorraum.

»Du hast Olympius freigegeben?« fuhr Eucherius auf, als Stilicho zurückkam. »Ja? Vater – wie konntest du so etwas tun? Ein Wink von dir vorhin – der Griff einer Hunnenklaue an der Gurgel – und der ganze Fall war erledigt. Wie konntest du diesen räudigen Hund am Leben lassen, nachdem seine eigne Frechheit ihn in deine Hand gespielt hatte?«

»Es regte sich nichts in mir, das mir befohlen hätte, zu tun, was du getan hättest.«

Eucherius, bitter, und so leise, daß die Worte fast im Zwielicht untergingen:

»Füge es das Schicksal, daß ich mich geirrt habe – und nicht der Feldherr Stilicho.«

Charmion, die Lieblingssklavin der Prinzessin Placidia, war vor Übermüdung auf der Schwelle des Vorzimmers eingeschlafen. Innen, vor einer byzantinischen Ikone der Mutter Gottes, das Gesicht auf die fast erstarrten Finger gebogen, lag Placidia immer noch im Gebete, ausgelöscht im Hingegebensein an das göttliche

Herz, in dem das Leid der Welt gesammelt war. Die Kerzen neben dem umdunkelt-süßen Bild auf goldenem Grunde waren fast herabgebrannt. Nur noch von unten fiel ihr Schein auf die Madonna: in die glühenden Augen aus schwarzem Achat und die von Tränen aufgezehrten Wangen. Nur wenigen Menschen barg sich die Liebe Gottes im Sinnbild der Gottesmutter: des ewigen Schoßes, aus dem das Leben kommt, in den es heimkehrt. Placidia – die mutterlose – hatte früh das Geheimnis der Geheimnisse begriffen: den grundlos spiegelnden Quell, aus dem ihr die Kraft floß, eine Bestimmung zu ertragen und zu erfüllen.

Nun legte sich ein Arm um die Schulter der Knienden: Elpidia, ihre Amme, war eingetreten, den Becher mit dem Schlaftrunk in der Hand.

»Wollen Eure Kaiserliche Hoheit nicht endlich an die Rechte des Körpers denken«, fragte die besorgte Stimme im Tonfall von Ephesus. »In einer halben Stunde wird es Tag – und Sie haben noch kein Auge zugetan.«

Placidia hob den Kopf und ließ in gegen die Knie der Dienerin gleiten.

»Ich bin zu müd, um zu schlafen«, sagte sie vor sich hin. »Ich bin so müd, wie die Heilige Mutter gewesen sein muß, als der Engel von ihr ging.«

Elpidia zog die Erschöpfte hoch.

Charmion, durch das Sprechen wachgeworden, kam in das Zimmer.

»Kleidet mich aus«, sagte Placidia. »Ich hatte der Prinzessin Serena versprochen, gegen Mittag auf das Reiterturnier der thrakischen Offiziere ad Lauras zu kommen. Meldet ihr, daß ich krank sei und niemanden sehen wolle. Auch mein Beichtvater Marcianus soll heute nicht vorgelassen werden. Ich habe viel zu denken, eh ich mich bekenne.«

»Und wenn Eucherius nach Eurer Kaiserlichen Hoheit verlangt?«

»Eucherius wird nicht nach mir verlangen. Auch er hat viel zu denken heute. Wer denkt, will allein sein.«

»Es ist genug gedacht für heute«, wehrte Elpidia ab. »Jetzt muß geschlafen werden – lang und tief, bis die Sonne hoch steht. Es hat sich ausgeregnet. Gegen Portus müssen Gewitter niedergegangen sein. Spüren Sie nicht, wie frisch die Luft geworden ist? Hier ist der Schlaftrank Ihres Vaters. Er hatte andere Sorgen als ein junges Mädchen – und vergaß sie alle, wenn er diesen Becher geleert hatte.«

»Was redest du da?« fragte Placidia mit erwachender Stimme. »Weißt du, ob ich morgen oder übermorgen nicht noch viel größere haben werde?«

»Das steht in Gottes Hand wie alles Menschenwerk.«

»Was ist das für ein frühes Pferdegetrappel? Hörst du nicht?«

»Was kann das sein? Vielleicht reitet der Kaiser auf die Jagd?«

»Der Kaiser? Hast du vergessen, daß er vor Mittag nicht aufsteht?«

Nun klang der Hufschlag näher.

»Sieh, was das ist.«

»Es sind die Hunnen Stilichos, die gegen die Janiculusstraße reiten«, antwortete Elpidia vom Fenster her.

Placidia starrte in die Falten der milesischen Wolldecke.

»Ist die Palastgarde nicht auch schon auf den Beinen?«

»Nein, Prinzessin. Es ist alles still – wie ausgestorben.«

Placidia spürte, wie die Müdigkeit auf ihre Augenlider rieselte.

Als Elpidia die Läden schloß, stand ein päonienroter Streifen zwischen langen Wolkenbänken am östlichen Horizont.

»Wie die Rosen von den Balkonen der Livia schon herüberduften«, sagte sie.

Placidia antwortete nicht mehr. An der Schwelle ihres Schlafes stand das Bildnis des Eucherius ...

»Warum eigentlich«, fragte sie sich, »warum liebe ich gerade ihn so sehr? Warum lassen mich die jungen Römer und Byzantiner, die ich kenne, so gleichgültig? Ist er nicht spröd – ist er nicht manchmal hart und wie ein Feind der Frau? Bin ich ihm verfallen? Nein, nein, verbesserten die schon umdämmerten Gedanken. Ich bin ihm nicht verfallen. Ich war es nie. Ich warte auf ihn, heute und morgen und übermorgen, wie ich gestern und vorgestern gewartet habe.«

Viertes Kapitel

Die ersten Gerüchte von der Ermordung Stilichos waren am
3. September nach Rom und Nemi gedrungen. Da die Kaiserin
Thermantia auf Befehl ihres Vaters schon Mitte Juli zu Honorius
nach Ravenna übergesiedelt war, hatte Serena ihr Sommerhaus
am Fuß des Posilipp mit einer Villa in Bajä vertauscht. Placidia,
welche das Strandleben am Golfe von Pozzuoli haßte, hatte es
vorgezogen, in der Villa Cesarini zu bleiben.

Am 4. September wurde die Nachricht bestritten, um drei
Tage später von Serena selbst, welche mit einem Schnellruderer
nach Rom zurückgekehrt war, in ihrer ganzen Grausamkeit, aber
noch immer ohne Einzelheiten, bestätigt zu werden. Am Abend
des 8. September erhielt Placidia den Besuch eines Presbyters,
der ihr mitteilte, daß Eucherius sich im Lateran in Sicherheit
befinde und ihren heimlichen Besuch erbitte. Am Vormittag des
nächsten Tages aber meldete man ihr einen auf langer Reise
erkrankten Mönch mit Aufträgen aus Byzanz. Sie ließ ihn in
einen Gartenpavillon über dem See führen. Dort gab er sich als
der Generalstabschef Zeda zu erkennen. Seine Stimme hatte fast
den Ton verloren, als er fragte:

»Darf ich mich dem Schutze Eurer Kaiserlichen Hoheit anvertrauen?«

»Solang ich in der Lage bin, Ihnen Schutz zu gewähren – wie
könnten Sie jemals zweifeln?«

»Eucherius lebt«, sagte Zeda.

»Ich weiß es.«

»Er bittet Sie – es war sein letzter Auftrag an mich, ehe wir uns
trennten –, seine Mutter vor Torheiten zu behüten. Die Westgoten brechen auf nach Rom. Sie sind betrogen worden. Es scheint,
Anthemius von Byzanz hat die Fortsetzung der Zahlungen unterbunden. Olympius ist sein Agent, Lampadius sein Helfer.«
Zeda sank plötzlich gegen den Tisch und schlug sich die Stirn an
einer Steinkante blutig.

Placidia riß sich zusammen:

»Wenn Männer versagen, müssen Frauen handeln. Elpidia,
Charmion, Tenno, Nautilus! Verbandzeug ... Ein Feldbett in
die Ecke dort ... Frascati herbei ... Brot und Geflügel ... Fri-
sches Wasser vor allem ... Den Hauptmann vom Dienst in mein
Vorzimmer ...«

Wie in einem ganz fernen Traume hatte Zeda die Befehle der Sechzehnjährigen gehört. In sein zerfallenes, unerkennbar gelb gewordenes Gesicht glitt der Schein eines Lächelns.

»Wenn alles bricht«, dämmerte es durch sein erschöpftes Gehirn, »ist dieses Mädchen vielleicht eine letzte Hoffnung.«

Und er tauchte die Hände in das Wasser, das der sarmatische Sklave Tenno gebracht hatte.

»Wache du hier, bis ich wiederkomme«, befahl Placidia. »Störe den heiligen Bruder nicht durch unnützes Geschwätz. Er ist sehr krank, wie du siehst.«

Der Hauptmann der Schloßgarde wartete im Vestibül.

»Cinna?« lächelte Placidia. »Haben Sie mich nicht bei meiner Rückreise von Byzanz in Brindisi abgeholt? Ja? Hören Sie: Ich reise heute abend nach Rom. Ich brauche starke Begleitung und eine Krankensänfte. Ich selbst bleibe zu Pferd. Sie reiten neben mir. Der Mönch muß heute noch zum Papst, ehe es mit ihm zu Ende geht. Er bringt Berichte über Wirren in Byzanz. Es scheint, die Hunnen sind im Bunde mit den Ketzern. Der Kaiser und die Kaiserin sind in Ravenna. Ich vertrete also die kaiserliche Gewalt in Rom. Sie senden unverzüglich Ihren zuverlässigsten Leutnant zum Papst und lassen ihm persönlich meine Ankunft melden. Sie haften mit Ihrem Leben für die Bewahrung des Geheimnisses. Wir brechen um vier Uhr auf.« Sie hielt ihm, als er sich verabschiedete, ihren Siegelring zum Kusse hin.

Ein Duft von Farnen und von Binsengras, getragen vom hellgrünen Licht der Kastanienwipfel, drang in die schattenblaue Tiefe des Gartensaales.

Zeda berichtete:

»Am 10. Juni hatte Stilicho in Bologna dem Kaiser Honorius die oströmischen Gesandten vorgeführt, welche den Tod des Kaisers Arkadius meldeten. Honorius wollte sofort nach Byzanz reisen, um die Vormundschaft über seinen Neffen Theodosius zu übernehmen. Stilicho verstand es im Laufe der Wochen, ihn von diesem Plane abzubringen, indem er ihn auf die Gefahr hinwies, welche die Abwesenheit des Staatsoberhauptes für Italien bei so gespannter Lage bedeuten könnte. Auch wies er auf die ungeheuren Kosten hin, welche eine Reise Seiner Majestät den Staatskassen auferlegen würde, deren gesamte Bestände für die Aufstellung neuer Streitkräfte benötigt wurden. Er erbot sich, auf eigne Rechnung in kaiserlichem Auftrag nach Byzanz zu gehen und die Frage der Vormundschaft im Namen seines Herrn zu regeln.

Die westgotischen Heere – obwohl ihnen erst zwei Raten bezahlt worden waren – standen zur Hilfeleistung bereit. Die dritte und vierte Rate – man hatte deren im ganzen zehn vorgesehen – waren ihnen für Ende August und Ende September zugesichert. Sogar Geiseln waren gestellt. Der Kaiser – es muß zu seiner Ehre gesagt werden – nahm schließlich den Vorschlag an, da er sich den triftigen Begründungen nicht verschließen konnte. Er begab sich am 10. August – in dem Glauben, daß nun alle Dinge den gewünschten Verlauf nehmen und vor allem die Angriffe auf dem südgallischen Kriegsschauplatz kraftvoll durchgeführt werden würden – zu den Truppen nach Pavia, deren Abmarsch nach den Seealpen bevorstand. Es waren dies ausschließlich nationalrömische Truppen, welche den beiden schon Anfang Juni ausgerückten Söldnerheeren des Generals Sarus nachgesandt werden sollten. Sarus selbst sollte sie führen. In diesem Augenblick wurde die planmäßige, mit ungeheurem Geschick geheim betriebene Arbeit der Verschwörer sichtbar. Auf ein von Olympius ausgegebenes Losungswort hin, empörten sich die Truppen von Pavia: Sie seien dazu da, das römische Imperium zu schützen, nicht aber, die Geschäfte der Barbaren zu besorgen, deren Mitverschworener und Anführer kein anderer sei als der Vandale Stilicho. Wer die verräterischen Absichten dieses Todfeindes aller römischen Überlieferung immer noch nicht erkenne, dem müsse man eben diese Erkenntnis auf eine unzweideutige Weise beibringen. Der Kaiser habe seinen Generalissimus sowie sämtliche hohen Würdenträger barbarischer Herkunft in seiner Umgebung kaltzustellen und sie durch Nationalrömer zu ersetzen. Die Forderung, von dem General Castinus vor dem Beginn einer Parade dem Kaiser vorgetragen, wurde von diesem in schroffster Weise abgelehnt. Mit dieser Ablehnung hatte man – obwohl Stilicho bei mir in Mailand war – offenbar gerechnet. Sie war das Signal zum Aufruhr. Vor den Augen Seiner Majestät wurden die nichtrömischen Herren seiner Umgebung auf der kaiserlichen Tribüne niedergemacht. Der Angriff auf die barbarischen Truppenteile folgte diesem Überfall. Pavia schwamm in Blut. Der Sieg der Nationalen war vollständig. Nur wenige Barbaren entkamen, darunter auch Sarus. Als wir durch diese am Abend jenes verhängnisvollen 13. August in Mailand Kenntnis von den Vorgängen in Pavia erhielten, konnten wir uns noch kein klares Bild von der wirklichen Lage machen. Vor allem konnten wir nichts über das Schicksal des Kaisers erfahren. Sarus meinte, es müsse mit dem Schlimmsten gerechnet werden.«

Zeda schwieg. Er fuhr sich mit der abgemagerten Hand über die feuchtgewordene Stirn.

»Lassen Sie sich Zeit, General«, sagte Placidia, ihm neuen Wein in den Becher gießend.

»Wollen es mir Eure Kaiserliche Hoheit verzeihen, wenn ich nun eine Darstellung von Dingen geben muß, welche zu den qualvollsten gehören, die sich an den kaiserlichen Namen knüpfen.«

»Sie sind nicht hier, um zu beschönigen. Ich will – und muß – die Wahrheit wissen. Ich bin die Tochter des Kaisers Theodosius. Ich muß also damit rechnen, daß diese Tatsache zu schwerwiegenden Folgen für mich führt.«

Zeda schaute der Prinzessin lange in die Augen:

»Gebe Gott«, sagte er, »daß die unendlichen Kräfte, die im Herzen Eurer Kaiserlichen Hoheit aufgespeichert sind, dem Imperium eines Tages noch zum Heile gereichen könnten. Der Generalfeldmarschall hat ungeheure Hoffnungen auf diese Kräfte gesetzt.«

Placidia barg den Kopf in ihrer Hand. Sie starrte, ohne zu wissen, was sie sah, in das Wiegen einer Pappel, die vor der Gartenmauer aus der Tiefe aufragte.

»Fahren Sie fort, Zeda«, sagte sie schließlich.

»Die Beschlüsse des Generalstabs, welche in der Nacht vom 13. zum 14. April in Mailand gefaßt wurden, gingen dahin, daß sämtliche verfügbaren nichtrömischen Truppen unter dem persönlichen Oberbefehl Stilichos vereinigt und zum Angriff auf Pavia eingestzt würden. Dies geschah auch. Stilicho wollte den Kaiser retten, sofern der Kaiser noch am Leben wäre. Was aber ereignete sich? Derselbe Bote, der Stilicho die Nachricht überbrachte, daß sich der Kaiser nicht nur am Leben befände, sondern auf die Seite der römisch-nationalen Partei, also der Aufwiegler, geschlagen habe – dieser selbe Bote brachte den kaiserlichen Befehl, der Generalissimus habe unverzüglich jeden Angriff auf Pavia einzustellen und weitere Bescheide über die ihm zugedachte Aufgabe zu erwarten.«

Placidia sprang von ihrem Sitze hoch:

»Und Stilicho fügte sich?«

»Wenn jemals die Geschichte dieser Vorgänge aufgezeichnet werden sollte, Kaiserliche Hoheit: es wird keinem Chronisten gelingen, auch nur ungefähr zu erklären, was in der Seele eines Mannes vorgeht, welcher der Ruhm der Römer war, der Sieger in unwahrscheinlich schweren Feldzügen, der Retter des Impe-

riums – und nun, im Augenblick aller Augenblicke, so namenlos
versagte, daß sogar seine Freunde zu seinen Feinden wurden. Ja,
Stilicho fügte sich. Denn er war besessen von zwei Dämonen,
welche vielleicht nur über die Seele eines germanischen Menschen Herr werden können: von dem Dämon der Gefolgstreue
und dem Dämon der ›Rechtmäßigkeit‹. Diese beiden tödlichen
Gespenster waren es, welche ihm das Gefühl verschlossen für
den höheren Wink der Schicksalsmächte – für jenes Äußerste,
das die Hellenen den Kairós genannt haben: den heiligen Augenblick eines ganzen Lebenslaufes. Da, wo es gegolten hätte, als
Vollstrecker des *Schicksals* zuzugreifen: auch da kam er nicht
über die Vorstellung hinaus, daß er nur der Vollstrecker des
Kaisers sei. Hätte er sich dieses einzige Mal von falschverstande-
ner Verpflichtung freigemacht, so wäre heute schon das neue
Imperium geboren, Rom mit Byzanz erneut vereint und der
Gang der Welt auf lange Zeit in eine schönere Bahn gewiesen.
Statt Sieger im letzten Kampf zu werden, ist er Opfer geworden.«

»Für diesen Kaiser«, schoß es wie Feuer in Placidia hoch. Aber
sie brachte das Wort nicht über ihre Lippen.

»Was sich nun noch ereignete«, nahm Zeda den Bericht nach
kurzem Schweigen auf, »ist wie ein grauenvolles Ende auf der
Bühne. Da Stilicho es ablehnte, die nichtrömischen Truppen zu
führen, ging der Oberbefehl an Sarus über. Da Stilicho sogar
noch die Städte schließen ließ, in denen die Familien der germanischen Soldaten untergebracht waren, um diese Frauen und Kinder als Geiseln für den Kaiser in der Hand zu haben, überfiel der
mit Recht aufgebrachte Sarus Stilichos hunnische Leibgarde und
machte sie bis auf den letzten Mann nieder. Die Germanen selbst
wollten nun den Untergang des Mannes, der ihren Kriegsdien-
sten seine Macht verdankte und sie kurz vor dem Siege an ihre
Verräter verriet.«

»Aber Sie, Zeda, Sie – hatten Sie denn gar keine Macht mehr
über sein Versagen?«

»Nein, Prinzessin. Was ich Ihnen berichtet habe, habe ich ihm
selber Wort für Wort gesagt. Es war die letzte Unterredung, die
ich mit dem Freunde hatte, dem meine Mitarbeit seit zwanzig
Jahren gewidmet war. Er schüttelte den Kopf und verließ mich
ohne Gruß – ein Mensch, der sich schon selber aufgegeben hatte.
Seine letzte Zuflucht war die Kirche San Stefano in Ravenna.
Man hatte ihm Schonung seines Lebens zugesagt. Er vertraute
noch immer ›seinem‹ Kaiser. Als er das Gotteshaus am Abend
des 22. August verließ, trat ihm der Graf Heraklian mit dem

kaiserlichen Todesurteil entgegen. Noch jetzt hätte ein Wink an seine germanische Garde genügt, die ihm in die Kirche gefolgt war, und Heraklian lag in seinem Blute, die Flucht war möglich, und die Lage hätte mit gotischer Hilfe vielleicht noch einmal gerettet werden können. Er gab den Wink nicht. Er lebte nicht mehr auf der Erde. Am selben Abend noch legte er seinen Kopf auf den Richterblock des Gefängnisses. Heraklian selbst befahl dem Henker, zuzuschlagen. Stilichos letzte Worte sollen gewesen sein: ›Ich sterbe unschuldig und nicht als ein Rebell. Ich fürchte nicht den Gang zu meinem höchsten Richter.‹

Die Nachricht erreichte mich noch in der gleichen Nacht in Castel Bolognese. Ich wußte, was mir bevorgestanden hätte, wenn ich nicht geflohen wäre. Was von mir übrig ist, sehen Sie vor sich. Mein Bericht ist zu Ende.«

Bis zum Schluß der Erzählung hatten Placidias Kräfte durchgehalten. Nun aber, als die Stimme verstummte, fühlte auch sie die grauen Gewebe einer Ohnmacht vor ihren Augen auf und nieder gehen. Aber noch einmal gelang es ihrem Willen, die Schwäche zu meistern. Zeda, ihre plötzliche Blässe gewahrend, feuchtete ihr die Schläfen mit Wein und goß Wasser auf den Puls. Sie öffnete wieder die Augenlider.

»Ich begreife nicht Ihre Fassung, Prinzessin«, sagte Zeda erschüttert.

»Ich selber begreife nicht, was mich noch aufrecht hält. Es scheint, das wahrhaft Grauenhafte erreicht unser Herz nicht mehr. Eines werde ich nie verwinden: Wie konnte der Kaiser eine solche Tat auf sein Gewissen nehmen? Und selbst wenn man ihm das Messer an die Kehle gesetzt, ihm das Todesurteil abzupressen versucht hätte ...«

Zwei kranke, flackernde Flammen, brannten Zedas Augen gegen die ihren.

»Sprechen Sie aus, was Sie denken, Zeda. Einer muß es sagen. Sie sind ein Mann.«

Zedas Augen waren erloschen:

»Wozu es noch aussprechen, Kaiserliche Hoheit, da wir beide ja das gleiche meinen?«

»Ein Kaiser wäre zu einem Heiligen geworden, die Kerzen hätten bis an das Ende der Welt vor seinem Bilde gebrannt, die Lobgesänge seinen Namen in den Himmel getragen – und das Imperium wäre gerettet gewesen. Was aber ist nun? Ein kaiserlicher Name muß entsühnt werden. Wem bleibt das Opfer der Entsühnung vorbehalten?«

»Dem, der es bringen – *kann,* Prinzessin. Den Sinn des Opfers deutet keine Lehre.«

Vom Hof herüber drang das Wiehern der Pferde, die in das Geschirr gelegt wurden.

»Sagen Sie mir, wie Sie sich Ihre Zukunft denken«, wandte sich Placidia an Zeda.

»Ich werde versuchen, zu meinem Volke nach Spanien zu gelangen. Der König Addak braucht Generäle. Vielleicht braucht das Imperium eines Tages den König Addak und seine Alanen.«

»Ich werde Ihnen helfen, zu entkommen.«

»Ich hoffe, Prinzessin, Ihnen eines Tages Ihre Hilfe lohnen zu können.«

»Zeda, glauben Sie an das Imperium?«

»Ja. Wenn kaiserliche *Größe* ihm befiehlt und – dient.«

Nur eine kleine Lampe brannte in dem abgelegenen Zimmer, das der Papst Innozenz im Lateran für Eucherius hatte herrichten lassen. Es ging auf einen schmalen Gartenhof, hinter dessen Mauern der Blick in die Tiefe der Campagna fiel. Heiß und windlos stand die Nacht auf den blühenden Oleanderbüschen, mit denen die verdorrte Grasfläche bepflanzt war.

Eucherius, von einem Fieber befallen, das er sich auf seiner Flucht in den Sümpfen um Ravenna und in den nebligen Flußtälern des Apennin geholt hatte, lag ausgestreckt auf seinem Ruhebett. Placidia saß auf dem Rande des Lagers und hielt seine glühenden Hände. Er hatte erzählt, was ihm seit der Ermordung seines Vaters geschehen war, ohne besondere Erregung, ja manchmal so gleichgültig, als ob er gar nicht von sich selber spräche. Nun schien er sehr ermattet. Er lag mit brennenden Schläfen und klopfendem Herzen, geschlossenen Auges, wie wenn er schliefe. Aber der Schlaf war ihm ferner als in all jenen Nächten der Gefahr – und je stiller das Dunkel über dem Ausdünsten der großen Stadt wurde, um so wilder schossen die Gesichte in seinem zermarterten Herzen hoch. Als er die liegende Stellung nicht mehr ertragen konnte, setzte er sich in einer heftigen Bewegung auf, knäulte die Kissen dichter in seinen Rücken, stürzte einen Becher Falerner hinunter und faßte Placidia an den Schultern:

»Es ist nichts herumzudeuten an dem Verhalten dieses feigsten aller Kaiser, der je auf einem römischen Throne saß. Er war seit

Ende Mai im Bunde mit den Senatoren. Jedes Zugeständnis, das er meinem Vater noch machte, war Berechnung, von der Canaille Olympius ausgeklügelt, von ihm selber gutgeheißen, um den Schein zu wahren. Sogar die Zahlungen an die Goten waren eine Falle. Zeda begriff es, Sarus begriff es, jeder General begriff es, jeder einfältigste Offizier – nur Stilicho, der große Gläubige, begriff es nicht! Auf den Knien bin ich in Mailand vor ihm herumgerutscht, habe ihn beschworen, doch die Augen offen zu halten ... Es half nichts mehr! Wie ein Verhexter tappte er in seinen Untergang! ›Die Dynastie!‹ Die Dynastie! Fluch und Hölle auf die Dynastie, wenn es um eine Welt geht! Hätte ich handeln dürfen – hätte *ich* nur ein einziges Mal für meinen Vater handeln dürfen!«

Placidia umklammerte die Hände, die sich in die Luft geworfen hatten.

»Was hätten Sie getan, Eucherius? Sagen Sie es – haben Sie doch den Mut, es auszusprechen.«

»Nun«, schrie Eucherius auf. »Ich hätte zugeschlagen – und das verkommene Aas in seinem Blut auf den Schindanger schmeißen lassen. Wäre man mir gefolgt, so wären Sie heute die Kaiserin, und andere Zeiten hätten schon begonnen. In Ihnen schreit nach Raum der wahre Sinn für Herrschaft! Die Amme dieses Kaisers aber war die Angst – und sein Lehrer war der Dünkel! Gegen seine Schuftigkeit waren die Launen des schwindsüchtigen Narren von Byzanz noch eine Glorie! Der konnte wenigstens noch bunte Zierleisten malen und Kinder machen – wenn auch nur mit Hilfe des strammen Gardeleutnants Johannes!«

Placidia setzte sich auf einen Schemel neben das Bett und deckte das Gesicht mit den Händen.

»Lassen Sie die Toten in Frieden, Eucherius! Sie wissen nicht, was es heißt, der Gefangene des Kaiserpalastes in Byzanz zu sein! Der arme Arkadius ist erstickt an Weihrauch, Moschusduft und Kerzendunst, an jedem Lügenhauch, der aus dem Munde seiner Diener ging. Wer hat ihn nicht belogen? Würde es mir anders ergehen, wenn ich morgen auf einem solchen Throne säße? Was kann denn einer noch im goldnen Kerker denken? Nur seine schaudervolle, kaiserliche Einsamkeit ...«

»Sie werden nie auf einem solchen Thron in einem solchen Kerker sitzen, Placidia. Mit mir nicht, und ohne mich nicht! Der Thron, den Sie vielleicht noch eines Tages besteigen, wird sein, was Sie selber sind – und nicht umgekehrt! Daß ich dieses eine weiß: könnte mein Trost in einem frühen Tode sein, wenn auch ich noch einen solchen erleiden müßte!«

»Schweigen Sie!« sagte Placidia, Eucherius die Hand auf die fiebernden Lippen legend. »Was reden Sie da von Tod?«

»Er ist das Zeitgemäßeste, wovon man reden kann«, lachte Eucherius. »Olympius wird es uns beweisen! Sie werden sehen, wie seine Polizei nun aasen wird! Jeder Vorwand wird ihm recht sein, um einen Anhänger Stilichos – ksss – erledigen zu lassen. Die Folterknechte werden die Arbeit nicht leisten können. Es ist ja bei der Sache auch etwas zu verdienen! Bedenken Sie doch! Ahnen Sie, zu welchen Viechern Menschen werden, wenn so ein hergelaufener Levantiner sie in seine ›Dienste‹ spannt! Man wird sich nicht langweilen im weströmischen Staat! Die verbotenen Gladiatorenspiele waren Operettenballette gegen die Totentänze, welche nun die große Mode werden werden. So lange, bis der kaiserlichste aller Kaiser das Gurgelblut auch dieses seines jüngsten Lieblings auf dem Basalt verdunsten sah.

Verzeihen Sie, Placidia. Ich bin wohl kränker, als ich weiß. Es scheint mir, es wäre Grund genug dazu vorhanden. Wie lange muß ich noch hier als heimlicher Gefangener leben? Wochenlang? Monatelang? So lange jedenfalls, bis die Goten kommen?«

»Bei allen Heiligen, Eucherius! Hüten Sie Ihre Zunge! Denken Sie, was geschähe, wenn nur ein einziges unberufenes Ohr ein solches Wort aus Ihrem Munde hörte!«

»Sie haben recht. Wie immer haben Sie recht, kluge, große Placidia. Kommen Sie her: Ich will Ihnen etwas ins Ohr sagen – Ihnen ganz allein – meiner süßen ›Schwester‹ – der einzigen Vertrauten, die es nun noch in meinem Leben gibt: Die Goten werden kommen, glauben Sie es mir. Sie stehen schon zum Aufbruch aus den julischen Pässen bereit. Honorius wird vor Angst vergehen. Er wird sich bald aus Hühnerdreck und Fenchelsaft die Zukunft sagen lassen. Roma, sein Lieblingshuhn, wird sich in Goldgeschirr entleeren und zur Augusta erhoben werden. Er wird seine Gattin, diese Teufelsbrut des Stilicho, fortjagen. Es wird ein großer Karneval in ganz Italien anheben! Schöner als damals bei Hannibal! Die Senatoren werden sich vor die Tore der Stadt setzen und mit umgehängten Ziegenbärten Alarich abwinken. Alarich wird ihnen für den Willkommensgruß danken. Er wird ein paar Durchlauchten zu einem Abendessen bitten, ihnen einen glühenden Rost zeigen und sie fragen, wo sie die versprochenen und nicht bezahlten Goldstücke versteckt halten. Es wird sich keiner den rheumatischen Hintern auf dem Roste wärmen, dessen seien Sie ganz gewiß. Die Zeiten sind vorbei. Kommen Sie, Placidia, kommen Sie zu mir. Ich will Sie nicht erschrecken, nein, ich will nur, daß Sie vorbereitet seien. Auf alles. Verstehen Sie? Auf alles, was da kommen – muß. Geben Sie mir Ihre Hände, geben Sie mir Ihr Gesicht. Warum ist es so verstört, so betrübt? Wir müssen stark sein – sehr stark! Die Lüge hilft uns nicht, zu überstehen. Wer weiß: Vielleicht halten wir beide noch auf weißen Zeltern unsren Einzug in Byzanz, nachdem wir auf purpurner Staatsstrireme gelandet sind. Die Priester singen ... die Kerzen brennen ... die Weihrauchfässer dampfen ... vor allen Fenstern hängen Teppiche aus Ispahan ... Glyzinenblüten sind auf der Triumphstraße gestreut. Aus der Hagia Sophia dringt das Spiel von tausend Harfen. Alles haben wir ... alles ... das Perlendiadem und die Herrschaft ... und die Jugend und die Schönheit ... nur eines haben wir nicht, und müssen doch das Leben ertragen ...«

Aufweinend warf sich Placidia über das Antlitz, das im Fieber glühte.

»Alles haben wir«, wiederholten die Gedanken, »nicht mehr die ausgebrannten Lippen, nur nicht die Liebe.«

Mitten im Zimmer standen die Oleanderbäume, tödlichen Duftes. Und die grauen Träume stiegen aus den Wänden auf den Kranken nieder.

Der fiebernde Eucherius hatte recht behalten. Die germanenfeindliche Politik des Olympius war zur Orgie ausgeartet. Sie fand jede Unterstützung, die sie verlangte, bei dem Prätorianerpräfekten Anthemius, in dessen Händen die Verweserschaft des byzantinischen Staates ruhte. Alarich hatte – unter dem Druck der veränderten Lage – seine Forderungen gemäßigt. Die weströmische Regierung hatte sie abermals abgewiesen.

Diese Abweisung aber wurde für ihn das Signal zum Aufbruch. Honorius floh mit dem Hof in das sichere Ravenna, als Alarich nun gegen Rom vorrückte. Was an germanischen Söldnertruppen den Mordkolonnen des Olympius hatte entrinnen können – an die dreißigtausend Mann –, stieß zu dem westgotischen Heer. Nirgends mehr gab es einen Widerstand. Die wenigen national-römischen Truppen waren um die Residenz zusammengezogen oder desertiert. Ein grausamer Rächer, stand der blutige Schatten Stilichos im Herzen des Imperiums.

In Rom war eine Panik ausgebrochen. Angst, Aberglauben

und Verdächtigung hielten alle Schichten der Bevölkerung im Fieber unerträglicher Spannung. Die Flucht aus der Stadt begann. Die Senatoren gaben das Beispiel. Sklavenaufstände setzten ein. Verwüstung drohte. Da gab Lampadius die Losung aus, die den erregten Pöbel aller Stände beruhigen sollte: man müsse den Schuldigen finden und ausrotten ...

Man konnte sich die Mühe eines langen Suchens ersparen. Lag es nicht auf der Hand, daß nur Serena, die Witwe Stilichos, um dessen Tod zu rächen und sich abermals an die Macht zu bringen, die Westgoten gerufen haben konnte? Ihres Sohnes Eucherius war man nicht habhaft geworden. Er wartete in sicherem Versteck, bis seine Stunde käme. Auch die fünfzehnjährige Kaiserin Thermantia, die der Kaiser durch zwei Hofeunuchen ihrer Mutter zurückgesandt hatte, wartete, um mit Hilfe des Papstes Innozenz wieder in ihre Rechte eintreten zu können. Denn dieser hatte sich geweigert, die Ehescheidung auszusprechen. Sollte man einer so gefährlichen Bande nicht auf den Leib rücken, solange es noch Zeit war?

Die Finte verfing. Serena wurde in ihrem Palaste in Haft gehalten und schamlosen Verhören unterworfen. Man wußte genau, daß man – selbst wenn sie in heimlicher Verbindung mit Alarich gestanden hätte und noch stünde – niemals ein belastendes Schriftstück bei ihr finden würde. Eine so durchtriebene Frau, die seit frühester Jugend mit allen Schlichen der Kulissenpolitik vertraut war, würde immer in der Form unangreifbar bleiben. Was blieb also übrig, als zu der ausgiebigeren Methode des Indizienbeweises zu greifen? Serenas Leben wurde aufgerollt, ihre Heiratspolitik aufs Korn genommen, jede ihrer Äußerungen zu Dienstboten oder Mitgliedern der römischen Gesellschaft im Protokoll gebucht – was immer sie hätte belasten können, wurde zum Gewebe einer teuflischen Wahrscheinlichkeitsrechnung zusammengesponnen – und schließlich ein bestochener Eunuche vorgeführt, der sich selbst als Mitwisser des angeblichen Komplottes bezichtigte. Als die Untersuchung auf diesem Punkte angelangt war, ließ Lampadius den Ausschuß des Senates einberufen und die Prinzessin Placidia zur Teilnahme an der Sitzung einladen. Man wollte, daß das zu fällende Urteil durch kaiserliche Sanktionierung eine erhöhte Rechtskräftigkeit erlange. Da die Wege nach Ravenna infolge des westgotischen Einfalls gesperrt waren, wandte man sich an die einzige Vertreterin der kaiserlichen Macht, die man gerade erreichen konnte.

Placidia kam, um ihre erste Staatshandlung vorzunehmen. Sie

fand die Beweise ungenügend – und erklärte die Aussagen eines wegen Diebstahls fortgejagten Verschnittenen für null und nichtig.

»Die Ehre des kaiserlichen Namens gebietet«, rief sie am Ende ihrer Darlegungen in den Saal, »daß dem Irrtum von Ravenna nicht noch ein zweiter zugefügt werde. Es ist ein Wahnsinn, Serena, eine Prinzessin theodosianischen Geblütes, des geplanten oder begangenen Landesverrates zu bezichtigen. Wäre eine Schuld bewiesen, so bliebe auch mir nichts anderes übrig, als für schuldig zu befinden. Da ich aber in diesem gesamten Prozeß nur die Rache derjenigen entdeckte, deren Gewissen sich an der heutigen Lage selber schuldig fühlt, so erkläre ich – kraft meines kaiserlichen Ranges – schon den Versuch, ein Fehlurteil durch meinen Namen sanktionieren zu wollen, für ein Majestätsverbrechen. Ich könnte mich eines Tages derer entsinnen, die es begangen haben.«

Die Verblüffung unter den Senatoren über diese Sprache eines jungen Mädchens war so groß, daß zunächst keiner das Wort fand. Auch zu lachen wagte keiner. Alle spürten, was sie seit dem Tode des großen Theodosius nicht mehr gespürt hatten: daß ein Schimmer angeborener Majestät in das trübe Oktoberlicht dieses lange schon seiner Würde entkleideten Raumes gefallen war.

Spät erst erhob sich Lampadius:

»Wir danken in Ehrfurcht Eurer Kaiserlichen Hoheit für die Bekanntgabe Ihrer Meinung und vertagen die Urteilsverkündung auf die gleiche Stunde des morgigen Tages. Ave, Nobilissima!«

»Avete, Senatores.«

Das Öl in der Nachtlampe war fast zu Ende gebrannt. Schon zum zweitenmal schien es Placidia, als ob man nach ihr gerufen hätte. Sie hob den Kopf aus den Kissen und schaute durch das Fenster gegen die Dächer der Stadt, über denen eben der Tag anbrach. Ein graubraunes Licht stand auf den schwarzen Wipfeln der Steineichen, ein Geruch von Rauch und Nespeln drang auf feuchten Lüften ins Zimmer. Von Zeit zu Zeit hob sich der Ruf eines Menschen, der Schrei eines Esels, das Krähen eines Hahnes. Der Herbst hielt seinen Einzug.

Sie fror in den Schultern und zog die Decke höher, während sie sich in die Kissen zurücklegte. Da wurde wieder vor der Tür ihr Name gerufen, leise, aber sehr deutlich.

»Nobilissima Placidia ...«

»Was ist denn?« rief sie unwillig zurück. »So komm doch herein.«

Elpidia, aschgrau im Gesicht, das Haar kaum gekämmt und nur mit einem Nachtmantel bekleidet, schob sich durch den Türspalt.

»Wie siehst du aus?« fragte Placidia.

»Der Sohn des Senators Volusianus, der Jugendfreund Eurer Kaiserlichen Hoheit, wartet unten im Vestibül und sagt, er müsse Sie auf der Stelle sprechen.«

»Um diese Stunde? Maximus Volusianus?«

»Maximus Volusianus.«

»Gut, führe ihn in mein Wohnzimmer und bitte ihn, sich ein paar Minuten zu gedulden. Mache mir rasch einen Lindentee mit Buccella – und schicke Charmion zum Ankleiden.«

»Was ist, Volusian? Wie sehn denn auch Sie aus?«

»Prinzessin – können Sie heute noch Rom mit meiner Familie verlassen?«

»Warum? Sind die Goten da?«

»Nein. Die Goten stehen bei Orte.«

»Mögen sie vor den Toren stehen: ich gehe nicht aus Rom.«

»Placidia – es ist Unerhörtes geschehen.«

»Aber so sagen Sie es doch, Volusian. Wozu die Quälerei?«

»Serena ist tot.«

Placidia wankte an die Schulter des jungen Mannes. Er führte sie zu einem Diwan.

»Serena ist kurz nach Mitternacht in Ihrem Haus von Beauftragten der politischen Polizei erdrosselt worden ... Wegen unzweideutig erwiesenen Hochverrats, unter Zustimmung Ihrer Kaiserlichen Hoheit, der Prinzessin Galla Placidia ... ›Consentiente Noblissima Placidia‹.«

Der Schrei, der an die Wände des Raumes fuhr, war nicht nur durch den ganzen Palast hin, er war bis in die Gärten unter den Mauern gehört worden. Jahrelang noch sprachen die Anwohner von ihm und von der Tragödie, die sich in der Frühe des 30. Oktober 408 ›da oben‹ ereignet haben müsse. Niemand von ihnen ahnte, daß aus diesem Schrei die innere Richtung eines kaiserlichen Lebens geboren worden war – alles Ja und Nein eines unbeugsamen Willens und der steilste aller Wege, auf dem ein Menschenherz noch zu schreiten vermag: der Weg zu jenem größten Gott, in dem das Nicht-mehr-Sein Erfüllung wird.

Eine halbe Stunde mochte vergangen sein, ehe Placidia, von dem Palastarzt Nautilus, von Elpidia und Charmion betreut, in ihrem Schlafzimmer wieder zu Bewußtsein kam.

»Das also hat Lampadius gewagt: ›Den Staat gerettet‹ – heißt es nicht so? Und sich nach vollbrachter Heldentat – auf vorbereitetem Schiff – bei Nacht und Nebel davongemacht. Römische Tugend, catonische Sittlichkeit.«

»Ja«, ergänzte Volusian, »catonische Sittlichkeit, so wie diese Schweinehunde den Begriff verstehn.«

Ohne auf ihn zu hören, im Selbstgespräch einer Träumenden, fuhr Placidia fort.:

»Meinen Namen hat er geschändet durch Fälschung, für Jahrhunderte, für mehr vielleicht – und die Verantwortung für diesen Mord auf ein sechzehnjähriges Mädchen abgeladen.«

Sie lächelte in solcher Schwermut, daß Volusian das Gesicht zur Seite wandte, damit sie nicht seine feuchten Augen gewahre.

»Aber das kann ja doch Serena nicht geglaubt haben, selbst wenn man sie angelogen hätte. Nein, sie kann es nicht geglaubt haben, daß ich an einem solchen Mordbefehl beteiligt sei. Ihr Anwalt muß ihr doch mitgeteilt haben, wie ich im Senate aufgetreten bin.«

»Natürlich hat er das getan«, bestätigte Volusian. Er wußte, daß er die Unwahrheit sagte: aber welche Unwahrheit hätte er nicht gesagt, um die Qual dieses Herzens zu mildern. »Serena war im Schlaf erdrosselt worden, und ihren Anwalt hatte man seit zwei Tagen nicht mehr zu ihr gelassen. Man hatte ihr gar keine Zeit mehr gegeben, aus der Wirkung ihrer Schlafmittel noch einmal zu sich zu kommen. Vielleicht hatte sie das Vorspiel ihres Todes für einen bösen Traum gehalten.«

»Aber wie konnten sie nur wagen, den Zusatz: ›Consentiente Nobilissima Placidia‹ beizufügen? Er muß sich doch auf eine Bemerkung von mir stützen können – es gibt ja Nachprüfungen von Urteilen, die die Wahrheit an den Tag bringen.«

»Der Anwalt Philippus, wie Sie wissen, einer der wildesten Gegner Stilichos und Ihr besonderer Feind, weil Sie seine Tochter für Ihren Hofdienst ablehnten, soll gejubelt haben, als ihm der Senatsschreiber die Stelle Ihrer Ansprache mitteilte: ›Wäre eine Schuld bewiesen, so bliebe auch mir nichts anderes übrig, als für schuldig zu befinden.‹ – ›Da für uns‹, haben sie argumentiert, ›die Schuld bewiesen ist – was sollen wir uns noch Skrupel machen? Die Handhabe ist gegeben, und Tote hat noch niemand aufgeweckt. Eines Tages, wenn sich die Gemüter gekühlt haben, wird man uns die Retter des Vaterlandes nennen.‹«

»So haben sie auch meinem Vater mitgespielt, als er jenes berüchtigte Strafgericht in Saloniki verhängte. Sie kannten seine Wutanfälle. Sie wußten, daß Befehl gegeben war, keines der Urteile zu vollstrecken, die er in einem solchen Zustand fällte – und haben es doch vollstreckt. Sie wollten ihn unmöglich machen. Sie haben sich geirrt. Er war am Ende doch der Stärkere. Sie werden sich auch in mir irren. Die kaiserlichen Herzen dürfen nicht vergessen. Wüßte ich nur, wie Eucherius dieses Furchtbare ertragen wird.«

Volusian fuhr zusammen, als der Name Eucherius fiel. Er hatte gezittert vor diesem Augenblick.

»Warum sagen Sie nichts, Volusian?« fragte Placidia, ohne aufzuschauen.

»Eucherius braucht es nicht mehr zu ertragen.« Auch nun hoben sich die gesenkten Lider nicht. Sie erstarrten. Volusian erkannte, daß die Kräfte dieses geschlagenen Herzens nicht mehr ausreichten, sich noch aufzulehnen. Was immer an Schrecken ein Mund noch hätte verkünden können: es wäre noch vernommen, aber nicht mehr in das Gefühl umgelenkt worden. So sagte er, die übermenschliche Aufgabe, die er auf sich genommen hatte, zu Ende führend:

»Auch Eucherius starb im Schlaf. Eine Stunde vor seiner Mutter. Ein Sklave im Lateran hatte ihn nach den Beschreibungen des Steckbriefes erkannt und seinen Unterschlupf verraten. Der Papst droht den Mörder-Senatoren mit dem Bann. Der Sklave ist von der Wache, welche Eucherius liebte, ohne zu wissen, wer er war, schon heute nacht gepfählt worden.«

»Warum? Eucherius wird nicht wiederkommen. Wieso auch sollte er wiederkommen«, murmelten die leblosen Lippen, »da er niemals gekommen war.«

Dann rann der letzte Rest von Kraft in den wachsenden Tag. Kein Weinen, kein Schluchzen, kein Zucken, ein unsichtbares Verströmen, das keines Helfers Kunst mehr aufhalten kann.

Volusian betete am Rande des Lagers: zu einem Gott, der in ihm noch nicht den Namen Christi trug und doch schon wirksam war vor solchem Leid. Er wußte, daß sein Schicksal dem Schicksal dieses sechzehnjährigen Mädchens, das da vor seinen Augen, fast in seinen Armen, von allem guten Glauben seiner Jugend Abschied nahm, geheim verbunden bleiben würde.

Es war seine Hoffnung gewesen, Placidia werde das Angebot

seines Vaters annehmen und auf dem südsizilianischen Landgut der Familie überwintern. Nun wußte er, daß diese Hoffnung eitel sei. Was da auch kommen mochte: sie würde nun an *ihrer* Stelle stehen. Sie würde, wenn sie überlebte, in Rom ausharren, und sollte die Stadt zu ihren Füßen in Asche zerfallen. Denn sie war das Kaisertum: die letzte Römerin vielleicht, die noch um das Geheimnis dieses Wortes wußte.

Draußen fingen die Vögel an zu singen. In das Bleigrau langer Wolkenzüge legte sich ein Gold vom Meere her. Der Tag ging auf wie viele andere Tage. Durch die Porta Salaria ritten Boten in der Richtung von Orte. Sie hatten dem König Alarich die Nachricht von der Erdrosselung Serenas zu bringen und sollten den gotischen Soldaten das Haupt des Eucherius auf einer Stange zeigen: ›So werde es allen gehn, die Rom an die Barbaren verrieten.‹

Der große Karneval, von dem der Ermordete in jener Fiebernacht gesprochen hatte, war angebrochen. Nur wenige wußten, daß jeder Karneval in Asche endet.

ZWEITER TEIL
DIE GOTISCHE KÖNIGIN

In der ersten Morgenstunde des 24. August 410 wurden die Bewohner Roms durch den Lärm ungewohnter Trompetensignale aufgeschreckt. Die Westgoten Alarichs, welche seit dem Spätherbst 408 die Stadt den härtesten Tributzahlungen und Belagerungen unterworfen hatten, waren durch die Porta Salaria eingedrungen. Eine Flammensäule, welche an eben dieser Stelle in die Höhe stieg, wurde als Beginn der Einäscherung gedeutet. Die Goten dachten nicht an eine solche Torheit. Sie gaben durch das Feuerzeichen nur ihren Truppen vor den andren Toren zu wissen, daß ihnen bald die Riegel von innen geöffnet würden.

Im Kaiserpalast auf dem Palatin versuchten Hofbeamte einen Aufruhr zu entfesseln. Galla Placidia, welche längst auf den Fall der Stadt vorbereitet gewesen war, hatte auch die Möglichkeit einer solchen Revolte ins Auge gefaßt und den Hauptmann Cinna mit ihrer rücksichtslosen Niederschlagung beauftragt. Gegen die vierte Morgenstunde war die Ordnung hergestellt. Laeta, die Witwe des Kaisers Gratian, und Pisamena, ihre siebzigjährige Mutter, welche einen Flügel des Palastes bewohnten und sich in der Not der letzten Jahre durch Mut und Opfersinn als Römerinnen alten Schlages bewährt hatten, begriffen kaum die Kühnheit, mit der die achtzehnjährige Prinzessin vorgegangen war, ohne auch nur eine Minute ihr kaltes Blut zu verlieren.

»Ich verlange«, sagte Placidia zu der Hofbeamtenschaft, die sie um Sonnenaufgang hatte zusammenrufen lassen, »daß Sie sich meinen Anordnungen bis ins kleinste fügen. Wer sich untersteht, meine Befehle zu mißachten, wird hingerichtet wie die beiden Rädelsführer, deren Köpfe schon seit einer Stunde im Sande liegen. Alles geht hier seinen gewohnten Gang weiter. Zwingen mich die Goten, den Palast zu verlassen, so vertritt mich die Kaiserin Laeta. Jeder bleibt auf seinem Posten. Kein Teil der Stadt ist vor Gewalttaten sicherer als der Palatin. Es ist anzunehmen, daß ihn die Goten durch einen Truppengürtel gegen jedes Gesindel schützen werden. Machen Sie sich jetzt an Ihre Arbeit.«

Um zwei Uhr mittags waren Palatin und Forum durch gotische Gardetruppen abgesperrt. Zwei Stunden später wurde Galla Placidia der Besuch des Fürsten Athaulf gemeldet.

Sie empfing ihn, von ihrem Gefolge umgeben, in dem Gartensaal des oberen Stockwerkes, sitzend und mit so abwehrender Gelassenheit, daß er selber nur zögernd das Wort fand. Er war allein gekommen. Seinen persönlichen Adjutanten, den achtzehnjährigen Fürsten Thanausis, hatte er mit einigen Begleitoffizieren im Peristyl des unteren Geschosses zurückgelassen. Er trug die leichte Sommeruniform eines römischen Kavalleriegenerals. Den gotischen Helm mit den kaum angedeuteten Flankenflügeln aus Gold hielt er unter dem linken Arm. Sein mittelblondes Haar war auf römische Art geschnitten. Das schmale Gesicht war bartlos. Als er zu sprechen begann, sah Placidia nur den übermäßigen Glanz dunkelblauer Augen, die in unbeherrschtem Staunen auf sie gerichtet waren:

»Der König Alarich bedauert, Eure Kaiserliche Hoheit in Gewahrsam nehmen zu müssen. Er erachtet es für überflüssig, zu erklären, daß die Tochter des großen Kaisers Theodosius im gotischen Lager die Behandlung erfahren wird, welche ihrem Range entspricht. Er bittet Eure Kaiserliche Hoheit, sich mit Ihrem Hofstaat nach Ablauf von achtundvierzig Stunden zur Übersiedlung in das königliche Hauptquartier Ariccia bereitzuhalten. Er kündet gleichzeitig seinen Besuch auf heute abend neun Uhr an, sofern diese Stunde Eurer Kaiserlichen Hoheit passend erscheint.«

Placidia antwortete:

»Teilen Sie Ihrem König mit, Fürst Athaulf, daß ich ihn bitte, um die angegebene Stunde mit mir allein zu speisen, sofern ihm daran gelegen ist.«

Die Schwingung, welche alles Ungewöhnliche dem Raume mitteilt, in dem es sich vollzieht, hielt die Lüfte des bläulich abgedunkelten Saales gefangen. Sie wurde in den Seelen der Menschen, welche sich von ihr durchweht fühlten, zur Ahnung eines außergewöhnlichen, in eben dieser Minute aus dem Nichts geborenen Schicksals, als sich Placidia nun erhob, einen Schritt auf Athaulf zuging und ihn verabschiedete:

»Ich wäre Ihnen dankbar, wenn Sie morgen wieder kämen, um mit mir alle Einzelheiten meiner Übersiedelung in das gotische Hauptquartier zu besprechen. Ich wäre Ihnen noch dankbarer, wenn Sie Ihren Soldaten die Schonung Roms ans Herz legten. Es will mir scheinen, daß es hier um anderes geht als um Eroberung.«

»Um was es geht, Prinzessin, ist ganz in Ihre Hand gegeben. Der Vater Eurer Kaiserlichen Hoheit war der Freund des westgotischen Volkes. Der Erinnerung an eine freundliche Vergangenheit könnte sich eine ebenbürtige Gegenwart anfügen.«

»Ich bin nur eine Frau, Fürst Athaulf, und vermag nur zu wirken mit den Mitteln einer Frau. Aber die Schicksale meiner Jugend haben mich vielleicht über den Bannkreis hinausgehoben, den mir mein Geschlecht bestimmt hat. Ich vertraue mich Ihrem Schutze an und bitte Sie, mich für nun zu entschuldigen.«

Während von dem Dekan Vincentius die Messe für den Hofstaat in der palatinischen Kapelle gelesen wurde, kniete Placidia auf dem Schemel ihres Betstuhles, zu Füßen der byzantinischen Madonna. Aber sie betete nicht – sie suchte des rätselhaften Erschreckens Herrin zu werden, in dem sich plötzlich alle Kräfte ihres Wesens umgelagert hatten. Sie suchte zu fassen – nicht was geschehen war, sondern was sie fähig gemacht hatte, diesem Geschehenen schon ein unfehlbares Maß zu setzen. Ein Maß?

Sie senkte das Gesicht, als fühle sie ein Erröten in den Wangen aufsteigen.

Dieses Maß hieß Mann – und trug eines Mannes Namen: Athaulf.

Sie wußte: Als der Zeiger der Sonnenuhr in die fünfzehnte Minute nach der vierten Nachmittagsstunde des 24. August 410 getreten war, hatte zum erstenmal in ihrem Leben – von Gott gegeben und sichtbar an dem Horizonte ihres Daseins aufgestellt – das Bildnis eines Mannes Besitz von ihr ergriffen.

Als sie sich eben mit der Demut der Christin dem letzten Schicksalsschlage in der langen Reihe der anderen hatte beugen wollen, war ihr Herz in seine Blüte getreten. Das Maß, das sie gefunden hatte, ohne es zu suchen, war das Maß der Liebe gewesen. Nun lösten sich die verschlungenen Hände, ihr Gesicht hob sich – sie blieb auf dem Schemel knien und schaute in die golddurchdämmerte Luft, die schon den nahenden Abend verriet. Dieses Zimmer, dieses Haus, diese Gärten, diese Stadt, diese Ebene gegen das Meer – was würde ihr dies alles in einer Woche, in einem Monat noch bedeuten? War ihm nicht vielleicht schon sein Gegenspieler, ja sein Überwinder erstanden?

»Sollte ich jemals in diesen Palast zurückkehren«, sagte sie sich, während sie aufstand, »so werde ich eine Verwandelte sein. Denn was nun kommt, was schon da ist, ist Abschied. Ich bin ganz in mich selbst zurückgetreten – und habe mich im gleichen Augenblick schon ganz an eine fremde Welt gegeben.«

Sie sann lange über das letzte Wort nach, während sie eine Lotosblume in dem flachen Becken betrachtete, die vom Niederrinnen eines Brunnenstrahles auf ihren breiten Blättern geschaukelt wurde.

»Gegeben? Nein. Das Wort ist falsch. Wozu Begriffe? Wozu Begrenzungen? Der Weg ist alles. Der Weg, der in dieser Stunde beginnt. Gleichgültig, wo er endet. Entscheidend nur: Er muß gegangen werden, anders als je ein Weg zuvor. Aber war denn je ein Weg gewesen?«

Sie erschrak. Es schien ihr, das Blut verließe das Herz. Erschüttert bekannte sie sich:

»Eine Bestimmung war gewesen, eine Aufgabe, durch Geburt und Überlieferung zugewiesen: ein Weg aber: niemals. Auch meine Liebe zu Eucherius war kein Weg und hätte niemals einer werden können. Sie war die Sehnsucht aus der Einsamkeit.«

In dem Garten vor dem Fenster waren die Brunnen aufgedreht worden. Das Rauschen der ausbrechenden Wasser, die von den albanischen Bergen herübergeleitet wurden, drang in das Zimmer, eine duftende Quellkühle drang ihm nach.

»Gefangenschaft – Gefangenschaft«, wogte es durch ihr Denken. »Wer weiß: vielleicht wird es die Freiheit sein, die beginnt. Die Freiheit!«

Sie sprach das Wort laut vor sich hin, als ob sie es nie zuvor gehört hätte – und atmete den Moos- und Wurzelduft des Waldwassers, das aus den Mauerwänden in die Marmorbecken stürzte.

Der König Alarich hatte die Leitungen nicht zerstört, nicht einmal unterbunden. Er hatte die Stadt nicht in Flammen gelegt und die Bevölkerung keinen Mordbefehlen ausgeliefert.

»So wäre es vielleicht schon ein zwiefacher Weg, der beginnt?« fragte sie sich, ehe sie nach ihren Sklavinnen rief.

Galla Placidia speiste mit dem König Alarich in dem gleichen Gartensaal, in dem sie Athaulf zum erstenmal gesehen hatte.

»Es ist unvermeidlich«, nahm Alarich einen Gedankengang des Gespräches auf, »daß bei der Einnahme einer so großen Stadt durch fremde Truppen dieser oder jener Gewaltstreich geschieht. Auch die strengsten Strafen, ja selbst Hinrichtungen, helfen nur wenig. Ein gesättigter Magen und reichlicher Wein sind die besten Mittel, rohe Begierde zu töten. Zu essen fanden meine Soldaten nicht allzuviel vor – und auch an Wein war offenbar kein Überfluß mehr vorhanden. Was Wunder, wenn diese und jene Frau daran glauben mußte – oder einmal eine

Brandfackel in eine Holzbaracke flog. Sie wissen, Prinzessin, daß es niemals meine Absicht war, in das Innere der Stadt einzumarschieren. Der Kaiser Honorius ließ mir keine Wahl mehr. Er wollte nicht mehr verhandeln. Das Schicksal seiner Hauptstadt war ihm gleichgültig geworden. Das Ihrige offenbar ebenfalls.«

»Er hat es mir im Laufe der beiden letzten Jahre mehrere Male nahegelegt, nach Ravenna überzusiedeln.«

»Und Sie wollten es nicht?«

»Nein. Es schien mir unerläßlich, daß der kaiserliche Name in Rom vertreten sei.«

»Sie gehen bitter mit Ihrem Bruder und allen, die sich aus dem Staube gemacht haben, ins Gericht.«

»Ich möchte nicht, daß Sie den Kaiser mit diesen Ausreißern in einem Atemzug nennen! Die Residenz ist Ravenna. Dorthin gehört der Kaiser, sofern er nicht das Heer anführt. Ein Heer anzuführen gab es nicht. Wie sollte Rom gegen Sie Krieg führen, nachdem im Jahre 408 etwa 30 000 Soldaten, die vor dem Einsetzen der germanenfeindlichen Politik in römischen Diensten gestanden hatten, zu Ihrer Armee gestoßen waren, und bei der Belagerung Roms im Jahre 409 noch einmal 40 000 entlaufene Sklaven?«

»Es ist doch nur die Schuld des Kaisers, wenn es dahin kam!«

»Sie haben soeben wie ein Knabe gedacht. Wir sprechen ja gar nicht über Schuld oder Nichtschuld des Kaisers! Wir sprechen von der *Haltung,* welche ihm die Politik, auf die er sich nun einmal seit dem Herbste 408 festgelegt hat, vorschrieb. Er hat diese Haltung mit zielbewußter Hartnäckigkeit durchgeführt.«

»Und was verspricht er sich davon?«

»Das spürt doch niemand deutlicher als Sie selbst! Die Politik des Kaisers und seiner Berater ist die Politik der Aufreibung des Feindes! Man kann sich zu Tode siegen! Man kann eine Stadt nach der anderen einnehmen – und dabei langsam verhungern. Auf diese Karte setzt der Kaiser.«

»Und wenn er das Spiel verlöre?«

»So verlöre er es eben – und müßte die Folgen tragen: so wie Stilicho das seine verlor – und damit sein Leben.«

»Können Sie verstehen, daß der Kaiser sich auf diese hirnverbrannte Politik eingelassen hat?«

»Nein. Ich bin die leidenschaftliche Parteigängerin der gotenfreundlichen Politik Stilichos gewesen und halte seinen Untergang für das größte nationale Unglück, welches das Imperium betreffen konnte. Der Kaiser hat sich die Gedankengänge der

Plutokratie zu eigen gemacht. Nachdem er dies einmal getan hatte, blieb ihm nur die Straße offen, die er geht.›Zu guter Letzt wird siegen, wer das Gold hat.‹ So lautet die Devise. Wer weiß: vielleicht wird er recht behalten.«

»Und ich sage Ihnen: Selbst wenn er recht behielte, wäre sein Sieg nur ein Scheinsieg! Vor der lebendigen Kraft aufbegehrender Völker wird schließlich alles tote Gold der Welt zuschanden! Das hatte Stilicho begriffen – und danach hatte er gehandelt. Er ist von dem sturen Golde ermordet worden, an das er selber nur als an das Mittel, nicht aber als an das Alpha-Omega glaubte!«

»Aber dieses sture Gold ist ja noch gar nicht zuschanden geworden! Sie haben in den letzten Jahren der Stadt Rom weiß Gott allerhand Gold abgenommen; aber das Gold ist doch nicht nur in Rom! Es ist an tausend Orten des Imperiums aufgespeichert und wirkt noch immer gegen Sie! Nicht nur gegen Sie, sondern gegen alle, die ihm – wie auch ich – eine heilsamere Wirkung wünschten.«

»Sie haben keinen Einfluß auf Ihren Bruder?«

»Nein. Zum mindesten jetzt nicht.«

»Und wenn Sie ihn hätten?«

»So würde ich darauf drängen, daß die Politik Stilichos wieder aufgenommen und ohne Schwanken durchgeführt wird. Aber ich hätte natürlich auch meine Bedingungen zu stellen.«

» Und die wären?«

»Daß sich das westgotische Volk der ihm gewährten Ansiedlung würdig erwiese!«

»Wodurch?«

»Durch planmäßige Bebauung des ihm zugewiesenen Landes. Es dürfte Ihnen doch bekannt sein, warum sich gerade die senatorischen Kreise, also die Kreise des Großgrundbesitzes, so heftig gegen ›Siedlung‹ wehren! Wo immer Ihre Stammesgenossen bis jetzt römisches Land erhielten – in Illyrien, in Thrakien, an der Save –, haben sie Raubbau getrieben anstatt vernünftiger Landwirtschaft! Auf viele Jahre hinaus liegen die Gemarken heruntergewirtschaftet und verwahrlost, in denen sich Goten aufgehalten haben. Ganz zu schweigen von der Wüstenei, die sie in Griechenland hinterlassen haben, wo sie als Feinde erschienen! Ihre Anwesenheit im Innern der Reichsgrenzen hat dem Staate nur die Pflicht auferlegt, viele Zehntausende von Mäulern mehr zu stopfen! Denn außer dem Kriegshandwerk verstehen Ihre Leute nichts. Ich sehe nicht ein, wie Sie, König, jemals zur Ruhe kommen sollen, wenn Sie Ihr Volk nicht an die Vorbedingungen der Seßhaftigkeit gewöhnen, nämlich an die ergiebige und sorgfältige Bebauung des Bodens! Oder halten Sie sich für stark genug, als der ewige Nutznießer von Provinz zu Provinz zu ziehen und immer nur die eingesessene Bevölkerung für sich arbeiten zu lassen? Ich kann mir nicht gut denken, daß ein Mann wie Sie so kurzsichtig sein sollte. Sie würden ja Ihren Gegnern Wind in die Segel geben! Sie sehen doch schon, wie die Verhältnisse in dem ausgehungerten Rom liegen! Was hilft es Ihnen denn, wenn Sie alles Gold der Kirchen fortschleppen – und sich dafür noch keinen Ochsen kaufen können, weil keiner mehr da ist? Daß Sie mir nichts entgegnen, beweist, wie sehr Sie meiner Meinung sind! Sie können es ja gar nicht wagen, Ihre Soldaten hier in Garnison zu legen! Es ist buchstäblich nichts zu essen da! Der Hafen von Portus ist leer! Die Getreideschiffe aus Afrika laufen ihn nicht mehr an! Und aus Latium, aus Toskana und der Romagna haben Ihre Truppen in den letzten beiden Jahren alle Vorräte der Kolonen fortgeschleppt, ohne auch nur eine Minute daran zu denken, die Bestellung der Felder nicht nur auf der alten Höhe zu halten, sondern nach Möglichkeit auf eine viel höhere hinaufzutreiben. Hätten Sie dort – im Mutterland Italien –, sozusagen unter den Augen der Regierung von Ravenna, den Beweis Ihrer Siedlungsfähigkeit erbracht, so hätten wir wahrscheinlich lange schon Frieden – und der nutzloseste aller Feldzüge, der gegen Rom, wäre überflüssig gewesen. Sie haben mich um meine Meinung gefragt: ich haben Ihnen offen und ehrlich erwidert. Glauben Sie aber bitte ja nicht, ich äußere hier meine persönlichen Gedanken! Was ich Ihnen sage, wird Ihnen der kleinste Bauer sagen, der bescheidenste Handwerker, der ungebildetste Gemüsekrämer. Seit zwei Jahren, als wir Ihre erste Belagerung auszuhalten hatten, sind meine Ausführungen das tägliche Gespräch an jedem Familientisch. Alle kleinen Leute, alle arbeitenden Menschen, waren Parteigänger Stilichos. Heute sagen viele: ›Gott, vielleicht hat doch der Kaiser recht, vielleicht hungern sich die Goten zu Tod. Ein zerstörtes Rom kann man wieder aufbauen, das Imperium ist groß und hat noch viele Menschen, aber ein verhungertes Germanenvolk macht keiner mehr lebendig.‹«

»Das ist richtig«, erwiderte Alarich scharf. »Aber dieses Germanenvolk würde ja nicht allein verhungern, wenn man es zur Verzweiflung triebe. Das letzte Huhn würde aus dem Stall, das letzte Ei aus dem Nest geholt sein, ehe ein Gote den Hungertod erlitte. Jeder Gote würde den Kaiser viele Römer kosten.«

»Ich habe nicht das Gegenteil behauptet. Krieg ist Krieg. Wir haben uns in den letzten Jahren an vieles gewöhnen müssen. Der Wert eines Menschenlebens steht nicht sehr hoch im Kurs.«

»Und das Ihre?«

»Ich erwartete alles von Ihnen – aber nicht eine so geschmacklose Frage.«

Alarich stand auf und trat vor den Sessel Placidias:

»Geben Sie mir Ihre Hand, Prinzessin. Lassen Sie mich diese Hand – nach römischer Sitte – küssen. Ich bewundere Ihre Unerbittlichkeit. Sie hatten recht, eine solche verletzende Frage nicht von mir zu erwarten. Ich stellte sie, um ganz genau zu wissen, woran ich sei. Nun weiß ich es.«

»Was wissen Sie?«

»Daß Sie auch Ihr Leben in die Schanze schlagen würden, wenn es morgen sein müßte.«

»Mein Leben, König, ist nicht mehr wert als ein anderes – und es ist bestimmt nach allem, was ihm schon geschehen ist, den irdischen Dingen ferner, als Sie ahnen.«

»Nicht nur ich, Prinzessin, alle Frauen und Männer meines Gefolges wissen, welches Schicksal auf Ihnen lastet. Ihr Name ist schon manchem Goten – ein Beispiel gewesen. Sie kommen nicht als Fremde zu meinem Volk. Wenn wir auch auf unsren aufgezwungenen Wanderzügen den braven Ackerbau verlernt haben: wir haben nie den Sinn für Größe und nie die Ehrfurcht vor der Frau verloren. Sagen wir aber vom Herzen einer Frau, daß es voll hohen Mutes sei und dem Herzen eines hochgesinnten Mannes ebenbürtig, so kann es über uns verfügen! Prinzessin, Sie haben in furchtloser Offenheit zu mir gesprochen, fast so, als ob ich in Ihre Gefangenschaft geraten wäre. Wer weiß: vielleicht bin ich es. Vielleicht wird es manchem anderen Goten ebenso ergehen. Nun lassen Sie mich in gleicher Offenheit sprechen. Diese Stunde, die zu den bedeutsamsten meines Lebens zählt, befiehlt es. Ich spreche nicht zu Ihrer Schönheit, ich spreche zu dem Herzen, dessen frühe Trauer mich ergreift.

Alle Größe ist durchsetzt mit Traurigkeit: denn alle Größe ist aus Kampf und aus Verzicht geboren. Dürfte ich Sie mit einem Namen benennen, der aus meinem Herzen käme, so würde ich Schwester zu Ihnen sagen – und Sie würden ihn bestimmt nicht zurückweisen, wenn ich Ihnen alles Leid meines eignen Lebens berichtet hätte.

Wir verachten den Kaiser, Ihren Bruder, Ihren Halbbruder. Es ist nicht nötig, daß ich Ihnen die Ereignisse der letzten beiden

Jahre ins Gedächtnis zurückrufe und alles verlogene Auf und Ab der Verhandlungen des Hofes von Ravenna schildere, das schließlich zu dem Fall von Rom führte. Gewiß: unser Einbruch in das ›Herz der Welt‹ ist kein Sieg für uns. Aber er ist eine ungeheure Schwächung des imperialen Gedankens auf lange Sicht, ein gefährliches Fanal, das nirgends deutlicher gesehen werden wird als bei den Völkern am Rande des Imperiums. Bei ihnen, längst nicht mehr in Rom, liegt das Schicksal des Abendlandes – und es bedeutet wenig, ob es sich um einige Jahrzehnte früher oder später erfüllt. Wir verachten den Kaiser, weil er ohne Witterung und ohne Haltung ist: seinem großen Vater so unähnlich wie ein untergeschobenes Kind. Ein schwacher Geist, der sich in kleiner Machenschaft bewegt, unkaiserlich und ohne Menschlichkeit. Und wir glauben nicht ein Wort von dem, was Sie zu seiner Entlastung sagen. Wir sehen in einem solchen Versuch nur Ihre eigne – Vornehmheit. Glauben Sie niemals, daß in uns ein geringeres Wissen um die sogenannte ›Hohe Politik‹ lebe als in Römern, die das jahrhundertealte Erbgut dieser schwersten aller Künste im Blute tragen. Glauben Sie viel eher – das Gegenteil! Das unverbrauchte Blut kennt vielleicht weniger Schliche, es ist in seiner Äußerung manchmal roh und tölpelhaft, aber seine Kraft lichtet Horizonte auf, die der bedächtige Verstand gar nicht erkennt. Seit uns das Schicksal mit den Mächten des Imperiums in Berührung brachte, sind wir die Hintergangenen gewesen. Vielleicht ist dieses ewige Belogenwerden ein Bruchteil unserer politischen Erziehung – vielleicht sind wir sehr ungelehrige Kinder, die nur langsam und unter vielen Leiden reifen. Wir haben niemals das Imperium zerstören wollen: wir hatten eine heilige Scheu vor ihm. Es war nicht klug, uns diese Scheu zu nehmen. Indem man dieses aber tat, hat man uns zum *Vergleich* der Kräfte herausgefordert. Dieser Vergleich ist nicht zugunsten der imperialen Machtelemente ausgefallen. Wir sehen die niedrigsten Instinkte am Werk, wo wir glaubten, uns in die Begriffe staatlicher Größe eindenken zu müssen. Wir erkannten, daß wir als ›Volk‹ viel unverwüstbarere Werte verkörperten als der römische Staat. Aus dieser Erkenntnis fließt unsere Unbesiegbarkeit. Man ist bis heute nicht mit uns fertig geworden – trotz aller Mittel der Verschlagenheit. Man wird niemals mit uns zu Ende kommen, es sei denn, man finde die Form, uns zu behandeln, die wir anerkennen können. Wir können auch heute das Imperium nicht zerstören, aber wir können, falls uns dies als unsere Aufgabe erschiene, ihm langsam das Mark aus den Knochen saugen. Dann wird es die Beute derer werden, denen wir das Beispiel gaben. Es sind viele, die am Rande auf das Zeichen warten.

Nicht *ich* werde es ihnen geben. Ich glaube nicht, es könne einen Sinn haben, dazu beizutragen, daß das ungeheure Gefüge des Imperiums zerfalle. Ich glaube nur, daß es erneuert werden müsse – und daß ein guter Teil dieser Erneuerung meinem Volke zukomme. Ich glaube dies um so mehr, als viele Sünden an uns gutzumachen sind. Sie wissen, daß nichts so sehr verbindet als wiedergutgemachtes Unrecht. Denken Sie an die Schmach von 376, als die Verbrecher Lupicinus und Maximus in Thrakien uns die Lebensmittel nur im Tausch gegen unsere Kinder herausgaben, die Kinder aber in die Sklaverei verkauften. Glauben Sie, daß vor solchen Greueln, die im Blute eines Volkes durch die Jahrhunderte nachbrennen, noch ein Hinweis standhalte, wir seien unfähig, Land zu bebauen? Zehn abgegraste und abgeerntete Provinzen wiegen noch nicht ein Tausendstel der Schande auf, die damals über uns gebracht – und nie von einem Kaiser gesühnt wurde! In den Wiegenliedern ist uns damals der Haß gesungen worden – in den Wiegenliedern würde er abermals gesungen werden seit dem Betruge im Herbste 408, als man uns nur ein Zehntel des zugesagten Goldes auszahlte, wenn ich nicht jeden Haßgesang verboten hätte. Was soll mir Haß? Zwei Dinge zählen: Frieden – und Macht. Daß ich Macht besitze: ich bin in Rom. Seit achthundert Jahren steht zum erstenmal der Feind *in* Rom. Unterschätzen Sie nicht das Echo dieses unerhörten Ereignisses an allen Enden der Welt. Wenn ich will, ist morgen die Stadt ein Flammenmeer – und in einer Woche nie gewesen. Ich will es nicht. Ich will – auch heute noch – den Frieden. Sie sind die Brücke, die ich brauche, um durch mein Ziel zu gehen.«

»Gebe die Heilige Mutter, zu der ich bete, daß ich diese Brücke sein dürfte. Aber ich fürchte, die Zeiten sind noch nicht erfüllt – und es stehen uns allen noch schwere Stunden bevor.«

Alarich ging langsam in dem Gartensaale auf und nieder. Schließlich blieb er mit dem Rücken gegen das Nachtblau des gestirnten Himmels stehen und richtete die Augen fragend auf Placidia. Sie spürte die Gequältheit seines Blickes im Schein der Tafellampen und trat neben ihn:

»Sie haben sich mir anvertraut – ich will Sie nicht belügen in dieser Stunde: Geben Sie jede Hoffnung auf, durch mich den Kaiser zu gewinnen. Ich bin keine Mittlerin zwischen ihm und Ihnen. Wenn es Ihnen nur auf meine Vermittlung ankommt, dann brauchen Sie mich nicht als Pfand auf Ihren Zügen mitzuführen.

Der Kaiser – haßt mich. Ich kann Ihnen die Gründe nicht nennen. Niemals. Der Kaiser wird auch niemals glauben, daß ich nur aus Pflichtgefühl in Rom geblieben bin. Haßte er mich nicht, so hätte er mich wohl mit Gewalt von hier fortbringen lassen: nur, damit ich nie als Pfand in Ihre Hände fallen könne. Daß dies nun geschehen ist, wird seinen Haß vertiefen – aber nicht sein Gefühl der Verpflichtung gegen mich! Er wird mich meinem Schicksal überlassen – so lange, bis es vielleicht andere für nötig befinden, sich des Wertes zu entsinnen, den ich verkörpere.«

»Ist das möglich?«

»Die Zeit wird Sie belehren, wie sehr es möglich ist.«

»Ich verstehe nicht mehr.«

»Es tut wohl zu hören, daß ein König nicht mehr versteht. Vor den Thronen wuchert das Unmögliche. Oft schien es mir, ich muß an seinem kranken Hauch ersticken.«

Alarich wendete sich zu Placidia um, die in das Lorbeergebüsch des Gartens starrte.

»Selbst wenn ich wollte«, sagte er leise, »dürfte ich Sie in dieser Luft nicht lassen.«

Sie antwortete nicht. Sie dachte an Athaulfs Augen und das lange Nachleuchten ihrer umschatteten Bläue.

Alarich füllte ihr einen Becher. Sie leerte ihn fast bis auf den Grund.

»Lassen Sie uns ein paar Schritte durch den Garten gehen«, sagte er besorgt.

»Das ist ein guter Gedanke. Gehen wir zu meinen Rehen.«

»Nehmen Sie meinen Arm. Es ist dunkel auf den Stufen.«

»Wie unwahrscheinlich ist dies alles«, flüsterte Placidia, mitten auf der Treppe stehenbleibend und ihren Arm aus dem des Königs zurückziehend.

»Möchten Sie, daß es – überhaupt nicht sei?«

»Nein.«

»Nein? Sie sagen – aus Überzeugung nein?«

»Da es ist – muß es sein. Wie hätte ich meine Jugend ertragen können, wenn ich diesen Glauben nicht hätte? Der Vater tot, die Mutter tot, Arkadius tot, Stilicho tot, Serena tot, Eucherius tot. Können Sie ermessen, was dies heißt, wenn Sie dazurechnen, daß drei dieser Tode Morde waren? Ich frage mich oft, in meinen trübsten Stunden, zu welchem irdischen Dienste mein Leben wohl noch taugen könne.«

Alarich blieb stehen. Fast heftig erwiderte er:

»Vielleicht zu einem der größten, den diese Zeiten erfordern!

Prinzessin, es ist kein Zufall, daß Sie – ›in meine Hände‹ gefallen sind! Es wäre gegen jeden Sinn göttlicher Fügung, Sie hier zurückzulassen. Ich bin ein einfacher Mensch und allen okkulten Dingen fern, mit denen sich diese Zeiten abplagen. Ich bin von Kopf bis Fuß Soldat – und, als solcher, arianischer Christ. Aber dieses weiß ich: Nur dem Außergewöhnlichen geschieht auch das Außergewöhnliche. Die besondere Seele und das besondere Ereignis ziehen sich an.«

Placidia hielt ihre Hände in den dünnen Strahl eines Brunnens.

»Erst im untersten Becken ruht das Wasser«, sagte sie langsam. »Was sich in den oberen Schalen flüchtig sammelt, muß wieder Tropfen werden – und über die geduldigen Ränder weiterrinnen. Was werden wir von dem Geheimnis der Zusammenhänge begriffen haben, wenn uns Gott zurückruft?«

Alarich wollte in seinem starken und begrenzten Gefühle für das Diesseits, in einem Gefühle, das mehr einen Mithrasgläubigen als einen Arianer verraten hätte, die Antwort geben: ›Nichts‹ – aber der Bann, in den ihn Placidias Worte geworfen hatten, war stärker als sein Bedürfnis, sich zu bekennen.

»Gefährliche Seele«, schoß es in ihm auf.« Sie ist Gott in den Sinnbildern verfallen. Ob sie jemals diesem Gott entrinnen und einen Menschen lieben könnte?«

Und er bereute fast, sich festgelegt zu haben:

»Hat es einen Sinn, sie im Schoß meines Volkes leben zu lassen? Wird ihre Gegenwart nicht Verwirrung stiften – Liebe und Haß erzeugen? Kann ich sie den Frauen des Adels fernhalten? Wird ihr nicht Athaulf verfallen, der begeisterte, beschwingte? Narrheiten! wies er die anstürmenden Gedanken von sich fort. Bin ich selber schon verhext? Wann hätte es die Welt jemals gesehen, daß ein Gotenkönig eine kaiserliche Prinzessin, die ihm das Schicksal in die Hände spielt, die nächste Anwärterin auf den Thron, nicht als Pfand in seiner Gewalt behält?«

Er hatte in seinem Nachdenken gar nicht gemerkt, daß sie weitergegangen und vor den Rehkäfigen stehen geblieben war. Sie lockte... Die schmalen, verschlafenen Köpfe hoben sich...

»Mita... Smerdis...«, rief sie leise. »Wecke ich euch aus dem Schlaf? Habt ihr von euren Wiesen in den Vogesen geträumt?«

Sie steckte die Hand durch das Gitter. Die Tiere waren aufgestanden und hatten ihre weichen Nüstern an die hingehaltenen Finger gedrängt.

»Wer wird euch füttern, wenn ich nicht mehr da bin? Wer wird euch an den Brunnen unter die Pinien führen?«

»Warum quälen Sie sich und die zarten Tiere?« fragte Alarich, der herbeigekommen war. »Sie spüren alles, was uns traurig macht. Prinzessin, Sie brauchen sich nicht von Ihren Lieblingen zu trennen. Wir werden sie mitnehmen. Es wird ihnen bei den Goten nicht schlechter gehen als hier in Ihren Käfigen.«

»Hört ihr? Ihr werdet mit mir kommen... vielleicht auf lange Reisen gehen... Wälder sehen... Triften aus Moos und Thymian wie in den Sabinerbergen... an Quellen unter Farnen trinken...«

»Prinzessin, woher kommt Ihnen diese Art, mit Tieren zu sprechen? Das ist nicht römisch. Nein, das war auch niemals römisch. So sprach meine Mutter zu den silberweißen Lämmern, die sie sich hielt. Woher kommt Ihnen der gleiche Ton?«

»Ich weiß es nicht. Aus meinem Herzen. Warum sind Sie betroffen?«

»Ihre Stimme hatte die Zeit um dreißig Jahre zurückgedreht. Ich habe an den Weg gedacht, den ich seit jenen Tagen durchmessen mußte.«

»An den Weg«, wiederholte Placidia in Gedanken.

Sie wendeten gegen den Brunnen zurück und setzten sich auf die runde Bank, die ihn umlief.

»Ich möchte eine Frage an Sie richten«, sagte Alarich etwas zögernd, »deren Beantwortung mir von großer Bedeutung scheint.«

»Fragen Sie.«

Alarich spürte eine vorausgenommene Abwehr.

»Sie weiß, was ich fragen werde«, dachte er. Aber er überwand die Scheu:

»Was würden Sie tun, wenn der Kaiser Honorius, der nicht mehr verheiratet ist und keine Kinder hat, plötzlich stürbe?«

»Ich würde in Byzanz den Anspruch auf die Nachfolge erheben.«

»Und wenn Sie zu diesem Zeitpunkt noch als Geisel bei den Goten lebten?«

Placidia richtete sich auf und sah Alarich in die Augen:

»So würde ich von Ihnen erwarten, daß Sie wüßten, was Sie zu tun hätten.«

»Ich würde es wissen.«

Zweites Kapitel

Der erste Februarabend des Jahres 412 sank. Galla Placidia, den
Pelzmantel über die Schultern gelegt, saß am flammenden Feuer
in der Wohnhalle des Kastelles Quinque Viae und öffnete die
Briefe, welche für sie aus Italien gekommen waren. Das westgotische Heer hatte kurz vor dem Winter den Mont-Cenis überschritten und auf dem Wege nach Aquitanien östlich von Grenoble Quartier bezogen. Sie las:

Ravenna, am 27. Dezember 411
Erhabenste Prinzessin, bewunderte und verehrte Freundin!
Die guten Beziehungen, welche meine Familie mit dem neuen
Statthalter in Gallien, dem Prätorianerpräfekten Claudius Postumus Dardanus verbinden, ermöglichen es mir, diese Zeilen auf
kürzestem und sicherstem Wege mit einer Gesandtschaft des
Kaisers Honorius an den König Athaulf zu Ihnen gelangen zu
lassen. Es kann Ihnen noch nicht bekannt sein, daß mich auf die
Vorstellungen unseres gemeinsamen Jugendfreundes hin – heute
des Generals und Adjutanten Cajus Candidianus – der Kaiser zu
seinem zweiten Adjutanten ernannt hat. Der jetzige Oberbefehlshaber sämtlicher Streitkräfte zu Wasser und zu Land, Graf
Constantius, dessen hoher Feldherrenruhm wohl auch von Ihnen anerkannt wird, sieht zwar vielleicht den Monarchen nicht
allzugerne im häufigen und zwanglosen Umgang mit vierund-
zwanzigjährigen Menschen, aber es sind bis jetzt keine Anzeichen einer ablehnenden oder gar feindlichen Gesinnung vorhanden. Der eigentliche Zweck dieses Schreibens nun – ich spreche
nicht von der unendlichen Freude, das Wort an Sie richten zu
dürfen, die Sie die mühevollen Wanderungen so tapfer und in so
ausgezeichneter Gesundheit ertragen haben –, der eigentliche
Zweck also dieses Briefes ist, Ihnen insgeheim Kunde zu geben
von dem unzweifelhaften Meinungsumschwung, der sich bei
dem Kaiser in der gotischen Frage vollzogen hat und – wenn
nicht alle Anzeichen trügen – andauern wird. Da mir bekannt ist,
wie sehr Sie selber darauf hinarbeiten, zwischen dem Imperium
und dem König Athaulf so rasch wie möglich ein nicht nur
erträgliches, sondern freundschaftliches Verhältnis herzustellen,
so möchte ich Sie nicht ohne Kenntnis davon lassen, daß Sie sich
– heute – mit dem Kaiser in diesem Wunsche begegnen. Es

werden, wie Ihnen natürlich bekannt ist, schon seit einigen Wochen zwischen dem Hauptquartiere des Königs Athaulf und der Regierung von Ravenna Schriftstücke ausgetauscht, aus denen sich zu unserer aller Freude ergibt, daß der jetzt herrschende Fürst der Goten geschmeidigeren Charakters ist als der vor mehr als Jahresfrist schon verstorbene König Alarich. Das ist ein gutes Vorzeichen, zumal ja Seine Majestät durch nichts so gereizt wird als durch eine auf ihre Rechte pochende Hartnäckigkeit. Es hat den Kaiser erstaunt, daß Sie ihn noch niemals darum angegangen haben, er möge dem Gotenkönig soweit als nur möglich entgegenkommen, damit Sie endlich aus Ihrer Geiselschaft entlassen werden könnten. Es erstaunt ihn aber nun nicht minder, daß der König Athaulf sich in seinen Sendschreiben noch niemals auf das unschätzbare kostbare Pfand berufen hat, das er schon seit zwanzig Monaten in Händen hält. Man hat es am Hofe von Ravenna allmählich verlernt, sich überhaupt noch um Gerüchte zu kümmern, welche – wie Mücken die Sümpfe – den Palast umschwirren. Auffallend aber ist es, daß von Ihrem Leben bei den Goten immer nur die gleiche Nachricht zu uns dringt: es sei so sehr im Einklang mit allem, was sich Ihr Herz nur wünschen könne, daß Ihrerseits kaum jemals etwas geschehen werde, das ihm ein Ende bereiten könne. Verzeihen Sie es dem Jugendfreunde, daß er Ihnen solcherlei Gerede berichtet – und seien Sie sicher, daß er in all diesen Ungereimtheiten nur eine Bestätigung Ihres Wohlergehens erblickt. Dieses aber ist das einzige, woran ihm gelegen sein kann.

Vom Leben am Hofe ist wenig zu erzählen. Seit es gelungen ist, den Usurpator Constantinus zu beseitigen, seit das gotische Heer die Alpen hinter sich gelassen hat, seit Ostspanien wieder in die römische Oberhoheit zurückgekehrt ist, macht sich ein großes Aufatmen bemerkbar. Vielleicht könnte man sagen, daß sich die Freude anschicke, in die im Umbau begriffene Stadt einzuziehen, wenn nicht die wachsende Schwermut des Kaisers seiner Umgebung große Sorgen bereitete. Die Einsamkeit seines Daseins lastet auf ihm, die Unfähigkeit, sich liebend anzuvertrauen, nicht minder. Das Ende Stilichos und seine Folgen hat er nie verwunden... Noch weniger die Schuftigkeiten des Olympius. Wir hörten dieser Tage, daß er ihn in seinem kleinasiatischen Schlupfwinkel entdeckt habe und – tot prügeln lassen. Hätte er es getan, ehe die große Tragödie im Sommer 408 begann!

Cajus Candidianus bittet mich, Ihnen seine Treue und bewundernde Verehrung zu Füßen legen zu dürfen. Er wäre der glücklichste der Irdischen, wenn Sie ihm erlaubten, einige Zeilen an Sie zu richten. Es scheint, daß er Ihnen Dinge mitteilen möchte, die er auch dem erprobtesten Freunde nicht preisgibt.

Darf der Gefährte so vieler Jugendjahre hoffen, daß Sie ihm eine kurze Antwort senden werden? Er möchte bestätigt sehen, was sein Herz über alle Fernen hin fühlt: daß die erhabene kaiserliche Freundin sich durch die Ruhe und Größe ihrer Seele im Frieden mit Gott und der Welt befindet. Seine unentwegte Treue folgt ihr auf jedem Weg.

Maximus Volusianus

Während Placidia, die entfalteten Papyrusblätter auf ihrem Schoße ruhen lassend, dem Gelesenen nachträumte, trat der König Athaulf in die Halle. Er hatte die Kälte der Firnen mit in den Raum gebracht. Sein junges Gesicht sprühte von Gesundheit und Leben. In seinem weißen Lammpelz hingen Reste von Schnee und ein paar Tannennadeln. Er küßte Placidia beide Hände.

»Briefe?«

»Ja. Sechs Briefe aus Italien. Ein einziger darunter, den ich nicht missen möchte. Raten Sie, von wem... Nein... Lesen Sie...«

Athaulf errötete wie ein Knabe.

»Sie erlauben mir, einen an Sie gerichteten Brief zu lesen?«

»Warum nicht?«

Athaulf las. Lächelnd sah Placidia seine wachsende Verwirrung.

»Nun?« fragte sie, als er die Blätter so sorgfältig in ihre Falten legte, als ob sie von Gold wären.

»Ist das wahr, was da drin steht?«

»Es steht viel in diesen Zeilen. Sie müssen die Stelle bezeichnen.«

»Es gibt nur eine ›Stelle‹.«

Athaulf stützte beide Arme auf die Seitenlehnen des Sessels, in dem Placidia saß, so daß sein Gesicht fast das ihre berührte.

»Ist diese eine ›Stelle‹ wahr?«

Placidia lächelte:

»Man sagt es in Ravenna.«

»Ich wünschte, daß man es hier sagte – ich wünschte, daß Sie es mir sagten – vor diesem Feuer – in dieser Minute.«

»Ich sage es.«

»Ah ...«

Sie drängte ihn ein wenig von sich, nahm seinen Kopf und küßte ihn in die Augen.

»Diese Augen haben es getan. Sie haben mir die Welt verändert.«

Er ließ sie langsam in ihren Faltenstuhl zurückgleiten.

»Und nun?« fragte er, sich wieder zu ihr neigend.

»Nun? Genügt es Ihnen nicht, zu wissen, daß wir uns lieben? Wir haben uns schon lange geliebt. Nun haben wir es ausgesprochen – und dürfen es jeden Tag wieder aussprechen. Denn wir sagen die Wahrheit. Alles, was ich viele Jahre nur der Madonna gesagt habe, darf ich seit dieser Stunde Ihnen sagen. Zwanzig Monate hat der Zeiger der Sonnenuhr gebraucht, um das Bekenntnis anzuzeigen.«

Am gleichen Abend, indessen draußen der Schnee in dichten Schnüren fiel, schrieb Placidia an Maximus Volusianus:

Im Hauptquartier des Königs,
Castellum Quinque Viae, bei Grenoble

1. Februar 412

Ihr Brief, sehr lieber Freund, ist um die Dämmerung eingetroffen. Ich möchte, daß Sie seinen Überbringer gesehen hätten: den Fürsten Thanausis, des Königs persönlichen Adjutanten und Vetter zweiten Grades. Einer der Letzten aus dem Uradel der Amaler. Sie hätten sich des Platonischen Lysis entsonnen und der göttlichen Leiber, die uns der große Skopas schuf. Ihr Heimweh nach dem geliebten Athen wäre ausgebrochen – und der Name des Julian Apóstata Ihnen zu erneuter Erschütterung geworden. Und doch wäre es ein Jüngling gotischen Blutes gewesen, der Ihnen das Wunder von Hellas in diese nördliche Winternacht gezaubert hätte! So nahe liegen die Welten zusammen, welche unser armes Gehirn zertrennt, so sehr ist Gott in diesem und in jenem: sofern ihn einer nur als Gott zu fühlen weiß.

Sie haben recht, mein Freund: Mein Leben ruht im Gleichgewicht. Wünschen Sie ihm, daß es darin verharren möge. Denn auch der inneren Wanderungen waren viele, seitdem ich Rom verließ, nicht nur der äußeren.

Fast ein Jahr lang habe ich ohne jede Berührung mit den wenigen Freunden aus der für mich plötzlich versunkenen Welt gelebt. Es war, als ob ich nicht mehr für sie da wäre und sie nicht mehr für mich. Ich habe am Anfang unter dieser aufgezwungenen Absonderung sehr gelitten, welche nichts zu tun hat mit der lange gewohnten seelischen Einsamkeit: Ich sehe heute ein, daß sie ein Vorzug, ja eine Notwendigkeit war.

Es ist ein anderes, lieber Volusian, ob man – im Rahmen der hohen römischen Gesellschaft – nur mit einigen vornehmen »Barbaren« – zumal solchen römischer Bildung – in Berührung kommt, oder ob man plötzlich gezwungen ist, in der Mitte ihres Volkes zu leben und an den kleinsten Begebenheiten ihres volkhaften Daseins teilzunehmen. Wieviel Hochmut stürzt dann in sich selbst zusammen, wieviel Zweifel an dem Sinn der langgewohnten eignen Lebensformen werden dann geboren, wieviel leichtsinnig gefällte Urteile werden dann einer Revision unterzogen, wieviel als lächerlich Empfundenes erscheint dann schön, ja groß! Aber wie erkennt man auch die Schwierigkeiten, Brücken von Volk zu Volk zu schlagen! Wie schmerzhaft lernt man begreifen, daß die Vorurteile, welche überwunden werden müssen, fast immer nur aus einer unergründbaren Trägheit der Seele kommen – einer Trägheit, die sich um die belanglosesten Dinge lagert – und fast niemals aus einer bewußten Erkenntnis des wesenhaft Unterschiedlichen! Wie Schuppen fällt es einem von den Augen, warum sich fast alle Verständigungen unter wesens- und stammesungleichen Völkern immer erst vollziehen können, wenn sie mit dem Blut verheerender und furchtloser Kriege bezahlt worden sind – und warum immer und immer wieder die gleichen Kriege aus den gleichen Trägheiten des Gedankens geboren werden.

Ich habe bei den Goten gelernt, was es heißt, der Erde nahe geblieben zu sein. Ich habe unterscheiden gelernt zwischen einem Wissen, das dem Blute entsteigt (und darum nie in Begriffe gebracht werden kann), und der Schärfe des Verstandes, dem Rom seine Gesetzgebung verdankt: im Guten und im Bösen. Ich habe – wie in einem Wetterleuchten – erkannt, daß jener seltsame Hang zu Zauberei und Wahrsagung, wie er seit Hunderten von Jahren das Römertum durchsetzt, nichts anderes beweist als die Zerstörung der natürlichen Verbindung des Menschen mit den Kräften der Erde und dem ausgefüllten Tagesablauf.

Ich bin – und gerade bei den Frauen der vornehmen Geschlechter – wochenlang auf bittere Feindschaft gestoßen, auf Hohn und auf Verachtung. Welches Märchen, daß die Völker – als Völker, wohlverstanden – vor der Herrlichkeit des Imperiums und seiner Kaiser sozusagen im Staube liegen! Niemals werde ich vergessen, mit welchem Ton mir eines Abends die Fürstin Baltaswinta, die Mutter des Fürsten Thanausis – damals meine schlimmste Feindin, heute fast meine Mutter –, die Worte ins Gesicht schleuderte:

»Das gotische Königtum ist ein Geheimnis – das römische Kaisertum ist ein Geschäft. Wir haben lange mit Königen gelebt und lange ohne Könige. Daß sie nicht erkürt waren, beweist nicht, daß sie nicht da waren. Das Imperium ist zu groß, zu uneinheitlich, zu auseinanderstrebend, um solche Herrscher gebrauchen zu können. Es hat ganz recht, sich die zu suchen, die es braucht: die ahnenlosen. Wer war denn Ihr mütterlicher Urgroßvater Gratian? Ein unbekannter pannonischer Soldat. Wir sind unterrichtet, Prinzessin. Man soll uns nicht für dümmer halten, als wir sind! Wir vermögen Homer und Vergil nicht vom Blatt herunter zu lesen: aber wir wissen von unseren Ahnen um die Werte des Blutes.«

Ich hätte damals vielleicht auf diese Frau losgeschlagen, wenn mich nicht die Augen ihres Sohnes beinahe angeschrien hätten: »Beherrsche dich! Sie meint es anders, als du es bis jetzt verstehen kannst. Daß sie zu dir spricht, beweist, wie sehr sie dich verehrt. Die Fürstin Baltaswinta ist fast eine Heilige in ihrem Volk. Sie weiß um Geheimnisse der Vorzeit, die keiner kennt. Vergehe dich nicht an ihrer Größe, die du eines Tages verstehen und – lieben wirst.«

Nun: ich beherrschte mich. Ich sagte sehr laut durch den Raum:

»Die römische Kaisertochter ist – um ihres Ranges willen, der ihr die Verpflichtung zu äußerster Bildung auferlegt – immer bereit zu lernen. Sie wäre dankbar, in die Geheimnisse dieser gotischen Blutlehre eingeweiht zu werden.«

»Es gibt keine gotische Blutlehre, die man wie eine mathematische Formel erlernen könnte«, erwiderte Baltaswinta. »Es gibt nur ein ungeschriebenes Gesetz des reingehaltenen Blutes. Wer es nicht spürt, dem wird man es niemals erklären können. Alle Kämpfe der Welt kommen aus dem Unerklärbaren. Es sind viele Kriege geführt worden, die sich nicht begründen lassen. Die Begründungen sind nachträglich erfunden worden.«

»Es will mir scheinen, Fürstin, daß fast alle menschlichen Begründungen, nicht nur die für Kriege, nachträglich erfunden werden.«

Seit ich diesen Satz ausgesprochen hatte, sah mich Baltaswinta in einem anderen Lichte. Sie fing an, sich um mich zu bemühen. Ich legte ihr keine Widerstände in den Weg. So begann die Entfaltung einer Freundschaft, die ich unter die kostbarsten

Gewinne meines Lebens rechne. Baltaswintas Liebe zu mir rückte mich in den Mittelpunkt des gotischen Lagers. Man glaubte, mir ähnliche Kräfte zuschreiben zu müssen wie ihr selbst. Ich ließ mir den guten Glauben gefallen und begann – römische Politik zu machen. Was hätte ich anderes tun sollen?

Wenn sich heute auch bei den Goten ein Umschwung vollzogen hat: wenn der König Athaulf den Vorstellungen des Prätorianerpräfekten Dardanus zugänglich geworden ist und das Heil des Gotenvolkes nicht mehr in einem Bündnisse mit dem neuen gallischen Usurpator Jovinus aus Mainz sieht, so darf ich mir vielleicht einen nicht ganz kleinen Anteil an dieser Wendung zugute schreiben. Schade übrigens um diesen Jovinus, dem ich kein glückliches Ende voraussage. Er hat uns hier auf seiner Reise nach Arles – seinem Hauptquartier – besucht und mir einen reizenden Eindruck hinterlassen. Er ist aus keltischem Uradel: sehr gebildet, sehr schön (schwarze Haare, pfauenblaue Augen) und von einer jugendlichen Geschmeidigkeit, die mich um so mehr erfreute, als ich mich in meiner jetzigen Umgebung, mehr als mir lieb war, an das Handfeste und Stämmige gewöhnen mußte. Den Goten fehlt, sofern sie nicht zur vornehmsten Schicht gehören oder sich an römischer Urbanität abschleifen konnten, die südliche Leichtigkeit. Sie sind, was man »prächtige Kerle« nennt – und ihre Frauen sind »prächtige« Frauen. Sie sind sich alle sehr ähnlich, wie über einen Kamm geschoren – aber ihre persönliche Entwicklungsfähigkeit wäre ungeheuer, wenn man sie ihnen gestattete oder besser: den Wunsch danach in ihnen weckte. Sie sind sehr klug – aber ebenso faul. Es ist unvorstellbar, was sie alles auf ihre Frauen abwälzen. Der König Athaulf weiß, daß sie auf keinen grünen Zweig kommen werden, solange man sie nicht mit drakonischen Maßnahmen zu Bauern machen wird. Ich höre nicht auf, ihm zu predigen, daß »Volk« noch lange nicht »Staat« ist und daß Volk verkommt, wenn es nicht – durch Seßhaftigkeit und eigne Wirtschaft – staatsbildenden Charakter erhält. Die unbändige Lust zum Vagabundieren ist das schwerste Hindernis, dem die Könige in ihren Siedlungsplänen begegnen. Und der Dämon dieses Vagabundierens ist ein schwereres Gewicht in der gotischen Politik, als viele ahnen. Sogar viele Frauen sind von diesem Dämon besessen. Was die arianischen Bischöfe ihnen über die »Sittenverderbnis« des festgefügten Staates, der sich »Imperium Romanum« nennt, in die Ohren blasen, erzeugt unvorstellbare Ausbrüche von selbstgerechter Überheblichkeit. Es ist für eine Römerin nicht immer ganz leicht, sich in die

Keuschheitsbegriffe dieses Volkes einzudenken: selbst wenn sie nicht minder ausgesprochene – obwohl andere – mit großer Strenge beobachtet. Es ist für mich heute kein Zweifel mehr, daß eine ganze Reihe von Sittengesetzen, welche sich die Kaiser der konstantinischen Dynastie zum Entsetzen des Volkes veranlaßt sahen, herauszugeben, germanischen Vorbildern entlehnt sind. Und ein großer Teil des Hasses aller nationalrömischen Kreise gegen germanisches Wesen mag in der Übernahme solcher fremden Sittenbegriffe begründet sein. Ich habe oft mit dem König Athaulf über diese Fragen gesprochen: ich bin nicht sicher, ob er mich jemals ganz verstanden hat.

Diese germanischen Krieger setzen alles auf eine Karte – und wenn es schiefgeht, so geht es eben schief. Da es aber nicht schiefgehen darf, verbluten sie sich lieber für einen ihnen heiligen Gedanken, ehe sie einen rettenden Ausweg suchen. Die römische Politik sollte sich mit dieser Tatsache gründlich vertraut machen – und sie in Rechnung stellen, wo immer sie mit Germanen Politik zu treiben hat.

Sie sollte aber auch eine andere Tatsache niemals aus dem Auge verlieren, zum mindesten dann nicht, wenn sie es mit den Westgoten zu tun hat: Die Kräfte dieses Volkes sind ungeheuer und schreien nach Entfaltung an bewußtem Staatsgefühl. Man öffne den Horizont dieser Gehirne und Seelen, und man wird ein Wunder erleben. Man wird reines Gold zum Ausmünzen finden. Man entwickle den Mannen zum Mann – und die tüchtigsten der Männer zu Herren, und das Imperium wird allen Feinden trotzen! Man klammere sich doch nicht ewig an verbrauchte Begriffe und Formen! Man sehe endlich wieder den kostbaren Stoff – und entwerte den Anschein! Ich weiß es heute – aus täglicher Erfahrung –, wie recht der ewig zu beweinende Stilicho hatte: Die Westgoten werden die stärkste Stütze des Imperiums, das an Rom sich am wunderbarsten angliedernde Element sein, wenn man ihnen – in kaiserlicher Großzügigkeit – die Möglichkeiten gibt, sich anzugleichen, und ihrer Jugend alle Wege öffnet, die nach Rom – und nach Ravenna führen.

Welche Größe des Gefühles in diesem Volke wohnt, habe ich erlebt, als ich der Bestattung Alarichs beiwohnte. Ich hätte wohl – ohne die Fürsprache des Königs Athaulf – als Fremde niemals die Erlaubnis bekommen, an dieser Totenfeier teilzunehmen – und ich mußte mich mit meinem kaiserlichen Wort verpflichten, ewiges Schweigen über Ort und Ritus der Beisetzung zu bewahren. Ich habe vor solchem Schmerz und solchem Ausdruck der Gemeinschaft mit Schauder an den bezahlten Pomp gedacht, mit dem man unsere Kaiser zu Grabe trägt, und mich mit nicht geringerem Schauder oftmals später gefragt, ob das Leben nicht denen gehört, die so durch Gefühl und Überlieferung mit den Toten verbunden sind.

Wie oft habe ich gedacht: Möchte der Kaiser Honorius, möchten alle, die ich Freunde nennen kann, erlebt haben, was ich in den letzten zwanzig Monaten erlebte, und ihre Lehren daraus ziehen: das Abendland würde bald in eine neue Blüte treten.

Ich bin müde geworden vom langen Schreiben. Ich schrieb, als ob ich zu Ihnen spräche. Bewahren Sie meine Worte wohl und »bewegen Sie sie – mit der Heiligen Schrift zu sprechen – in Ihrem Herzen«. Ich habe keinen anderen Wunsch, am wenigsten den, dem Gang der kommenden Ereignisse vorauszugreifen. Doch einen habe ich: Der Fürst Thanausis möchte die nächste Gesandschaft an den Kaiser begleiten. Er will Ravenna sehn und dort sein Lateinisch aufbessern. Gewinnen Sie sein Herz. Es wird nicht einfach sein. Er ist von großer Spröde und vielleicht noch größerem Hochmut. Er reist im Gefolge des Grafen Sisinanth, den ich nach Byzanz weiterschicke, um mir die Einkünfte aus meinen bithynischen und hellespontischen Liegenschaften auszahlen zu lassen. Auch sollen das Haus meiner Mutter über dem Bukóleon und ihr Palast im zehnten Viertel der Ausbesserungen bedürfen.

Was Sie mir über den Kaiser mitteilen, hat mich nicht überrascht, aber sehr betrübt. Ich hatte auf den langen Wanderzügen viel Zeit, über ihn nachzudenken: Seien Sie sicher, daß er von uns allen das qualvollste Leben lebt, auch wenn er es selbst nicht weiß. Ich habe ihm manches harte Urteil abgebeten: Das oberste Gesetz der Frau ist Milde. Was kann er zu dem, das ihm nicht gegeben ist? Und wie hätte er sich all derer erwehren sollen, die ihn verhinderten, gütig zu sein? Er ist gütig. Aber das Leben hat ihn kopfscheu gemacht. Tun Sie an ihm, was er von mir nicht annähme, auch wenn ich es für ihn tun könnte. Er haßt mich: nicht aus Haß, sondern weil sein anderes Wesen mich nicht erreichen kann.

Den Candidian grüßen Sie: Er möge mir so fröhlich schreiben, als er ist und als es mich zu sein gelüstet.

Bis zu dem nächsten Briefe.

Ave, Volusiane, atque vale.
Galla Placidia

Am 3. April, als das westgotische Heer westlich von Arles Quartier bezogen hatte, erhielt Placidia einen Brief des Generals Cajus Candidianus, der in einem Bündel byzantinischen Räucherwerkes verborgen war. Der Bote, der das »Geschenk« überbrachte, erklärte, er habe Auftrag, ihr mitzuteilen, daß er auf dem Wege zu dem Prätorianerpräfekten Dardanus nach Port-Bou unterwegs sei.

Placidia stellte keine weitere Frage an ihn. Sie wußte: wenn ihr ein so gewürfelter Mensch wie Candidian einen solchen Fingerzeig gab, so war es, weil er ihr im Augenblick nicht mehr sagen durfte und sie selbst für gewitzigt genug hielt, die richtigen Zusammenhänge zu erkennen.

Sie ging in eine abgelegene Ecke des blühenden Aprikosengartens und las im Schein des sinkenden Tageslichtes:

Erhabenste Nobilissima Placidia, ehe ich mir selber die Freude machen kann, Eurer Kaiserlichen Hoheit den »lustigen« Brief zu schreiben, dessen Verfertigung mir aufgetragen wurde, erachte ich es für meine Pflicht, auf eine Strömung hinzuweisen, welche sich hier am Hofe in der Frage Ihrer »Rückgabe« geltend macht. Der Oberbefehlshaber Constantius, ein zweifellos hervorragend tüchtiger, aber ebenso eigensinniger Mann, liegt dem Kaiser in den Ohren, Ihre Auslieferung durch möglichst weites Entgegenkommen in der Siedlungs- und Ernährungsfrage (afrikanisches Getreide) zu beschleunigen und sich seiner Vermählung mit Ihnen nicht zu widersetzen. Er könnte diese vielleicht sogar zur Vorbedingung einer wohlwollenden Gotenpolitik machen. So sehr wir, Volusian, ich und unsere Freunde, die endgültige Beilegung des Zwistes mit den Goten und die Herstellung eines freundschaftlichen Verhältnisses zu ihnen wünschen, können wir nicht gutheißen, daß Ihre Erlauchte Person als eine Art Prämie in den Verhandlungen eingesetzt wird. Wir werden uns – sobald der Kaiser die Sprache auf das Ansinnen des Constantius bringt – mit äußerster Heftigkeit gegen einen so unwürdigen Handel zur Wehr setzen und seiner Majestät klarmachen, daß einer Frau, welche gelitten hat, was Sie gelitten haben, die freie Entscheidung darüber bewahrt werden muß, wem sie ihre Hand reicht und wem nicht. Vielleicht, Erlauchteste Prinzessin, haben Sie selbst ja Ihre eignen Pläne – und vielleicht sogar solche, welche dem Imperium in ganz anderer Weise dienen würden als eine Ehe mit dem Dakier Constantius. Der Sinn dieses Briefes ist, Ihnen eine sehr wichtige Karte in das Spiel der Verhandlungen zu mischen, welche im Laufe dieses Sommers beginnen werden.

Ihre persönliche Stellung ist im Augenblick sehr stark. Wie stark sie bleibt, wird davon abhängen, ob der König Athaulf nicht die Torheit begeht, sich auf Gedeih und Verderb dem Usurpator Jovinus in die Arme zu werfen. Ich nehme an, daß der Präfekt Dardanus das Seine tun wird, ihn vor gefährlichen Wagnissen zu bewahren. Vielleicht ist die Hoffnung nicht unberechtigt, Sie selber fühlten die ganze Wichtigkeit Ihrer Aufgabe in dieser Frage und entsännen sich zu jeder Minute, daß Sie unbedingt zuverlässige Freunde in Ravenna haben, welche sich nur eine einzige Lösung der Gotenfrage wünschen: die gleiche nämlich, die Ihren eignen Wünschen entspräche.

Sobald ich ein Zeichen in meiner Hand halte, aus dem ich ersehen kann, daß Ihnen der Sinn dieses Schreibens in allen seinen Bezügen offenbar geworden ist, werde ich Ihnen den »lustigen« Brief schreiben und erzählen, mit welchen Zauberkünsten, Geisterbeschwörungen, Goldmachereien, Liebestrankproben, Horoskopstellungen, Blutuntersuchungen und Tränenanalysen wir uns hier in langen Winternächten die Zeit vertreiben.

Wenn Sie dann meinen Bericht im gotischen Lager vorlesen, wird man finden, daß Rom zum Untergange reif sei. Es lebt aber immer noch. Und es wird leben, Prinzessin. Denn es ist noch ein lebendiger, sich aus sich selber erneuernder Begriff: ein Bollwerk also, an dem die hitzige Wut wie Glas zerschellt. Verfügen Sie, Nobilissima Placidia, über das Leben Ihres

Cajus Candidianus

PS: Ich kann den Brief nicht schließen, ohne noch des Fürsten Thanausis Erwähnung zu tun.

Welches Wunder an Würde und Anmut haben Sie uns geschickt! Und – ultimum non minimum – welchen Ausbund an Fähigkeiten! Er spricht Lateinisch ohne gotischen Akzent und fast mit römischer Färbung. Zu lernen hat er hier nicht viel, doch viel zu lehren. Der Kaiser überschüttet ihn mit Freundlichkeiten – die Damen des Hofes, die Obristin Felix vor allem, geraten in Verzückung, wenn er gotisch-skandinavische Märchen und Sagen erzählt. Es ist ohne Zweifel, daß seine Anwesenheit nicht wenig dazu beigetragen hat, die Meinung des Kaisers über die Goten zu ändern. Schon der Klang des Namens »Thánausis« entzückt ihn. Wir haben ihn des öfteren dabei erwischt, wie er die Silben langsam vor sich hinsagte und dabei Sorge trug, das gotische th, das er besonders liebt, richtig auszusprechen. So kleine Dinge – und so erfreuliche Wirkungen! Leider will

Thanausis uns bald verlassen. Er ist von dem Grafen Sisinanth nach Byzanz gerufen worden. Auch meint er, es sei unerläßlich, das Griechische zu lernen, um die Alten lesen zu können. Man sollte ihn nach Athen an den Leontios empfehlen, der das beste Griechisch unter allen Akademikern schreibt. C.C.

Placidia schaute lange in den goldroten Abend, nachdem sie den Brief zusammengefaltet hatte. So weit ihr Auge über die Gemarken streifte, blühten die letzen Aprikosen und Pfirsiche. Über umleuchteten Gartenmauern schwebten die tiefgrünen Schirme der Pinien.

»Bei Gott«, sagte sie im Aufstehen zu sich selbst, »dieser dakische Büffel wird niemals etwas lernen. Ich rate Ihnen, Graf Constantius, nicht nach Trauben zu greifen, die zu hoch für Sie hängen!«

Sie ließ ihren Kurier Philander kommen:

»Mache dich bereit, morgen nach Ravenna zu reisen. Der General Candidianus schreibt mir von einem neuen Mittel gegen Fieber. Du sollst es holen. Es wird uns allen in dieser Rhôneniederung gute Dienste tun. Du nimmst für den Adjutanten Volusianus eingemachte provenzalische Walnüsse mit und für den General ein druidisches Opfermesser. Er sammelt solchen Zauberkram.«

In dem Knauf des Messers war ein kleiner Zettel verborgen. Er enthielt die Worte: »Ich habe durchaus verstanden und bin voll tiefen Dankes. Wacht und handelt für die römische Würde. Ich denke an euch und für euch.«

In den Begleitbriefen für Volusian und Candidian aber standen: eine kleine Abhandlung über die Kunst, Walnüsse zur Größe eines Hühnereis zu bringen, und ein Bericht über keltische Menschenopfer, wie sie sich früher im oberen Dordognetal bei Frühlingsanfang zugetragen haben sollen: Das Herz eines vollendet schönen Knaben aus vornehmstem Geschlechte, dem man ein Jahr lang als dem Sinnbild der Volks-Seele göttliche Verehrung hatte zuteil werden lassen, wurde bei Vollmondschein zur Befruchtung in den Ewigen Schoß der Großen Mutter versenkt.

»Wenn die Völker der Erde um alles herumkommen«, sagte sich Placidia, während sie diese Sätze hinschrieb, »um das Mysterium der Empfängnis kommen sie niemals herum. Ein einziges Mal ist es in den Geist erhoben worden: aber dieses Geschehnis werden nur wenige begreifen. Es ist – zu einfach, um begriffen zu werden.«

Als sie eben befahl, das Abendessen für sich und Baltaswinta zu richten, mit der sie sich in die Räume des südprovenzalischen Landhauses teilte, betrat Graf Rékomer, ein Stabsoffizier des Königs Athaulf, den Raum:

»Der König sendet Eurer Kaiserlichen Hoheit gute Nachrichten: Wir hatten schon seit einigen Wochen Wind davon bekommen, daß der General Sarus, unser schlimmster Feind und, wie Eure Kaiserliche Hoheit wissen, der Hintertreiber jeder westgotisch-römischen Verständigung am Hofe von Ravenna, sich wegen des Verbotes, eine Blutrache auszuüben, mit dem Kaiser überworfen habe und auf dem Wege zu Jovinus sei, um diesem seine militärische Beratung zur Verfügung zu stellen. Eure Kaiserliche Hoheit können ermessen, wie nachteilig die Anwesenheit dieses gefährlichen Hetzers im Hauptquartier des Jovinus für unsre Beziehungen zu diesem gewesen wären. Ganz abgesehen davon, daß es galt, ihm für seine Schuftigkeiten ein für allemal heimzuzahlen. Es ist gelungen, ihn gestern an der Rhônemündung zu stellen und zu töten. Zehn seiner Begleiter haben sich ohne Widerstand unsrer Übermacht ergeben. Sie müssen mit unsrer Truppe jede Minute im Hauptquartier eintreffen. Die fünf anderen sind in die Rhône gesprungen und entkommen. Sie werden wohl den Jovinus über das Vorgefallene bereits in Arles unterrichtet haben. Desgleichen sind Boten nach Port-Bou an den Präfekten Dardanus abgegangen, der in den Machenschaften des Sarus das größte Hindernis für seine Bemühungen um Frieden mit den Westgoten sah.«

»Ich danke Ihnen, Rékomer. Wollen Sie zu Tisch bleiben? Ich möchte gerne einiges über das Ergehen des Königs hören. Die Fürstin Baltaswinta wird meinen Wunsch teilen.«

»Ich danke für die Ehre, der Gast Eurer Kaiserlichen Hoheit sein zu dürfen. Da mich der König heute nicht mehr benötigt, ist es mir möglich, zu bleiben.«

»Sie können natürlich hier übernachten, falls Ihnen die Rückkehr im Dunkel gefährlich erscheint.«

»Die Goten leben nicht im Kriege mit Jovinus.«

»Aber auf sehr gespanntem Fuß, seit er seinen Bruder Sebastian zum Mitregenten erhoben hat. Und da der Tod des Sarus ihm schon bekannt sein dürfte, müßte man wohl mit Überraschungen rechnen.

»Die Leute des Jovinus wagen sich nicht aus den Mauern von

Arles. Wenn der Präfekt Dardanus es morgen will, kann er in Nîmes residieren. Nur zwischen Arles und Valence liegen starke Truppen der beiden gallischen Machthaber.«

»Vielleicht nicht mehr allzulange«, meinte Placidia.

Rékomer antwortete nicht. Er war einer jener Soldaten, welche nur in Tatsachen zu denken vermögen. Deshalb auch weigerte er sich, das geringste gegen Jovinus zu unternehmen, ehe er einer unzweideutigen Unterstützung durch Ravenna sicher war.

Welches große Gewicht die Regierung von Ravenna auf die rasche Wiederherstellung eines Bündnisverhältnisses mit den Westgoten legte, wurde klar, als der Statthalter für Gallien, Postumus Dardanus, am 28. Juni 412 mit dem König Athaulf in Narbonne zur Abrede eines Vertrages zusammentraf. Die Verhandlungen, für welche man drei Tage vorgesehen hatte, kamen schon am Vormittag des 29. Juni zum Abschluß.

Dardanus wiederholte, zusammenfassend:

»Die kaiserliche Regierung gewährt dem westgotischen Volke geschlossene Siedlung in der gallischen Provinz Aquitania secunda, und zwar in dem Gebiet zwischen Garonne und Loire, mit Ausschluß der Städte Toulouse und Poitiers, aber mit Bordeaux als Hafen und Hauptstadt. Die Landnahme findet nach dem üblichen Verhältnis von 2 : 1 statt, das heißt: die schon im Lande seßhaften Bewohner behalten ein Drittel des Bodens, der Liegenschaften und der Gebäude, die gotischen Siedler nehmen Besitz von den beiden übrigen Dritteln. An die Erteilung der Siedlungsberechtigung ist – als conditio sine qua non – die Forderung geknüpft, daß sich die gotischen Landnehmer dazu verpflichten, die planmäßige Bebauung des Bodens alljährlich vorzunehmen, das heißt: wieder ein ackerbautreibendes Volk zu werden. Angesichts der Tatsache, daß die westlichen gallischen Provinzen sich seit sechs Jahren infolge der dauernden Einbrüche germanischer Völker und der sich daraus ergebenden Kriege noch in einem wenig wünschenswerten Zustande befinden, wird dem gotischen Volke auf vorläufig drei Jahre von der kaiserlichen Regierung kostenlos afrikanisches Brot- und Saatgetreide geliefert. Nach Ablauf dieser drei Jahre kann die Ernährung aus eigner Wirtschaft mühelos erfolgen. Treten infolge von neuen, durch die gotische Regierung nicht verursachten Kriegen Behinderungen in der planmäßigen Bodenbestellung ein, so wird die kaiserliche Regierung das fehlende Getreide zusätzlich liefern. Ein unter gotische Oberhoheit fallender Mittelmeerhafen kann für das erste nicht gewährt werden. Doch soll die Frage der Gewährung eines gotischen Landungsdocks für Handelszwecke in Arles nach Ablauf dreier Jahre vom Tag der Vertragsunterzeichnung an für Verhandlungen offen bleiben.

Die gotische Regierung stellt als Gegenleistung der kaiserlich-römischen ihre gesamten Streitkräfte zur Verfügung, und zwar in dem Sinne, daß darüber je nach Gutdünken des Imperiums verfügt werden kann. Es ergibt sich aus der geographischen Lage des Siedlungsgebietes, daß in erster Linie an eine Abwehr neuer Germaneneinfälle und an die Säuberung Spaniens von unerwünschten Eindringlingen gedacht wird.

Die gotische Regierung verpflichtet sich, am Tage der Vertragsunterzeichnung Ihre Kaiserliche Hoheit, die Prinzessin Galla Placidia, den Abgesandten Seiner Majestät des Kaisers Honorius auszuliefern.«

»Nein«, sagte Athaulf, mit der Spitze seiner Degenscheide leise auf die Tischkante schlagend. »Ich habe Ihnen schon vorhin gesagt, daß davon vorläufig keine Rede sein kann. Geben Sie jede Hoffnung auf, mich in diesem Punkte nachgiebig zu machen! Seien Sie froh, daß ich in der Frage des Mittelmeerhafens keine Schwierigkeiten mache oder Ausgleichsforderungen erhebe: so sehr mir auch der eigentliche Sinn dieser Absperrung vom ›römischen‹ Meer, vom ›mare nostrum‹ klar ist. Er erspart Ihnen, uns den Bau von Schiffen zu verbieten. Ich kenne die Richtlinien der Marineministerien sowohl in Ravenna als auch in Byzanz.

Über die Auslieferung der Prinzessin Placidia kann geredet werden, wenn es sich erwiesen hat, daß die kaiserliche Regierung ihren Verpflichtungen der Getreidelieferung bis auf den letzten fälligen Scheffel nachgekommen ist. Vorher unter gar keinen Umständen. Hören Sie wohl: unter gar keinen Umständen. Sie kennen Ihr römisches Sprichwort: ›calamitate doctus‹. Wir haben die Gaunereien des seligen Olympius und der hochedlen Senatorenschaft aus den Jahren 408–410 noch nicht vergessen. Und Sie haben ja auch wohl den Gotenschreck der Jahre 410 und 411 noch etwas in den Gliedern liegen! Versuchen Sie also nichts Unmögliches, wo wir eben gerade auf dem besten Wege sind, das Mögliche zustande zu bringen. Ich habe noch nicht die kleinste Brücke zu Jovinus abgebrochen – und die Unstimmigkeiten, welche augenblicklich zwischen ihm und mir bestehen, sollten Sie nicht dazu verleiten, übermütig zu werden. Diese Unstimmigkeiten« können noch immer mit einem einzigen Federzuge beseitigt werden. Vergessen Sie auch nicht, daß ich mit einer beträchtlichen Heeresmacht zu diesen Verhandlungen gekommen bin. Ich lasse mich weder breitschlagen noch ins Bockshorn jagen. Schluß also mit der Frage der Rückgabe der Prinzessin Placidia.«

»Ich weiß nicht, König Athaulf«, sagte der Statthalter, während er durch den Fensterbogen in die Kornblumenbläue des Himmels schaute, vor der sich eine blühende Agave im Mistralwinde wiegte, »ich weiß nicht, warum Sie mit so viel Leidenschaft einen Punkt der geplanten Abmachung abwehren, über den sich doch in Ruhe reden läßt.«

»Aber ich weiß es, Durchlaucht, und das genügt mir. Ich wiederhole Ihnen, daß über diesen Punkt vorläufig weder in Ruhe noch in Unruhe geredet wird. Ich will Ihnen gerne noch ein paar nähere Erklärungen geben, die ich Ihnen vielleicht schuldig bin.

Ich weiß mehr als genau, daß es gar nicht so sehr der Kaiser Honorius selbst ist, der auf der sofortigen Rückgabe der Prinzessin besteht, als vielmehr der Gotenfresser Constantius, der Oberbefehlshaber, der sich für ›treue Dienste‹ gerne eine Frau holen möchte, und zwar die ›erste Dame des Imperiums‹, wie bei Ihnen die vornehmen Leute sagen. Wenn Sie – oder der Kaiser – dem Drucke dieses Mannes in der Frage der Auslieferung auch nur um Haaresbreite nachgeben, so haben Sie bei mir ausgespielt! Vielleicht wäre ja in dieser Angelegenheit auch noch die Prinzessin selber zu befragen! Ich kann Ihnen verraten – und bin dazu beauftragt, ›falls es nötig wird‹, Ihnen mitzuteilen –, daß sie nicht daran denkt, sich aushandeln zu lassen, geschweige denn ein politisches Werkzeug in der Hand dieses von Ehrgeiz und Machtgefühl zerfressenen Dakiers aus Nisch in Moravien zu werden! Die Prinzessin ist, wie Ihnen bekannt sein dürfte, eine ungewöhnlich gescheite Frau. Und all das Grauenvolle, das sie mit ihren zwanzig Jahren schon erlebt hat, vor allem aber auch alles, was sie auf den langen Wanderungen mit meinem Volke gelernt hat, hat sie unerhört empfindsam gemacht für das, was ›im Hintergrunde‹ gespielt wird!

Herr Statthalter, lassen Sie es nicht dahin kommen, daß der Gotenkönig schließlich noch zum Beschützer der römischen Kaisertochter vor den Gelüsten – den menschlichen wie den politischen – eines Generals aus dem Hinterlande werden muß! Es würde einen sehr üblen Eindruck in der Welt machen! Und der Hof von Ravenna hat allen Grund, seinen Ruf etwas aufzufrischen! Das wissen auch die jungen römischen Herren sehr wohl, die jetzt – Gott sei Dank! – in der näheren Umgebung des Kaisers leben, aber von dem General Constantius mit scheelen Augen angesehen werden! An sie kann er nicht! Er ist ein großartiger Stratege. Aber für die Tragweite heute zu lösender Fragen reicht das nicht aus. Stärken Sie Ihrem Kaiser das Rückgrat gegen den Eigensinn dieses Mannes! Schlagen Sie sich auf die Seite der jüngeren Politiker: Sie selbst und das Imperium werden besser dabei fahren.«

»Ich bin entzückt, zu sehen, König Athaulf, ein wie freundschaftliches Gefühl Sie für Seine Majestät haben und wie ritterlich Sie gegen eine Ihrer Meinung nach in ihrer persönlichen Freiheit bedrohten Frau sind! Ich verstehe, daß der jugendlichen Prinzessin bei solcher Partnerschaft das Leben am gotischen Lager vielleicht verlockender erscheinen mag als die Ehe mit einem römischen Generalissimus, auch wenn diesem eine noch so glänzende Laufbahn bevorsteht.«

»Zwischen einem gotischen König aus dem Geschlechte der Balthen und einem römischen General mit brillanter Laufbahn verbietet sich jeder Vergleich! Wollen Sie das bitte nicht vergessen, Herr Statthalter! Wir verhandeln. Aber wir machen keine Unterhaltung, die Sie auf Ihre Art zu würzen belieben! Ich liebe dieses Gewürz nicht. Es ist fad wie alles ähnliche, das aus römischer Küche kommt. – Ist die Frage der Auslieferung der Prinzessin erledigt oder nicht? Antworten Sie mit Ja oder Nein – wo nicht, ich die Verhandlungen abbreche.«

»Die Frage der Auslieferung der Prinzessin ist – nach deren eigner, mir durch Sie übermittelten Stellungnahme – erledigt.«

»Teilen Sie Ihrem Kaiser mit, daß ich ihn zu einem Unterhändler wie Sie beglückwünsche! Sie lassen die hohe Politik nicht an dem Wohnort einer vornehmen Frau zuschanden werden. Teilen Sie auch mit, daß die Prinzessin sich in der gotischen Sprache noch vervollkommnen möchte, ehe sie zurückkehrt. Sie spricht sie schon vorzüglich, nur die bösen th machen ihr noch etwas Schwierigkeiten. So kann sie zum Beispiel immer noch nicht richtig meinen Namen aussprechen: A-th-aulf! Das th beinah wie ein d – und doch ein ganz feines s darin. Können Sie ihn aussprechen? Bitte versuchen Sie es? Nein? Sehn Sie – nun haben Sie es doch versucht! Durchlaucht, ich möchte, daß Sie meinen Namen immer ganz richtig aussprechen – dann werden gute Zeiten beginnen, die wir alle gebrauchen können. Also: arbeiten wir den guten Zeiten entgegen. Was wird mit Jovinus?«

»Was Sie jetzt aus ihm machen. Die erste Bewährung Ihrer Bundesgenossenschaft beginnt.«

»Vielleicht noch mehr die Ihre! Hoffen wir, daß ich dem Kaiser in Ravenna bald die Ansage eines Triumphzuges ermöglichen kann.«

»Sie sind zum Losschlagen bereit?«

»Festina lente! Ich muß doch erst bei meinem Heere sein.«

»Selbstverständlich. Ich meine: Der Krieg gegen Jovinus kann im Sommer noch beginnen?«

»Wann beginnt denn die Siedlung?«

»Morgen, wenn Sie wollen.«

»Also: die Siedlung zuerst. Unter dem Schutz meines Heeres, dessen eine Hälfte an der Küste von Marseille bis Narbonne in Wachstellung bleibt, während die andere Frauen und Kinder in ihr neues Land begleitet. Im Oktober habe ich alle meine Truppen wieder zusammen. Bis dahin stehen mir noch die Ihren zur Verfügung für den Fall, daß Jovinus angriffe, was ich für unwahrscheinlich halte. Er hat keinen Sarus mehr als treibenden Geist. Im nächsten Frühjahr wird ganz Gallien vermutlich wieder römisch sein – durch westgotischen Sieg.«

»Durch den Sieg unserer westgotischen Verbündeten.«

»Wie Sie wünschen. Lingua latina lingua subtilitatis.«

»Lingua gotica lingua sanguinis.«

»In Christo. Amen.«

Die gallische Rebellion war in den ersten Maitagen des Jahres 413 beendet. Jovinus war bei der Erstürmung der Festung Valence, wo er sich den ganzen Winter über zu halten gewußt hatte, gefangengenommen und auf Befehl des Dardanus in Narbonne hingerichtet worden. Das gleiche Schicksal teilten mit ihm seine beiden Brüder Sebastian und Sallust, deren Köpfe an Honorius nach Ravenna gesandt wurden. Athaulf hatte in Bordeaux Residenz genommen, um dem neugesiedelten Volk eine staatliche Ordnung zu geben. Der Friede schien endlich gekommen, als dem Imperium von der Provinz Afrika her eine ungeheure Gefahr drohte. Der dort residierende Graf Heraklian, Stilichos Hauptfeind und Henker, ein unerbittlicher Germanenhasser, hatte sich erhoben. Nur wenn es gelang, den Aufstand rasch niederzuwerfen, konnte Rom vor schweren Hungersnöten und – infolge aussetzender Getreidelieferungen – vor neuen Verwicklungen mit den Westgoten bewahrt bleiben. Heraklian hatte es seiner eignen Überheblichkeit zu verdanken, daß sein Unternehmen schon im Juni 413 zusammenbrach. Da er der schwersten Staatsverbrechen angeklagt war – Unterschlagung öffentlicher Gelder und Verkauf römischer Flüchtlingskinder in die Sklaverei –, mußte er va banque spielen: alles gewinnen oder alles verlieren. Er setzte mit seiner gesamten Flotte nach Italien über, wurde aber von dem General Marinus geschlagen, auf seiner Flucht nach Karthago gefangen und dort im Juli 413 enthauptet. Die Getreidelieferungen konnten sofort wieder aufgenommen werden. Trotzdem wurde dreimal der den Goten zugesicherte Anteil um die Hälfte gekürzt. Athaulf hörte sich die Begründung ruhig an, sandte aber heimliche Boten nach Rom, um sich über den Stand der Ernährung an Ort und Stelle zu unterrichten. Die Boten brachten die Nachricht, daß es Brot in Hülle und Fülle gebe und fehlendes afrikanisches Getreide auf byzantinische Vermittlung hin durch ägyptisches ersetzt worden sei.

Kurz nach der Rückkehr dieser Leute erschien im Palaste von Bordeaux Lucius Probus, ein hoher Beamter des gallischen Statthalters Postumus Dardanus, der nun wieder seinen Sitz in Arles genommen hatte, mit wichtigen Aufträgen für den König Athaulf. Athaulf, schlimme Botschaft ahnend, ließ ihn zwei Wochen lang warten, ohne sich um ihn zu bekümmern. Er verhandelte Tag und Nacht mit seinen Stabsoffizieren, um nötigenfalls sofort das Zuvorkommen spielen zu können. Denn er war zum Äußersten entschlossen. Er spürte den bösen Schatten des Constantius im Hintergrund der Dinge, mit denen man ihn offenbar überraschen wollte.

Am frühen Morgen des 22. Oktober befahl er Lucius Probus zur Audienz.

»Fassen Sie sich kurz«, sagte er zu dem Beamten, der wegen seines süßen Maules berüchtigt war. »Meine Zeit ist kostbarer denn je. Was will Constantius?«

»Mein König! Ich bin überrascht durch den Ton Ihrer Sprache – und die merkwürdige Unterstellung, mit welcher Sie meinem Auftrag vorausgreifen. Ich komme auf Befehl des Statthalters Dardanus, also im Namen des Kaisers – und nicht im Namen eines kaiserlichen Generals. Ich komme mit sehr ehrlichen Entschuldigungen der Regierung über die bedauerlichen Kürzungen der Getreidelieferungen, welche, wie Sie wissen, lediglich der afrikanischen Rebellion zuzuschreiben sind. Ich komme mit der Ankündigung, daß vom 15. November an die Lieferungen in vollem Umfang wieder aufgenommen – ja die rückständigen sogar nachgeholt werden, falls Sie sich jetzt endlich zur Freigabe der Prinzessin Placidia entschließen wollen.«

Athaulf lachte laut auf – und sämtliche Offiziere, die er als Zeugen dieser Unterredung eingeladen hatte, lachten ebenfalls.

»Holen Sie sich meine Antwort übermorgen beim Abendessen, Lucius Probus. Galaanzug. Ihre Kaiserliche Hoheit wird Ihnen die Ehre ihrer Anwesenheit geben. Sie sind für heute entlassen. Die ersten frischen Austern sind auf den Markt gekommen. Wenn Sie sie lieben, speisen Sie mit Ihrem Sekretär bei Vercingetorix, via Pictaviana 6. Auf Wiedersehen!«

Placidia hatte den heißen Sommer 413 mit einigen gotischen Damen in der nahen Pinienbucht von Arcachon zugebracht. Auch als die kühlere Jahreszeit angebrochen war, hatte sie darum gebeten, noch am Meere bleiben zu dürfen. Man hatte ihr natürlich den Wunsch erfüllt. Sie war am Nachmittag des 22. Oktober allein auf den Hügel Tres Kyparissi geritten, dessen blaue Windengehänge sie liebte, und hatte sich im Grase niedergelegt, um das langsame Sinken des Abends über dem bewegten Ozean zu erwarten. Während sie in die silbern geschichteten Wolken der blassen Horizonte schaute, schien es ihr, sie habe hinter sich Hufschlag gehört.

Noch ehe sie sich umwenden konnte, stand der König Athaulf an ihrer Seite, seinen Schimmel am Halfter führend. Sie hielt ihm beide Hände entgegen, die er an seine Lippen zog.

»Sie sind überrascht?«

»Nein. Ich hatte ein deutliches Vorgefühl, daß Sie mich besuchen würden.«

»Ein freudiges Vorgefühl?«

»Welches andere sollte ich haben?«

Athaulf band seine Stute an den Stamm einer der drei Zypressen, welche den Hügel beherrschten, und ließ sich neben Placidia in dem thymiandurchblühten Grase nieder. Nun erkannte sie an dem Ausdruck seiner Züge, daß er nicht zu einem Sonntagsbesuch gekommen war.

»Was ist?«

Er schaute – die Brauen hochziehend – lange über das Meer, das in graue, mit Purpur unterlegte Abendwolken überging.

»Ich muß Sie an Ihren Bruder zurücksenden.«

»Was sagen Sie?«

»Ich muß Sie an den Kaiser Honorius zurücksenden.«

»Und wenn ich nicht gehe?«

»Dann bleiben die Getreidelieferungen für das gotische Volk aus.«

»Die bleiben auch aus, wenn Sie mich zurücksenden. Sie müssen also in jedem Falle Constantius den Krieg erklären und sich die Nahrung für Ihr Volk nehmen, wo Sie sie finden.«

»Möchten Sie auf gotischer Seite sein, wenn dieser mörderische Krieg ausbricht?«

»Auf welcher sonst?«

»Ist das Ihr Ernst?«

»Sie zweifeln? Habe ich Ihnen je ein unwahres Wort gesagt?«

»Niemals. Aber dann gibt es doch nur eine einzige Lösung. Eine unwiderrufliche.«

»Nennen Sie sie.«

»Sie müssen die Königin der Westgoten werden. Warum nicht?«

»Ich verstehe noch nicht ganz ... Die Königin der Westgoten – auch gegen den Willen Ihres Bruders Honorius?«

»Warum gegen dessen Willen? Begreifen Sie denn nicht, daß es sich gar nicht um den Kaiser handelt, sondern ausschließlich um diesen Constantius und seine Leute? Begreifen Sie denn nicht, daß ich dem Kaiser gar keinen größeren Gefallen tun kann, als ihn von der Unverschämtheit des Constantius zu befreien, indem ich – Sie heirate?«

»Ach so. Ihre Heirat mit mir wäre also ein Schachzug Ihrer römischen Politik?«

»Nein, Athaulf. Meine Heirat mit Ihnen wäre mein Anspruch auf Glück: der einzige, den ich je in meinem belasteten Leben gestellt habe. Und dieses mein persönliches Glück beendete gleichzeitig die Machenschaften eines Generals, der sich einem schwachen Kaiser auferlegen will.«

Athaulf legte sein Gesicht auf Placidias Knie. Sie senkte ihre Hand auf seinen Nacken, während die Tränen in ihre Augen stiegen.

So blieben sie lange, indessen sich die Abendröte von Westen her langsam in die Wogen schaukelte und ein lauer Wind sich aus der Tiefe der Gestade aufmachte.

»Ich wußte nicht«, sagte Athaulf, als er schließlich den Kopf hob und Placidia an seine Schulter herüberzog, »ich wußte nicht, daß deine Liebe zu einer solchen Entscheidung bereit wäre. Ich habe immer geglaubt, meine langverstorbene erste Gattin, die ich vor zwölf Jahren als Zwanzigjähriger heiratete, geliebt zu haben: ich weiß heute – durch dich –, daß ich sie nur lieb hatte. Das ist etwas anderes.«

»Es gibt verschiedene Arten, einen Menschen zu lieben«, erwiderte Placidia. »Auch mein Gefühl hat schon einem anderen Menschen gehört – und es war bestimmt nicht unehrlicher als dasjenige, in dem ich dir verbunden bin. Es will mir scheinen, man solle diese Geheimnisse, mit denen Gott unser Leben durchsetzt, nicht ergründen wollen. Ich liebe dich seit mehr als zwei Jahren. Es hat viele Abende gegeben, wo ich dich – in meine

Arme gewünscht habe. Vielleicht ist meine Liebe zu dir in solche Unermeßlichkeit gewachsen, weil du mir niemals – mit keinem noch so leisen Wort, mit keiner noch so zarten Geste – Wünsche antrugst, die ich dir ...« Sie wandte ihr Gesicht seitwärts und sprach in die graue Abendluft.

»... die ich dir schon seit Wochen nicht abgeschlagen hätte, wenn du sie geäußert hättest. An dir – und durch dich habe ich gelebt im Gotenlager. Nach beispiellosem Unglück habe ich zwei Jahre unbeschatteten Glückes gekannt. Denn ich wußte, daß auch du – mich liebtest. So liebtest, wie nie ein Römer meines Standes eine Frau lieben kann. Um der Liebe willen. Denn du ertrugst es seit dem Winterabend von Quinque Viae, daß ich dir keine Erfüllung versprach. Dies, will mir scheinen, ist das Größte, das ein liebendes Herz ertragen kann.«

»Das Tiefste, Placidia, das es erleben kann. Sieh das Meer vor uns: es greift in die Unendlichkeit. Es weiß nichts von seiner Weite noch von den Horizonten, die vor ihm fliehen, immer ferner, und nie beendet. So, dünkt mich, ist die Liebe, die über mich kam, als ich dich zum erstenmal sah. Ich habe sie nicht gesucht und nicht gerufen – ich habe mich auch nicht nach ihr gesehnt, denn ich wußte ja nicht einmal, daß sie möglich ist. Ich habe, als sie gekommen war, auch nicht an ihr gelitten. Sie war wie die allgegenwärtige Luft, von der ich lebe, ohne sie je mit den Fingern greifen zu können. Ich glaube, diese Liebe wird niemals etwas anderes sein, in welcher Form sich unsre Leben auch vereinigen.«

»Nichts kann jemals etwas anderes werden, als was es in seinen Ursprüngen war. Seine Ursprünge aber sind das Geschenk Gottes. Aus Gott kommt meine Entscheidung. Ich habe das Leid getragen, das er mir achtzehn Jahre lang auferlegt hat, ohne mit ihm zu hadern – wie sollte ich das Glück nicht leben, das er mir an der Schwelle meiner Reife gab? Glaubst du denn, der gläubige Mensch habe ein Recht, die Geschenke Gottes zurückzuweisen? Was hat der Wille eines römischen Generals mit Gottes Verfügung über die Prinzessin Placidia zu schaffen? Es wird immer eines Tages geben, was es noch nie zuvor gegeben hat: und es ist gleichgültig, ob sich die Meinungen der Gewöhnlichen an das Ungewöhnliche heranwagen. Die einzige Tochter des römischen Kaisers wird die Gattin des Westgotenkönigs Athaulf werden, und sollten alle Hoheiten in Ravenna, Rom und Byzanz den Verstand darüber verlieren. Möchten sie ihn doch verlieren, so hätten sie keine Gelegenheit mehr, ihn zu mißbrauchen.«

»Ich kann noch nicht fassen«, sagte Athaulf, »daß alle diese Worte von deinem Munde zu mir gesprochen worden sind. In meinem Leben sind bisher noch keine Wunder geschehen, aber was heute geschieht, ist das Wunder – und ich versage vor seiner Gewalt. Es hebt mich fort aus meinem Leben – es macht mich kleiner als diese Raupe, die mir über die Hand läuft, und größer als dieses Meer, das keine Ufer hat. Hast du bedacht, Placidia, was deine Entscheidung für dein zukünftiges Leben bedeutet?«

»Ich habe nichts bedacht und nichts errechnet. Ich tue, was ich tun muß. Du, ich und Gott sind eine einzige Kraft. Die Welt, die uns umgibt, ist eine andere. Ich weiß, daß wir mit ihr im Kriege sein werden. Ich bin bereit. Und du?«

»Du fragst?«

»Im Ton, Geliebter. Nicht im Herzen. Nimm mich. Behalte mich. Wir sind am ersten Meilenstein. Wann wir am letzten sein werden, steht nicht bei uns. Aber der Schritt ist unser. Und aus den Schritten wird – der Weg.«

Sie hatten nicht bemerkt, wie die Nadeln der niedrigen Wacholderbüsche in einem leichten Regen zu duften begannen und unten in der Bucht die ersten Hafenlichter aufglommen.

Als sie aufstanden und zu ihren Pferden gingen, waren am Tisch der Nornen die Würfel über Jahrhunderte gefallen – und die ungeschriebenen Bücher des Abendlandes entsiegelt worden.

Sie ritten schweigend, Pferd bei Pferd, im feuchten Wind zu Tal.

Es ergibt sich aus dem Gesagten, begann der zweite Absatz des Briefes, den Placidia am 24. Oktober 413 an ihren Bruder Honorius schrieb, daß ich allein die Verantwortung für die Weigerung des Königs, mich auszuliefern, trage. Es ist in mir nicht der geringste Wunsch vorhanden, freiwillig in eine Welt zurückzukehren, die ich hinter mir gelassen habe. Vielleicht habe ich niemals so sehr mein wirkliches Römertum bekundet als in dem Entschluß, durch meine ungewöhnliche Entscheidung in die Pläne eines Generals einzugreifen, der die Rechnung ohne den Wirt gemacht hat. Die Absichten dieses guten Mannes sind zu klar erkennbar, als daß man sie nicht gründlich durchkreuzen könnte. Und sein Begehren nach meiner Hand verrät, daß er offenbar keine Ahnung davon hat, wer ich bin, noch was ihm ziemt. Wir wissen, daß genug Getreide vorhanden war, um die gotischen Anteile zu liefern. Und auch wenn man einmal in

Italien selbst eine gewisse Begrenzung hätte eintreten lassen müssen: keinesfalls durfte man den Goten gegenüber als wortbrüchig erscheinen. Man hat hier – sehr klug und sehr einleuchtend – folgende Erwägungen angestellt: »Um Vertragsbruch, Betrug und Erpressung handelt es sich in dem vorzeitigen Auslieferungsverlangen unter allen Umständen. Wenn man das Getreide nach der Rückgabe der Prinzessin liefern kann, so ist es vorhanden. Man könnte es also sofort liefern. Aber man will es überhaupt nicht liefern. Man will das gefährliche, ewig drohende Pfand, die römische Kaisertochter und Thronanwärterin, für nichts zurückgewinnen, sie durch eine aufgezwungene Heirat unschädlich machen und uns zur kriegerischen Erhebung zwingen, also zu den Schuldigen stempeln. Constantius glaubt sich stark genug, uns dann den Garaus machen zu können – auf gallischem Boden, natürlich, nachdem man uns einmal am Ozean sozusagen festgerammt hat. Man weiß, daß unsere Ernährungslage schlecht ist, und rechnet damit, daß diese Tatsache unsere Kampfkraft lähmt, und doppelt, wenn wir an das ausgezeichnet ernährte und ausgerüstete Heer denken, welches Constantius bei Clermont-Ferrand zusammenziehen konnte, während wir selbst ihm die Erledigung des Jovinus besorgten. Es bleibt uns also gar nichts übrig, als das Zuvorkommen zu spielen. Was uns an Nahrung fehlt, werden wir uns nehmen. Die gallisch-römische Bevölkerung von Aquitanien und Novem Populana mag sich beim Kaiser beklagen, wenn sie selbst nun verhungert und nicht wir. Das Hemd ist dem Leib näher als der Rock. Wir haben zu unseren Gunsten zu buchen, daß die Prinzessin Placidia unsere Auffassung der Lage teilt, das römische Ansinnen für einen ungeheuren Fehler der kaiserlichen Politik ansieht und auf das heftigste zum Kampfe gegen den wild gewordenen General Constantius, nicht aber gegen den Kaiser oder gar das Imperium, treibt. Wir sind also im Kriegszustand mit Constantius. Erteilt ihm der Kaiser den Befehl, seine Politik gegen uns aufzugeben, und kehrt er zu dem Vertrage vom 29. Juni 412 zurück, so ist der Krieg beendet. Wo nicht, gehört die Zukunft dem Schwert.«

So haben die Goten erwogen und beschlossen.

Ich bin der Überzeugung, Honorius, daß Sie selbst über die Politik Ihres Generalissimus gar nicht genau unterrichtet sind. Auch kann ich mir nicht vorstellen, daß Sie mich an ihn verschachern wollen: es sei denn, Sie hielten meine eigene Gotenpolitik für gefährlich und wiegten sich – durch Gott weiß welche unergründbaren Einflüsse wieder verwirrt – in dem Glauben, man könne die Goten ausrotten. Geben Sie eine solche Vorstellung auf, falls Sie sie haben, und hören Sie, was Ihre Schwester Ihnen sagt, die es gut mit Ihnen meint, obwohl sie nicht davon überzeugt ist, daß Sie es ebenso mit ihr meinen. Ich bin, ohne es zu wollen, zu einer politischen Frau geworden, und ich treibe die Politik eines wahrhaften und dauernden gotisch-römischen Ausgleichs. Ich bin durch meine Erfahrung während der gotischen Gefangenschaft (die mir längst keine mehr ist) besser in der Lage als Sie oder ein dakischer General, die Notwendigkeit dieser Politik zu erkennen. Sie ist die einzige, welche dem Wohle des Imperiums, also Ihrem eigenen, dem des Ostreiches und dem meinen dient. Denn ich erhebe den Anspruch, an der imperialen Politik tätigen und selbständigen Anteil zu nehmen, ich weise es aber zurück, unbefragter und willenloser Gegenstand dieser Politik zu sein. Sie sind nicht verheiratet, werden, wie man mir mitteilt, nicht mehr heiraten, also auch keine Thronerben haben. Sie sind außerdem, wie es unser Vater war, herzleidend. Es kann also niemand wissen, wie lange Sie leben und was mit dem erledigten Throne werden soll. Nicht nur die Wahrnehmung meines eigenen Vorteils, sondern ein Mindestmaß von Pflichtgefühl zwingt mich, auf dem politischen Plan zu bleiben, zumal ich mich, falls Sie früher Ihren Aufgaben entrückt würden, als Sie selbst es je vermuten könnten, gegen einen Anspruch der byzantinischen Regierung auf den weströmischen Staat mit aller Entschiedenheit zur Wehr setzen würde. Sie können keinen besseren Bundesgenossen haben als Ihre Schwester. Es besteht heute zwischen Ihnen und mir nicht der geringste politische Gegensatz. Sorgen Sie dafür, daß nicht Ihr Generalissimus einen solchen – absichtlich und heimtückisch – heraufbeschwört, um im Trüben für sich selbst fischen zu können! Denken Sie immer an Ihre Erfahrungen mit Olympius, den Sie schließlich haben totpeitschen lassen! (Womit ich nicht sage, daß ich den Generalissimus und ihn in einen Topf werfe.)

Dem politischen Verantwortungsgefühl, das mich erfüllt und belebt, wird nun – nicht aus Berechnung, sondern durch göttliche Fügung – ein sinnbildlicher Ausdruck gegeben, der vor der gesamten Welt keinen Zweifel mehr darüber bestehen lassen kann, welche Haltung in der gotisch-römischen Frage die Tochter des Gotenfreundes Theodosius einnimmt und für alle Zukunft verfolgt: Ich werde innerhalb weniger Monate die Gattin des westgotischen Königs sein. Die Verlobung ist vollzogen, mit meinem Willen und durch den Befehl meines Herzens. Es ist nie gesuchte, von göttlicher Gnade geschenkte Liebe, die mich mit dem König Athaulf verbindet.

Es war mir wesentlich, daß Sie diese wichtige, über mein zukünftiges Schicksal entscheidende Nachricht durch mich selbst erhielten. Die Ehe, welche ich nun schließen werde, ist nicht das Ergebnis einer politischen Berechnung: Sie ist eine Angelegenheit des Herzens, aus der selbstverständlich – Politik entspringen wird. Wenn Sie ohne (falsche und unberechtigte) Vorurteile zu denken vermögen, werden Sie rasch begreifen, daß Ihnen kein größeres Glück geschehen konnte als diese meine Heirat mit dem Gotenkönig. Sie befreit Sie von dem Druck eines allzu ehrgeizigen Generales und schenkt Ihnen einen Bruder, zu dem Sie sich beglückwünschen können. Dem weströmischen Reich aber sichert sie den Erben, in dessen Adern das Blut eines jahrhundertealten nordischen Adelsgeschlechtes fließen wird.

Ich nehme an, daß diese Erwägungen Sie veranlassen werden, Ihre kaiserliche Zustimmung – um die ich Sie bitte – zu meiner Ehe zu geben. Sie werden einen Akt von weltpolitischer Tragweite vollziehen, wenn Sie Ihr Einverständnis erteilen. Wenn Sie es nicht erteilen – was ich mir nicht vorstellen kann –, würden Sie mich zwar immer im Kampfe für den imperialen Gedanken, aber als Ihre persönliche Gegenspielerin auf dem Plane finden. Ich wäre bereit, die Folgen einer solchen Lage zu tragen, welche Ihre Einsicht hoffentlich uns allen ersparen wird.

Der Zweck dieses Briefes war nicht nur, Sie von meiner politischen Stellungnahme und meiner bevorstehenden Heirat in Kenntnis zu setzen, sondern auch den Weg zu Ihrem Herzen zu finden, indem ich Sie wissen ließ, wie sehr es mein Wunsch ist, es möchte sich zwischen Ihnen und mir eine Beziehung anbahnen, die dem Grade unserer Verwandtschaft entspräche. Wieviel leichter könnten Sie sich Ihr belastetes Leben machen, wenn Sie sich noch weit mehr, als Sie es bis jetzt taten, mit jungen Menschen umgäben, durch deren Geist und Seele der Wind der offnen Horizonte weht! Ich habe mit Freude gehört, daß Sie so großes Wohlgefallen an dem Fürsten Thanausis fanden. Er ist nicht der einzige seiner Art: An keinem besser als an ihm können Sie ermessen, wie es um vornehme junge Menschen des Volkes bestellt ist, dessen Königin ich in Kürze sein werde. Es ist eine Lust, mit ihnen zu leben und sich an den lauteren Kräften ihrer Unverbrauchtheit zu stärken. Sind erst einmal die Beziehungen zwischen Ihnen und Athaulf in ein wirklich festes Gefüge gerückt, so sollten Sie viele gotische Menschen an Ihren Hof kommen und dort im Sinne des Imperiums erziehen lassen. Byzanz sollte das gleiche tun. Und die jungen Römer, welche noch etwas taugen, sollten sich ohne Scheu dem frischen Winde aussetzen, der aus dem Blut dieser göttlichen Jugend in ihr Müdesein weht. Ich muß es Ihnen offen sagen: Ich könnte es nicht mehr ertragen, nur in den Kreisen der römischen Hofgesellschaft zu leben. Ich könnte es auch nicht mehr ertragen, von Eunuchen bewacht und gegängelt, in der grauenhaften Eintönigkeit eines kaiserlichen Palastes zu verkommen. Verzeihen Sie das Wort – aber ich kann mich keines anderen bedienen. Denken Sie, was an Ländern und Menschen ich auf den langen Wanderzügen kennengelernt habe – denken Sie, wie ich mit dem kleinsten Dinge der unendlichen Natur in Berührung kam, vor allem aber mit der freien, wehenden Luft, die meinem Herzen zum Gewand geworden ist. Hätten Sie doch das gleiche Erleben mit mir teilen können – welches Band hätte uns für immer umschlossen, und wie wären Sie dem ewigen Halbdunkel des ravennatischen Palastes feind geworden! Was wissen Sie, Honorius, von den Alpentriften mit den ersten Krokusblüten? Was von den Sturzbächen, die silbern über Arven oder Erlen zerstäuben, was von den endlosen Schneefeldern, über denen die Nebel brauen und sich manchmal vor goldnen Himmelsklarheiten lichten? Was wissen Sie von den langen Sommerabenden in den Bergdörfern, wenn das Vieh zur Tränke schreitet und die Frauen auf den Treppenstufen der Haustüren in den aufgehenden Mond starren? Ich habe bei ihnen gesessen, ich habe ihr Leben begreifen und lieben gelernt, ich habe ihnen oft genug in ihrer Hausarbeit geholfen: ein Reisigfeuer gemacht, eine Suppe gekocht, einen Riß vernäht, einem Kinde die Haare gekämmt oder eine Wunde ausgewaschen. Ich habe ihr Brot gegessen und ihren herben Wein getrunken, und wenn ich weiter mußte, habe ich immer ein Stück meines Herzens zurückgelassen und ein Stück des ihren mitgenommen. Sie haben mich ihre Lieder gelehrt: Wenn die Melodien manchmal in mir nachklingen, wird das Kleinste lebendig, das ich mit ihnen lebte, und ich erkenne immer wieder: Es ist nicht weniger wert als das Größte, um das sich die Herrschenden mühen.

Reisen Sie doch, Honorius. Reisen Sie mit ein paar jungen Freunden und einem Diener – reisen Sie als Unbekannter: an die Seen, in die Bergtäler hinauf, auf die Gipfel. Reisen Sie in die kalabrischen Eichenwälder, wenn der Ginster blüht – reisen Sie in die weißen Rosenstädte Apuliens. Wenn Sie es bis heute nicht

wagten, sich aus der Residenz zu entfernen: Sie werden es wagen
können, wenn ich Sie vertreten kann – mit dem wachenden
Heere des gotischen Volkes hinter mir. Machen Sie sich frei von
den stumpfen Vergnügungen des Hofes – von der immer noch
gastierenden Ómphale, von Philemon und den Bauchtänzerin-
nen aus Numidien. Lassen Sie mir bitte die Tragödie ›Didos
Himmelfahrt‹ senden, von der uns Thanausis, als Ómphale, den
Höhlenmonolog, der wörtlich aus dem Vergil gestohlen ist, zum
besten gab. Er wollte mit einem Freunde auch noch die große
Bekehrungsszene durch den ägyptischen Mönch Philostratos
spielen – aber der arianische Bischof Sigesarius legte sein Veto
ein. Wer ist der Verfasser dieses Stückes? Haben Sie es etwa
durch die Vermittlung des Patriarchen Kyrillus aus Alexandria
erhalten? Es sähe ihm ähnlich, auch noch die Punierin dem
Himmel zu retten. Thanausis wird Ihnen – als mein persönliches
Geschenk – neun gotische Hymnen mitbringen, die ich an langen
Winterabenden ins Lateinische umschrieb. Lassen Sie sich einige
von ihm in der wundervollen gotischen Sprache aufsagen: Er ist
hinreißend, wenn er diese ernsten Gesänge seines Volkes spricht.
Sie werden dann erst ganz begreifen, welche Seele in ihm wohnt
– und wie sein Bedürfnis nach Spott und Komik nur die Schutz-
hülle ist, in der sich ängstlich ein ungewöhnliches Herz verbirgt.

Leben Sie wohl für diesen Nachmittag. Der König gibt heute
abend dem Unterhändler des Statthalters Postumus Dardanus
ein Essen, auf dem er ihm die Beschlüsse des Generalstabs und
den Plan seiner Vermählung mit mir mitteilen wird. Ich möchte
nicht gerne dieser arme Schwätzer Lucius Probus sein. Aber ich
glaube fast, daß solche Nichts-als-Mittelsleute überhaupt keine
Beziehungen mehr zu ihren Aufträgen haben. Sie werden anstän-
dig behandelt, bekommen gut zu essen, noch besser zu trinken,
und ziehen getrost ihrer Wege. Sie kommen auch in einem Monat
wieder und bringen den Mond als Hochzeitsgeschenk, wenn
man ihn ihnen mitgibt. Und nun soll man sich ins Gedächtnis
rufen, daß unser armer Bruder Arkadius in Byzanz, solang er auf
dem Throne saß, nichts anderes war als solch ein Lucius Probus
in der Purpurtoga! Der Sohn des Kaisers Theodosius!

Ich grüße Sie mit aller meiner Hoffnung. Möchte Ihre Antwort
sie mir nicht zerschlagen!

Galla Placidia

Die Gesandtschaft Athaulfs an den Kaiser Honorius verließ am
26. Oktober Bordeaux. Ihr Führer war der Graf Rékomer. In

seiner Begleitung reisten Fürst Thanausis und dessen Vetter Odin, der in Rom Medizin studieren sollte. Es fehlte den Goten an guten Ärzten. Die Wundbehandlung ließ sehr zu wünschen übrig. Die Sterblichkeit unter den Verletzten hatte eine Höhe erreicht, die nicht mehr überschritten werden durfte, obwohl sich der Geburtenüberschuß von Monat zu Monat steigerte. Die Note, welche Rékomer im Auftrage des Königs zu überreichen hatte, war sehr kurz gefaßt. Sie hatte folgenden Wortlaut:

Gegeben in Bordeaux, am 24. Oktober 413.

Die Regierung des Königs Athaulf gibt sich die Ehre, Eurer Majestät mitzuteilen, daß sie sich infolge des Ausbleibens der im Vertrag von Narbonne (29. Juni 412) versprochenen Getreidelieferungen gezwungen sieht, im Lande Aquitania Secunda und in den angrenzenden Gauen die Ernährung des gotischen Volkes durch Beschlagnahmungen sicherzustellen. Sie bedauert, zu diesem Schritt infolge der völlig unbegreiflichen Haltung der weströmischen Regierung gedrängt worden zu sein, weist aber gleichzeitig darauf hin, daß auch ihre militärischen Handlungen keinen kriegerischen Charakter tragen. Es ist ihr nach wie vor erwünscht, in gutem Einvernehmen mit dem Imperium zu leben. Eine Rückgabe Ihrer Kaiserlichen Hoheit, der Prinzessin Galla Placidia, kommt angesichts der schweren Vertragsverletzung der weströmischen Regierung nicht in Frage.

Im Auftrage des Königs:
Der Außenminister der Westgotischen Regierung
Sigesarius, Episcopus

Thanausis trug den Brief an den Kaiser bei sich, sowie Schreiben an Volusian und Candidian. Odin hatte ein paar Worte Placidias an die verstoßene Kaiserin Thermantia – die in einem römischen Kloster lebte – in der Tasche, außerdem Empfehlungsbriefe an Familien des hohen Adels und der Geschäftswelt. Die Reise ging auf kürzestem Weg über Toulouse, Nîmes, Arles, Draguignan, Nizza, Genua, Bologna nach Ravenna.

Einen Tag nach dem Aufbruch der Gesandtschaft wurden in Bordeaux sämtliche Lebensmittel beschlagnahmt, der eingeborenen Bevölkerung das eben Notwendige für einen Monat gelassen mit dem Bescheid, sie möge sich aus dem überreich versorgten Hauptquartier des Generals Constantius in Clermond-Ferrand versorgen – und am 1. November begann der Vormarsch gegen die Mittelmeerküste, dem Lauf der Garonne nach. Es kam zu keinen Gewalttaten gegen die Bauern und Kaufleute, aber das Eintreiben der geforderten Waren geschah mit rücksichtsloser Strenge. Jede erteilte Quittung trug den Stempel: »Culpa Constantii ducis, nesciente imperatore«, »Durch die Schuld des Generals Constantius, ohne Wissen des Kaisers«.

Bis Narbonne stieß Athaulf auf keinen militärischen Widerstand. Die Einnahme der Stadt selbst fand nach kurzem Kampfe mit der Festungsbesatzung statt. Aber es gab auf beiden Seiten kaum Tote. Athaulf bewies, daß er nicht als Feind des Kaisers kam. Als er dagegen weiter an der Küste gegen Marseille vordringen wollte, verlegte ihm der blutjunge kaiserliche General Bonifatius den Weg und zwang ihn zur Umkehr nach Narbonne, wo das gotische Hauptquartier gegen Mitte Dezember aufgeschlagen wurde. Es war abermals klar geworden, daß die weströmische Regierung die Goten um keinen Preis an der Mittelmeerküste dulden würde. Zwischen Narbonne und dem Meere lag noch eine Hügelkette, welche die Stadt zwar schützte, aber auch von der offenen See abschnitt.

Im Palaste von Narbonne traf am 21. Dezember die Gesandtschaft des Kaisers Honorius, welche von Candidian geführt wurde, gemeinsam mit dem Grafen Rékomer und dem Fürsten Thanausis ein. Sie brachte eine noch kürzere Note:

Gegeben im Palast zu Ravenna, am 25. November 413.

Die Kaiserlich-weströmische Regierung hat von dem Inhalt der Note der Regierung des Königs Athaulf (24. Oktober 413) gebührend Kenntnis genommen und behält sich neue Verhandlungen nach der Vermählung Ihrer Kaiserlichen Hoheit, der Prinzessin Galla Placidia, mit dem König Athaulf vor.
Im Auftrag S. M. des Kaisers: Der Außenminister der Kaiserlich-weströmischen Regierung

Maxentius, Episcopus

Nach dem Abendessen, das der König der Gesandtschaft des Kaisers am 22. Dezember gegeben hatte, zog sich Placidia mit Candidian in ihr Wohnzimmer zurück. Der Duft der Pinienscheite lag in dem Raum, dessen Wände mit gotischen Geweben bedeckt waren. Aber die Vorhänge vor den Fenstern waren nicht zugezogen. Ein ungewöhnlich lauer Winter lag über dem Land. Die Veilchen standen in Blüte, und die Goldlacksträucher in den Mauerritzen des Palastes hatten schon wieder ihre Knospen

geöffnet. Der Wind, der über die Waldhügel von Süden herüber-
wehte, trug den Salzgeruch der See mit sich.

»Es riecht hier ein wenig wie an Frühlingsabenden in Ravenna«, sagte Candidian, als sie sich auf die Bank vor dem Fenster
gesetzt hatten.

»Ohne den ewigen Weihrauch und die Lobeliaparfüme, die
der Kaiser so sehr liebt.«

»Allerdings. Sie müssen mich entschuldigen, Prinzessin, ich
bin noch ein wenig benommen. Ich kann noch nicht recht begreifen, daß ich hier im gotischen Hauptquartier mit Ihnen sitze.«

»Lassen Sie sich Zeit, lieber Candidian. Wir haben keine Eile.
Da Sie ja bis nach meiner Hochzeit bei uns bleiben werden,
brauchen wir keines unserer Gespräche nach Stunden abzumes-
sen. Lassen Sie mich in medias res gehen: Wie gefällt Ihnen der
König? Können Sie – nach Ihren ersten Eindrücken – begreifen,
daß die Wahl meines Herzens auf diesen Mann fiel?«

»Ja, das kann ich schon nach meinen ersten Eindrücken begreifen. Ich hatte mir ein anderes Bild von dem König gemacht. Er ist
das Gegenteil von dem, was man sich äußerlich unter einem
gotischen Fürsten vorstellt. Er ist nicht größer als Sie oder ich, er
ist dunkelblond und nicht goldblond, er hat eine eher braune und
durchaus nicht die weiße Haut der nördlichen Rassen, er trägt
kurzes Haar, keinerlei Armreife, sondern nur einen Saphir als
Siegelring, der genauso blau ist wie seine Augen, er ist bartlos, er
hat eine sehr milde Stimme und Hände, denen man ganz gewiß
nicht ansieht, daß sie Meister in der Waffenführung sind. Er hat
einen klaren, vollen Mund – und jenen Halsansatz, um den selbst
römische Frauen einen Teil ihres Vermögens gäben, wenn er zu
kaufen wäre. Er hat eine gerade und keine Adlernase, er hat eine
eher niedrige als hohe Stirn – aber er hat den wundervollen,
hohen Hinterkopf, um den alle Rundschädel die Germanen be-
neiden. Und dann hat er noch eines, das ihn wohl vielen Menschen gefährlich macht: Er hat ein Lächeln, das Güte und Klugheit zugleich verrät – aber auch eine auffallende Absonderung
von seiner Umgebung. Er ist hundertmal mehr König als
– Fürst.«

»Sie haben den Nagel auf den Kopf getroffen – und gleichzeitig
die Stelle gezeigt, wo er – im Rahmen seines Volkes – gefährdet
ist. Alarich war mehr nach dem Geschmack der Menge. Athaulf
hat viele heimliche Feinde, weil Neider. Es ist ihm nicht gegeben,
sich ›gemein‹ zu machen. Er herrscht und befiehlt mit einem
Wimpernaufschlag. Er haßt Gelage. Er trinkt wenig Met – und

nur zuweilen ein Glas Bordeaux. Am meisten liebt er klares Quellwasser. Er ist ein unermüdlicher Arbeiter – im Gegensatz zu mir ein Frühaufsteher. Seine Liebe zu Pferden grenzt an Besessenheit. Lassen Sie sich seinen Marstall zeigen und die Stammbäume seiner Tiere sagen. Er wird Sie unverzüglich in sein Herz schließen. Was ihn am meisten von seinen Stammesgenossen scheidet, ist sein unerbittlicher Wirklichkeitssinn. Er haßt die Schwärmer. Man hat ihm nachgesagt, er wolle das Imperium Romanum nationis goticae gründen: er hat laut gelacht, als ihm der mißverstandene Ausspruch hinterbracht wurde, und den Hinterbringer gefragt: ›Womit denn? Mit meinen Goten, die erst einmal lernen müssen, was ein nationaler Staat ist? Es fehlte gerade noch, daß man ihnen auch diesen ‚Traum‘ noch in das Herz verpflanzte! Sie haben genug ‚Träume‘, die ich ihnen erst einmal austreiben muß! Sie sollen ihre Art bewahren – und durch ihre Art fruchtbar werden: aber sie sollen nicht das Dach zimmern wollen, ehe die Mauern stehn!‹ Sehn Sie: Alarich hat jedem kleinen Mann gesagt, was dieser hören wollte! Deshalb hat man ihn vergöttert. Man wird Athaulf nie vergöttern! Aber die Besten – lieben ihn mit unverbrüchlicher Treue. Die Besten. Der Durchschnitt kommt nicht mehr so recht auf seine Kosten. Und die römische Heirat wird erst begriffen werden, wenn sie ihre Früchte gezeitigt hat. Deswegen kann man der Regierung in Ravenna gar nicht nahe genug legen, dem König Athaulf so weit entgegenzukommen, als es nur irgend möglich ist! Man kann ihm trauen – ich verbürge mich dafür –, und deshalb muß man ihm trauen! Man soll in der Frage eines Zuganges zum Mittelmeer mit sich reden lassen. Man soll die Goten nicht in einem entlegenen Winkel ansiedeln – und man soll um des Himmels willen die Verträge halten! Bringt man Athaulfs ehrliche Verständigungspolitik zum Scheitern, so liefert man ihn den Dolchen seiner Feinde aus! Wehe, wenn man ihm je nachsagen könnte, seine römerfreundliche Politik habe das gotische Volk um seine wahren Vorteile gebracht! Es wird schon genug gemault über seine Art, sich zu kleiden und die Haare zu tragen. Und es fehlt nicht an Frauen, die in mir das römische Gift sehen, das ihren armen König langsam um die Ecke bringt. Sie wissen, daß die Dummheit immer sehr gefährlich ist. Wenn aber erst dumme Weiber nachts im Bett ihren Ehegesponsen allerhand Flöhe in den Kopf setzen, dann ist sie gemeingefährlich. Wir haben auch jene Sorte von Vaccae – wie man in Rom sagt –, die man um ihres Gewäsches willen jeden Tag einmal durchpeitschen sollte – dann würde vielleicht der Teufel aus ihnen fahren, der sie reitet. Es ist da besonders die Fürstin Segerich, die mit edlem Beispiel vorangeht. Wenn sie mich nur von weitem sieht, steigt ihr die Galle hoch. Ganz wie in Rom? Nicht? Sie wissen ja noch die Hetze, welche die Frau des Lampadius gegen Serena angezettelt hatte.«

»Ich weiß noch alles, Prinzessin, wenn es mir auch nicht vergönnt war, Ihnen damals mit meiner Freundschaft so nahe zu sein wie Volusian – und ich bin immer wieder von neuem betroffen, wenn ich an den Weg denke, den Gott Sie gehen heißt.«

»Ich selber bin es, Candidian. Ich bin vor allem betroffen über meine Fähigkeit, glücklich zu sein. Ich möchte fast annehmen, daß das Glück, welches aus den Zeilen meines Briefes zu spüren war, den Kaiser zu seiner Zustimmung bewogen hat.«

Candidian sah in einen Mimosenstrauß, dessen gebogene Zweige leise im Nachtwind vor dem Fenster schwankten.

»Der Kaiser hat geweint, als er Ihre Worte las – und dann lange auf den kalten Fliesen von San Stefano gebetet. Der Kaiser weiß heute, daß er, an Leib und Seele, unheilbar krank ist. Er ist nicht Mann, und er ist nicht Mensch. Er ist ein schuldlos belastetes menschliches Wesen, das an Gott zurückgegeben werden muß. Gott trägt die Verantwortung. Wir alle müssen helfen, sie Gott wieder aufzubürden, indem wir Honorius in das unablässige Gebet treiben. Nur so können wir den Staat vor schwerem Unglück bewahren.«

»Sehen Sie die Dinge in so trübem Licht?«

»Prinzessin, es ist mir bitter, in diese Tage einen Schatten zu werfen. Aber wozu diente die Beschönigung? Nehmen Sie an, der Kaiser habe aus kluger politischer Erkenntnis Ihre Heirat gebilligt? Er war durch Ihren Brief ergriffen – er war durch die Nähe des Fürsten Thanausis ergriffen – er war in Güte aufgelokkert. In diesem Zustand fielen ein paar mit Absicht leicht dahingeworfene Worte von Volusian und mir, die von dem Bischof Maxentius unterstützt wurden, der in dieser Ehe wirklich die einzige Lösung sieht – und das entscheidende Ja wurde zwischen zwei Bissen eingemachter Pomeranzen ausgesprochen. So kam diese Entscheidung zustande, welche den Gang der Weltgeschichte bestimmt. Und ich glaube, daß so – mutatis mutandis – die meisten Entscheidungen gleichen Gewichts zustande kommen.«

»Was wiederum bewiese, daß wir auch da, wo wir mit größter Bewußtheit zu handeln glauben, das Werkzeug Gottes sind.«

»Unbedingt. Das ist ja, was Augustinus predigt.«

»Ja. Aber derart, daß sich der Mensch sozusagen der Willensäußerungen überhaupt enthalten, also in seinem natürlichen Drang verkümmern solle. Augustinus ist eine große Gefahr. Wäre ich der Kaiser, so würde ich ihm sehr auf die Finger sehen.«

»Stellen Sie den Kaiser über Gott?«

»Über Gott? Niemals! Aber über alle Kirchenväter und ihren Anhang.«

»Ihr Vater ging nicht so weit.«

»Seit dem Tode meines Vaters sind achtzehn Jahre vergangen. Die Stellung des Imperiums ist in dieser Zeit nicht stärker, sondern schwächer geworden. Also das Gebot, die bindenden Kräfte zu vermehren und die lockernden zu vermindern, um ein Beträchtliches herrischer. *Bindung,* Candidian, das ist das Wort, auf das es ankommt. Bindung: das ist der Sinn der Politik, die aus meiner Ehe mit Athaulf entspringt.«

»Aber Luzifer wartet noch immer im Dunkel. Glauben Sie nicht auch, daß Constantius es dem Kaiser sehr verübeln wird, nun übergangen, ja nicht einmal befragt worden zu sein?«

»Natürlich glaube ich es. Und ich sinne Tag und Nacht darüber nach, wie ich ihn für meine Sache gewinnen könnte.«

»Geben Sie diese Hoffnung auf, und mühen Sie sich nicht um das Vergebliche. Machen Sie sich viel eher darauf gefaßt, daß von Constantius nur Feindschaft zu erwarten ist. Persönliche Feindschaft. Er haßt in Athaulf den Nebenbuhler, der ihn aus dem Feld geschlagen und seine verstiegenen Pläne vernichtet hat. Aber er wird sich nicht besiegt geben. Er ist der Inbegriff des Truppenführers, der, was er tut, auf sein Geltungsgefühl zurückbezieht. Er ist ein unheimlicher, aber kein böser Mensch. Herrisch und sehr kurz angebunden, ein Hasser der Phrase und ein Freund des einfachen Volkes. Er ist in Gelddingen leichtsinnig, aber nicht habgierig – und von Natur aus gutmütig.«

»Ist es wahr, daß er auf die Frauen großen Eindruck macht?«

»Ja. Sie fallen ihm wie Mücken vor die Füße. Aber er liest sie nicht auf, und doppelt nicht, wenn sie der vornehmen Gesellschaft angehören. Man sagt, daß er viele Jahre mit seiner dakischen Haushälterin gelebt und seit ihrem Tode kaum noch Frauen angerührt hat.«

»Ich sehe«, sagte Placidia, die Worte mit einem Kopfnicken begleitend, »der Durst ist gestillt. Nun kommen die Ambitionen an die Reihe. Was glauben Sie, daß ich von diesem Manne zu befürchten habe?«

»Seinen Einfluß auf den Kaiser. Weiß man, wozu sich Schwermütige entschließen, wenn der Dämon über sie Herr wird?«

»Dann müssen Sie und Volusian für mich wachen.«

»Wir tun ja nichts anderes, Prinzessin. Aber es müßte noch ein Gegenspieler ganz anderen Gewichts in das Spiel geworfen werden. Ein Mann aus dem Militärstande. Er ist da, Prinzessin. Sie brauchen nur mit der Hand zu winken – und er ist zu Ihren Füßen. Der leidenschaftlichste und vorbehaltloseste Bewunderer, den Sie im Imperium haben: derselbe zweiundzwanzigjährige General, der dem König Athaulf den Weg nach Marseille verlegte: Bonifatius! Er liegt auf dem Kastell von Arles in Garnison. Wenn Sie es wünschen, wird er Neujahr mit Ihnen feiern.«

Placidia stand auf. Sie trat an das Fenster und schaute in die monddurchlichteten Wolken, die in der Richtung des Meeres standen. Lange. Dann kam sie zurück und lehnte mit dem Rücken gegen die warme Kaminwand:

»Wer hat das alles vorbereitet?«

»Ich, Prinzessin.«

»Geben Sie mir Ihre Hände, Candidian. Nein, nicht eine. Beide. Halten Sie die Unsicherheit der Lage für so groß, daß diese Vorbereitungen schon nötig waren?«

»Ja. Constantius muß, soweit nur möglich, in Clermont-Ferrand und am Hofe abgesondert werden. Nur so kann den Goten und dem Imperium großer Schaden erspart werden. Constantius will keine Ruhe. Er will die Macht – mag es rings um ihn auch drunter und drüber gehen. Ob sich seine Ansichten ändern, sobald er sein Ziel erreicht hat, mag dahinstehen. Man hat ja oft genug erlebt, daß die wildesten Draufgänger die zahmsten Hausväter geworden sind, wenn sie ›angelangt‹ waren.«

»Er wird nicht anlangen.«

»Bestimmen Sie den König Athaulf, daß er keine Forderungen auf einen Mittelmeerhafen erhebt. *Jetzt* nicht. Der Zeitpunkt muß kommen, wo ihm alle Mittelmeerhäfen offen stehen werden …«

Placidia schaute aus großen Augen auf Candidian, in dessen Zügen das bläuliche Feuer eine große Besorgnis sichtbar machte.

»… nämlich dann, wenn Sie Honorius auf den Thron folgen werden und Athaulf als Prinzgemahl die Herrschaft mit Ihnen teilt. Auf *diese* Stunde stellen sich schon alle Ihre Freunde ein. Komme sie bald oder spät; es muß schon heute mit ihr gerechnet werden. Was ihr vorausgeht, ist, vom Standpunkt des Imperiums gesehen, Übergang.«

»Wir denken den gleichen Weg, Candidian. Lassen Sie es nie anders werden, Sie unvergleichlicher und liebenswerter Freund.«

Ein Flügelschlag von Frieden ging durch das Zimmer. Placidia faßte den Arm Candidians und machte ein paar Schritte durch den Raum, als Athaulf und Thanausis eintraten.

»Sehen Sie, Lieber«, lächelte Placidia, den Arm Candidians fester fassend, »nun sind wir doch noch überrascht worden! Warum auch hast du dich zur Vorsicht nicht anmelden lassen, Athaulf?«

»Ich wollte dich überraschen. Ich wollte Thanausis beweisen, wie nichtswürdig die römischen Frauen sind.«

»Das wird er wohl schon an den Höfen von Ravenna und Byzanz festgestellt haben.«

Thanausis ging nicht auf den Ton ein. Er schaute aus seinen dunkelgrauen Augen wie verzaubert auf Placidia.

»Was für eine prachtvolle Tunika haben Sie an«, sagte sie zu ihm, die schwere ligustergrüne Seide des Ärmels befühlend. »Das ist doch die Lieblingsfarbe des Kaisers.«

»Der Kaiser hat mir sieben verschiedenfarbige Tuniken und Überwürfe zu Weihnachten geschenkt. Auch zwei skythische Dolche in ziselierten Goldscheiden und einen Armreif aus Saphiren: weil Blau die Farbe der Goten ist.«

Athaulf und Candidian sahen sich an.

»Sie waren viel bei dem Kaiser?« fragte Placidia.

»Immer.«

»Waren Sie – gerne bei ihm?«

»Ich hielt es für meine Pflicht, bei ihm zu sein.«

»Warum?«

Thanausis zögerte.

»Sie können offen sprechen, Thanausis.«

»Weil er sehr unglücklich ist. Er hat niemanden, der ihn liebt. Und er hat zu keinem Römer Vertrauen. Er sagt, sie belügen ihn alle – und viele stellen ihm nach dem Leben«

Placidia fuhr sich mit der Hand über die Stirne:

»Wie haben Sie sich denn die Zeit mit ihm vertrieben?«

»Wir haben Schach gespielt, sind am Meere geritten, haben Horaz und Juvenal gelesen und abends im Peristyl Musik gehört. Manchmal auch hat mich der Kaiser aufgefordert, mit ihm in San Stefano zu beten. Wenn er betet, verwandelt sich sein Gesicht. Er senkt es nicht auf die Hände, sondern er hält es unverwandt auf das Kreuz gerichtet. Dann werden seine Züge zart wie aus Seide, und er sieht aus, als ob er schon gestorben wäre.«

Als der König sich mit Candidian in sein Arbeitszimmer zurückgezogen hatte, sagte Placidia zu Thanausis:

»Hören Sie, was ich Sie frage: Glauben Sie, daß *Sie* die Macht
hätten, durch Ihre Gegenwart den Kaiser von seiner Schwermut
und seinen seltsamen Zuständen zu heilen?«

»Nein, Prinzessin.«

»Warum: nein?«

»Weil ich für den Kaiser nur ein Gefühl des Mitleids habe, aber
kein Gefühl der Freundschaft. Man kann nur heilen, wo man
liebt.«

»Glauben Sie denn, daß der Kaiser für Sie ein Gefühl der
Freundschaft hat?«

»Nein. Der Gunst. Gerade das, was ich nicht will. Man hat mir
erzählt, daß der Kaiser schon manchen Menschen seine ›Gunst‹
geschenkt hat. Aber es ist keiner bei ihm geblieben. Auch keine
seiner kleinen Freundinnen. Man fragt sich, warum auch diese
nicht. Die kaiserlichen Gemächer sind durch ein unheimliches
Schweigen abgeriegelt. Selbst Maxentius, der Beichtvater des
Kaisers, ist nie bis in das Schlafgemach vorgedrungen. Der Kaiser
soll es manchmal eine Woche lang nicht verlassen, ohne am Leibe
krank zu sein.«

»Am Leibe. Und ich möchte dennoch den Versuch gemacht
sehen. Ich möchte dennoch, daß Sie sich noch einmal in die
Bemühungen meiner Freunde Volusian und Candidian um den
Kaiser einschalten. Thanausis, ich möchte, daß Sie das für Ihre
Königin tun. Es stehen unendliche Dinge in den kommenden
Wochen auf dem Spiel. Sie sind kein Kind mehr – Sie sind doppelt
so reif wie ein gotischer junger Mann Ihres Alters. Wollen Sie mit
Candidian noch einmal – für mich – auf ein paar Monate nach
Ravenna zurückkehren?«

»Ihr Wunsch ist mir Befehl, Prinzessin.«

»Das ist nicht die Antwort, Thanausis, die ich erwartete.«

»Ich kann Ihnen keine andere geben, Prinzessin, sofern ich Sie
nicht belügen soll. Ich möchte alles lieber tun als jemals dieses.«

»Was heißt das, Thanausis?«

»Sie wissen es doch. Warum fragen Sie mich? Ich tue für Sie,
was Sie wollen. Aber ich – atme nur, wenn ich Sie anschauen
darf.«

»Kommen Sie ruhig in meine Obhut«, sagte Placidia. »Ich
werde Ihnen ein kleines Bild von mir malen lassen, Sie werden es
als Talisman tragen, wo immer Sie hingehen. Sie haben sich mir
anvertraut; Sie sollen sagen dürfen, daß Sie es nicht zu bereuen

brauchen. Schlagen Sie in meine Hand ein: unser stummes Bündnis. Sie kennen die Grenzen. Sie kennen, als Gote, auch – den
Traum.«

Genau zwei Monate ruhigen Glückes blieben Placidia und Athaulf nach ihrer Hochzeit gegönnt, welche nach römischem Ritus und mit außergewöhnlicher Pracht am 20. Januar 414 in dem geräumigen Palaste des Ritters Ingenius in Narbonne gefeiert wurde. Es mußte dem Einfältigsten zu Bewußtsein kommen, daß hier, unter sorgfältigster Berechnung der Wirkung und gewollter Sinnfälligkeit, der Welt die nun vollzogene gotisch-römische Verbindung vor Augen geführt werden sollte. Volusian hatte es sich nicht nehmen lassen, die weite Reise zu machen, um der Jugendfreundin den Beweis seiner Treue zu geben; der Kaiser Honorius hatte reiche Geschenke an Stoffen, Schmuck und Pferden geschickt; die Bevölkerung von Narbonne hatte von Herzen Anteil genommen an einem Ereignis, in dem sie die Gewähr für endlichen Frieden und das Wiederaufblühen ihres Wohlstandes sah, um so mehr, als sie hoffen konnte, ihre Stadt werde zur Hauptstadt des gotischen Staates erhoben werden. Denn es ging in bestimmtester Form das Gerücht, der König Athaulf habe endgültig auf die Forderung eines Hafens am Mittelmeer verzichtet.

Ein einziger, der seinem Range nach zum mindesten den Schein wahren und sich durch einen Adjutanten hätte vertreten lassen müssen, hüllte sich in völliges Schweigen: der Generalissimus, Senator und Konsul Constantius.

Das war kein gutes Zeichen. Ein noch schlimmeres war, daß man gegen Ende Februar vernahm, er habe sich im Oberbefehl über das in Clermont-Ferrand liegende Heer durch seinen Parteigänger, den bekannten Stilichohasser Castinus, vertreten lassen und befinde sich am Hofe von Ravenna, wo er also etwa gleichzeitig mit Volusian, Candidian, Thanausis und den Sondergesandten des Kaisers eingetroffen sein mußte. Anfang März verlautete, der Kaiser habe ihn zum Patricius, zum Träger der höchsten Staatswürde, ernannt. Als Ende März immer noch keine Unterhändler bei Athaulf erschienen waren, um ihm den neuen Siedlungsvertrag zu unterbreiten, wurde auch Placidia unruhig. Diese Unruhe steigerte sich, als Ende März noch nicht eine Zeile von Thanausis eingelaufen war. Athaulf beschwichtigte: seine Agenten hätten ihm mitgeteilt, daß weder in Clermont-Ferrand noch in Richtung Arles-Marseille, noch von der spanischen Küste her irgendwelche Truppenbewegungen gegen ihn im Gange seien. Die bösen Ahnungen Placidias dagegen erfuhren eine qualvolle Bestätigung, als Thanausis am 21. April unerwartet in Narbonne eintraf. Man sah ihm an, daß er keine fröhliche Reise hinter sich hatte. Sein Bericht bekundete, daß er ein großes Wagnis unternommen hatte, als er sich zur plötzlichen Heimkehr zu seinem Volke entschloß.

Er erzählte am Abend seiner Ankunft vor Athaulf, Placidia und dem Fürsten Vallia, der seit dem Beginn des Jahres die äußere Politik des gotischen Volkes leitete:

»Der Generalissimus Constantius ist schon Ende Januar in Ravenna eingetroffen. Als Volusian, Candidian und ich Mitte Februar anlangten, erfuhren wir, daß auch ein kaiserlicher Eilruderer mit Beauftragten des Reichsverwesers Anthemius aus Byzanz im Hafen von Ravenna vor Anker gegangen sei. Wir wußten sofort, was gespielt wurde: Die germanenfeindliche Politik war von neuem ins Kraut geschossen. Die Ernennung des Constantius zum Patricius enthob uns jedes Zweifels darüber, daß der Kaiser unter den Einfluß des Generalissimus und des Anthemius geraten war, deren lange vorbereitete Verständigung auf der Hand lag. Constantius mußte die Möglichkeit einer gotisch-römischen Heirat schon in seine Pläne einbezogen haben, als kein Mensch ahnen konnte, was er im Schilde führte ... Den Kaiser bekamen wir nicht zu sehen. Es hieß, er sei leidend und müsse geschont werden. Es war aber klar, daß Constantius ihn in einer Art Gefangenschaft hielt. Diese Annahme bestätigte sich, als Constantius, dessen Allmacht sich kein Mensch widersetzen konnte, am 24. Februar Volusian und Candidian in einer Sondergesandtschaft an den Getreidekommissar Euplutius nach Afrika beorderte – sie trugen versiegelte Briefe, deren Inhalt sie nicht kannten, wohl aber errieten – und mir, in sehr höflicher, doch unzweideutiger Form nahelegte, die beiden mir befreundeten Herren zu begleiten. Er fügte zu, ich hätte auf diese Art und Weise Gelegenheit, das Land zu sehen, das unter Alarich die große, aber unerreichbare Sehnsucht meines Volkes gewesen sei. Wenn es mir an Geld fehle, wolle mir der Kaiser jede gewünschte Summe für diese Studienreise zur Verfügung stellen, denn er habe eine große Zuneigung zu mir und freue sich, mich zu einer glücklicheren Zeit wiederzusehen. Augenblicklich fehle es ihm dazu an der nötigen Gesundheit, er zeige sich seinen Freunden nicht gerne, wenn er elend sei. Außerdem aber sei seine Zeit sehr knapp bemessen – die wenigen Stunden, in denen es ihm etwas besser gehe, seien durch Regierungsgeschäfte ausgefüllt und durch choreographische Studien, die ihn gerade im Augenblick sehr beschäftigten. Anthemius habe dem Kaiser ein berühmtes Tänzerpaar – Glaukos und Irene – aus Antiochia zur Aufheiterung geschickt. Diese Künstler hätten es sich zur Aufgabe gemacht, die alten ägyptischen und syrischen Tempeltänze, vor allem auch des elagabalischen Sonnenkultes aus Émesa, in ihrer Urform wiederherzustellen, und würden demnächst im Auftrage der byzantinischen Regierung eine große Gastspielreise durch das gesamte Imperium antreten. Zweck dieser Reise sei, darzutun, daß auch die christlichen Herrscher den Sinn für die Kulturen der einzelnen Völker des Imperiums nicht verloren hätten und daß sich wahrer Glaube mit Liebe zur Kunst sehr wohl vereinen lasse. Nach dieser in wohlwollendem Tone gegebenen Erklärung eröffnete er mir, daß eine Trireme für uns alle noch in der gleichen Nacht zur Abreise nach Brindisi bereitstehe. Da es mir nicht mehr möglich war, mich noch mit Volusian und Candididan zu beprechen – man hatte mich in einer kleinen Villa, welche angeblich einer gerade abwesenden Nichte des Constantius namens Singledia gehörte, einquartiert –, fand ich mich schon mit einbrechender Dunkelheit auf der Trireme ›Helena‹ ein, wo ich mit ausgesuchter Freundlichkeit empfangen wurde. Etwas später kamen Candidian und Volusian mit ihrem Gefolge, und wir konnten die Reise beginnen. Ohne daß ich darum gebeten hätte, wurden mir sogleich zehn Pfund Gold ausgehändigt. Mein Plan stand fest: Durch Bestechung des Kapitäns Ancona anlaufen zu lassen – Rimini war zu nahe und deshalb zu gefährlich –, um zu Pferd mit meinen beiden Knechten nach Rom-Portus zu gelangen und von dort zu Schiff nach Marseille. Der Plan gelang. Ersparen Sie mir für heute abend die Erzählung der Einzelheiten dieser unwahrscheinlichsten aller Reisen. In Rom verschaffte mir mein Vetter Odin Empfehlungsschreiben der Kaiserinwitwe Laeta sowie des Seegrafen Decius Lentulus, der ein großer Verehrer Ihrer Kaiserlichen Hoheit Placidia ist – und ich konnte die Einschiffung auf einem nach Barcelona bestimmten Schnellruderer wagen. Ohne den Sturm, der uns an den Küsten von Korsika fast das Leben gekostet hätte, und ohne die Umwege, zu welchen uns mauretanische Räuberschiffe zwangen, hätte ich schon vor vierzehn Tagen hier eintreffen können. Immerhin: Ich komme vieleicht nicht zu spät als Warner vor aufziehender Gefahr.«

Placidia stand auf und ging zu Thanausis:

»Sie sind ein Mensch von vollendeter Ritterlichkeit, Thanausis.

Wir stehn seit heute tief in Ihrer Schuld. Das ganze Gotenvolk. Komme, was da nun wolle.«

»Was soll da kommen«, sagte Athaulf, ebenfalls Thanausis die Hände drückend. »Krieg kommt, in irgendeiner Form. Das Ultimatum wird nun nicht lange auf sich warten lassen. Sie müssen wieder reisen, Thanausis. Zu den Franken, nach Trier. Ich muß für alle Möglichkeiten gerüstet sein.«

»Zu den Franken?« entfuhr es Placidia.« Denkst du an Rebellion?«

»Ich denke an jede Möglichkeit. Ein Kaiser, der sich von seinem Generalissimus im eignen Haus gefangensetzen läßt, ist nicht viel mehr wert als die Strohpuppe Attalus, die ich mir ja genauso gut zum Gegenkaiser ernennen kann, wie es seinerzeit Alarich getan hat. Wozu habe ich diesen würdigsten aller Männer denn in meinem Lager? Er geht uns ja seit vielen Jahren nicht von den Fersen.«

»Ich flehe dich an, keine Entschlüsse zu fassen, ehe sie sich rechtfertigen lassen! Du kannst dich doch nicht ins Unrecht setzen und zum Usurpator machen, ehe uns die Bedingungen aus Ravenna zugegangen sind!«

»Natürlich kannst du das nicht«, sagte Vallia scharf. »Die Reise, zu der du Thanausis bewegen willst, ist verfrüht. Ich widersetze mich ihr.«

»Ich ebenfalls«, sagte Placidia mit großer Heftigkeit. »Wir treiben doch Politik und keine Kriegsspiele wie im Offiziersunterricht.«

»Ich wußte nicht«, sagte Athaulf traurig, »daß du über diesen Ton verfügst.«

»Es lag mir fern, dir weh zu tun. Aber meine römische Vernunft setzt sich zur Wehr, wenn ich sehe, wie einem Manne das Gefühl durchgeht! Es kann sich in einer solchen Stunde doch nur darum handeln, mit der ganzen Kälte der Vernunft eine Wahrscheinlichkeitsrechnung anzustellen. In dieser Rechnung gibt es einen ruhenden Punkt, an dem keine Macht der Welt mehr rütteln kann: die Gültigkeit unserer Ehe. Weder Byzanz noch Ravenna kann sie anfechten. Ich habe gewußt, warum ich auf orthodoxer Trauung bestand und die arianische selbst als Ergänzung ablehnte. Natürlich haben allerhand gotische Damen gemault: Ich kann ihren Verstand nicht um ein paar Ellen länger machen, als er ist! Also: Zurückfordern kann mich kein Mensch mehr. Solange ich lebe, bleibe ich westgotische Königin, und mag ich zehnmal römische Kaiserin in Ravenna und in Byzanz werden. Das ist der ruhende Punkt. Und nun die beiden Möglichkeiten unsres Handelns. Erstens: Lohnt es sich, wieder in das erschöpfte und von uns selbst geschröpfte Land zwischen Garonne und Loire zurückzuschwenken, wenn die Angriffe von Süden her kommen (was ich glaube, da man uns auch Narbonne wegen der Nähe des Mittelmeeres nicht lassen will) – oder soll man, im äußersten Notfalle, an der Küste gegen Barcelona vorstoßen und dort, in ausgiebigerem Lande, vorläufig siedeln?«

»Die Fragestellung ist ausgezeichnet, Königin«, sagte Vallia. »Aber Sie vergessen einen sehr wichtigen Punkt: Man wird uns doch natürlich im Kriegsfalle wieder die Getreidezufuhren sperren. Sie wissen, daß Arles der wichtigste Hafen ist, durch den der gesamte gallische Einfuhrhandel geht. Also wäre vielleicht die erste Aufgabe, Arles zu nehmen.«

»Was nur einen Sinn hätte, wenn dort Getreide in den Silos gestapelt wäre. Denn gesetzten Falles, wir nähmen Arles, und die noch nicht entladenen Schiffe suchten das Weite – wozu sollten wir eine nutzlose Stadt ohne Flotte halten, wenn uns die Armee von Clermont-Ferrand von Norden her in den Rücken stieße? Rom hat viele Häfen, durch die Gallien ernährt werden kann! Wer aber sollte uns in Arles Getreide liefern, wenn nicht Rom? Wer hat denn Getreide zum Verkaufe anzubieten?«

»Die Armee von Clermont-Ferrand muß von den Franken in Schach gehalten oder erledigt werden, falls sie in Kampf tritt«, sagte Athaulf, jedes Wort mit einem Schlage der Finger auf den Tisch markierend. »Das steht fest. Und diese Möglichkeit muß zeitig vorbereitet werden. Auch alanische Hilfe steht mir zur Verfügung, wenn es zum Bruche kommt.«

»Hätte ich Zeda hier«, dachte Placidia. Aber sie sprach den Namen nicht aus. »Wo mag er sein?«

»Was beschließen wir?« fragte Vallia.

»Wir beschließen noch nichts«, antwortete Placidia. »Aber wir bereiten vor. Wir setzen die Rüstungen und die Seelen instand. Und wir schauen Segerich und seinen Freunden einstweilen gründlich auf die Finger. Könnten Sie ihn nicht in einem Sonderauftrag dahin schicken, wo der Pfeffer wächst, Vallia?«

»Segerich? Nein! Er wäre der erste, der Lunte röche und mir das Volk verhetzte«, erwiderte Athaulf.

»Man müßte diesen Mann doch unschädlich machen können«, sagte Placidia.

Die Männer sahen sich an.

»Warum so erstaunte Blicke? Ich sage doch nur, was ihr alle

denkt – was ihr schon tausendmal in Gedanken getan habt! Wenn ihr nicht zuschlagt, wird er es ohne Skrupel tun.«

»Auch diese Angelegenheit, Placidia, darf nicht überstürzt werden. Ich nehme dich bei deiner eigenen – Weisheit. Oder möchtest du ihn vielleicht zu einem Abendessen einladen und ihm ein römisches Gift in den Becher tun?«

»Wer spricht von töten? Es gibt tiefe Verliese. Es ist das Recht der Könige, denen das Schicksal von Völkern anvertraut ist, gefährlichen Feinden das – Handwerk zu legen.«

»Natürlich. Aber alles zu seiner Zeit.«

»Einverstanden. Ich wollte nur eure Aufmerksamkeit auf den ›Fall‹ Segerich lenken. Auch deinen Stallmeister Dubius, den du unfaßlicherweise aus dem Dienste des getöteten Sarus übernommen hast, solltest du lieber zum Troß versetzen – und wenn er hundertmal der beste Pferdekenner ist, den es ›auf Gottes Erdboden‹ gibt.«

»Gott sei Dank, daß Sie die Sprache auf diesen Punkt bringen«, sagte Vallia. »Ich rede mir die Zunge wund wegen dieses höchst dubiosen Dubius. Aber wo ein Mensch ein Steckenpferd hat, da hat er halt keinen Verstand mehr.«

»Wenn mir Dubius Böses ansänne, hätte er mich hundertmal erledigen können«, lächelte Athaulf.

»Die Gelegenheiten zeugen die Tat«, sagte Vallia. »Es ist bis heute noch kein triftiger Grund dagewesen. Aber lasse eine Sache schiefgehen ... Lasse die Hetzer dir eine Schlappe in die Schuhe schieben ...«

Placidia erhob sich:

»Du versprichst mir hier in die Hand, von dieser Stunde an den Segerich und den Dubius in ihrem Umgang peinlich überwachen zu lassen?«

»Ich verspreche es dir. Es ist mir seltsam, plötzlich von so viel Besorgnis um meine Person umgeben zu sein.«

Placidia sah ihm lange in die Augen:

»Ich wußte immer, daß du – mein Sorgenkind sein würdest. Man kann nicht deinen Kopf haben – und nicht in der Sorge einer Frau liegen.«

»Sagen Sie bitte draußen, daß man uns von dem sizilischen Wein bringe, den uns Volusian zur Hochzeit geschickt hat«, wandte sich Athaulf an Thanausis. »Vielleicht gibt er uns noch manchen gescheiten Gedanken ein.«

Als Placidia sich am gleichen Abend in die Arme Athaulfs legte, sagte sie ihm, daß sie ein Kind von ihm trage.

Am Vormittag des 24. April 414 traf in Narbonne eine Abordnung des Patricius Constantius ein, welche lediglich aus Offizieren zusammengesetzt war und nicht in der Stadt, sondern in einem Zeltlager vor den Toren Wohnung genommen hatte. Ihr Anführer, der Reiteroberst Vesontius, überreichte ein Schreiben, das an König Athaulf persönlich gerichtet war, und entfernte sich sofort wieder mit der Bemerkung, daß er sich je nach dem Ausfall der Antwort an den beiden kommenden Tagen zur Beratung im Palaste einfinden oder in das Hauptquartier des Generalissimus zurückbegeben werde, das von Clermont-Ferrand nach Valence verlegt worden sei. Es war also dem König klar, daß es sich bei dieser Gesandtschaft um eine Militärkommission handelte, deren schon genau umschriebene Aufgabe nur die Grenzregulierung eines neuen Siedlungsgebietes und die Garnisonierung der gotischen Truppen innerhalb dieser Region sein konnte. Constantius mußte sich also sowohl politisch als auch militärisch sehr stark fühlen, um zu einem so außergewöhnlichen Vorgehen zu schreiten.

Er las die Urkunde zunächst allein in seinem Arbeitszimmer:

Gegeben im Kaiserlichen Hauptquartier der Präfektur Gallien, am 10. April 414.

Im Auftrage S.M. des Kaisers Honorius habe ich die Ehre, Athaulf, dem König der Westgoten, folgendes mitzuteilen:

Nachdem sich Ihre Kaiserliche Hoheit, die Prinzessin Galla Placidia, aus freien Stücken entschlossen hat, die Ehe mit Ihnen einzugehen, glaubt die Kaiserliche Regierung von Ravenna andere Ansprüche an Ihr Verhalten stellen zu können als seither. Durch Ihre Heirat Verwandter des Herrscherhauses, sind Sie verpflichtet, dem von Ihnen geführten Volke klarzumachen, daß es ein tätiger Mitarbeiter des Imperiums, nicht aber ein ihm zur Last fallender Nutznießer zu sein habe. Es darf also wohl mit Fug und Recht von Ihnen verlangt werden, daß Sie unverzüglich Ihre Raubbaupolitik ändern und Ihre Krieger in fleißige und seßhafte Bauern verwandeln. Die durch unsere Beamten angestellten Nachforschungen über die von Ihnen seit Ihrem Vordringen von Bordeaux nach Narbonne verübten Schröpfungen – um mich ganz milde auszudrücken – haben zu so grauenhaften Ergebnissen geführt, daß ich mich unter keinen Umständen noch einmal auf eine Landnahme Ihres Volkes einlassen kann, ehe mir nicht die weitestgehenden Rückversicherungen gegen die Wiederholung eigenmächtiger Plünderungszüge auf römischem Siedlungsland gegeben sind. Da ich durchaus von dem Willen beseelt bin, einen neuen Krieg zu vermeiden, da mich vor allem auch die Rücksicht auf Ihre Kaiserliche Hoheit, die Prinzessin Galla Placidia, zu entgegenkommender Haltung bestimmt, trage ich Ihnen einen neuen Landnahmevorschlag an, der als Ganzes innerhalb von achtundvierzig Stunden nach Überreichung der Note anzunehmen oder abzulehnen ist:

Die Siedlung geschieht auf dem gleichen Gebiet wie im Jahre 412.

Es wird Saat- und Brotgetreide für die Dauer eines Jahres vom 15. Mai an zur Verfügung gestellt. Die nächstjährige Ernte auf dem guten Boden des Siedlungsgebietes wird nach Aussage unserer Sachverständigen nicht nur genügen, das gotische Volk zu ernähren, sondern ihm sogar Ausfuhrhandel nach dem Baskenland, der Bretagne und Britannien gestatten. Das gleiche dürfte auf dem Gebiet des Obstbaus möglich sein.

Die Festung Narbonne ist innerhalb von drei Tagen nach Inkrafttreten des Vertrages zu räumen.

Der Verzicht auf einen Mittelmeerhafen ist feierlich auszusprechen.

Die Grenzregulierung des Siedlungsgebietes und die Garnisonierung der gotischen Bewachungstruppen längs der Grenzen wird durch die Militärkommission besorgt, welche den Überbringer dieser Note begleitet.

Die Wohnsitte des Wagenlagers ist mit erfolgter Siedlung endgültig zu beseitigen.

Die militärischen Verpflichtungen des Gotenkönigs gegenüber der Kaiserlich-römischen Regierung bleiben so, wie sie im Vertrag von Narbonne (29. Juni 412) festgesetzt wurden.

Die Hauptstadt Bordeaux darf keine westgotische Garnison beherbergen. Sie erhält zu ihrem und des Landes Schutz eine nationalrömische Bewachungstruppe, welche – je nach Gutdünken der Kaiserlichen Regierung – kleiner oder größer gehalten werden kann. Das Mündungsgelände der Garonne am Ozean wird zu einer Marinekontrollstation ausgebaut.

Der Vertrag wird auf die Dauer von drei Jahren geschlossen. Er kann nach Ablauf dieser Bewährungsfrist in einzelnen seiner Teile gemildert werden.

Es soll hier nicht unterlassen werden, darauf hinzuweisen, daß diese Bestimmungen im Einverständnis auch mit der oströmischen Regierung festgelegt worden sind, welche in der Frage der Gotensiedlung geschlossen hinter der Regierung von Ravenna steht: dies aber um so mehr, als sie die Vermählung einer Prinzessin kaiserlich-römischen Geblütes mit einem germanischen Fürsten als Verstoß gegen die Hausgesetze und alle Überlieferung ansieht.

Constantius,
Patricius und Generalissimus des Imperiums

Den Herren der Militärkommission wurde keinerlei Mitteilung mehr übersandt. Sie wurden auch nicht mehr in die Stadt eingelassen, und ihrem Verlangen nach Trinkwasser wurde nicht mehr entsprochen. Noch ehe sie – nach Ablauf von achtundvierzig Stunden – ihre Reise nach Valence antreten konnten, waren die Grafen Sisinanth und Thanausis mit einigen Offizieren unterwegs nach Trier zu den Franken und zu einigen gallischen Stämmen. Am 26. April wurde der Senator und ehemalige Prätorianerpräfekt von Rom, Attalus, zum Gegenkaiser des Honorius ernannt und mit dem Purpur bekleidet.

Der Krieg, den Constantius mit seinem unmöglichen Ultimatum gewollt hatte, war da – der Krieg auf Leben und Tod.

Galla Placidia war die Gattin eines gotischen Rebellen geworden und trug das Kind dieses Rebellen in ihren Hüften.

Die Madonna aus Byzanz, vor der sie lange in diesen schweren Nächten kniete, konnte ihr keine Antwort geben. Der Weg wurde durch keine Mittlerin der Liebe mehr bestimmt.

Ohne eine Schlacht zu liefern, ohne einen Soldaten zu opfern, nur durch die Sperrung der Getreidezufuhr über den Hafen von Arles hatte Constantius die Goten verjagt und an die ostspanische Küste getrieben. Damit waren sie von gallischem Boden abgeschnitten, solange es den Römern nicht gut schien, sie unter neuen Bedingungen dorthin zurückzuführen. Denn über die Pyrenäen in die aufgegebenen Gebiete einzudringen, konnte kein Heer wagen, dem ein Troß von Frauen und Kindern folgte.

Der Generalissimus hatte sein erstes Ziel erreicht. Er hatte seine Macht bewiesen, seine Berechnungsgabe gezeigt, sein Prestige vermehrt – und (worauf es ihm aus noch geheimgehaltenen Gründen ganz besonders ankam) Byzanz einen Begriff von dem Einfluß gegeben, den sein Name im Imperium besaß. Er konnte mit Genugtuung im September nach Ravenna zurückkehren, nachdem er die spanische Grenze bei Port-Bou durch seine besten Gebirgstruppen abgeriegelt hatte.

Athaulf hatte Ende Oktober in Barcelona Residenz genommen. Der langverweilende Sommer verwandelte sich langsam in Herbst. Die ersten Stürme der Tag-und Nachtgleiche peitschten das Meer.

In der Frühe des 20. November, genau zehn Monate nach dem Tage ihrer Hochzeit, gab Placidia einem Knaben das Leben.

Athaulf saß neben ihrem Bett und betrachtete besorgt den überzarten Sohn, welcher so sehr verschieden war von den beiden anderen, die ihm seine erste Frau geschenkt hatte.

Placidia, die das gebrechliche Kind fast ohne Wehen zur Welt gebracht hatte, sah aus halbgeschlossenen Augenlidern das betrübte Gesicht des Gatten:

»Ich kann nichts dazu, daß er nicht kräftiger ist«, sagte sie, wie wenn sie sich entschuldigen wollte. »Auch er hat schon seinen Tribut an die Sorgen des letzten Jahres bezahlt. Wir werden ihn mit zehnfacher Liebe aufziehen. Er gehört dem Imperium. Ich möchte, daß er den Namen meines Vaters trägt. Namen verpflichten. Die Eltern, das Kind – und Gott. Gott sollte wissen, daß wir ihm mit diesem Sohne dienen wollen.«

Dann wandte sie den Kopf gegen das Fenster. Niedrige Wolken trieben über die Wälder gegen das Meer. Der Kiefernduft vom nahen Tibidaboberge schlug bis an ihr Lager. Sie atmete tief. Wie weit von dem goldenen Rom, wie weit von dem purpurnen Byzanz lag nun alles Geschehen ihres Lebens. Wie weit von allem, das auf Frieden und Erfüllung wies.

Es war gut, daß sie nicht gewahrte, wie sich Athaulfs Blick umschleierte. Denn sie hatte schon in den Wochen vor der Geburt viel an seiner Traurigkeit gelitten. Er klagte niemals. Aber er hatte nicht die Gabe, seine Niedergeschlagenheiten in den Gewölben des Willens verschwinden zu lassen. Sie drangen wie eine bittere Essenz aus seinen Poren. Seine Liebe war stumm und tief, aber sie linderte keine Not des Tages. Die Arbeit der Seele war ihm fremd. Er hatte keine Zeit gehabt, sie zu lernen.

Das Kind konnte nicht leben. Es starb nach vier Wochen, kurz vor Weihnachten. Eine Waldkirche, nahe bei Barcelona, behütete im Duft der Bergwinde den silbernen Schrein, in dem es beigesetz war.

Der König geriet in einen Zustand, der an Verstörung grenzte.

Placidia kniete nächtelang vor dem schmalen Sarge. Nur ihre Amme Elpidia durfte sie auf diesen traurigen Fahrten begleiten. Im Dunkel einer Nische auf den Betschemel gedrückt, sann die Alte dem Gang der Jahre nach. Und am Ende jeder mühsamen

Wanderung ihres einfachen Geistes stand der gleiche Satz: »Gott hat sich von uns abgewendet. Was muß geschehen, daß er uns wieder seine Gnade schenke?«

Die Frauen im gotischen Lager begannen ihr Gemurmel: »Was hat uns diese Königin an Glück gebracht? Nichts. Was ist aus allen römischen Versprechungen geworden? Nichts. Was wird uns noch bevorstehen? Wir wissen es nicht. Gutes in keinem Fall. Der Gott der Goten zürnt der Fremden. Er will keinen Prinzen aus römischem Blut. Warum soll einem gotischen König erlaubt sein, was das Gesetz dem einfachen Manne verbietet: eine Römerin zu heiraten? Ihr eignes Volk, ihre eigne Familie verachten sie.«

Bei diesem Gedanken griffen die Männer in das Gespräch ein: »Der König ist ihr verfallen. Er ist krank an der Liebe zu einer ausländischen Frau. Was soll uns solch ein König? Er bekümmert sich nicht um die Kinder seiner ersten, gotischen Gattin. Tagelang sieht man ihn nicht. Nicht bei seinen Offizieren und nicht bei seinen Beamten. Was soll aus uns werden, wenn nicht endlich ein Plan erdacht wird? Sollen wir an dieser Küste verkommen? Warten, bis man uns in die Zange nimmt und ins Meer treibt? Constantius sieht ganz danach aus, als ob er sich mit solchen Absichten tragen könnte.«

Aber es erschienen keine kaiserlichen Heere. Nicht im Laufe des Winters und nicht im nahenden Frühling. Es wurde natürlich auch kein Getreide geliefert. Man war im offnen Kriege mit Rom. Ob man wollte oder nicht, man mußte sich zur Feldbestellung bequemen, also auch auf die Ernte warten, sofern man bis dahin nicht vertrieben wurde.

Es bildete sich eine Partei, welche auf einen Vormarsch an der Küste drängte. Das vandalische Beispiel lockte. Warum nicht die Vandalen aus ihren fetten Sitzen vertreiben, über die Meerenge von Gibraltar jagen – und es sich in Andalusien und Lusitanien wohl sein lassen? Warum nicht selbst nach Afrika übersetzen? fragten andere. Die Ereignisse haben uns endlich auf den rechten Weg gewiesen! Gehen wir ihn.

Athaulf, der sich unter der geduldig-aufmunternden Liebe Placidias wieder in seine Gewalt bekommen hatte, lehnte alle diese Vorschläge ab. Er glaubte, ohne nur eine Stunde in diesem Glauben irre zu werden, an die Notwendigkeit der Verständigung mit dem Kaiser. Die Vandalengefahr mußte am römischen Hofe über kurz oder lang als die »wirkliche« Gefahr für das Imperium erkannt werden. Die Goten aber konnten nur mit römischer Hilfe und im Auftrage Roms den Krieg gegen ihren vandalischen Erbfeind wagen. Führte er zu einem Erfolg – und daran war angesichts der militärischen Untüchtigkeit der Vandalen nicht zu zweifeln –, so war man wirklich über alle Berge. Vallia teilte Athaulfs Ansicht, Placidia vertrat sie mit unbeirrbarer Zähigkeit. Sie fand bittre, harte, böse Worte für die Gegner und forderte scharfes Vorgehen. Man begann sie zu fürchten und ihr aus dem Weg zu gehen. Es war ihr gleichgültig. Das Schicksal, das ihr nicht erlaubt hatte, Mutter zu sein, drängte sie abermals in die Rolle der politischen Frau. Der Überlegenheit ihrer Beweisführung beugten sich viele früheren Widersacher. Ende Juli war es so weit, daß die Führung der gotischen Außenpolitik fast ganz in ihrer Hand lag. Die Ernte war besser ausgefallen, als man erwartet hatte. Der Beweis war erbracht, daß sich die Goten selbst ernähren konnten. Wozu also weiterhetzen ins Ungewisse? Es konnte keinem Zweifel unterliegen: die Gegner der abwartenden Politik waren machtlos geworden. Nur die kleine fanatische Gruppe um den Fürsten Segerich hatte sich nicht gefügt. Um sie unmöglich zu machen, griff Placidia zu einem gefährlichen Mittel. Sie ließ den Verdacht ausstreuen, Segerich stehe insgeheim mit Agenten des Constantius in Verbindung und beabsichtige einen Schlag gegen die balthische Dynastie.

Der Schlag erfolgte am 15. August: Der König Athaulf wurde am frühen Morgen bei einer Besichtigung seines Marstalles von dem Stallmeister Dubius – angeblich aus Blutrache für Sarus, seinen früheren Herrn – durch einen Dolchstoß in den Rücken ermordet.

Am Abend des gleichen Tages waren Athaulfs Kinder aus erster Ehe erwürgt, Placidia im Erdgewölbe des Palastes gefesselt – und der Fürst Segerich zum König ausgerufen.

Sieben Tage dauerte die Herrschaft. Als sich Segerich dazu hinreißen ließ, Placidia und ihr Gefolge bei einem Aufzug vier Stunden lang in voller Sonnenglut vor seinem Pferd als Gefangene hergehen zu lassen, wurde sich die Ritterschaft der Schande bewußt, die diese Untat über das Volk bringen mußte: Vallia, Sisinanth und Thanausis erkannten den günstigen Augenblick und fielen mit den ihnen ergebenen Söhnen des Adels über den Zug her. Das Zeichen zum Aufstand war gegeben. Thanausis brachte durch einen jähen Lanzenschlag in die Kniekehlen das Pferd des Segerich zu Fall, Sisinanth rannte diesem selbst, als er zu Boden gestürzt war, den Dolch in die linke Schlagader, riß das Pferd in die Höhe, schwang sich darauf und rief – noch ehe das

Volk recht begreifen konnte, was eigentlich vorgegangen war – den Fürsten Vallia zum König aus. Vallia hatte sich Placidias bemächtigt, ihr die Fesseln von den Armgelenken gelöst und sie in das Peristyl einer am Straßenrand gelegenen Villa bringen lassen.

Der Zug zerstreute sich; Segerich, der noch lebte, aber nicht mehr sprechen konnte, wurde auf der Straße von einem Soldaten totgeschlagen. Sechs seiner Anhänger, die als Thronanwärter in Frage kommen konnten und keine Zeit zur Flucht gefunden hatten, wurden in die Folterkammern geschleift. Vallia bestand auf der Tortur, um festzustellen, ob der Generalissimus Constantius die Hände im Spiel gehabt habe. Unter den Qualen der sofort vollzogenen »Pedicura« – Schläge mit Weidenruten auf die Fußsohlen – gestanden sie, daß der Gedanke der Verschwörung ausschließlich von Segerich und Dubius stamme, daß aber natürlich auch der Wunsch bestanden habe, sich durch Ermordung des Athaulf dem Constantius gefällig zu erweisen, da dessen Absichten auf die Prinzessin Placidia bekannt gewesen seien. Sie erhielten nach dem Geständnis die Erlaubnis zur Beichte – und endeten am gleichen Nachmittag durch das Schwert. Von der Tötung ihrer Kinder wurde auf Placidias Wunsch abgesehen.

Auch gegen die öffentliche Pflöckung des Mörders Dubius, dessen man in einem Gehöfte habhaft geworden war, versuchte sie sich zur Wehr zu setzen, jedoch ohne Erfolg. Vallia und der gesamte Hochadel bestanden auf der Vorführung des abschreckenden Beispiels und bedauerten, daß der eigentliche Mörder, Segerich, nicht mehr die gleiche Hinrichtung erleiden konnte.

Bis zum Ende der Totenfeierlichkeiten hatte sich Placidia in königlicher Beherrschung als Herrin ihrer veränderten Lage erwiesen. Die gotischen Frauen standen fassungslos vor so viel harter Größe. Man hatte die Königin nicht weinen sehen, den Gatten nicht beklagen, die toten Gegner nicht beschimpfen hören. Obwohl die Regierungsgewalt sofort in die Hände Vallias übergegangen war, fanden alle Beratungen unter ihrem Vorsitze statt. Die Richtlinien der gotischen Politik wurden nicht nur beibehalten, sondern verschärft: Verständigung mit dem Kaiser, eigene Wirtschaft und Verzicht auf jedes Abenteuern. Um den unruhigen Geistern entgegenzukommen und auch um ihrer ledig zu sein, hatte sich Vallia entschlossen, eine Art Freikorps zu schaffen, das auf eigene Verantwortung zu »Erkundungszwek- ken« an der Küste gegen Süden vordringen sollte. Es erwies sich, daß die Gedankengänge Placidias die Oberhand gewonnen hatten. Nur eine Schar von dreihundert jungen Leuten war bereit, sich auf den Weg zu machen. Aber auch sie gingen nicht als Feinde ihrer Königin. Placidia empfing sie am Morgen der Beisetzung in der Halle des Palastes. Sie sagte:

»Wenn eines Menschen Wünsche euch begleiten, so sind es die meinen. Wenn ich zur Bedachtsamkeit riet, so war es nicht, um eure vordrängende und dem Volke nützliche Kraft zu lähmen, sondern vor unnötigen Gefahren oder gar Zerstörung geschützt zu sehen. Die Erfahrungen meines eignen Lebens – die euch allen bekannt sind – geben mir ein Recht darauf, meiner Erkenntnis des Richtigen mit allem Nachdruck, ja mit Unnachgiebigkeit, Geltung zu verschaffen. Ich liebe die hohen Eigenschaften des Volkes, dem ich mich durch meine Heirat verbunden habe, und der Tod des Königs Athaulf wird weder diese Liebe noch das aus ihr entspringende Pflichtgefühl jemals vermindern. Wie immer auch mein weiteres Geschick verlaufe: ich werde mich dem gotischen Volke liebend verbunden fühlen. Ich werde es als heimatliches Volk betrachten, solange es selbst mir das Asylrecht gewähren will. Geht mit eurem guten Glauben und im Schutz eures Gottes auf euren Auszug. Auch euch wird mein tägliches Gebet einschließen.«

Dann hatte sie über den vor der Bahre Hinknienden die Hand zum Segen erhoben und sich am Arme Vallias in den inneren Saal zurückgewandt.

Auf ihren Wunsch hin wurde – bis zu neuer Entscheidung – der Sarg Athaulfs am Abend nach der Totenfeier in derselben Waldkirche niedergestellt, in der ihr kleiner Sohn bestattet lag. Als sich die Türen hinter den Trägern schlossen, welche durch das Los aus dem gesamten Volke gewählt waren, kehrte die Menge in die Stadt zurück. Der Bischof Sigesarius zelebrierte vor dem engsten Freundeskreis des Toten die Abschiedsmesse.

Dann ließ man Placidia allein. Die Fürstin Baltaswinta und Thanausis warteten auf den Steinsitzen der Vorhalle, in der die Glut des heißen Augusttages noch gefangen lag. Sie warteten, bis die ersten Sterne in apfelgrünen Horizonten aufglänzten – und ihr Warten verwandelte sich in Angst, als Placidia immer noch nicht erschienen war, während schon die Nachtbläue über den Kiefernwipfeln stand. Ganz leise öffnete Baltaswinta die Holztür. Im Schein der Kerzen sah sie die Königin regungslos über den Sarg gebeugt, ohne Bewußtsein. Sie rieb ihr die Schläfen mit dem Totenwein, der auf dem Altare stand – aber das Leben kehrte nicht in das erschöpfte Herz zurück.

Thanausis kam und hob sie auf seine Arme. Sie öffnete die Augen eine Minute lang, ohne zu begreifen, und entglitt von neuem in das auslöschende Dunkel. Es war nicht möglich, sie noch während der Nacht in den Palast zurückzubringen. Man bettete sie auf die Steinbank der Vorhalle, nachdem man eine dichte Streu von Eichenlaub und Waldgras ausgebreitet hatte. Baltaswinta kehrte mit zwei Fahrern in die Stadt zurück, um eine Sänfte bringen zu lassen; Thanausis hielt, nachdem die beiden anderen Fahrer zu seiner Verfügung in der Nähe geblieben waren, die traurige Wacht.

»Was soll aus mir werden«, dachte er, »wenn sie von uns fortgeht? Sie wird nicht bei den Goten bleiben. Niemals. Was sollte sie hier auch tun? Was sie – aus Freundlichkeit – noch ihre Aufgabe nennt, ist keine Aufgabe mehr. Und wenn sie sich noch für die Goten einsetzen will, so kann sie es nur – als Römerin tun. Was soll aus mir werden, wenn sie fortgeht?«

In der ersten Dämmerung, als der Himmel vom Meere her eine jähe Morgenröte in die Kiefernwipfel trieb, wurde die Königin nach Hause getragen, ohne erwacht zu sein.

In der Stadt hatte sich das Gerücht verbreitet, sie sei vor Kummer über den Tod ihres Gatten zu Füßen des Sarges gestorben ...

Die Menschen rannten vor dem Palaste zusammen, bestürmten die Garden mit Fragen, weinten, jammerten: Es wurde deutlich, daß das Volk diese fremde Königin mehr geliebt hatte, als es selber wußte.

Sie war nicht gestorben. Sie war – wie nach dem Tode des Eucherius – durch das Tor einer todverwandten Ohnmacht in einen neuen Ring ihres Lebens eingetreten. Aber es dauerte viele Monate, ehe sie sich der abermals verwandelten Worte bedienen konnte.

Am Vormittag des 24. Dezember 415 traf – als ob es sich um ein Weihnachtsgeschenk des Inhabers der Regierung von Ravenna handelte – ein Friedensangebot des Generalissimus Constantius bei der Hofhaltung des Königs Vallia in Barcelona ein:

Gegeben zu Ravenna, am 1. Dezember 415.
Im Auftrage S. M. des Kaisers beehre ich mich, Vallia, dem König der Westgoten, zur Zeit in Barcelona residierend, folgende Friedensvorschläge zu unterbreiten:

Die westgotische Armee erklärt sich – bei entsprechender Verpflegung und Entlöhnung durch das Imperium – bereit, sofort die kriegerischen Handlungen gegen die Vandalen und die ihnen verbündeten Völkerschaften in Südspanien aufzunehmen.

Nach der Beendigung des Vandalenkrieges werden die Landnahmebedingungen des Jahres 412 (Vertrag von Narbonne, 29. Juni) erneuert und gleichzeitig dahin erweitert, daß die gotische Siedlung auf die Gebiete zwischen Garonne, Loire und Pyrenäen sowie einige Grenzgaue der ersten narbonensischen Provinz ausgedehnt wird. Nicht nur Bordeaux, sondern auch Toulouse und Poitiers fallen also in das gotische Hoheitsgebiet.

Der freiwillige Entschluß Ihrer Kaiserlichen Hoheit und Königin-Witwe Prinzessin Galla Placidia, an den Hof von Ravenna zurückzukehren, wird mit 5 240 000 Liter afrikanischen Weizens im sofortigen Austauschverfahren aufgewogen.

Die Friedensvorschläge können, sofern sie nicht in ihrer vorliegenden Form angenommen werden, als Unterlage zu neuen Verhandlungen dienen, wobei die Kriegsdienstleistung gegen die Vandalen jedoch als conditio sine qua non anzusehen ist.

Constantius,
Patricius und Generalissimus des Imperiums

»Die Friedensvorschläge eines Heiratskandidaten«, sagte Vallia, als er Placidia am Nachmittage den Vertrag vorlegte.

»Es scheint so«, erwiderte sie. »Eine Ablehnung wäre nur möglich durch ein vandalisch-gotisches Bündnis. Das erscheint mir ausgeschlossen, auch wenn ich mich ganz auf den gotischen Standpunkt stelle. Eine einfache Annahme würde die Lage der Goten schwächer erscheinen lassen, als sie ist. Also bleiben nur Verhandlungen übrig. Ich nehme an, die Regierung von Ravenna wird sie beschleunigen, denn die Eroberung Südspaniens durch die Vandalen scheint ihr große Sorge zu machen.«

»Ungeheure Sorge«, bestätigte Vallia. »Wissen Sie auch warum? Es wird mir von unsren jungen ›Auswandrern‹ zugetragen, daß sich die Vandalen den Teufel um das römische Schiffbauverbot scheren. Sie zimmern ihre eignen Boote. Also: Sie werden übersetzen, wenn es so weit ist. Es könnte da unten in Afrika ein ganz schönes Schauspiel beginnen.«

»Nicht heute und nicht morgen, Vallia. Ein Landvolk wird nicht in vier oder fünf Jahren zu einem Seevolk. Das wissen wir alle. Außerdem aber dürfte es wohl Ihr eigner Vorteil verlangen, daß Sie die Vandalen erledigen, ehe sie ihre Flotte fertig haben.

Denn was würde aus den Goten und aus dem Imperium, wenn beide auf afrikanische Getreidelieferungen eines vandalischen Eroberers angewiesen wären?«

Vallia lächelte:

»Selbst wenn Sie es wollten, könnten Sie die Römerin nicht verleugnen.«

»Warum sollte ich? Die Gotin deckt sich mit ihr.«

»Wir bleiben in der Linie.«

»Das einzige, das not tut.«

»Wird es gelingen, Constantius in diese Linie einzufügen?«

»Er hat sich ja selber schon eingefügt«, sagte Placidia mit einem Unterton von Spott. »Und er hat sich sicher seine diplomatische Gerissenheit zugute gehalten, als er in den Text das Wort ›freiwillig‹ einfügte! ›Der freiwillige Entschluß Ihrer Kaiserlichen Hoheit ... ‹. Es ist ihm wohl kaum zu Bewußtsein gekommen, wie dieses Wort wirkt. Er legt mir mit ihm die innere Verantwortung dafür auf, daß die Goten nicht verhungern. Er macht eine erpresserische Anleihe bei meiner Anständigkeit. Wenn er so viel Gewicht darauf legt, meine Gunst zu gewinnen: warum erobert er sie nicht mit dem Einsatz seiner persönlichen Werte? Dann wüßte er doch zum mindesten, woran er mit mir wäre.«

»Männern, die nur ›besitzen‹ – und durch Besitz ein Ziel erreichen wollen, ist es gleichgültig, ›woran‹ sie mit einer Frau sind.«

»Das ist sehr töricht von ihnen. Denn eine Frau kann ihnen, wenn sie will, das Leben zur Hölle machen.«

»Eine Frau wie Sie, Placidia! Und Sie werden es tun!«

Placidia fuhr erregt aus ihrem Sessel hoch:

»Lassen Sie solche dummen Scherze, Vallia! Vergessen Sie nicht, mit welches Mannes Andenken ich lebe!«

»Man lebt mit Andenken – aber nicht von ihnen! Sie sind dreiundzwanzig Jahre alt. Wo wollen Sie hin mit Ihrem Leben! Glauben Sie, Sie können sich in einem Kloster vergraben oder zu einem ewigen Idyll mit irgendeinem neuen Geliebten, der Ihnen morgen oder übermorgen begegnen kann (und begegnen wird), in den Blumengärten Ihres mütterlichen Palastes in Byzanz einspinnen? Eine Frau wie Sie, der das Herrschertum aus jeder Fingerspitze sticht? Nein, Placidia, das können Sie nicht! Ich hatte reichlich Zeit, Sie zu beobachten. Sie haben volle fünf Jahre mit uns gelebt: In Ihnen sind alle Kurven heftig, steil und – kurz. Ihr Leben hat deutliche Zäsuren. Aber die Zäsuren sind bei Ihnen zugefallene Tore.«

Er trat näher zu ihr, die nachdenklich mitten im Zimmer stand:

»Lassen Sie mich Ihnen etwas sagen, das ich schon oft überdacht habe, und seien Sie mir nicht böse, daß ich es ausspreche: Sie wären auf lange Jahre hin nicht glücklich geblieben mit Athaulf. Sie hätten von ihm nicht das Bildnis bewahrt, das Sie heute in sich tragen. Er wäre Ihnen – nicht gewachsen gewesen. Sie sind von einem ganz anderen Dämon des Herrschens besessen, als er es war. Und auf welchem Gebiete immer es sei: Sie werden herrschen müssen, weil Ihr ganzes Wesen herrschen heißt! Es wäre eine Todsünde, wenn Sie sich an diesem Dämon vergingen! Sie sind noch befangen in den Geschehnissen dieses Jahres. Ich aber, ich, der sich sein Leben lang um nichts anderes bemüht hat als um die Erkenntnis der Wirklichkeit, ich sehe schon den neuen Weg, den Sie gehen müssen: als Römerin – unter Wahrung Ihrer gotischen Königswürde. Die kann Ihnen niemand nehmen – nur Sie selbst könnten sie ablegen, wenn Sie dies wollten.«

»Niemals!«

»Desto besser für mein Volk.«

»Und für mich! Denn an das Geheimnis dieser Würde können sie mir in Ravenna nicht rühren, was immer sie versuchen mögen, mir einzureden – und den Weg in das gotische Asyl wird ja wohl niemand verschließen, falls es die Umstände mit sich brächten, daß ich wieder an diese Tür klopfen müßte.«

»Diese Tür wird sich Ihnen nicht nur öffnen, sie wird für jeden Ihrer Eintritte bekränzt sein: kämen Sie als Gast oder als Heimkehrende. Möge für Sie ein freundliches Schicksal das zweite verhüten – und für uns das erste so häufig als möglich der Fall sein lassen.«

»Glatt herausgesagt, Vallia: Sie wünschen, daß ich nach Ravenna zurückkehre?«

»Ich wünsche es zum Besten aller Teile.«

»Und wenn Constantius meine Hand verlangt?«

»Er wird sie nicht morgen und nicht übermorgen verlangen. Er wird Gefühl und Sitte schonen, wenn er auch hundertmal weiß, daß Sie ihm nicht – eine Liebe schenken können. Dieser Mann aber, dessen seien Sie sicher, wird Sie vergöttern und auf Händen tragen, wenn Sie ihm eine Hoffnung lassen. Er wird um jedes Atom von Freundlichkeit werben, denn die Erfüllung seines Lebens gipfelt in Ihnen. Leute seines Schlages, rechte und primitive Leute, denken und leben immer nur in Zielen. Der seelisch überlegene Mensch lebt in der Gleichung. Er kann die Achseln zucken und doch ein großer Täter sein.«

»Was soll geschehen, wenn Constantius mir völlig widerwärtig ist?«

»Dann können Sie immer noch seine Hand ausschlagen, aber seine politische Partnerin bleiben. Wer sollte Sie zwingen?«

»Fragen Sie lieber, wer sollte mich schützen?«

»Ihre gotische Garde.«

»Wie?«

»Wir werden es niemals dulden, daß unsere Königin ohne ihre persönliche Garde an den Hof von Ravenna geht. Zweitausend Goten werden Sie begleiten. Die können, wenn der Freundschaftsvertrag abgeschlossen ist, auch dem Kaiser persönliche Dienste tun, sofern Sie es gestatten. Sagen Sie mir einen politischen Menschen Ihres Ranges, der heute ohne seine Leibgarde, ohne seine Buccellarii, lebt! Was den anderen recht ist, ist Ihnen billig. Und wenn Sie jemals die Vermehrung Ihrer Garde wünschen, genügt ein Wort. Nicht an Menschen fehlt es den Goten.«

»Sie glauben, daß sich Constantius und der Kaiser auf diese Stellung einer gotischen Garde einlassen?«

»Ich glaube, daß sie damit als mit einer Selbstverständlichkeit rechnen, zum mindesten so lange, als Sie nicht durch eine neue Heirat ...«

»Nein, nein, Vallia! Heirat oder nicht Heirat: die Garde bleibt! So hat die in die endgültigen Abmachungen einzufügende Klausel zu lauten. Die gotische Luft muß um mich bleiben! Ich gebe nicht auf, was ich verlasse! Sie sehen doch vielleicht nicht ganz richtig! Ereignisse, die der Tod vollendet hat, mögen als Abschluß gedacht werden können: Die Luft, welche um sie war, hat keine Grenzen!«

»Wen möchten Sie mitnehmen an gotischen Freunden?«

»Fragen Sie um, wer mitkommen möchte.«

»Oh«, lächelte Vallia. »So viele könnte ich wohl kaum entbehren. Nehmen Sie Thanausis als Verbindungsoffizier zwischen Ravenna und dem gotischen Hauptquartier – und Sisinanth als General Ihrer Garde.«

»Ist dies alles schon vorausbedacht?«

»Ich schwöre Ihnen: nein. Es ist, wie alles, was ich sage, das Werk dieser Stunde. Sie wissen doch, wie Dinge Gestalt gewinnen, wenn sich ihre Stunde öffnet.«

»Ja, das weiß ich. Sagen Sie, Vallia, wer soll als Bote nach Ravenna gehn?«

»Möchten Sie Thanausis?«

»Auf keinen Fall.«

»Sehr klug von Ihnen.«

»Ich möchte einen ›neuen‹ Mann, dem ich einen Einblick in die Verhältnisse Italiens wünsche: den Fürsten Theoderich.«

»Ausgezeichnet.«

»Er ist kühl, sachlich, verschlagen. Hart in der Sache, höflich im Ausdruck. Ein unerbittlicher Rechner. Den römischen Bevollmächtigten mag er gleich mit hierher bringen, wenn die Sache zum Abschluß kommt. Wir können dann im März zu Ende sein.«

»Gut.«

»Werden Sie den Weihnachtsabend bei uns sein? Sie wissen, wie sehr meine Frau und meine Kinder Sie lieben.«

»Gerne, Vallia.«

»Sie werden heute nicht mehr in die Kapelle fahren?«

»Nein, heute nicht. An einem der nächsten Tage. Ich werde lange zu lesen haben in dieser Nacht. Es sind viele Briefe gekommen: aus Rom, aus Karthago, aus Bône, und ein langer Brief vom Kaiser aus Ravenna. Ich habe noch keinen geöffnet. Aber ich weiß schon, welchen ich als ersten öffnen werde: den des Generals Bonifatius aus Bône. Wenn dieser Mann Constantius wäre...«

»... hätten wir heute nicht dieses Gespräch gehabt, Placidia. Denn es wäre nicht dieser klare und brauchbare Friedensvorschlag eingelaufen. Streichen Sie alle ›Wenn‹ aus Ihrem Leben. Die Dinge sind genau das, was sie sind. Was wir dazu tun, verwischt die Rechnung.«

»Lieber Vallia, es kommt darauf an, in welchen Zonen diese Rechnung aufgestellt wird. Es gibt mehrere Grade von Wirklichkeiten. Wer dies vergißt, ist genauso schlecht beraten wie der Mann, welcher alle Grade auf einen einzigen zurückbezieht. Ich hatte fünf Monate lang Zeit, über diese Frage mit mir ins reine zu kommen. Und wenn ich mich je entschließen sollte – was ich heute noch nicht glauben kann –, dem Constantius meine Hand zu reichen, so könnte es nur geschehen, weil ich Bereiche trennen gelernt habe, die nichts zusammen zu tun haben.«

Als Placidia in ihre Zimmer hinüberging, zog der erste Weihnachtsgesang durch die Straßen:

Sol revenit,
Terra ridet,

Per tenebras
Lucem videt.

Sie blieb auf dem Flur stehen, wie entrückt.

»Das Leid weist uns den Weg«, sagte sie zu sich selbst. »Das große Licht ist aus dem Schmerz entstiegen. Wir müssen gläubig sein und weitergehn. Das ist alles.«

Als die Bewohner von Barcelona am Ostersonntag des Jahres 416 erwachten, sahen sie eine kleine römische Flotte auf der hellen Höhe des Meeres auftauchen. Während die Fahrzeuge näher kamen, erkannten sie, daß eines von ihnen die purpurne Kaiserstandarte trug. Nun wußten sie, daß Ravenna die Tochter des großen Theodosius heimholen würde. Sie wußten auch, daß große Getreidemengen für die Goten eingetroffen waren, als der Verpflegungskommissar Euplutius an Land ging. Was man kaum zu hoffen gewagt hatte, war Wirklichkeit geworden: Der Abgesandte und Unterhändler Vallias, der Fürst Theoderich, brachte den ausgefertigten Bündnisvertrag, brachte also den endlichen Frieden.

An der Spitze der kaiserlichen Gesandtschaft fand Placidia ihren Jugendfreund Volusian. Sie empfing ihn vor Tisch in ihrem Wohnzimmer.

»Aber so erklären Sie mir doch«, fragte sie, von Freude erregt, »wie es möglich ist, daß man Sie geschickt hat. Sind Sie denn mit Constantius ausgesöhnt? Und Candidian auch? Und beide wieder in Ravenna im Hofdienst?«

»Wir sind seit zwei Monaten zurückberufen. Anläßlich des Triumphes, den der Kaiser in Rom nach Beseitigung aller Usurpatoren gefeiert hat. Es hat ja niemals Feindschaft mit Constantius bestanden, Prinzessin, sondern nur Gegensätzlichkeit in einer Frage, die der Generalissimus vielleicht richtiger angepackt hat als wir jungen Leute. Er hat, zum Besten der Goten, Politik auf weitere Sicht gemacht als unser Gefühl, und er hat rechtzeitig erkannt, daß der Kaiser – verzeihen Sie – in Vormundschaft genommen werden mußte, wenn nicht eine gefährliche Unordnung einreißen sollte. Constantius weiß, daß der Kaiser nicht verantwortlich gemacht werden kann für die seelischen Niedergeschlagenheiten, die ihn so oft anfallen. Er hat das Übel an der Wurzel gefaßt: Er hat sich Seiner Majestät einfach auferlegt. Und ich nehme an, er wird, solange er lebt, die Zügel nicht mehr aus der Hand geben. Wir alle, die diesen Mann aus der Nähe kennengelernt haben, haben nur den einen Wunsch: Er möge dem Imperium erhalten bleiben.«

»Auch ich habe heute keinen Zweifel mehr daran«, sagte Placidia ruhig, »daß er ein außergewöhnlicher Mann ist. Zwei kurze Briefe, die er im Januar an mich gerichtet hat, haben mir das bewiesen. Aber der Mensch Constantius – wie wirkt dieser Mensch?«

»Constantius ist ein Mensch ohne besondere Strahlung. Er ist ein Schweiger. Sehr einfach in seiner Art. Ein Soldat. Aber er hat Augenblicke, wo er plötzlich auftaut; dann ist man erstaunt über den Reichtum seines Herzens und – ich muß zufügen – seines Wissens. Er haßt alle, die etwas von sich hermachen. Er schröpft gerne die Reichen und läßt den armen, kleinen Leuten den Gewinn zugute kommen. Er liebt auch das fahrende Volk, die Sänger und Schauspieler. Wenn er guter Laune ist, setzt er sich mit ihnen zusammen und reißt seine Witze. Er ist mäßig im Essen und Trinken. Sein Lieblingsgericht: die dakischen Enten mit frischen grünen Erbsen – sein Lieblingsgetränk: pannonischer Landwein von den Karpatenhängen. Sein Lieblingsdichter – das müssen Sie raten.«

»Horaz?«

»Keineswegs! Ovid! Ist das nicht mehr als aufschlußreich?«

»Allerdings – und sehr ehrlich: das, was ihm fehlt.«

»Und was er doch nicht sein möchte, Prinzessin.«

»Möchten wir denn sein, was uns fehlt?«

»Nein.«

Placidia wäre keine Frau gewesen, wenn sie nun nicht gefragt hätte:

»Sie müssen mir noch eine Antwort geben, Volusian – Sie, der Mann der hohen römischen Gesellschaft und der Freund so vieler schöner Frauen: Ist Constantius wirklich körperlich so abstoßend, wie man ihn mir geschildert hat?«

»Körperlich abstoßend? Aber keineswegs! Er ist ein großer, gut gewachsener Mann, sehr gepflegt und ausgezeichnet angezogen. Er ist ein unverbrauchter Mensch. Es gibt ihm niemand die achtunddreißig Jahre, die er zählt.«

»Fürst Thanausis empfindet ihn anders als Sie.«

Volusian lächelte.

»Ihr römischer Hochmut verfängt nicht, lieber Freund! Thanausis hat sehr feine Witterungen.«

»Gotische Prinzessin. Das Pigment des römischen Mannes ist ihm fremd. Weder Candidian noch ich sind je mit ihm vertraut geworden. Er war immer freundlich, aber er entzog sich uns. Und wie erst entzog er sich dem Kaiser, ohne es selbst zu wissen! Er war überglücklich, als ihn damals Graf Sisinanth nach Byzanz rief.«

»Ich verstehe, daß er ›überglücklich‹ war«, sagte Placidia leise, während sie aufstand.

»Ich muß mich für die Tafel ankleiden lassen, Volusian. Wir werden noch viel Zeit haben, über Ravenna zu sprechen. Sie ahnen wohl, welche Erleichterung es für mich bedeutet, Sie und Candidian wieder bei Hofe zu wissen. Ich kann es Ihnen nicht verbergen: Ich trete diese Reise in einer großen Angst an. Und ich bin keineswegs sicher, ob ich nicht sehr bald Ravenna mit – Rom vertauschen werde – oder mit Karthago.«

Volusian schaute durch die offene Tür in das Spiel des Springbrunnens über den blauen Schwertlilienbeeten. Er durfte nicht sagen, daß auch Candidian und er dieser ›Heimkehr‹ nicht ohne Sorge entgegensahen ...

Placidia hatte sich am Vorabend ihrer Abreise in einer Ansprache von dem gotischen Volke verabschiedet und die Nacht im Gebete vor den Särgen zugebracht. Es war ihre Absicht gewesen, sich vor Tagesanbruch am 26. April einschiffen und die Anker lichten zu lassen, aber das Volk hatte erfahren, wem ihr letzter Besuch galt.

Als sie, nur von Elpidia begleitet, beim ersten Anflug der Dämmerung die Kirche verließ, sah sie sich vor einer ergriffenen Menge, welche am Rande der kieferngesäumten Straße auf sie wartete. Sie konnte keine Worte mehr finden. Sie winkte nur mit der Hand, reichte sie den Herandrängenden zum Kuß – und sagte schließlich, erschöpft von der eignen Erschütterung:

»Macht mir den Abschied nicht schwerer, als er mir schon wird. Wahrt eurem toten König die Treue, wie ich es tun werde, was auch komme. Die Treue wohnt im Herzen, nicht in den Geschehnissen, die das Leben uns allen aufzwingt. Ich bleibe mit meiner Sorge bei euch, auch wenn ich euch ferne bin.«

Zwei Stunden nach Sonnenaufgang lief die kaiserliche Trireme aus dem Hafen. Die gotische Garde des Grafen Sisinanth hatte schon am Abend vorher Barcelona in Richtung Genua verlassen. Von dort wurde die Reise zu Lande bis nach Guastalla fortgesetzt, wo eine andere kaiserliche Flotte zur Weiterfahrt auf dem Po bis in den Hafen von Ravenna bereitlag.

Die Ankunft erfolgte am 1. Juni um sechs Uhr abends.

Eine hochaufgerichtete, blasse Frau in Trauerkleidern betrat am Arme des jungen Senators Volusianus den Teppich, der bis zur Landungstreppe gelegt war. Der Kaiser, erregt und unsicher, schloß die Schwester in seine Arme, der Bischof Maxentius erteilte ihr mit hocherhobenem Kreuz den Segen, Constantius neigte sich auf den Siegelring der Hand, die sie ihm entgegenhob, während ihn ihre Blicke mit großer Ruhe maßen. Nein, das war kein abstoßender Mann. Das war ein Römer, wie es viele gab. Nur der Ausdruck seiner schwarzen Augen und die Längsfalte zwischen den Wurzeln der Brauen bezeugten die Macht eines überragenden Willens. Und seine starken, klaren Hände verrieten das Gegenteil einer rohen Sinnlichkeit.

Über eine Streu von Rosen schritt Placidia neben dem Kaiser zu der Sänfte, die für sie bereitgehalten wurde. Sie hatte darum gebeten, man möge in Rücksicht auf ihre Trauer von einem feierlichen Einzug absehen.

Dem widerstrebenden Hofmarschall war von Constantius bedeutet worden, daß der kleinste Wunsch der Prinzessin einem Befehle seiner selbst gleichzuachten sei, und wenn zwanzigmal das Zeremoniell unterbrochen werde.

Honorius hatte den von ihm bis zum Jahre 414 bewohnten »Alten Palast«, der im Viertel ad Lauretum lag, für die heimkehrende Schwester herrichten lassen. Er hatte jedoch bei seinen Anordnungen mehr an sich als an die gotische Königin gedacht.

Placidia hielt den Atem an, als sie in die schwere Süße des rötlich dämmernden Vestibüles trat.

»Ich darf Sie um neun zur Abendtafel erwarten?« fragte der Kaiser, sich in der Halle verabschiedend.

»Ich werde pünktlich sein.«

»Laß die Kerzen löschen«, sagte Placidia, als sie mit der Amme allein war, »die Karneollampen entfernen und die Vasen mit den Lilien hinaus an das Becken des Peristyles tragen. Laß alle Vorhänge von den Fenstern fortziehen, die Türen öffnen und Seeluft durch das Haus streichen.«

Dann, sich zu den beiden Eunuchen in den goldroten Gewändern wendend, die wartend an der Wand standen:

»Sie müssen in meinen Diensten unsichtbar bleiben. Ich eröffne keinen Hofstaat in Ravenna. Ich trage Trauer um meinen Gatten, den König der Goten. Lassen Sie Licht und den Duft der Pineta in diesen Mauern zu Hause sein.«

DRITTER TEIL
DIE RÖMISCHE KAISERIN

Nach einer letzten Aussprache mit dem Bischof Maxentius von Ravenna hatte Placidia dem Kaiser Honorius mitgeteilt, daß sie bereit sei, dem Generalissimus Constantius ihre Hand zu reichen.

»Rechnen Sie es sich sehr zu Ihren Gunsten an«, sagte sie zu Constantius, als sie am Nachmittag des 14. Dezember mit ihm am offenen Feuer saß, »daß ich mir so lange Zeit gelassen habe, zu einem Entschlusse zu kommen. Es ist nicht wahr, daß die großen Entscheidungen, welche unser Leben auf lange Sicht festlegen, nur aus der Erkenntnis des Notwendigen heraus gefällt werden. Diese Erkenntnis kann lange im Geiste vorhanden sein, bevor eine Seele bereit ist, sich allen ihren Folgen zu unterziehen. Wenn jemand das Wort ›Seele‹ gebrauchen darf, so bin ich es. Sie wissen, warum. Mein Leben ist kein unbeschriebenes Blatt.

Ich mußte Ihr Wesen auf mich wirken lassen, ohne schon durch ein Versprechen an Sie gebunden zu sein. Ich weiß es aus Erfahrung, wie sehr in einer Ehe die kleinen Dinge des täglichen Zusammenseins zählen, selbst wenn einem die Schicht, der man angehört, größere Bewegungsfreiheit läßt als Menschen geringerer Schichten. Ich kann mit einem Manne in einem klaren Zustand der Wahrhaftigkeit leben, schließe er an bewußter Einschränkung ein, was er wolle. Aber ich kann in keiner aufgezwungenen Unterordnung noch in einer Lüge mein Dasein mit ihm teilen. Am allerwenigsten aber mit einem Manne Ihrer Bedeutung.«

Constantius, wie alle Soldatennaturen nicht an das zergliedernde, die Dinge des innersten Lebens auf ihren Platz verweisende Wort gewöhnt, wurde verlegen. Er hielt die Augen in die Flammen gesenkt und vermochte keine Antwort zu geben.

»Ich weiß«, fuhr Placidia fort, ihm über seine Schwere hinaushelfend, »ich weiß, wie sehr Sie mich lieben. Ich weiß aber auch, daß Sie mir gegenüber gerade jene Art von Zurückhaltung bewahrt haben, welche für mein Jawort entscheidend wurde. Sie haben den Schmerz geschont, den der Tod des Königs Athaulf über mein Leben geworfen hat – Sie haben während des Trauerjahres keinen Schritt gegen mich gemacht, der mich vielleicht hätte verletzen können – und Sie haben, auch nach Ablauf dieser Zeit, so viel Rücksicht auf das Besondere meiner Natur genommen, daß ich die Grundlage für gegeben halte, auf der diese Ehe aufgebaut werden kann. Wer so viel Schmerz erlebt hat wie ich, beugt neuem Schmerze vor, welcher es auch sei. Nur schwache Menschen sind in ihr Leid verliebt. Aber weder Sie noch ich sind schwach. Wir sind es beide gewöhnt, die Dinge zu bewältigen, die unser Leben uns vorwirft. Eine Ehe zwischen Ihnen und mir kann nichts anderes sein als eine gemeinsame Bewältigung der Aufgaben, welche die Zukunft uns stellt. Es gibt heute zwischen Ihnen und mir keine grundsätzlichen Meinungsverschiedenheiten in politischen oder kirchlichen Fragen. Wir wollen das gleiche. Und auch der Kaiser will es.«

Nun hob Constantius die Augen und sah Placidia lange an.

»Er will es«, sagte sie leiser, »weil Sie es wollen. Und das ist gut so. Wir müssen darüber wachen, daß es so bleibt. Ich werde in der Behandlung des Kaisers viel von Ihnen zu lernen haben.«

»Und ich nicht minder von Ihnen.«

»Vielleicht. Der Zustand des Kaisers ist nicht der Zustand eines gesunden Menschen. Reizbarkeiten, denen er unterworfen ist, könnten gefährlich werden, wenn er sich, sozusagen, einer ›Koalition‹ gegenüber empfände. Er muß also immer in dem Gefühl gehalten werden, daß er der Dritte im Bunde ist. Hier liegt eine meiner wesentlichsten Aufgaben. Zu Hilfe kommen werden mir dabei meine Jugendfreunde Volusian und Candidian, die Sie – sehr klugerweise – an den Hof zurückgeholt haben. Auf diese beiden Senatorensöhne vornehmsten Schlages können Sie zählen. Und ihre Frauen sollen uns ebenfalls rasch gewonnen sein. Auch dafür lassen Sie mich Sorge tragen. Schwierigkeiten wird es mit dem General Castinus geben. Er ist nicht nur Ihr fanatischer Rivale – er müßte kein Skythe sein –, sondern mein unerbittlicher persönlicher Feind. Er hat es mir – als Gotenhasser – nie verziehen, daß ich noch nachträglich seine Machenschaften im Stilichoprozeß entlarvt habe. Es hätte nicht viel gefehlt, und er wäre damals den Weg des Levantiners Olympius gegangen. Ich will mich mit dieser Feststellung begnügen. Sie verstehen mich.«

»Ich verstehe Sie. Da er noch lebt, müssen wir mit ihm rechnen.«

»Er soll ein mittelmäßiger Militär sein.«

»Er hat Zeit genug vor sich, Kaiserliche Hoheit, Lorbeeren zu sammeln.«

»Weder Sie noch ich werden ihn daran hindern.«

»Im Gegenteil!«

»Eben. Es ist in Gallien viel Wiederaufbauarbeit zu leisten nach den Jahren der Unordnung und Verwüstung. Und die

Rheingrenze ist ja – leider – immer noch kein unüberwindbarer Mauerwall. Der General Ulfilas zählt zu meinen Freunden. Er wäre als Überwacher der am Rhein von Castinus zu leistenden Arbeit wohl am rechten Platz, meinen Sie nicht auch?«

»Sicherlich. Sobald ich ihn in Spanien entbehren kann.«

»Das ist eine militärtechnische Frage, über die Sie ganz allein entscheiden. Ich machte nur einen Vorschlag.«

»Darf ich Sie fragen, Prinzessin, ob Ihre Erwägungen ausschließlich Ihr Eigentum sind?«

»Ausschließlich. Ich hatte reichlich Zeit, mich einzudenken.«

»Darf ich einen Schritt weitergehen und Sie bitten, mir zu sagen, ob Sie sie dem Fürsten Thanausis mitgeteilt haben?«

Placidia furchte die Brauen:

»Ich habe keinen Grund, dem Fürsten Thanausis Dinge mitzuteilen, welche in Ihr und mein zukünftiges Arbeitsgebiet gehören.«

»Ich hoffe, Sie verargen mir nicht mein Herauspoltern.«

»Es ist gut, daß wir auf den Fürsten Thanausis zu sprechen kommen. Lassen Sie mich nun ebenso offen sein, wie Sie es waren: Dieser Name steht jenseits der Ehe, die wir schließen werden, jenseits auch jeder Frage, deren Lösung Ihnen und mir zufällt. Die Verehrung, welcher dieser vornehmste aller jungen Goten mir entgegenbringt, kann vom Rande meines Daseins nicht mehr fortgedacht werden, weder nach rückwärts noch nach vorwärts, wende sich dieses Leben, wie es wolle. Genauso wenig, wie mein Rang einer westgotischen Königin. Mein zukünftiges Leben darf keinen einzigen Wert in sich verschlucken wollen, der mir wichtig ist, und es muß meinem eigenen Gutdünken überlassen bleiben, welche Standorte ich diesen Werten anweise. Ich bin nicht irgendeine römische Prinzessin, welche Ihnen – dank ihrer Herkunft – demütig diese oder jene ›Morgengabe‹ zu Füßen legt, ich bin Galla Placidia, die Tochter Theodosius I. Ich unterzeichne keinen Ehevertrag, in dem Ihnen andere Rechte über mich gewährt werden als die in der ehelichen Treue selbst bedingten. Sie werden niemals über mich verfügen können. Wollen Sie diese Bedingung nicht annehmen, so kommt eine Heirat nicht in Frage. Ich bin in Ravenna genauso wenig politisches Werkzeug, als ich bei den Goten Tauschgegenstand war. Ich handle aus freien Stücken. Wenn Sie der Mann sind, für den ich Sie halte, dann werden Sie ermessen können, welches Geschenk Ihnen gegeben wird und wozu es Sie verpflichtet. Keinen Menschen auf der Welt gehen die Dinge etwas an, die hier zwischen Ihnen und mir abgesprochen werden, auch nicht den Kaiser. Ich werde die Ehe mit Ihnen nur dann schließen, wenn sie sich auf derjenigen Höhe vollziehen kann, welche die Höhe meines und, so will mir scheinen, auch Ihres Lebens ist! Daß diese Zeiten roh und niedrig sind, daß mit neunzig vom Hundert aller Menschen um der gemeinsten Vorteile willen umgegangen wird, als seien sie wehrloses Vieh: das, Generalissimus, bedeutet noch lange nicht, daß sich alle Menschen dem Geist einer solchen Zeit widerspruchslos verschrieben haben. Das ›profanum vulgus‹ – und zu dieser trüben Masse gehören viele, die es nicht Wort haben wollen – wirft sich triebhaft mit all seinen Nöten in den erlösenden Schoß der Kirche. Aber es gibt auch noch einzelne, die bewußt ihre ewigen Verpflichtungen gegen Gott erkennen und einhalten. Die Frau, welche Sie heiraten wollen, gehört zu diesen wenigen. Und Sie gehören auch zu ihnen!«

Constantius, erregt wie er es nie zuvor in seinem Leben gewesen war, stand aus seinem Sessel auf und ging durch das Zimmer. Auch Placidia erhob sich und trat neben ihn. Er ergriff heftig ihre Hände und zog sie an seinen Mund:

»Erlauben Sie mir doch nur, Ihnen zu beweisen, daß ich auch zu diesen wenigen gehöre! Ich habe das Wort nicht zur Verfügung wie Sie. Ich bin schwerfällig im Ausdruck. Aber nicht im Herzen, glauben Sie mir! Sie schenken mir ein Glück, auf das ich lange hinzielte. Warum sollte ich es nicht eingestehen? Aber bis in diese Stunde habe ich nicht geglaubt, daß es mir jemals gegeben würde! Ja, ich glaube es jetzt noch nicht recht. Ich will, daß auch Sie durch mich – eines Tages – glücklich seien. Ich will Sie mir durch meine Liebe langsam erobern. Und ich will, daß aus unserer Vereinigung dem Imperium der Erbe geboren werde, der allen Kämpfen, die wir beide kämpfen, erst den letzten Sinn gibt. Das will ich.«

»Das will ich auch, Constantius.«

»Prinzessin, haben Sie – einen Hauch persönlicher Zuneigung zu mir? Ist Ihnen meine Erscheinung – kein Hindernis?«

»Wenn das der Fall wäre, hätte diese Begegnung niemals stattgefunden.«

Constantius machte eine Bewegung, als ob er seinen Arm um Placidia legen wollte.

»Warum tun Sie nicht, was Sie möchten?« fragte sie lächelnd.

Es war ein verwandelter, ein zum erstenmal in seinem sorgenvollen Soldatenleben seelisch freigewordener Mensch, der wenige Minuten später am Kamine das Gespräch wieder aufnahm:

»Da Ihr und mein Leben der Pflicht gehören, der Sorge für das Imperium, gebieten uns mehr die Umstände, als wir ihnen gebieten. Sie wissen, daß der Vandalenkrieg bevorsteht. Es wäre Leichtsinn, wollte ich die von dem König Vallia geplanten Unternehmungen nicht an Ort und Stelle überprüfen und ihm an die Hand gehen. Spätestens Mitte April muß ich abgereist sein. Der Krieg soll mit großer Heftigkeit geführt werden. Die spanische Bevölkerung darf sich nicht an die vandalisch-alanisch-suebische Herrschaft gewöhnen. Die Gefahr, daß sie die Verbindung mit dem imperialen Gedanken verliert und vor allem infolge der Befreiung von römischer Steuerleistung sich den germanischen Eroberern verbündet, ist zu groß. Sie werden meinen Wunsch begreifen, daß die Heirat vor meiner Abreise stattfinde. Anfang Januar etwa.«

»Es steht dem nichts im Weg.«

»Wir würden einige Wochen hier verbringen, und Sie würden mich dann nach Rom begleiten, von wo ich mich Anfang April nach Barcelona einschiffe ... Ob Sie danach lieber in der Hauptstadt blieben oder nach Ravenna zurückkehrten, wäre Ihre Sache.«

»Ich wäre gerne ein paar Monate in Rom. Die Verbindung mit dem Papst ist wichtig. Die mit dem senatorischen Adel ebenfalls. Auch sind da noch einige Rechnungen zu begleichen. Die Kaiserin-Witwe Laeta hat Anspruch auf einen Besuch: Sie hat eine vorbildliche Haltung auch gegen die Gotenkönigin bewiesen. Der General Bonifatius wird, wie er mir schrieb, im Frühling in Rom sein. Es ist viel über Afrika zu erfragen nach der Schandwirtschaft des Grafen Heraklian. Ich möchte engere Beziehung mit Augustinus. Sie sehn: Es fehlt nicht an Arbeit. Wir haben Zeit, einen Plan zu entwerfen, uns auf Richtlinien zu einigen.«

»Ich hätte gerne, daß Sie einen römischen Adjutanten nähmen.«

»Wen?«

»Volusian, wenn Sie wollen.«

»Nein! Für diesen Posten keinen Jugendfreund. Den Obersten Cinna, der augenblicklich das Matrosenregiment von Portus kommandiert.«

»Ausgezeichnet. Ein hervorragender Mann.«

»Einer der besten, die wir haben. Merken Sie ihn vor.«

»Wünschen Sie den Fürsten Thanausis bei sich?«

»Nein. Es würde ihm auch kaum möglich sein, mich zu begleiten. Sie wissen, daß er auf der Landwirtschaftsschule in Mailand Bodenbebauung studiert. Vallia wird ihn brauchen, wenn er die Ansiedlung beginnt. Die Goten verstehen nichts von diesen Dingen. Sie haben alles zu lernen. Im Herbst soll er an der Urbarmachung des angeschwemmten Sandgeländes südlich vom Hafen von Ravenna mitarbeiten. Auch das ist wichtig und will verstanden sein. Was für Ravenna gilt, kann morgen für Bordeaux gelten.«

»Placidia, sagen Sie mir doch nur, wie viele Fäden eigentlich in Ihrem Kopfe zusammenlaufen. Sagen Sie mir doch nur, um welche Sache, die heute erwogen werden muß, Sie sich nicht kümmern.«

»Ich bemühe mich, mein Freund, immer nur in Zusammenhängen zu denken. Das Kleinste kann das Größte bedingen. Vergessen Sie niemals: Ich bin dazu gezwungen worden. Wie hätte ich ertragen sollen, was sich seit 408 – nun acht Jahre lang – in meinem Dasein abgespielt hat, wenn ich nicht Tag und Nacht überprüft hätte, ob nicht zwischen Anschein und Auswirkung – Gott am Werke ist? Und wie könnte ich – siebzehn Monate nach Athaulfs Tod – diese Ehe mit Ihnen schließen, wenn ich nicht auch in ihr die Weisung Gottes sähe? Mir schwindelt manchmal vor den Auflichtungen. Ist es denn Ihnen noch niemals ebenso gegangen?«

Die Verlobung der Prinzessin Galla Placidia mit dem Feldherrn und Konsul Constantius wurde am 1. Januar 417 auf dem Neujahrsempfang des Kaisers Honorius bekanntgegeben. Die Hochzeit fand wenige Tage später statt.

Rom, am 21. Juni 418

Der Brief, lieber Vallia, den ich Thanausis für Sie mitgebe, soll zuerst meinem Dank für die kostbaren gotischen Gewebe Ausdruck verleihen, die Sie mir vor kurzem zusenden ließen. Sie hängen an den Wänden desselben Zimmers auf dem Palatin, das ich als junges Mädchen bewohnte, und gemahnen mich bei jedem Blick an die unfaßlich-wunderbaren Wege, welche Gott mich gehen hieß. Thanausis wird Ihnen und der Königin meine Gegengabe überbringen: ein armenisches Schwert, dessen Griff mit Rubinen aus dem Erbe meiner Mutter ausgelegt ist, und einige Ballen Seide, welche persische Händler aus Indien hierhergebracht haben. Mehr noch als mein Bedürfnis aber, Ihnen zu danken, bestimmt mich die Freude über Ihre Siege, an Sie zu schreiben. Daß Sie nach kaum einjährigem Feldzug die silingischen Vandalen in Andalusien vernichten würden, das hat wohl kein römischer Feldherr, und am wenigsten der kühle Rechner Constantius erwartet. Sie haben Ihre Bündnistreue und Ihr Talent in einer Weise bewiesen, die zu Bewunderung zwingt und heute wohl auch dem verstocktesten Senator klarmacht, was dem Imperium erspart geblieben wäre, wenn man Stilichos weit vorausschauende Politik schon im Jahre 408 befolgt hätte. Möge nie mehr eine Trübung in dem Verhältnis zwischen Goten und Römern eintreten!

Das ist der Wunsch der Regierung – und dieser Wunsch ist der Grund, warum man darauf gedrungen hat, daß Sie nun mit Ihren Soldaten in das aquitanische Siedlungsgebiet jenseits der Pyrenäen zurückkehren und Ihre Arbeit der staatspolitischen Festigung des gotischen Volkes widmen. Erst durch sie wird dieses Volk, das ich auch heute noch das meine nenne, den Lohn für seine dem Imperium geleisteten Dienste ernten! Sie wissen, daß der General Constantius und ich selbst kein anderes Ziel verfolgen, als den Goten jeden Vorteil zu verschaffen, auf den sie Anspruch erheben können. Sie wissen auch, daß wir dies nur unter Berücksichtigung aller Notwendigkeiten tun können, welche in dem Begriff der »imperialen Politik« gebündelt sind. Ihre Staatsklugheit hat lange gelernt, daß eine der wichtigsten Eigenschaften des Politikers die Geduld ist. Einen Stein zielbewußt auf den anderen zu setzen, das ist es, worauf es ankommt. Und zwar so fest, daß er dem jeweilig nächsten zu einer wirklichen Stütze wird. Wenn es heute noch nicht möglich ist, ja, wenn es für das ungestüme Volk geradezu schädlich wäre, ihm schon einen Mittelmeerhafen einzuräumen, so wird dies geschehen können, sobald es seine staatenbildende Kraft bewiesen und sich von der Vorstellung frei gemacht hat, sein Dasein hänge von Zugeständnissen ab, deren es sich noch nicht in richtiger Weise zu bedienen versteht. Das Dasein des gotischen Volkes hängt zunächst davon ab, was es aus den reichen, ihm angewiesenen Ländern zu machen versteht. Bringt es sie zur Blüte, so wüßte ich nicht, warum man ihm später die Handelswege des Mittelmeeres verschließen sollte. Ihre große und wirklich königliche Aufgabe wird es nun sein, die ewigen Hitzköpfe zur Vernunft zu bringen und in der Jugend den Sinn für Seßhaftigkeit zu wecken. Ich zweifle nicht daran, daß sie Ihnen gelingen wird. Auch glaube ich, daß Ihnen die überlassenen aquitanischen Provinzen, die sich nun drei Jahre lang erholen konnten, zur Siedlung wertvoller dünken als die durch ebenso lange und längere Ausbeutung mitgenommenen andalusischen Gaue. Wenn – bis heute – die Goten gewiß keine vorbildlichen Landbebauer waren, so waren es die Vandalen noch hundertmal weniger. Womit ich diesem Volke keineswegs einen Vorwurf machen will. Wer jahrzehntelang durch die Welt irrt, verliert Maßstäbe und Tugenden, die dem lange Seßhaften selbstverständlich sind. Auch bin ich weit davon entfernt, in Ihren Siegen schon die Überwindung der Vandalengefahr zu erblicken. Die asdingischen Stämme, mit denen sich, wie ich höre, die alanischen nun vereinigt haben, verkörpern noch eine bedeutende militärische Kraft. Der General Asterius, welcher nun das römische Oberkommando in Spanien innehat, ist, wie er mir neulich selbst sagte, davon überzeugt, daß die Vandalenfrage erst in den kommenden Jahren in ihre entscheidende Phase treten wird, und verlangt neue, strengste Shiffbauverbote für alle germanischen Völker in Spanien. Es wird die Aufgabe des Imperiums sein, die Vorbedingungen für eine kluge politische Ausnützung der von Ihnen errungenen Siege zu schaffen.

Vom Hofe in Ravenna, von Rom und von meinem eignen Leben wird Ihnen Thanausis besser und lebendiger berichten können als das unzulängliche Wort. Lassen Sie mich Ihnen nur so viel sagen, daß meine zweite Ehe ehenmäßig und freundlich verläuft, daß ich von Tag zu Tag mehr die außergewöhnlichen Fähigkeiten meines Gatten erkenne und an der Durchführung seiner Pläne jeden mir zukommenden Anteil nehme. Meine Tochter Honoria, welche jetzt gerade ein halbes Jahr zählt, ist ein kräftiges und sehr lebendiges Kind. Der Kaiser erfreut sich einer besseren Gesundheit, seitdem er die Leitung der Geschäfte in den Händen eines besonnenen, tatkräftigen und unbeugsamen Mannes weiß. Immerhin bin ich der Ansicht, daß sein vom Vater ererbtes Herzleiden wohl niemals behoben werden könne. Wir würden es alle gerne sehen, wenn er den drückenden Sommern Ravennas aus dem Wege ginge und seinen Aufenthalt in den nahen Bergen nähme; aber er ist nicht zum Reisen – es sei denn nach Rom – zu bewegen und mit seinen vierunddreißig Jahren nicht mehr jung genug, um seine Gewohnheiten noch zu ändern. Auch fehlt ihm jenes urspüngliche Naturgefühl, das allen Germanen eigen ist und in mir selber auf den langen Wanderzügen der Jahre 410-415 erweckt wurde. Ich scheue mich nicht, Ihnen zu gestehen, daß ich oft genug von einem brennenden Heimweh nach der Weite der Himmel und dem Brausen der Bergwinde ergriffen werde. Wie oft, ehe ich abends einschlafe, stehen vor meinem Auge die geliebten Bilder: verschneite Tannenwälder an abschüssigen Graten, erwachte Alpentriften voll Enzian und Primeln, sommerliche Halden mit goldenen Nußbäumen, Meeresbläue durch silbernes Olivengezweig und jene gelben Palmbuchten, die wie aus Afrika an die spanische Küste herübergetragen scheinen. Oft auch träume ich von den Dingen des vergangenen Lebens; aber das Erwachen zwingt mich rasch in meine neuen Wirklichkeiten zurück und läßt mich meiner veränderten Pflichten bewußt werden. Faßte mich aber ein Begehren an, mich zurückzuversenken: nun, so bedurfte es nur eines kurzen Gespräches mit Thanausis, damit das Gestern und das Heute ineinanderflössen.

Sie können sich denken, Vallia, daß es mir nicht leicht wird, nun auf die Nähe eines so lieben Freundes verzichten zu müssen. Aber da Thanausis seinem Volke gehört und nicht meinem Bedürfnis nach Erinnerung, so muß ich seine vorläufige Heimkehr gutheißen. Er wird Ihnen durch sein Wissen unschätzbare Dienste leisten, um so mehr, als er das Römertum gründlich kennen und verstehen gelernt hat, ohne ihm je verfallen zu sein. So unglaubhaft es Ihnen auch erscheinen mag, er selber ist den jungen Römern fremd geblieben, als hätte er nie mit ihnen gelebt. Alle lieben ihn – und alle sind ihm gleichgültig, so sehr, daß selbst einem Manne wie Constantius seine bewußte Zurückhaltung unverständlich erscheint. Vielleicht bin ich selbst der einzige Mensch, dem er sich manchmal aufschloß. Und doch hat er mir nie mit einer Silbe verraten, ob es ihn schmerzt, sich nun von mir zu trennen. Unergründliche Seelen, dieser junge Adel Ihres Volkes! Was eigentlich wollen sie – und was erscheint Ihnen erstrebenswert?

Ave atque vale
Galla Placidia

Um die sechste Abendstunde des 3. Juli 419 wurde in Ravenna bekanntgegeben, daß Galla Placidia um vier Uhr einem Knaben das Leben geschenkt habe.

Die Bevölkerung tobte vor Jubel, denn sie sah in diesem Enkelkind des großen Theodosius den Thronerben, dessen Geburt das

171

weströmische Reich vor einem Zugriff der byzantinischen Regierung bewahrte.

Constantius und der Kaiser standen, von Freude überwältigt, an dem Lager Placidias. Honorius war so bewegt, daß er kaum sprechen konnte. Was ihm selber nicht vergönnt gewesen war: den Erben zu zeugen, das war nun seinem ersten Minister, Feldherrn und Schwager gelungen. Eine quälende Sorge war ihm an diesem glühenden Sommerabend genommen worden.

»Wir wollen ihn auf den Namen meines Großvaters Valentinian taufen«, sagte Placidia. »Er soll hart werden, denn er wird unerhörte Aufgaben zu bewältigen haben. Es sieht nicht danach aus, als ob die Welt sehr rasch in Ordnung käme.«

»Lassen Sie doch die Welt heute die Welt sein«, sagte Honorius, während er ihr die Hände streichelte. »Kann Ihr ewig-unruhiger Geist denn nicht eine Stunde lang ganz der Gegenwart gehören?«

»Nein, Honorius. Noch nicht eine Minute lang! Das Leben geht und geht und geht ... Wie hätten wir das Recht, zu rasten und uns an ein Glück hinzugeben, welches das Schicksal selbst ist? Denken Sie doch, was der Eintritt dieses Knaben in die Welt bedeuten kann! Denken Sie, was seine Geburt für mich selbst bedeutet! Alle Tore nach rückwärts sind nun zugefallen. Es gibt keine Heimkehr zu den Goten mehr. Ich bin die Mutter des westlichen Imperiums geworden. Des gesamten Imperiums vielleicht, wenn meinem Neffen Theodosius in Byzanz kein Sohn geboren werden sollte! Welche Pflichten sind zu allen meinen anderen auf mich gesunken – welchen Ring zieht um das Leben einer kaiserlichen Mutter der erstgeborene Sohn. Hüten wir uns vor jedem Traum! Wir sind zum Wachen und zum Handeln verdammt. Wer es nicht weiß, ist verloren.«

»Aber Eure Kaiserliche Hoheit müssen jetzt wenigstens ruhen«, mahnte der Arzt. »Wer in Wehen war, muß lange ruhen und sich um nichts sorgen.«

»In Wehen? Ich habe keine drei Stunden gebraucht, um dieses Kind an das Licht zu bringen. Ich habe andere Wehen gekannt in meinem Leben, Nautilius – und andere Geburten. Sind die Boten schon nach Byzanz und Bordeaux gegangen? Nein? So sollen sie diese Nacht noch aufbrechen. Es ist nötig, daß die Welt rasch wisse, was geschehen ist. Man muß ihr verkünden, daß der Thronfolger dem Westen geboren ist – der Thronfolger, verstehen Sie, Honorius? Es darf nichts verzögert und nichts hinausgeschoben werden! Die Germanen in Spanien müssen es wissen – und vor allem: der Papst. Byzanz wird sich nicht mit uns freuen! Es will die illyrischen Provinzen, welche der geistlichen Oberhoheit des Papstes unterstehen, dem Patriarchen unterstellen! Man muß da drüben spüren, daß wir einen gewaltigen Machtzuwachs erhalten haben. Der Papst muß ganz auf unserer Seite sein.«

Nun beugte sich Constantius zu der Sprechenden nieder:

»Glauben Sie nicht, Placidia, daß der Kaiser und ich auch an alle diese Dinge denken? Wollen Sie uns nicht einmal wenigstens die ganze Verantwortung überlassen?

»Nein, niemals. Ich will wissen, was geschieht, ich will an jedem Geschehen beteiligt sein.«

»Ich verspreche Ihnen, daß Ihnen nichts vorenthalten wird.« Placidia schwieg eine Weile und schaute in das heiße Licht, in dem ein feiner Staub purpurne Streifen zog.

»Welcher Jammer, daß Vallia diesen Tag nicht mehr erleben durfte. Warum mußte Vallia so früh sterben? Wer weiß, wie wir mit dem neuen Gotenkönig fertig werden. Theoderich ist ein harter, unerbittlicher Mann. Er kann den Thanausis nicht leiden.«

Constantius und Honorius sahen sich an. Placidia hatte die Augen geschlossen und dämmerte vor sich hin.

»Wo mag sie nun sein?« fragte sich Constantius.

Aber sie hatte nicht die Züge einer Frau, die sich in Erinnerungen verliert.

»Schickt der Pulcheria nach Byzanz das Psalmenbuch mit«, sagte sie plötzlich mit fast befehlender Stimme, »das mir der Mönch Kallisthenes geschrieben hat. Kleine Geschenke erhalten die Freundschaft. Und dem Theodosius die neuen Goldfarben des Cassius von Arles. Er sitzt doch die halben Nächte und malt Manuskripte. Er sollte heiraten und bald einen Sohn haben. Das Imperium ist zu groß, um auf den Schultern eines einzigen Menschen zu ruhen. Aber die Dynastie muß in beiden Teilen die gleiche sein. Ah, die Dynastie. Da schreit sie in der Wiege – hört ihr sie schreien? Gebt mir den Schreier her, ich will ihn mir wieder ansehen.« Und sie preßte ihre Lippen auf das blasse, verzogene Gesicht des Kindes.

»Rot sollst du aussehen, wenn du schreist, rot! Hörst du?«

Die kleine Honoria wurde in das Zimmer geführt, um den vom Himmel gefallenen Bruder zu sehen. Sie war neunzehn Monate alt, ein heftiges und kluges Kind. Sie würdigte den Neugeborenen kaum eines Blickes. Ihre Aufmerksamkeit galt den Ringen des Kaisers, welche manchmal im Scheine der dünnen Lichtsäulen aufglänzten.

»Schließe den Vorhang dichter«, befahl Placidia der Sklavin. »Mich stört dieser tanzende Staub. Wenn nach Sonnenuntergang der Wind vom Meer kommt, rückt ihr mein Bett ans Fenster. Ich will die beleuchteten Boote sehen, die heute nacht draußen sein werden, und die Musik hören. Sie sollen mir meine Lieblingsbarkarole spielen.«

Wenn von Korsika die Winde streichen,
Duftet Ginster bis nach Rom ...

Als vier Wochen später die Nachricht von der Geburt des kleinen Valentinian am byzantinischen Hofe eintraf, berief die neunzehnjährige Prinzessin Pulcheria, die älteste Tochter des Kaisers Arkadius, welche schon seit dem Jahre 414 den Titel einer Kaiserin trug und mit ihrem siebzehnjährigen Bruder Theodosius II. die Herrschaft ausübte, einen Kronrat.

»Die Geburt dieses Knaben«, sagte sie am Ende ihrer Rede, »hat also für die oströmische Politik überhaupt keine Bedeutung. Nur Kinder des Kaisers Honorius selbst könnten als ebenbürtig und thronberechtigt angesehen werden. Da es solche Kinder nach menschlichem Ermessen nicht mehr geben wird, kommen als Erbe für das Westreich nur der Kaiser Theodosius II., seine Tochter Licinia, ich selbst, oder, im Falle unseres vorzeitigen Ablebens, die Prinzessinnen Marina und Arkadia, unsere Schwestern, in Betracht. Der Fall liegt so einfach, daß es nicht einmal vonnöten ist, einen Rechtsgelehrten zu befragen.«

»Ich bin ganz der Ansicht Eurer Kaiserlichen Hoheit«, sagte der Prätorianerpräfekt Aurelianus. »Es ist ja aber auch – zum mindesten bis heute – vom ravennatischen Hofe keinerlei Antrag an die byzantinische Regierung ergangen, den Sohn des Generals Constantius und der Prinzessin Placidia als Erben des Westreiches anzuerkennen.«

»Was nicht ist, kann noch werden, Durchlaucht«, schnitt ihm Pulcheria das Wort ab. »Lehren Sie mich meine Tante Placidia kennen! – Senden wir unsre Glückwünsche und die entsprechenden Geschenke an das Ehepaar. An sonst niemanden. Der Kronrat ist geschlossen.«

Placidia war im Begriffe, dem Papst Bonifatius eine zornige Antwort zu geben. Aber sie nahm sich zusammen und sagte, nicht ganz ohne Heftigkeit:

»Nein, Heiliger Vater! Ich bin nicht zu Ihnen in den Lateran gekommen, um mich nun zum dritten Male darüber belehren zu lassen, wie das Verhältnis zwischen Kaiser und Papst ›sein sollte.‹ Sie verdanken Constantius, meinem Gatten, Ihre Erhebung auf den Stuhl Petri. Daraus müssen Sie die notwendigen Folgerungen ziehen. Sie sollten begreifen, daß es Ihr eigner Vorteil ist, wenn der Kaiser als Beschützer Ihrer Rechte hinter Ihnen steht. Geht der Bischof von Rom seine eigenen und eigensinnigen Wege, so tun es die anderen Bischöfe auch! Ich meine, wir hätten gerade schon genug an Ärger mit all den Sektierern, die Ihnen und Uns das Leben zur Hölle machen! Die Frage des geistlichen Patronates über die illyrischen Provinzen, welche heute staatsrechtlich zu Ostrom gehören, ist eine politische und keineswegs eine kirchliche Angelegenheit. Sie können sich nicht in langen Briefen und durch Sondergesandtschaften mit dem Patriarchen von Byzanz über geistliche Machtfragen herumzanken, wenn dadurch das Ansehen der Regierung von Ravenna geschwächt wird. Das geistliche Patronat über Illyrien gehörte von je dem Bischof von Rom, also Ihnen. Die Regierung, welche Sie ernannt hat, erwartet von Ihnen, daß Sie jede Debatte über diesen Tatbestand zurückweisen, in dessen Verletzung sie einen Kriegsgrund mehr neben all den anderen erblickt, die sich im Laufe der letzten fünf Jahre angehäuft haben.«

»Kriegsgrund, Kaiserliche Hoheit? Habe ich recht gehört?«

»Ja, das haben Sie.«

»Sind Sie etwa gekommen, um mir mitzuteilen ...«

»Sie sind auf der richtigen Fährte, Heiliger Vater. Ich bin gekommen, Sie darauf vorzubereiten, daß die Regierung vor den wichtigsten Entscheidungen steht und von Ihnen Unterstützung ihres Vorgehens gegen Byzanz erwartet.«

»Aber mein Gewissen, meine geliebte Tochter, mein Gewissen ...«

»Kann sich ohne Bedenken in Unsere kaiserliche Obhut begeben. Wir haben kein minder empfindliches. Nur in Byzanz scheint eine recht beträchtliche Vergröberung eingetreten zu sein. Sonst könnten sich die Geschwister Theodosius und Pulcheria nicht so gegen den Hof von Ravenna benehmen, wie sie es nun schon jahrelang tun. Als ich mich mit dem Gotenkönig Athaulf vermählte, wurde ich in Byzanz auf die schwarze Liste gesetzt. Pulcheria tobte gegen die Schande, die ich ihrem Blute angetan habe. Sie hätte sich eher über das Gegenteil freuen sollen: Das Blut des Königs Athaulf ist – wenn wir schon von Blut reden

– tausendmal besser als das ihrer verstorbenen Mutter, welche die Tochter eines fränkischen Generales war. Eine geborene Bauto. Die politische Bedeutung meiner Ehe wurde dieser Jungfrau nicht klar. Als im Jahre 415 der König Athaulf ermordet wurde, feierte der Hof in Byzanz dieses Ereignis durch Rennen, Feuerwerk und Volksbelustigung. Die – vermeintliche – Ehre der Dynastie war gerettet! Als ich im Jahre 417 meine Ehe mit dem General Constantius schloß, setzte wieder das Treiben gegen mich ein. Man sollte ja eigentlich diese armen Geschöpfe beklagen, die ohne Eltern in dem goldnen Gefängnis des byzantinischen Kaiserpalastes aufgewachsen sind. Aber es gibt da eine Frage des menschlichen Grundstoffes: Ist einer wert, was man aus ihm gemacht hat – oder was er in seiner Anlage schon verkörpert? Ich möchte keine Entscheidung fällen, ich weiß aber – aus meinen westgotischen Erfahrungen –, daß die Grundanlage eines Menschen alle Werturteile bestimmt. Nun, mit oder ohne Mitleid: diese oströmischen Kaiserkinder sind beide keine Helden. Der wertvollere Mensch ist ohne Zweifel der Kaiser. Er ist wenigstens gütig von Natur. Ich hoffe, daß seine Ehe mit der athenischen Philosophentochter Athenaïs, die eine bezaubernde Frau sein soll, ihn allmählich gefährlichen Einflüssen entzieht. Was bis zum heutigen Tag an feindlicher Politik gegen Westrom in Byzanz gemacht worden ist, geht auf Pulcheria zurück. Das spürt eine Frau besser als ein Mann. Und ihre Furcht vor mir ist nichts anderes als das ebenso frauenhafte Wissen darum, daß ich sie durchschaue. Sie hat im übrigen ganz recht, mich zu fürchten. Ich bin die Seele der Kriegspartei in Ravenna. Ich kann es nicht abwarten, bis ihr Hochmut gebrochen wird, damit endlich beide römischen Regierungen eine vernünftige imperiale Politik treiben können.«

»Sie sagen ungeheuerliche Dinge, Kaiserliche Hoheit. Sie sprechen von Krieg, als ob es sich um ein Zirkusspiel handle.«

»Keineswegs. Der Krieg, von dem ich spreche, wird aus anderen Gründen zu einer Notwendigkeit, als Sie nun vielleicht glauben. Er ist ein Krieg um Befreiung von byzantinischen Ansprüchen, welche Westrom niemals dulden wird noch darf. Es muß rasch gehandelt werden. Ostrom ist, wie Sie wissen, in eine gefährliche Auseinandersetzung mit dem Persischen Reich verwickelt. Also ist für die Regierung von Ravenna der Augenblick gekommen, ihre berechtigten Forderungen anzumelden und – durchzusetzen! Als im August 419 die Glückwünsche zur Geburt des Prinzen Valentinian aus Byzanz eintrafen, wurde in dem Schreiben mit keiner Silbe erwähnt, daß dieses Kind als Enkel des großen Theodosius berechtigt ist, gewisse Ansprüche zu erheben. Als im Jahre 420 der Kaiser Honorius den General Constantius mit der außergewöhnlichen Ehre eines dritten Konsulates bedachte, spie man in Byzanz Gift und Galle, denn man ahnte den nächsten Schritt. Man tat gut daran, sich keiner Täuschung hinzugeben: Honorius ernannte am 8. Februar dieses Jahres Constantius zum Mitkaiser – und mich wenige Tage später zur Kaiserin, den kleinen Valentinian aber zum kaiserlichen Prinzen. Was geschieht in Byzanz? Man verweigert die Anerkennung dieser Ernennungen! Glauben Sie mir, Heiliger Vater: das Gelächter war groß im Palaste von Ravenna! Sie kennen Constantius – und Sie kennen auch mich! Wir brauchen keine Anerkennung von Byzanz! Da aber der imperiale Gedanke, dem wir mit Leib und Seele dienen, einheitliche Politik verlangt, werden wir dafür Sorge tragen, daß von Pulcheria und Theodosius keine Bresche in diese Politik gelegt werde! Wir werden – dem Gesetz der größeren Kräfte folgend – die Führung an uns nehmen und Rom zurückgeben, was Roms ist! Wir werden dabei – auch Ihrer nicht vergessen, vorausgesetzt, daß Sie unsre hohen Pläne begreifen. Wir werden auch die geistige Macht Roms in den Rang emporheben, den wir ihr gerne – im Westen und im Osten – für alle Zeiten gesichert sähen. Wir glauben an das Gesetz der Führung. Was meinen Sie dazu, wenn eine unsrer Friedensbedingungen die – Oberhoheit des Papstes über alle diese Bischöfe wäre?«

»Und wenn Westrom diesen Krieg verlöre?«

»Das ist, wenn er sofort geführt wird, ausgeschlossen! Haben Sie schon einmal gehört, daß dem Kaiser Constantius irgendein Unternehmen, das er begonnen hat, sei es ein politisches, sei es ein kriegerisches, nicht gelungen ist?«

»Nein.«

»Also! Überdenken Sie doch einmal, was dieser ungewöhnliche Mann geleistet hat, seit er die römische Politik führt ..... Im Jahre 418 hat er die Goten in Aquitanien gesiedelt, nachdem er durch sie die silingischen Vandalen hat mit Stumpf und Stiel vernichten lassen. In Spanien und Britannien hat er neue Oberkommandos mit stehenden Heeren geschaffen. In Gallien hat er – angesichts der unsicher gewordenen Rheingrenze – eine gewaltige innere Verteidigungslinie an die Loire gelegt, hinter deren Schutz er den wirtschaftlichen Aufbau des schwergetroffenen Landes betreibt. In Italien hat er der Bevölkerung, welche infolge der Gotenzüge verarmt war, durch Steuererlässe unter die Arme gegriffen. Ebenfalls in Italien hat er die Zurückführung der Flüchtlinge mit erstaunlicher Umsicht in die Wege geleitet. In Afrika wird eine unerbittliche Kontrolle über die Mißwirtschaft des Heraklian und seine Kreaturen durchgeführt. In Südgallien ist der Landtag von Arles für die sieben ihm unterstellten Gaue wieder eingerichtet. Auf kirchlichem Gebiet ist schärfster Kampf allem Sektierertum angesagt: den Pelagianern, den Donatisten und Circumcellionen, den Juden. Sie kennen ja die Erlasse vom 10. März 418. Einheit des Staates und Einheit der Kirche heißt die Losung. Und diesem Mann, der mehr für das Imperium getan hat als irgendeiner seit Stilicho – diesem Mann verweigert ein kaum den Kinderjahren entwachsenes Geschwisterpaar in Byzanz die kaiserliche Würde? Ich sagte Ihnen ja: das Gelächter war groß in Ravenna, als man uns die Krönungsbilder zurücksandte, welche wir, der Sitte entsprechend, an Theodosius geschickt hatten.«

Placidia erhob sich und ging gegen das Niederperlen des Brunnenstrahles.

»Der Krieg wird noch in diesem Monat beginnen, Heiliger Vater. Die Goten haben ihrer früheren Königin Gefolgschaft zugesagt. Fürst Thanausis hat uns vor wenig Tagen den Bescheid gebracht. Wir wissen, womit wir sie nach einem guten Ausgang belohnen werden.«

»Und wie werden Sie den byzantinischen Kaiser und seine – verzeihen Sie meine andre Meinung – seine äußerst kluge Schwester Pulcheria bestrafen?«

»Bestrafen? Wer redet von bestrafen? Wir werden sie nur davon überzeugen, daß wir noch da sind – und nicht daran denken zu verschwinden. Wir werden sie davon überzeugen, daß keiner der beiden Teile des Imperiums allein bestehen kann, und erst recht nicht, wenn er unter Berufung auf unmögliche Ansprüche den anderen zu schlucken versucht. Wir werden darauf dringen, daß der Prinz Valentinian zum Erben von Westrom erklärt und sofort zum Kaiser ernannt wird. Das ist alles! Es tauchen für Ravenna andere Sorgen am Horizonte auf als die Beschäftigung mit den inneren Nöten von Byzanz. Sehen Sie nur ein wenig zu, was in Lusitanien und Andalusien vorgeht, wo sich die asdingischen Vandalen und Alanen als ein geeinigtes Volk niedergelassen haben. Unsere Heere werden nach den Gärten der Hesperiden ziehen müssen, wenn der Hochmut am Bosporus gebrochen ist. Und Theodosius wird mittlerweile – dank seiner gescheiten athenischen Gattin – begriffen haben, daß auch seine Sache an der Meerenge von Gibraltar ausgetragen wird. Es lernen sich viele Dinge, Heiliger Vater, von denen man niemals geglaubt hätte, daß man sie eines Tages doch noch begreifen wird.«

»Ja, Majestät: es lernen sich viele Dinge. Das darf auch ich heute sagen. Viele Dinge, die einem nicht unbedingt Freude machen.«

»Was macht einem ›unbedingt‹ Freude? Wissen Sie etwas?«

»Die Liebe zu Gott, meine Tochter.«

»Nein, Heiliger Vater. Die Liebe zu Gott ist von anderem Gewicht. Zum mindesten die meine.«

»So ist es vielleicht noch nicht die richtige, Majestät. Vielleicht erlaubt Ihnen Gott noch nicht, daß es die richtige sei. Vielleicht hat er Ihnen noch viele Umwege bestimmt.«

»Was Gott bestimmt, ist nie ein Umweg. Es ist der Weg selbst, Heiliger Vater. An diesen Glauben rühren auch Ihre Worte nicht.«

Der Papst machte das Zeichen des Kreuzes über Galla Placidia und nahm, sich zum Gehen wendend, den Arm, den sie ihm gereicht hatte.

Eine leichte Brise hatte sich aus der Campagna aufgemacht.

Sie wandelten schweigend auf den Silberwegen dahin, als plötzlich ein übersüßer Hauch von Oleanderblüten ihre Schritte anhielt.

»Woher kommt dieser Duft?« fragte Placidia erregt.

»Ich will Ihnen das Wunder meines Gartens zeigen«, sagte der Papst. »Kommen Sie dort an die niedrige Mauer.«

Etwas tiefer, in der Mitte eines kleinen grasbewachsenen Binnenhofes, standen gewaltige, mit hellroten Blüten überschüttete Oleanderbüsche. Es waren dieselben, die in jener Nacht vor dreizehn Jahren ihren Atem an das Lager des fiebernden Eucherius getragen hatten.

Placidia fuhr sich mit der Hand über die Augen.

»Was ist Ihnen?« fragte der Papst.

»Nichts. Etwas Kopfweh. Welcher Tag ist heute?«

»Der 9. September.«

»Der 9. September«, wiederholte Placidia fast ohne Ton. »Ich möchte mich verabschieden, Heiliger Vater. Unser Gespräch hat mich ein wenig angegriffen. Da ich heute abend noch Gäste aus Arles erwarte, ist es gut, wenn ich mich vorher ausruhe. Wir werden morgen fortfahren. Ich habe noch Ihren Rat über die Formulierung vernünftiger Heidengesetze zu hören. Wir müssen hier im Westen etwas zurückhaltender sein als Byzanz, was uns nicht zu hindern braucht, Klarheit über unseren Standpunkt walten zu lassen. Die arianischen Goten dürfen nicht vor den Kopf gestoßen werden. Der Fürst Thanausis hat mich erneut auf die Wichtigkeit dieses Punktes hingewiesen.«

Als Placidia den Wagen bestieg, der sie auf den Palatin hinüberfahren sollte, fühlte sie wieder den leichten Schwindel, der sie beim Anblick der Oleanderbäume befallen hatte, und das Aufsteigen einer unbestimmten Angst, die sie sich nicht zu deuten vermochte.

»Welcher qualvolle Abend«, sagte sie zu sich selbst, als sie in den purpurgrauen Himmel über dem fernen Meere schaute. »Der Kampf der Farben hat sich ausgetobt. Die Nacht wird sternenlos und ohne Kühle sein.«

Am Einfahrtstor des Palatin wurde Placidia von ihrem Adjutanten, dem Obersten Cinna, empfangen. Sie erschrak.

»Ein Bote des Kaisers Honorius ist mit einem Briefe für Eure Majestät soeben angekommen. Es wäre zu spät gewesen, ihn noch in den Lateran zu senden.«

»Er wird die Antwort auf das Ultimatum an Byzanz bringen«, sagte Placidia. »Also wäre die Entscheidung so oder so gefallen.«

Cinna schwieg. Auch er dachte an den 9. September 408, der sich nun zum dreizehnten Male jährte.

Das Schreiben des Kaisers war am 1. September ausgefertigt und enthielt die kurze Nachricht, daß Constantius seit zwei Tagen an einer Lungenentzündung erkrankt sei. Es empfehle sich vielleicht, daß Placidia zurückkehre, wenn auch die Ärzte den Zustand des Kranken nicht für schwer hielten.

»Wer ist bei dem Kaiser gewesen, als er Ihnen diesen Brief einhändigte?« fragte Placidia den jungen Reiteroffizier.

»Die Generale Castinus und Bonifatius, Majestät.«

»Hatten Sie den Eindruck, daß diese Herren sehr besorgt waren?«

»General Bonifatius, ja.«

»Und Castinus?«

»Castinus schien gleichgültig.«

»Ich danke Ihnen. Ich gebe Ihnen drei Tage Urlaub in Rom. Wir selbst, Oberst Cinna, reisen noch heute nacht über Orte-Faënza.«

Eine Stunde später erschien der Fürst Thanausis im Palast: Der Kaiser Constantius war am Nachmittag des 2. September an einer doppelseitigen Lungenentzündung gestorben. Zwei Stunden nach seinem Tode war aus Byzanz die Nachricht eingetroffen, daß die oströmische Regierung ihm die Anerkennung gewähre. Ein Krieg kam also nicht mehr in Frage.

Placidia verschob ihre Abreise. Spät am Abend noch ließ sie Thanausis zu sich rufen. Sie hatte lange im Gebet gelegen und war Herrin ihrer selbst.

»Ich habe«, sagte sie, »bei meiner Heirat dem Kaiser Constantius mein Wort gegeben, daß meine Freundschaft mit Ihnen auf jeden politischen Austausch verzichten würde. Ich habe, wie Sie mir bestätigen werden, seit 417 mein Wort gehalten. Wo Sie einmal einen politischen Auftrag ausführten, geschah es auf Veranlassung der beiden Kaiser. Mit dem Tode meines zweiten Gatten ist die Lage verändert. Mein Versprechen hat keinen Sinn mehr. Ich frage Sie also: Wollen Sie von nun an auch mein politischer Freund sein?«

»Das bin ich immer gewesen, Majestät, auch wenn ich es nicht durch die Tat beweisen durfte.«

»Gut. Ich brauche Sie nun, Thanausis. Ich brauche Sie mehr als alle meine römischen Freunde, welche durch die kommenden Ereignisse zu einer Parteinahme gezwungen werden könnten, die Ihnen erspart bleibt.«

»Kommende Ereignisse?«

»Jawohl, Thanausis. Ich spüre, fühle und weiß, was sich nun vorbereiten wird: der Kampf gegen die einsam gewordene Frau. Castinus lag schon lange auf der Lauer, und der Leiter der Reichskanzlei, der Primicerius Notariorum Johannes, ebenfalls. Nicht minder der General Aëtius, den die Übermacht des Kaisers Constantius nicht schlafen ließ. Sie werden es erleben, daß man sich die ›Gotenkönigin‹ nun wieder aufs Korn nehmen wird. Der Hof von Byzanz wird in das gleiche Horn blasen, nachdem er vor Constantius keine Angst mehr zu haben braucht.«

»Und der Kaiser Honorius?«

»Ist und bleibt ein herzkranker Mann. Die Zeit, welche ihm die Ärzte noch geben, ist begrenzt. Das weiß er natürlich nicht. Aber ich weiß es. Und ich schalte dieses Wissen in meine Berechnungen ein. Ich habe heute nicht nur an meine Rechte zu denken, sondern an die des Kronprinzen Valentinian. Sehen Sie heute in mir nichts anderes mehr als die Mutter, welche für ihr Kind kämpft, das heißt, für die Fortführung der Aufgabe, in die sie selbst vom Schicksal gestellt wurde – also für das Imperium. Auf diesem schwersten aller Wege will ich Sie – vor allen anderen – an meiner Seite wissen.«

»Ich stehe an Ihrer Seite. Wäre der General Bonifatius nicht in Ravenna gewesen, so hätte ich einen Boten geschickt, um mit eignen Augen beobachten zu können, was am Hofe nun vorgeht. Da ich Ihre Sache bei Bonifatius in besten Händen weiß, schien es mir ratsam, selbst hierherzukommen, um Ihre nächsten Pläne zu erfahren.«

»Sie haben gut überlegt und klug gehandelt. Ich will Ihnen sogleich sagen, was zunächst zu geschehen hat...«

»Darf ich es tun, Majestät? Ja? Ich reise sofort von hier nach Bordeaux zurück und bringe zweitausend Goten zur Verstärkung Ihrer persönlichen Garde mit. Lassen Sie in der Zwischenzeit die Erdgeschosse des ›Alten Palastes‹ zu ihrer Unterkunft herrichten und in dem Schloß, das Sie sich beim Hafen gebaut haben, den linken Seitenflügel zur Unterbringung einer Adelselite von hundert Mann bereitstellen. Daß die Buccellarii des verstorbenen Kaisers Ihnen die Treue wahren werden, liegt auf der Hand. Es kann Ihnen also, wie immer sich Ihre Gegner gegen Sie verhalten werden, nichts geschen. Es wird aber vorläufig überhaupt nichts geschehen! Der Kaiser Honorius feiert am 13. Januar 422 – also in vier Monaten – sein dreißigstes Regierungsjubiläum. Es sind große Festlichkeiten angesagt, und Bonifatius wird vor dieser Zeit bestimmt nicht auf seinen afrikanischen Posten zurückkehren.«

»Gebe Gott«, sagte Placidia bewegt, »daß Sie mir niemals ein weniger treuer und überlegter Freund sein möchten! Wie scheint Ihnen übrigens die Beziehung zwischen Castinus und Bonifatius?«

»Schlecht. Castinus, als der Ältere und im Range Höhere, versucht – besonders nach seinen Erfolgen gegen die niederrheinischen Franken – mit allen Mitteln, Bonifatius kaltzustellen. Bonifatius aber, dessen Mut, Geist und Charme Sie kennen, entzieht sich jeder Bevormundung mit einer Gewandtheit, die das Entzücken aller seiner Freunde ausmacht. Castinus ist viel zu plump, um gegen ihn aufzukommen, was natürlich seinen Zorn noch viel mehr steigert. Das letzte, was ich ein paar Minuten vor meiner Abreise hörte, war, daß er Bonifatius zwingen wolle, ihn auf dem für 422 geplanten Feldzug gegen die Vandalen nach Spanien zu begleiten.«

»Was sagen Sie da? Castinus soll diesen Feldzug unternehmen? Seit wann?«

»Es scheint, daß er sofort nach der Erkrankung des Kaisers Constantius dem Kaiser Honorius diesen Entschluß abgetrotzt hat.«

»Aha! Da haben Sie den ersten Zug dieses Schachspieles! Meinetwegen. Mag er sich nach Spanien auf den Weg machen! Der General Asterius wird sich über den unerwarteten Besuch freuen. Die gotischen Hilfstruppen auch. Wer weiß, zu welchen Erlebnissen Castinus auszieht. Eines aber weiß ich ganz bestimmt: Solange ich Kaiserin bin, wird Bonifatius – ihn nicht begleiten! Mit diesem habe ich andere Pläne.«

Thanausis antwortet nicht. In die heiße Nacht, die das schwach erleuchtete Zimmer füllte, waren die Wellen einer mit Spannungen überladenen Zukunft eingebrochen. Die »kommenden Ereignisse« lauerten schon als Schatten in den Ecken ...

»Wann gedachten Sie zu reisen?« unterbrach Placidia schließlich das schwere Schweigen.

»Wann Sie es wünschen.«

»Dann gehen Sie bitte nicht vor meiner eignen Abreise. Es könnte Augenblicke geben, wo ich nicht ohne Sie sein möchte.«

Als Placidia am 25. September in Ravenna eintraf, fand sie den Kaiser Honorius zu Bett. Der Tod des Constantius hatte ihn so sehr erschüttert, mehr noch geängstigt, daß er krank geworden war. Sie war erstaunt, ihn von so viel Anteilnahme und Milde für sie selbst erfüllt zu sehen. Aber sie schrieb diese Freundlichkeit nicht ihrer eignen Person zugute. Sie wußte, daß sie nur jener heimlichen Verschlagenheit entsprang, mit welcher schwankende Naturen sich quälenden Erörterungen zu entziehen pflegen. So mußte sie allein denken und allein handeln: den unterirdischen Krieg ohne jede Hilfe führen. Denn die Gruppen, die sich morgen oder übermorgen gegenüberstehen würden, waren noch nicht in solche Deutlichkeit gerückt, daß irgendeiner ihrer persönlichen Freunde es schon hätte wagen können, offen Partei zu ergreifen: weder Volusian noch Candidian, noch Bonifatius.

Das gewagteste aller Spiele aber, das sie schon in diesem Herbste der Ungewißheiten begann, mußte sie auch vor den treusten Herzen verbergen: den ersten Versuch zur Gewinnung des Hofes von Byzanz für ihre eigne Sache. Zum Ausgangspunkte ihrer Anknüpfung nahm sie die Anerkennung der kaiserlichen Titel für Constantius und sich selbst. So fand sie – über den sehr herzlichen Ausspruch ihres Dankes – den Weg zu Theodosius.

Den Weg zu Pulcheria aber bahnte sie sich, indem sie den Papst nun ermunterte, jene Debatten über die Frage des geistlichen Patronates in Illyrien, die sie ihm am 9. September schroff untersagt hatte, gemeinsam mit dem Patriarchen Attikus von Byzanz fortzuführen. Sie meinte Imperium – und sagte Kirche. Indem sie aber Kirche sagte, traf sie bei Pulcheria auf die Stelle, von der aus diese am ehesten Imperium zu denken vermochte ...

Gewissermaßen als Jubiläumsgeschenk für Honorius hatten die oströmischen Majestäten im Januar 422 auf die Verleihung des geistlichen Patronates über Illyrien an den Patriarchen Attikus Verzicht geleistet. Die Kriegsgefahr war beseitigt, weil die Kriegsgründe verschwunden waren. Die Beziehungen zwischen den beiden Höfen wurden wieder freundlicher. Aber in Ravenna selbst nahmen die Gegensätze deutlichere Gestalt an.

Schon zum Weihnachtsfeste war Thanausis zu Schiff mit den neuen gotischen Gardetruppen der Kaiserin eingetroffen. Sie waren unter der Überwachung des Generals Bonifatius nachts ausgeschifft und in ihre Quartiere gelegt worden. Castinus tobte, als die Sache am nächsten Tage bekanntgegeben wurde. Er verlangte sofortige Heimkehr dieser überflüssigen »Spione«. Placidia ließ ihm sagen, ihre persönliche gotische Garde gehe nur sie allein etwas an. Auch der Kaiser Honorius verwies dem General Castinus sein Benehmen. Er hatte sich, immer durch sein Leiden geplagt, ganz in die Sorge der Schwester begeben, die es in der Kunst, ihn zu behandeln, zu großer Vollkommenheit gebracht hatte. Sie gestattete ihm dann und wann Zärtlichkeiten, die sie sehr wahrscheinlich zurückgewiesen hätte, wenn das politische Spiel ihr eine heftige Geste erlaubt hätte. Sie wußte, daß schon allerhand Gerede in den verschiedenen Palästen umging. Aber es war ihr gleichgültig. Das Ziel, für das sie kämpfte, schien ihr schon eine Verleumdung wert.

Im März 422 brachen plötzlich Streitigkeiten zwischen Castinus und Bonifatius über eine Reihe militärischer Zuständigkeitsfragen aus. Wer hatte sie ausgeklügelt und aufgeworfen? Wer hatte Castinus Entscheidungen eingeflüstert, die ihn ins Unrecht setzten? Bonifatius erklärte dem Kaiser in Gegenwart Placidias, er müsse sich dagegen wehren, nach Spanien »verschleppt« zu werden. Er sei zum Oberkommandierenden in Afrika ernannt und unterstehe dem Statthalter dieser Provinz, aber keineswegs dem Generalissimus Castinus, der sich einen Vandalen-Feldzug auf Kosten des spanischen Oberkommandierenden Asterius verschrieben habe. Er bitte also, auf seinen afrikanischen Posten gesandt zu werden, was er wohl, in Anbetracht seiner geleisteten Dienste, beanspruchen dürfe. Dort sei er am Platze, dort kenne er Leute und Verhältnisse, dort werde er seiner Majestät wirklich nützliche Arbeit leisten können. Als sich der Kaiser Bedenkzeit ausbat, verließ Bonifatius heimlich Ravenna. Das Gerücht erzählte später, er sei aus dem kleinen Hafen, den sich Placidia unter den Bogengewölben ihres neuen Palastes hatte bauen lassen, auf einer Barke vor der Morgendämmerung ausgefahren und von einer der gotischen Triremen an Bord genommen worden. Die Trireme habe noch einen ganzen Tag lang wie tot auf demselben Fleck im Wasser gelegen. Am zweiten Morgen aber sei sie verschwunden gewesen. Castinus wollte ein Urteil in contumaciam wegen Fahnenflucht fällen. Es wurde ihm verboten: Der Fall sei ungeklärt. Bonifatius könne ja ermordet worden sein. Man müsse abwarten. Placidia und ihren Freunden war es manchmal nicht ganz leicht, ernst zu bleiben, wenn immer und immer wieder der »Fall Bonifatius« aufgetischt wurde, besonders, als im April die gotische Trireme aus Brindisi mit Lebensmitteln für die Garde zurückkam. Anfang Mai forderte Castinus den Fürsten Thanausis auf, sich den gotischen Hilfstruppen, die für den vandalischen Feldzug verpflichtet seien, als Verbindungsoffizier zur Verfügung zu stellen. Placidia, wütend, befahl Castinus zu sich. Als er dem Befehl keine Folge leistete, erreichte sie von dem Kaiser, daß die Zusammenziehung des Heeres für Spanien in Rom und nicht in Ravenna erfolgte. Es blieb nun Castinus nichts mehr übrig, als nach Rom abzureisen. Dort war dem Obersten Cinna die heimliche Überwachung des Generals und der Truppeneinschiffung in Portus übertragen. An den Oberstkommandierenden Asterius in Tarragona aber ließ die Kaiserin die Weisung ergehen, dem Castinus in Spanien genau auf die Finger zu sehen ...

Mit dem Beginn des Monates Juni zog die heiße, sommerliche Ruhe in Ravenna ein. Die Glut brütete über den Sümpfen und den Ufergärten. Der Zustand des Kaisers verschlimmerte sich. Er klammerte sich an die starke, königliche Schwester. Sein inneres Verlassensein, vielleicht auch die Ahnung, daß ihm kein langes Leben mehr vergönnt sein werde, trieben seltsame Launen in ihm auf. Er sprach davon, es müsse ein Gesetz geschaffen werden, das kaiserlichen Geschwistern die Ehe gestatte. Schon im alten Ägypten habe es ein solches gegeben. Als Placidia seine Zudringlichkeiten kaum noch abzuwehren wußte, ließ sie sich von dem

Papst nach Rom rufen. Sie hatte versprochen, in einem Monat zurück zu sein. Sie schützte Krankheit vor, blieb bis Ende September in der Villa Cesarini am Nemisee und kam erst gegen Ende Oktober zurück.

Johannes, der Leiter der Reichskanzlei, hatte die Zeit ihrer Abwesenheit nicht ungenützt verstreichen lassen: Der Kaiser zeigte ihr die kalte Schulter, vermied den Umgang mit ihr und versagte ihr den Einblick in die Regierungsakten. Sie verbat sich diese Behandlung. Vergebens. Volusian und Candidian rieten ihr, mit den Kindern nach Rom zurückzukehren, Honorius habe Tobsuchtsanfälle... Nun ging sie zu ihm. Er war sanft wie ein krankes Kind, beschwor sie, nie mehr von ihm fortzugehen, sie habe ihm ihre Liebe versprochen: nun möge sie ihr Versprechen halten. Sie habe es gehalten, erwiderte sie. Sie habe ihm versprochen, wie eine Schwester um ihn besorgt zu sein – das sei geschehen und werde geschehen, solange er die Grenzen nicht überschreite.

Bis Ende November schien der Friede wiederhergestellt. Da kam die Schreckensnachricht aus Spanien: Castinus war vernichtend geschlagen worden, angeblich, weil die gotischen Hilfstruppen sich im entscheidenden Augenblick aus der Schlacht zurückgezogen hatten. Die gotischen Hilfstruppen! Die Haltung der kaiserlichen Garde gegen die gotische Garde Placidias wurde bedrohlich. Es gelang Candidian, Blutvergießen zu vermeiden. Die Lage verschlimmerte sich, als ein Schreiben des Castinus eintraf: Er sei das Opfer von lange vorbereiteten Ränken geworden, welche hinzuschreiben die Hand sich sträube. Er werde kommen und reden, damit man sehe, welches Schindluder mit dem Kaiser getrieben worden sei. Sehr wahrscheinlich erhielt die Bevölkerung von dem Inhalt dieses Briefes durch die Unvorsichtigkeit des Kaisers selbst Kunde. Nun wurde Placidias Name geraunt. Abermals rieten Volusian und Candidian zur Abreise nach Rom. Sie lachte ihnen ins Gesicht:

»Nach Rom? Nein! Hier warte ich Castinus ab. Wir wollen sehen, was für Schauermärchen er uns aufzutischen hat, wenn er Stirn zu Stirne mit mir steht! Wer sich jetzt nicht für mich entscheidet, der ist gegen mich! Unparteilichkeit und Vermittlung gibt es nicht mehr, wo die persönliche Ehre einer Kaiserin auf dem Spiele steht. Ihr seht ja jetzt, wie recht Bonifatius hatte, sich den Klauen eines solchen Lügners wie Castinus zu entziehen! Er hat sich für uns alle und für das Reich gerettet! Er hat die Schlüssel zur Kornkammer Italiens in der Hand! Er wird dafür

Sorge tragen, daß hier keine unwünschenswerten Nutznießer vor gefüllten Tellern sitzen. Ich erwarte von euch eine unzweideutige Haltung. Nur so kann ein Unheil vermieden werden!«

»Sie sind mit vollem Recht jetzt erregt, Placidia«, sagte ruhig und sehr bestimmt Volusian. »Sie fordern Selbstverständliches – das ist unnötig. Sie wissen, daß Sie auf uns zählen können. Die Art und Weise aber, wie wir Ihnen in Zukunft, je nach der Lage, am besten und zweckmäßigsten dienen können, müssen Sie unserer eignen Entscheidung überlassen. Kundgebungen zu Ihren Gunsten in der Öffentlichkeit sind ganz wertlos. Daß wir das Ohr des Kaisers behalten: nur darauf kommt es an! Denn der Kaiser ist ja noch da, und er kann vielleicht noch länger da sein, als es manchmal den Anschein hat.«

»Ich unterschreibe jedes Wort«, ergänzte Candidian. »Sogar Thanausis ist diesmal ganz der gleichen Meinung wie wir.«

»Thanausis?«

»Hat aus eignem Antrieb mit uns die Lage durchgesprochen. Solange der Kaiser lebt, ist offene Parteiung unmöglich. Er ist der Kaiser, unser aller Herr! Auch der Ihre – im dynastischen Sinne.« Placidia stand mit dem Rücken gegen den Sprechenden und schaute in den Regen, der auf das Meer fiel.

»Ja, so ist es«, sagte sie laut, sich umwendend. »Ihr seid die wahren Freunde. Vergeßt nicht, daß reichlich viel auf mir lastet. Ihr habt mir den Weg gewiesen. Ich danke euch. Ich weiß, was ich zu tun haben werde, wenn es noch einmal zu einem Ausbruch des Kaisers kommt. Er ist ein kranker Mensch – und muß danach behandelt werden. Wie schwer das ist, weiß ich besser als ihr! Ich habe mehr mit in Kauf genommen, als ihr alle ahnt! An *einer* Grenze aber hört auch das Mitinkaufnehmen auf. Ich werde dafür Sorge tragen, daß das Imperium an kranken Wünschen keinen Schaden leidet. Ich muß die Opfer tragen, die Gott mir auferlegt. Wenn ich gehen muß: gut! Aber nicht, ehe Castinus hier war. Muß es danach sein, so lasse ich ja hier meine Sachverwalter zurück.«

»Das tun Sie, Placidia! Und leidenschaftlichere, als Sie vielleicht im Augenblick denken.«

»Ich habe von Asterius Bericht eingefordert.«

»Das war das beste, das Sie tun konnten. Das Wirksamste auch.«

»Gebt mir eure Hände... Und nun überlaßt mich meinem Denken. Bestellt Thanausis, daß ich ihn heute abend mit dem Grafen Sisinanth erwarte.«

»Mit Sisinanth?«

»Ich sagte es. Und dies steht jenseits eines Ratschlags. Auf Wiedersehn, bis morgen.«

Gleich nach Weihnachten reiste Fürst Thanausis mit Aufträgen für den Papst nach Rom. In Wirklichkeit hatte er den Auftrag, sich insgeheim nach Byzanz zu begeben und dort das mütterliche Haus Placidias für einen längeren Aufenthalt der Kaiserin vorzubereiten, wobei die Frage offen blieb, ob und wann dieser Aufenthalt stattfinden werde. Mit Sisinanth war verabredet worden, daß gleichzeitig mit der Abreise Placidias auch diejenige der gotischen Garden nach Marseille-Bordeaux erfolgen werde, das heißt, nach Afrika, zu dem Grafen Bonifatius.

Erst Ende Februar 423 erschien Castinus. Er beschuldigte die Kaiserin, den gotischen Abfall von langer Hand vorbereitet und somit die römische Niederlage verschuldet zu haben. Der Bericht, den der General Asterius an Placidia gesandt hatte, besagte, daß sich Castinus viel zu unvorsichtig vorgewagt habe und in einen Hinterhalt der Vandalen geraten sei. Die Goten hätten sich erst vom Kampfe zurückgezogen, als jede Aussicht, die leichtsinnig gelieferte Schlacht zu gewinnen, verspielt gewesen sei.

Als allmählich die beiden verschiedenen Darstellungen bekannt wurden, war die Stadt in zwei Lager gespalten und der Straßenkampf nicht mehr zu vermeiden. Placidias Garden – in heller Empörung über die lügnerische Beleidigung ihrer Herrin und ihres Volkes – griffen die Truppen des Castinus an und brachten ihnen eine böse Schlappe bei. Nur der Umsicht Candidians war es zu danken, daß der Ausbruch eines Bürgerkrieges in Ravenna vermieden wurde.

Am späten Nachmittage des unglücksvollen Tages erschien der Kaiser Honorius bei Placidia. Der Ernst der Lage – vielleicht auch ein heimliches Schuldbewußtsein – hatte ihm jene Haltung wiedergegeben, die er in früheren Jahren manchmal bei wirklicher Gefahr bewiesen hattte.

»Sie werden begreifen«, sagte er, »daß die Zustände so nicht bleiben können, wie sie nun sind. Es gibt für den Augenblick eine einzige Lösung: Sie müssen das Feld räumen. Selbst Ihre Freunde sind dieser Ansicht. Ich weise Ihnen also bis auf weiteres Rom als Wohnsitz an.«

»Ich habe zwei Fragen an Sie zu stellen«, erwiderte Placidia. »Erstens: Halten Sie mich des Landesverrates für fähig, dessen Castinus mich zeiht?«

»Nein!«

»Also fordere ich, daß er seine Anklage vor dem gesamten Hofe zurücknehme und sich bei mir entschuldige.«

»Auch ich fordere dieses.«

»Zweitens: Geben Sie zu, daß Sie in der Äußerung Ihrer Gefühle für mich zu weit gegangen sind?«

»Ja. Aber Sie haben mich ermutigt.«

»Niemals. Sie haben meine Rücksichtnahme falsch verstanden und falsch gedeutet.«

»Meinetwegen. Einigen wir uns auf diese Formel. Sie werden gehen?«

»Ja. Unter der Bedingung, daß auch die gotische Garde gleichzeitig mit mir Ravenna verläßt. Ein kleiner Teil und die Adelskohorte bleiben bei mir in Rom, der andere Teil wird nach Gallien eingeschifft.«

»Einverstanden. Wo ist Fürst Thanausis?«

»Unterwegs nach Bordeaux.«

»Wann reisen Sie?«

»Sobald ich hier meine Angelegenheiten geordnet habe. Also in einer Woche. Sagen wir: am 20. März.«

»Sie wollen Ihren Hofstaat mit sich nehmen?«

»Nein. Nur die alten Dienerinnen und meine Nichte Singledia.«

»Sie fühlen keinerlei Schuld gegen mich?«

»Keinerlei. Ich wäre Ihr treuester Freund gewesen, wenn Sie mir erlaubt hätten, es zu sein. Ich habe getan, was ich konnte, um Sie zur Besinnung zu bringen. Es war vergebens.«

Honorius starrte auf seine weißen, kalten Hände.

»Ich kann nichts dazu, Placidia. Ich bin ein müder und verbrauchter Mensch. Ich weiß nicht, ob ich dieses Jahr noch überleben werde.«

»Das weiß niemand.«

Nun fanden sie keine Worte mehr. Sie sahen sich aus weiten, fast erschrockenen Augen an. Sie wußten nichts – und wußten doch, daß es ihr Abschied war.

»Qualvoll, daß ich ihn in dieser Stunde belügen muß«, dachte Placidia. Aber die Gegenstimme erhob sich im selben Augenblick:»Sei stark! Sei auf der Hut! Nur jetzt keine Schwäche, nur jetzt kein Bekenntnis. Es geht um größere Dinge als ein zerrüttetes Gefühl. Es geht um deinen Sohn und das Imperium. Die Todgeweihten soll man in Frieden sterben lassen.«

Wie recht sie daran getan hatte, auch nicht der natürlichsten aller Regungen nachzugeben, mußte sie schon eine Woche später erkennen: Der Kaiser, durch die Erregungen erschöpft und in diesem Zustand wieder ganz dem Einfluß der Parteigänger des Castinus ausgeliefert, hatte sich dazu bestimmen lassen, Placidia und Valentinian die kaiserlichen Würden abzuerkennen. Auch auf die öffentliche Entschuldigung des Anklägers war Verzicht geleistet worden.

Aber diese beiden Maßnahmen erreichten das Gegenteil von dem, was Honorius vielleicht erwartet hatte: Placidia fühlte in dem Augenblick, wo es wieder um den vollen Einsatz ihres Lebens ging, ihren Willen zu dämonischer Stärke wachsen.

Alle Beklemmungen und Unsicherheiten der trüben Augenblicke fielen von ihr ab wie ein Spinngewebe vor einem Regensturz.

»Es ist mir unheimlich«, sagte sie zu sich selbst, »wie ich vorauswittere, was ich zu tun habe. Ich weiß, ich gehe den richtigen Weg, so schwer und verhüllt er auch sei: Komme ich nicht mit Honorius zum Ziel, so gegen ihn. Aber zum Ziel komme ich! Ich habe mich in einer neuen Rolle auszuweisen. Ich werde es tun. Die Vorarbeit ist in Byzanz zu leisten. Mit Sammetpfoten. Athenaïs, Pulcheria, Placidia: ein Damenspiel zu dreien, in dem der Kaiser matt zu setzen ist. Schon hinter Brindisi wird der erste Zug getan werden. Man wird sich eines Morgens in Ravenna wundern.«

Während die gotischen Mietstriremen gegen Abend im Hafen von Tarent Lebensmittel und Trinkwasser aufnahmen, begann das römische Kriegsschiff, das ihnen zur Bewachung mitgegeben war, rasch zu sinken. Die Rudersklaven und Matrosen retteten sich in herbeieilenden Schaluppen an das Ufer. Niemand konnte sich den Zwischenfall erklären. Das Wasser war durch meterlange Spalten in die Kielmitte eingedrungen.

Graf Sisinanth erklärte, das bedauerliche Unglück sei für die Goten kein Grund, ihre Reise iw die Heimat zu unterbrechen, und ließ seine Schiffe ausfahren. Da sich ihnen auch die römische Staatstrireme, auf welcher Placidia reiste, anschloß, erhoben die Hafenbehörden keinen Einspruch. Sobald sich Sisinanth außer Sicht der Leuchttürme wußte, ließ er seine eignen Schiffe das Staatsschiff in die Mitte nehmen. In derselben Minute fanden sich dessen Matrosen und Lotsen von Placidias gotischer Sondergarde umstellt: Kurs auf Byzanz – oder Tod. Es blieb keine Wahl. Der Kapitän, den einiges Gold und das Versprechen rascher

Beförderung längst gefügig gemacht hatte, erschien mit der Kaiserin auf Deck. Sie sagte zu der Besatzung:

»Ihr verbleibt für alle Zeiten in meinen persönlichen Diensten. Ihr werdet euch nicht zu beklagen haben. Euer Schiff trägt von dieser Stunde an den Namen: Augustae Salvatrix. Man wird ihn wie die euren mit goldnen Zeichen in das Buch dieses Jahres schreiben. Ihr hattet den Mut, eine zu Unrecht verfolgte und mißhandelte Frau zu retten. Von dem Kaiser habt ihr nichts mehr zu erwarten. Er ist am Ende seiner Kraft. Vergeßt, wie ich, das Gestern und denkt an das Morgen! Vorwärts!«

Die Würfel waren gefallen. Das große Spiel hatte begonnen. Die Schiffe trennten sich. Die Staatstrireme nahm Ostkurs auf Korfu, Graf Sisinanth Südkurs auf Malta. Er hatte Botschaft von Placidia für den König Theoderich bei sich, welche in Karthago von Bonifatius bestätigt, ergänzt und dann erst nach Bordeaux weitergeleitet werden sollte. Sie lautete dahin, daß die Westgoten, sobald der Tod des Kaisers Honorius bekannt würde, das Bündnis mit der weströmischen Regierung in Byzanz und Ravenna kündigen und nur unter der Bedingung erneuern sollten, daß die Ansprüche Placidias und Valentinians auf das weströmische Reich vorbehaltlos anerkannt würden. Von einem übereilten Vormarsch an die Mittelmeerküste dagegen möchten sie absehen, damit man der Kaiserin nicht nachsagen könne, sie schädige das Imperium und handle als Rebellin. Sobald sie sich dank der Forderungen, welche Theoderich und Bonifatius gleichzeitig erheben würden, durchgesetzt habe, werde sie den Goten die alleinige Kriegsführung gegen die Vandalen in Spanien sichern, für eine Ausdehnung der gotischen Siedlung in diesem Lande eintreten und die Frage eines gotischen Freihafens am Mittelmeer als einen der ersten Punkte auf ihr politisches Programm setzen.

Die Abmachungen, welche schon »für alle Fälle« mit dem Grafen Bonifatius vor seiner Flucht aus Ravenna getroffen worden waren, fanden sich in einem ausführlichen Schreiben an ihn, das ebenfalls Graf Sisinanth bei sich führte, erneuert: Er werde nicht nur bei der Regierung von Byzanz Placidias und Valentinians Thronbesteigung in Ravenna betreiben, sondern im Falle der Ablehnung seiner Forderung oder der Ernennung eines oströmischen Reichsverwesers für die westliche Hälfte des Imperiums jegliche Getreidezufuhr nach Italien sperren.

In Ravenna selbst standen die zuverlässigen Buccellarii des Kaisers Constantius für die Witwe ihres Herren auf Wacht. Sie hatten Befehl, sich so lange abwartend zu verhalten, bis ihnen ein Zeichen zum Handeln gegeben werde …

Während man in Rom-Portus immer noch auf Placidia wartete, steuerte die kaiserliche Trireme, die seit ihrem Auslaufen aus dem Hafen von Tarent nirgends mehr gesichtet worden war, schon dem Piräus zu. Zwei Wochen später, am Abend des 10. Mai, ging sie nach ruhiger Fahrt im Theodosius-Hafen von Byzanz vor Anker.

Die Stadt hing im Glanz unzähliger Lichterschnüre: Man feierte den ersten Jahrestag des hundertjährigen Friedens, den man mit dem persischen Könige Jezdegerd geschlossen hatte.

Placidia hatte die kaiserliche Familie bitten lassen, einen Besuch erst dann zu erwarten, wenn sie ihren Einzug beendet und ihren Hausstand in Ordnung gebracht habe. Als sie nun eine Woche nach ihrer Ankunft diesen Besuch ausführen wollte, kam ihr, auf Anregung des Hausministers Paulinus, der Kaiser Theodosius zuvor, indem er sich für den 18. Mai, kurz vor Mittag, bei ihr ansagte.

Sie empfing ihn, über eine Stickerei gebückt, in dem berühmten Zentifoliengarten ihres mütterlichen Hauses.

Theodosius erschrak fast vor der herrischen Schönheit der dunklen Frau, die ihm ihre Hand zum Kusse entgegenhielt, während sie ihn anlächelte.

»Ist Ihnen dieser Platz recht?« fragte sie. »Ich kann mich nicht von meinem Garten trennen, der Bosporus und Marmarameer zugleich beherrscht. Welche Bläue, welcher Jasminduft ... Wollen Sie nicht Platz nehmen?«

Der Kaiser setzte sich langsam, mit fast benommenen Bewegungen. »Er sieht beinahe aus wie der Zögling eines Priesterseminares« sagte sich Placidia. »Eigentlich ist er hübsch. Das blonde Haar hat er von seiner fränkischen Mutter Eudoxia Bauto. Die schwarzen Augen mit den überlangen Wimpern von seinem Großvater Theodosius. Er sollte seine Hände besser pflegen. Die Nägel sind nicht gut geschnitten. Die gelblichen Fingerspitzen mögen von dem ewigen Ausziehen der Lampendochte herrühren. Wie müde ist sein Mund ... «

»Ich wollte es mir nicht nehmen lassen«, begann nun Theodosius mit einer tastenden Stimme, »Sie hier willkommen zu heißen. Es wäre mir lieber gewesen, Sie hätten Ihre Vaterstadt unter glücklicheren Umständen wiedergesehen.«

»Ich bin keineswegs unglücklich, Theodosius. Ich habe freilich gelernt, die Dinge so zu nehmen, wie sie sind. Ich habe nicht minder früh gelernt, daß sie sich sehr rasch ändern können. Ich will hier Atem holen. Ich habe unfreiwilligen und freiwilligen Urlaub von mir selbst genommen.«

»Man sagt mir, Honorius habe nicht mehr lange zu leben ... «

»Geben Sie etwas auf solches Gerede?«

»Warum eigentlich hat er Sie verbannt?«

»Man hat ihm in die Ohren geblasen, ich trachte ihm nach dem Leben.«

»Das ist doch Unfug! Haben Sie nicht allen Grund, mit ihm in bester Beziehung zu stehen?«

»Ich sollte meinen ... Ich habe auch nie etwas anderes versucht ... Aber was wollen Sie? Werden die Handlungen der Menschen vielleicht durch Vernunft bestimmt?«

»Nein. Erlauben Sie mir eine Frage, die ich aus Gründen der Etikette stellen muß: Gedenken Sie Byzanz als Wohnsitz zu behalten?«

»Solange Sie mich nicht von hier vertreiben ... «

»Was reden Sie da! Ich wollte Ihnen vorschlagen, doch lieber den kaiserlichen Palast Ihrer Mutter in der zehnten Region zu bewohnen.«

»Das ist gerade das, was ich vermeiden will. Der Titel ›Kaiserin‹ ist mir von Honorius aberkannt worden. Ich möchte von niemandem Gnadenbeweise erhalten. Ich komme weder als Schutzflehende zu der oströmischen Regierung noch als Bittgängerin zu meinem Neffen: Ich komme als kaiserliche Prinzessin und gotische Königinwitwe in mein Elternhaus, um mich von vielen Erregungen auszuruhen. Das ist alles. Da ich an keinen Staatsfestlichkeiten teilzunehmen wünsche, gibt es auch keine Etikettenfragen zu lösen. Es bleibt dem Takt der einzelnen Personen, die mit mir in Berührung kommen, überlassen, wie sie mich anreden wollen. Der Titel ›Kaiserliche Hoheit‹, der mir durch meine Geburt zusteht, genügt für alle Bedürfnisse.«

»Ich bewundere Ihre Ruhe. Verzeihen Sie, wenn ich Sie immer wieder betrachten muß. Wissen Sie, was mich unendlich erregt? Der Gedanke, daß die gleiche Gestalt, die da in einem weißen, gotischen Sommerkleid vor mir sitzt, jahrelang in germanischen Feldlagern gelebt hat und – glücklich war. Ich möchte die Patina dieser Erlebnisse von Ihnen lösen können und sehen, was dann wäre.«

»Sie sind ein großes Kind, Theodosius«, lächelte Placidia, während sie einen Seidenfaden des Musters verwahrte. »Was Sie wünschen, ist doch unmöglich. Alles, was wir leben, bleibt an uns: jeder Gedanke, den wir denken, jedes Gefühl, das sich in uns regt.«

»Placidia, erzählen Sie der Kaiserin Athenaïs nicht allzuviel von Ihrem Leben mit den Goten. Sie drängt darauf, Sie kennenzulernen und sich mit Ihnen zu befreunden. Legen Sie keine Ferne in ihr Herz.«

»Es gibt keine Fernen, die nicht in uns selber sind.«

Theodosius schaute einer Eidechse zu, die auf dem blauen Kiese nach Fliegen schnappte.

»Zwei Jahre verheiratet«, dachte Placidia, »und schon das Gespenst der ›Ferne‹ ... Glauben Sie, daß ich mich mit Pulcheria verstehen werde?« fragte sie dann laut.

»Das weiß ich nicht. Man muß sich bei ihr immer auf Überraschungen gefaßt machen. Aber es will mir scheinen, sie wird an Ihnen eine Überraschung erleben.«

»Welche?«

»Ihre Einfachheit. Ihre Kunst, nahe zu sein. Wir haben uns alle ein sehr anderes Bild von Ihnen gemacht.«

»Ich hatte das große Glück, fünf Jahre meiner Jugend an der großen Luft zu leben.«

»Ja. Das ist es wohl. Ich komme kaum aus meinen Gärten heraus. Dann und wann vielleicht einmal auf die Jagd, die ich liebe. Diesen Sommer allerdings muß ich nach Kleinasien reisen, in die Gebiete der letzten Hungersnot.«

»Haben Sie schöne Manuskripte in der letzten Zeit angefertigt?« lenkte Placidia das Gespräch ab.

»Sehen Sie selbst und urteilen Sie dann.«

»Gerne. Ich habe Ihnen einige gotische Lieder in meiner lateinischen Übersetzung mitgebracht.«

»Daran hatten Sie Zeit, zu denken?«

»Man hat immer Zeit, an das zu denken, was man gerne tut.«

»Wann, Placidia, soll ich den Empfang für Sie geben, auf den alle warten? Der ganze Hof brennt darauf, Sie zu sehen. Es sind Mythen um Ihr Leben entstanden.«

»So werde ich sie zerstören müssen.«

»Lassen Sie diese Mythen bestehen, Placidia. Sie sind ein großer Schutz für unsere Seele.«

»Nicht immer. Sie können auch tödlich sein. Wenn sie Wirkungen ersticken, die wir erreichen – müssen.«

Theodosius stützte den Kopf in die Hand und schaute über die hellroten Blumen eines Zentifolienbusches auf das heftig glitzernde Meer. Es wäre für Placidia besser gewesen, er hätte weniger deutlich spüren müssen, wie sehr sie ihm überlegen war. Seine Entscheidungen kamen oft genug aus dem Bedürfnis, eine vermeintliche Schwäche seiner Natur durch eine starke Geste auszugleichen zu müssen.

Drei Wochen häufigen Umganges mit der kaiserlichen Familie hatten genügt, Placidia Klarheit zu verschaffen: über den oströmischen Hof, über seine Menschen, seine Sitten, seine politischen, seine geistigen Strömungen, und nicht zuletzt auch über einen fast unbegreiflichen Hochmut, mit dem die vornehmste byzantinische Gesellschaft allem Nicht-Byzantinischen begegnete.

Nun war der Abendempfang zu Ende gegangen, den der Kaiser am 3. Juni, kurz vor seiner Abreise in die kleinasiatischen Hungergebiete, für sie veranstaltet hatte. Sie wußte, daß sie sich viele Herzen gewonnen hatte. Sie war in einem silbernen Abendkleid aus den antiochenischen Werkstätten Tenáklian Adelphoí erschienen. Sie hatte nur wenig Schmuck getragen: um den Hals die berühmte Perlenkette, welche der große Theodosius ihrer Mutter geschenkt hatte, und im Haare den gotischen Saphirstirnreif mit der etwas erhobenen Swastika in der Mitte. Sie hatte es zu vermeiden gewußt, Mittelpunkt zu werden. Daß sie Mittelpunkt war, sah sie an der Art, wie sich immer wieder Gruppen um sie bilden wollten. Sie hatte fast ausschließlich Griechisch gesprochen, ihrer Freude, in Byzanz zu sein, häufigen Ausdruck gegeben und die »unvergleichliche« Schönheit der Stadt gepriesen. So war ihr das Wichtigste gelungen: den Anschein der Nähe zu erwecken und das Geheimnis zu wahren. Was es mit dem gotischen Hochadel für eine Bewandtnis habe, hatte Thanausis bewiesen. Er war von schönen Frauen und neugierigen jungen Männern umlagert gewesen. Seit langem hatte man nicht einen solchen Germanen an dem durchgesiebtesten aller Höfe gesehen ... Erst nach Mitternacht war man auseinandergegangen.

»Sollen wir noch plaudern?« fragte Placidia, als sich Thanausis vor der Tür ihres Hauses von ihr verabschieden wollte. »Ich habe nicht die geringste Lust, schon schlafen zu gehen.«

»Wenn Sie mir das Glück eines Gespräches noch gönnen ... «

»Ja, Thanausis, ich will es Ihnen – und mir gönnen. Die Nacht ist wie lauer Samt. Gehen wir in den Zentifoliengarten. Ich lasse Chios bringen und kalte Früchte in Melonenfleisch, die Sie so sehr lieben. Sie haben sich heute abend selbst übertroffen. Sie müssen belohnt werden ... «

»Was sagen Sie zu diesen auf Draht gezogenen Puppen in Stein- und Seidegeglitzer?« nahm Placidia das Gespräch auf, als die Diener gegangen waren.

»Nichts. Sie tun mir leid.«

»Mir auch. Übrigens, wie scheint Ihnen meine persönliche Stellung bei Hof?«

»Gut.«

»Sicherlich nicht schlecht. Nur der Kaiser bleibt undurchsichtig. Er ist ohne Offenheit. Hat er Ihnen jemals gerade ins Gesicht geschaut? Ja? Dann seien Sie doppelt auf der Hut. Er ist ein Mann, den man nicht reizen darf. Er trägt, wie alle diese Sanften, lange nach. Ich traue ihm nicht recht, so freundlich er sich auch gegen mich gibt.«

»Trauen Sie denn überhaupt jemandem an diesem Hof?«

»Nein. Aber ich weiß, daß es einen Zugang zu dem Kaiser gibt: Athenaïs. Sie ist die plumpe Bevormundung durch Pulcheria herzlich müde. Meinen Sie nicht auch?«

»Gewiß. Aber man darf es mit Pulcheria um keinen Preis verderben. Besessene sind mit Rosenfingern anzufassen.«

»Man darf natürlich nicht mit ihr verfeindet sein.«

Thanausis schaute vor sich hin.

»Was denken Sie?«

»Ich denke, Majestät, daß sich die kaiserliche Familie nur unter dem Druck zwingender Verhältnisse für Ihre Ansprüche einsetzen wird. Aus freien Stücken niemals. Jedenfalls weiß ich seit heute abend, daß Pulcheria an – Castinus geschrieben hat.«

»An Castinus? Von wem wissen Sie das?«

»Von Valerius, dem Bruder der Kaiserin Athenaïs. Ein gefährlicher Zuträger.«

»Hat Paulinus jemals mit Ihnen über meine Aussichten gesprochen?«

»Mit keiner Silbe. Das hat mir viele Lichter aufgesteckt. Ich halte übrigens Paulinus für viel wichtiger als Athenaïs. Ich hatte ja vor Ihrer Ankunft Gelegenheit, ihn näher kennenzulernen. Er ist der gewürfeltste Mann am Hof. Er ist der Spieler um des Spieles willen. Haben Sie noch nicht gemerkt, daß Pulcheria ihm nachstellt, daß der Kaiser ihm fast hörig ist und Athenaïs ihn länger ansieht, als sie sollte? Er spielt ein wahrhaft byzantinisches Spiel: Er wirkt nur durch Pulcheria auf den Kaiser. Er flüstert ihr ein, was er erreichen will, indem er ihr süße Augen macht, und sie gibt seine Wünsche weiter. Vor Theodosius ist er der Bescheidene, dem man sich unter allen Umständen anvertrauen kann. In Wirklichkeit aber ist er allein – wenigstens im Augenblick – der Herrscher. Sie kennen den Vers, den Olybrius auf ihn gemacht hat:

›Schön wie ein Gott und flüchtig wie ein Wiesel.‹«

»Schließen wir dieses Gespräch, Thanausis, und buchen wir unsere Erkenntnisse. Was geht uns dieser ganze Irrgarten der Seelen an? Sie haben vorhin das einzig Richtige gesagt: Keine noch so ausgeklügelten Schliche, sondern nur die Notwendigkeiten werden entscheiden. Daß man es in dem Augenblicke, wo sie eintreten, mit niemandem an diesem Hofe verdorben habe: das ist, worauf es ankommt. Außerdem aber: daß man niemals selbst in die Maschen dieses Netzes gerate. Also: Halten wir uns in gebührender Entfernung. Tun wir nicht mehr noch minder, als was die kluge Höflichkeit gebietet. Lassen wir in Geduld die Strophen der Athenaïs und ihre Plato-Deutungen über uns ergehen, beten wir mit Pulcheria und ihren Schwestern bei den Gebeinen des heiligen Johannes am Siebenten Meilenstein, und bewundern wir die Pergamentmalereien des Theodosius, auch wenn wir finden, daß ein Kaiser Wichtigeres zu tun habe. Dem Paulinus aber zeigen wir niemals, daß wir auch nur eine Minute über ihn nachgedacht haben. Freuen wir uns ehrlich an seinen beträchtlichen Reizen. Den Bruder der Kaiserin Athenaïs aber meiden Sie lieber. Unsere einzigen Aufgaben – unmenschlich schwere – heißen heute: Geduld, Beherrschung und Bereitschaft. Wir wissen ja, daß auch wir schon unsere Fangeisen gelegt haben. Und bessere als diese Kinder.«

Placidia erhob sich:

»Gehen wir noch ein wenig an der Mauer auf und nieder. Ich möchte das Meer sehen.«

Unsäglich stand die Nacht im Glanz der Gestirne, im Dufte der Akazien. Schwarz, in goldgraue Seide geschnitten, ragten die Zypressen unter nahen Himmeln.

Plötzlich, während sie in den Schatten einer früherblühten Katalpa getreten waren, legte Placidia ihre beiden Arme um den Hals des Freundes:

»Ich weiß um alles, Thanausis – und denke immer daran. Lassen Sie mich auch Ihnen sagen: Geduld, Beherrschung und Bereitschaft. Noch eine kurze Spanne Zeit. Beides wird werden: dieses und jenes. Ich trage die Gewißheit in mir. Warum, vermag ich keinem zu erklären. Gute Nacht.«

Am 25. Juni liefen Berichte und Geldsendungen des Grafen Bonifatius aus Karthago ein. Er versicherte Placidia seiner unbedingten Treue und Bundesgenossenschaft. Die Verwaltungen der sizilianischen Güter des Kaisers Constantius und der in

Afrika aus dem Besitz Heraklians neuerworbenen seien in guten Händen.

Den Gotenvertrag billige er. Ob allerdings ein Mann von der Art des Königs Theoderich auf einen Vormarsch bis Narbonne verzichten werde, stehe dahin. Ernste Nachrichten lägen aus dem vandalischen Spanien vor: man müsse sehr genau die Seepolitik des Königs Gunderich beobachten lassen, was am besten durch suebische Spione geschehe. Das westliche Mittelmeer sei in höchster Gefahr, sobald die Vandalen über eine eigene Flotte verfügten, denn die weströmische Flotte sei in einem bedauerlichen Zustande. Der Brief schloß mit dem homerischen Zitat:

Ἔσσεται ἦμαρ, ὅταν ...

Womit gemeint war: der Tag des Losschlagens zu ihren Gunsten, falls die Regierung von Byzanz »Dummheiten machen sollte«.

Placidia reichte Thanausis den Brief. Beide lächelten.

»Ich werde heute abend eine aufmerksame Zuhörerin sein«, sagte Placidia, »wenn uns Pulcheria die Irrlehre der Pelagianischen Sekte erklären wird.«

»Sie haben ihr Herz gewonnen, als Sie vor ein paar Tagen die Kaiserin Athenaïs fragten, ob denn die athenische Akademie wirklich noch ernst zu nehmen sei angesichts der religiösen Erschütterungen, welche sich der gesamten abend- und morgenländischen Menschen bemächtigt hätten.«

»Nehmen Sie dieses Geschwätz alter Sonderlinge noch ernst?«

»Wie sollte ich, Königin? Ich verstehe nichts davon. Und wenn mich auch tausendmal Homer entzückt: was soll ich mit sokratischen Spitzfindigkeiten anfangen? Livius und Caesar und Tacitus sind mir lieber. Und die Bibel des Wulfilas ebenso.«

»Wollen Sie mich heute abend in den Palast begleiten? Ich möchte Sie gerne um mich haben. Ihre Gegenwart wird mich noch fröhlicher machen, als ich bin. Sie strahlen heute, Thanausis.«

»Das ist Ihre Schuld.«

»Hat Ihnen Pulcheria noch keine liebenswürdigen Dinge gesagt?»

Thanausis lachte:

»Selbst wenn es so wäre, dürfte ich doch nicht davon sprechen.«

»Auch mir nicht?«

»Ihnen am allerwenigsten.«

»Thanausis, gehen Sie nicht bei Paulinus in die Schule.«

»Ihre Warnung kommt zu spät. Diese Lehrzeit habe ich schon – hinter mir.«

»Es scheint mir höchste Zeit, mein Freund, daß wir Byzanz verlassen.«

»Lieber heute als morgen. Ich werde dieser Stadt und ihren Menschen keine Träne nachweinen, so schön auch ihr Meer und ihre Parke sind.«

»Ich auch nicht, obwohl ich in ihr geboren bin. Ich gehöre in den Westen – genau wie Sie.«

Der Gotenkönig Theoderich antwortete in einem am 28. Mai ausgefertigten Schreiben, das am 30. Juli in Placidias Hände gelangte. Er versicherte sie seiner Hilfe, forderte jedoch Narbonne als Pfand. Es werde ihr nicht schwerfallen, dieses Zugeständnis zu machen, das eine Art sachlicher Geiselstellung sei, wie sie dem diplomatischen Gebrauch entspreche. Niemand könne sie deswegen des »Landesverrates« zeihen. Er riet ihr, sich auch mit den Hunnen nördlich der Donau in Verbindung zu setzen, sofern dazu eine Möglichkeit bestehe, damit diese den Druck, den sie 422 durch ihren Einfall in die dakischen Provinzen auf die oströmische Regierung ausgeübt hätten, sofort nach dem Tode des Honorius erneuern könnten.

Dieses Schreiben, dessen Entdeckung für Placidia hätte sehr gefährlich werden können, war in reich gearbeitetem Sattelzeug versteckt, das ihr Theoderich mit einer Stute aus dem berühmten gotischen Marstall übersandte. Um jeden Verdacht zu vermeiden, hatte er auch eine Botschaft an Theodosius gesandt und sich einige Fachmänner für Obstzucht aus der berühmten Baumschule von Chalkedon erbeten. Für die Anlage von Salinen wünsche er ebenfalls einige byzantinische Sachverständige.

Am Schlusse seines Briefes an Placidia deutete er an, daß er mit Bonifatius in ständigem Briefaustausch stehe, weil »im Westen die vandalische Hydra sich immer frecher gebärde, der man so rasch wie möglich gemeinsam den Hals ausbrennen müsse, damit sie nicht das Mittelmeerbecken aussaufe«.

»Die gotischen Göttersagen gehen um«, dachte Placidia, als sie diese Stelle las. »Theoderich lebt noch in Bildern, die Vallia und Athaulf überwunden hatten – so wie mein Blut Juno und Mars überwand. Wie können Götter sterben, die jahrtausendelang gelebt haben, wenn sie ›Götter‹ waren? Sie waren keine. Es gibt nur einen Gott: den, der sich opferte.«

»Lesen Sie«, sagte in unverhohlener Erregung Placidia zu Thanausis, als sie ihm am 20. August einen Eilbrief hinhielt, den der Befehlshaber der Garde des Constantius ihr aus Ravenna geschickt hatte:

Ravenna, am 20. Juli 423

Eurer Majestät erlaube ich mir mitzuteilen, daß der Tod des Kaisers Honorius mit Bestimmtheit im Laufe der nächsten vier bis sechs Wochen zu erwarten ist. Eine Heilung ist ausgeschlossen, da die Wassersucht schon an das Herz greift. Wir bitten unsere geliebte Herrin, der wir auf Tod und Leben ergeben sind, uns sogleich mitzuteilen, wie wir uns im Falle eines plötzlichen Todes Seiner Majestät zu verhalten haben. Ehe uns beglaubigte Nachricht zugeht, verhalten wir uns ruhig, wie es den bis jetzt getroffenen Abmachungen entspricht. Ich möchte nicht versäumen, Eure Majestät noch wissen zu lassen, daß hier in letzter Zeit Boten aus Byzanz gesichtet worden sind. Auch ist bekannt geworden, der Kaiser habe den Castinus zum Konsul für das kommende Jahr 424 vorgesehen. Eine Bestätigung des Gerüchtes konnte ich allerdings nicht erlangen. Ein Teil der kaiserlichen Garde würde wohl sogleich mit uns gemeinsame Sache machen. Denn die Verbannung Eurer Majestät wird von Tag zu Tag mehr als eine Machenschaft des Castinus erkannt, der zu den verhaßtesten Männern am Hofe gehört. Er hat kein Herz für seine Soldaten und spinnt Ränke, wo er nur erscheint. Auch die Durchlauchten Volusian und Candidian scheinen nur auf den Augenblick zu warten, Partei ergreifen zu können. Hinter ihnen dürfte wohl der weitaus größte Teil ihrer Standesgenossen stehen.

Wir erwarten mit Sehnsucht die Nachrichten unserer geliebten Herrin, der unser Blut gehört.

Divodurus, Buccellariorum
Augusti Constantii III. Dux

Thanausis war blaß geworden.

»Wir haben Geduld bewiesen«, sagte er bewegt, »Beherrschung gezeigt ... «

»Nun *sind* wir bereit!« ergänzte Placidia. »Sehr wahrscheinlich ist der Kaiser schon gestorben. Ich kann ihm keine Träne nachweinen – ich kann ihm auch nicht mehr zürnen: ein schönes, ein iches Leben zu führen war ihm nicht vergönnt. Was könnte einen Kaiser Schlimmeres treffen? Einen – römischen Kaiser?

Wir müssen sofort handeln. Der Offizier, der den Brief aus

Ravenna gebracht hat, bleibt in meiner Garde. Er ist zu abge-
hetzt, um die sofortige Rückreise anzutreten, die auf dem kürze-
sten Weg, zu Land, geschehen muß. Ich werde vier jüngere
Offiziere senden, die ihre Meilen am Tage hinter sich schaffen. In
drei bis vier Wochen können sie in Ravenna sein. Ich fordere
unbedingte Ruhe aller meiner Parteigänger in Ravenna, bevor
der Kaiser Theodosius zu meinen Ansprüchen Stellung genommen hat. Dies wird wohl spätestens Ende September, Anfang
Oktober der Fall sein. Lehnt er sie ab und ernennt er einen
Reichsverweser für den Westen, so habe ich einen letzten
Trumpf in der Hand, den mir Volusian ausspielen wird: die
Erhebung eines Usurpators. Das wäre Kriegsgrund für die oströmische Regierung und damit Selbstbesinnung. Denn die Erhaltung der theodosianischen Dynastie geht der Regierung doch
noch über die Formel der Personalunion ... Haben Sie verstanden? Ich lasse mich nicht an die Wand drücken – niemals! Ich
verzichte auf nichts, was mir zusteht! Ich kämpfe mit jedem
Mittel für mein Recht und meinen Sohn! Ein Usurpator, der sich
auf die im voraus verbürgte Treulosigkeit von Mitläufern stützt,
welche ihm nur zum Scheine auf den Thron helfen, ist von eben
diesen in einer Stunde beseitigt, wenn der Augenblick zum Siege
da ist! Und ihren Lohn trägt seine Tat ja in sich selbst.

Sie, Thanausis, verlassen morgen Byzanz und gehn zu Schiff
nach Marseille-Toulouse. Sie müssen Ihren ganzen Einfluß geltend machen, damit Theoderich nichts Unüberlegtes tut. Er ist
nicht Vallia. Er kannte keine Schulung an römischer Staatskunst.
Seien Sie mäßig in Ihren Angeboten. Bleibt er halsstarrig, so
gestehen Sie in meinem Namen Narbonne zu. Droht er mit
Krieg, so geben Sie Arles. Sie wissen, daß dies nicht sein Vorteil
ist noch der des gotischen Volkes. Kein römischer Generalissimus würde ihn dort auf die Dauer lassen. Aber den Freihafen für
gute Dienste wird ihm jeder zugestehen, wenn ich als gotische
Königin es befürworte. Sie bleiben bei Ihrem Volk, bis ich Sie
rufe – nach Italien, vielleicht, wer weiß, nach Afrika ... Sie
wissen, Thanausis, was Sie mir sind. Was ich Ihnen sein werde,
wenn ich an das Schicksal meine Schuld abgetragen habe: das
nehmen Sie als mein Versprechen mit. Ich habe Sie lieb gehabt,
ich habe Sie lieben gelernt – ich werde Ihnen meine Liebe beweisen, wenn der Kampf vorüber ist. Wir stehen beide heute im
31. Jahre – im Zenit des menschlichen Lebens. Die Liebe, die auf
uns wartet, ist eine Liebe der Reife. Wir müssen sie uns mit einem
letzten Einsatz verdienen. Dann, will mir scheinen, wird sie uns

bis an das Ende tragen. Hier, nehmen Sie diesen Ring als Zeichen des Gelübdes. Mir aber lassen Sie ein wenig von dem Blond, das mir ein Glück wiederschenken soll.«

Am 8. September erreichte Placidia – eine Woche früher als den Hof – die Nachricht, daß Honorius am 15. August gestorben sei: genau um die Zeit, die der Brief des Divodurus vorausgesehen hatte.

Sie wartete, was der Hof beschließen werde. Noch war Theodosius nicht aus Asien zurückgekehrt. Keine der beiden Kaiserinnen machte ihr eine Mitteilung von dem Ereignis. Keine ahnte, daß sie längst schon wußte, was man ihr mit Wissen vorenthielt. Einer ihrer Offiziere teilte ihr mit, man rede von Truppenverschiebungen an die illyrische Küste des Adriatischen Meeres. Ein anderer wollte etwas von der Errichtung eines Hauptquartiers in Saloniki erfahren haben.

Die Gerüchte beunruhigten sie nicht. Sie wußte, daß die Ereignisse durch Wind aus anderen Winkeln in ihre Richtung getrieben würden.

Der Kaiser kehrte am 30. September nach Byzanz zurück. Er suchte sie am 1. Oktober in ihrem Hause auf und teilte ihr den Tod des Honorius mit. Sie brach in Lachen aus:

»Man ist im Westen rascher als im Osten«, sagte sie. »Ihre beiden Damen hätten sich die Geheimtuerei sparen können. Aber sie sind entschuldigt. Ich habe es ja nicht anders gemacht als sie. Nur acht Tage früher. Dann habe ich einfach gewartet, was hier geschehen würde. Das ist ja nun schon überholt. Es lohnt sich nicht mehr, davon zu sprechen. Es lohnt sich nur noch, zu wissen, ob Sie meine und meines Sohnes Ansprüche anerkennen, mich also meinem mir gebührenden Platz und Rang wiedergeben werden – oder nicht. Sagen Sie ja, so brauche ich nur abzureisen. Sagen Sie nein, so wartet in Toulouse ein gotisches Haus auf mich und meine Kinder.«

»Ich sage nein. Ich will das Imperium, wie zu Zeiten Ihres Vaters, meines Großvaters, in einer einzigen Hand wissen. Ich sehe nicht, wie es sonst noch lang gehalten werden könnte. Ich handle nicht aus einer Laune, sondern aus tiefer Überzeugung. Ich erkenne Ihre Ansprüche nicht an – und lehne auch eine Reichsverweserschaft Pulcherias ab. Daraus erkennen Sie, daß Ihre Person, die wir alle hier verehren und lieben gelernt haben, in meinen Entscheidungen keine Rolle spielt. Ich habe noch keinen Sohn. Ich weiß nicht, ob ich jemals einen haben werde.

Ich habe nur meine kleine Tochter Licinia. Aber Sie haben einen Sohn, der theodosianisches Blut – und valentinianisches – in seinen Adern trägt. Wer sagt, daß er nicht eines Tages als Gatte meiner Tochter den Thron von Byzanz besteigen könnte, falls mir Athenaïs den Kronprinzen nicht schenkte?

Nichts, Placidia, braucht Sie jemals von hier fortzutreiben. Sie haben sich viele Freunde gemacht und werden sich deren noch mehr machen. Ich zahle Ihnen große Entschädigungssummen aus. Auch, wenn Sie lieber bei Ihren Goten wohnen wollen. Sobald die italische Frage gelöst ist, sind Sie völlig frei in Ihren Bewegungen. Daß ich Ihnen vor diesem Zeitpunkt keine Ausreise gestatten kann, werden Sie begreifen. Aber warum auch sollten Sie jetzt gehn? Der Herbst steht vor der Tür, die Stürme beginnen über dem Meere, es ist keine gute Reisezeit. Es fehlt Ihnen nichts in Byzanz. Und was Ihre Liebe zu den Goten betrifft: Sie haben eine Garde von herrlichen, zum Teil sehr gebildeten Offizieren – und schließlich: Sie haben als Adjutanten und Freund einen der beneidenswertesten Menschen, der je in meinem Hause aus und ein ging: den Fürsten Thanausis.«

»Nicht mehr, Theodosius.«

»Was heißt das?«

»Schon ehe ich den Tod des Honorius erfuhr, ist Thanausis nach Hause gereist, um meine eigene Rückkehr zu den Goten vorzubereiten. Ich habe eine Art Heimweh nach der ›anderen‹ Art. Vielleicht verstehn Sie das nicht. Aber es ist so. Ich kann die Swastika nicht mehr verwinden – das Sonnenrad. Ich möchte im Frühling übersiedeln.«

»Ich verstehe«, sagte Theodosius.

Der »Zögling aus dem Priesterseminar« glaubte tatsächlich, verstanden zu haben – und er war glücklich darüber.

»Wer soll den Westen verwalten?« sagte Placidia in einem Ton, als habe sie gefragt: »Finden Sie mein Kleid schön?« oder: »Essen Sie gerne gedörrte Äpfel?«

»Der tüchtigste General, den es eben da drüben gibt, wenn auch Ihr Feind: Castinus.«

»Ich hoffe für den Westen und für Sie selbst, daß er sich bewährt. Ich persönlich hätte Ihnen vorgeschlagen, lieber einen Mann von dem Zuschnitt Ihres Generalissimus Ardapur nach Ravenna zu senden.«

»Ardapur wird niemals für immer Byzanz verlassen. Er ist, obwohl Alane, ganz Byzantiner.«

»Und was wird aus all den vielen Hofbeamten, die von Ravenna lebten?«

»Das wird sich finden! Der Staat kann eine Verminderung seiner viel zuvielen Beamten gut vertragen.«

»Ich teile Ihre Ansicht. Aber die Entlassenen werden den Staat auch ein schönes Stück Gold kosten. Man kann sie ja schließlich nicht auf einen Karren laden und den Haifischen vorwerfen.«

»Da sie, einmal entlassen, weniger Unkosten haben, kann man ihnen auch kleinere Gehälter zahlen – und die Steuern senken.«

»Ja, das kann man, wenn es gelingt.«

»Es wird gelingen.«

»Ich zweifle nicht daran, wenn Sie die Sache in die Hand nehmen.«

Der Kaiser war noch keine Stunde gegangen, als die Kaiserin Athenaïs gemeldet wurde.

»Sie sehen ja ganz verstört aus«, sagte Placidia.

»Haben Sie ein offnes Ohr für mich?«

»Ich habe es immer gehabt. Aber Sie haben – leider – keinen Gebrauch davon gemacht.«

»Ja – leider.«

»Ich weiß nicht, was Sie meinen.«

»Wissen Sie, was ein goldner Käfig ist?«

»Nein.«

»Danken Sie Gott jeden Tag für diese Unwissenheit. Pulcheria macht mir das Leben zur Hölle. Ihnen nicht minder. Sie ganz allein ist die Seele dieses Komplottes gegen Sie und Ihren Sohn. Sie ist größenwahnsinnig. Wie kann das ganze Imperium auf den Schultern eines Mannes wie Theodosius ruhn! Diese verblendeten und besessenen Menschen sehen vor lauter Bäumen den Wald nicht! Ich bin die Tochter eines griechischen Philosophen. Ich kenne keine dynastischen Voreingenommenheiten. Aber ich habe denken gelernt. Ich sehe das Nächste.«

»Und das wäre?«

»Sofort Ihre Ansprüche anzuerkennen, Ihnen Rang und Titel wiederzugeben, dem kleinen Valentinian ebenfalls – und die byzantinische Kronprinzessin, meine einzige Tochter Licinia, mit ihm zu verloben. Das wäre Politik. Was Theodosius und Pulcheria wollen, ist byzantinische Narretei.«

»Sie finden scharfe Worte.«

»Höchst angebrachte! Glauben Sie mir. Die wohlverteilte Dynastie hält den Riesenstaat, aber nicht ein Mann, der die Psalmen in Kreuzform abschreibt und auf den ersten besten sarmathischen General hereinfällt – auf diesen Castinus aus Olbya!«

»Haben Sie das alles dem Kaiser gesagt?«

»Zehnmal, seit er zurück ist – und wie oft geschrieben, seit dem Tode des Honorius.«

»Er hört Sie also nicht?«

»Nein. Pulcheria – und immer wieder Pulcheria!«

»Hört er denn auch nicht auf – Paulinus?«

»Paulinus!«

»Sie irren. Sie sollten – freundlicher zu Paulinus sein.«

»Damit mich Pulcheria noch mehr quält?«

»Ach so ... Seien Sie trotzdem freundlich.«

»Wie soll ich denn Paulinus sehn in diesem Gefängnis da drüben, wo jeder dritte Kerl ein gedungener Spion ist?«

»Lassen Sie mich das in Ruhe überdenken. Vertrauen Sie mir. Schweigen – wenn es Ihr eigner Vorteil verlangt – haben Sie ja wohl gelernt?«

»Ich beginne es zu lernen. In Athen sitzt das Wort locker wie der Gedanke. Bei uns sagt man, was man denkt. Hier lügt man selbst in dem, was man nicht denkt.«

»Glauben Sie nicht, daß Sie noch einen Sohn haben könnten?« Athenaïs lachte böse.

»Wenn es keine Psalmen mehr abzuschreiben geben wird.«

»Der Kaiser – vernachlässigt Sie?«

»Ich weiß nicht, ob ich das so nennen darf. Ich habe ja keine – Vergleiche.«

»Warum kommen Sie gerade heute zu mir?«

»Weil es mich ganz einfach zu Ihnen trieb! Weil ich aufgebracht bin wie noch nie! Weil mir Pulcheria verbieten wollte, zu Ihnen zu gehen! Weil ich mir das nicht gefallen lasse! Weil meine Meinung meine Meinung ist – und weil ... ja, weil ich Ihnen endlich sagen muß, daß ich Sie verehre und liebe! Weil ich an Ihnen zum ersten Male gespürt habe, was eine – Kaiserin ist!«

»Sie müssen nicht weinen, Athenaïs. Ihre Erregung wird vorübergehn. Was ich Ihnen sein kann, werde ich Ihnen sein. Ich habe mit der byzantinischen Regierung nicht das geringste zu tun. Ich bin ein Mensch wie jeder andere. Ich warte ab, was kommt. Was sollte ich denn sonst auch anders tun?«

»Das lassen Sie meine Sache sein, Placidia! Natürlich müssen wir warten: Sie und ich. Aber da wir das gleiche wollen, nämlich das Vernünftige und das Rechte, sind wir ja Bundesgenossen – sofern auch Sie Vertrauen haben.«

»Erwerben Sie sich mein Vertrauen, Athenaïs. Ich komme mit einigen Dingen, die Sie allzu eifrig betreiben, nicht ganz zurecht. Es ist mir etwas zu viel Literatur in Ihrem Leben, zu viele Schriftsteller um Sie her. Aber es scheint, Ihr Leben – beginnt ja eben erst.«

»Es scheint mir beinahe auch so. Ich will Sie jetzt verlassen. Verzeihen Sie den Überfall.«

»Überfall? Hier kann man doch wohl nur von einer Fügung sprechen.«

»Ich hoffe es. Ich darf Sie oft besuchen?«

»Es ist besser, Sie werden hier nicht allzuoft gesehen. Aber Sie haben ja in der Stadt Ihre alte Tante Eurykleia aus Mégara wohnen, mit der ich sehr befreundet bin. Weiß Pulcheria, daß Sie heute bei mir waren?«

»Nein. Sie ist in Blachernai, um das Gelände für eine Kirche abstecken zu lassen, die sie da draußen später einmal bauen will.«

»Und der Kaiser?«

»Ist eben nach Pera gefahren, um die Reliquien anzusehn, die man dort gefunden hat.«

»Und Paulinus?«

»Ist schon heute früh vom General Ardapur zu einer Unterredung gebeten worden. Auch Ardapur soll gegen den Plan des Kaisers sein. Am heftigsten aber sein Sohn Aspar. Sie sagen, Theodosius der Große habe gewußt, warum er eine Doppelregierung eingerichtet habe: Die Zustände, welche eine solche rechtfertigten, seien heute noch viel dringender als damals.«

»Also gibt es doch eine ganze Menge gescheiter Menschen an diesem Hof.«

»Es gibt deren viele – aber sie dürfen ja den Mund nicht auftun, solange diese Furie die Fuchtel schwingt!«

»Verzeihen Sie, wenn ich lache«, sagte Placidia. »Es tut so unaussprechlich wohl, die Luft eines byzantinischen Kaiserhauses einmal vom ehrlichen Zorne einer menschlichen Stimme nachbeben zu spüren. Sehn Sie doch die Aufgabe, die Sie zu lösen haben: Erwecken Sie – mit Ihrem athenischen Bedürfnis nach Klarheit – in dem Kaiser den Sinn für Luft und Licht, dann werden sich alle Dinge für Sie noch sehr zum Guten wenden. Es ist noch keine Sorge, was Sie quält. Die Sorge, glauben Sie mir, hat ein andres Gesicht!«

»Sie tragen ja gar kein Trauerkleid«, sagte Athenaïs plötzlich nach langem Schweigen.

»Nein.«

»Sie mißachten den Hofbefehl?«

»Was geht mich der Hof an? Ich bin – und mehr denn je nach den heutigen Eröffnungen des Kaisers – weiter nichts als eine entrechtete Frau, die auf den Winter wartet, weil sie vorläufig keine andere Beschäftigung hat.«

»Sie werden anderes zu tun haben«, sagte Athenaïs heftig, während sie Placidia umarmte. »Das lassen Sie meine Sorge sein.«

Placidia schaute lange, halb ergriffen, halb voller Zweifel, auf die Tür, durch welche die zarte, zähe Gestalt verschwunden war. Dann aber fühlte sie sich plötzlich leicht, wie aus dem eigenen Ich enthoben. Sie ging in den Garten hinaus, der im Meerwind duftete, und summte vor sich hin ... Sie rechnete nach: Der Bescheid von Bonifatius mußte bei der Regierung spätestens in zwei Wochen einlaufen, die gotische Kündigung des Bündnisses etwa zur selben Zeit. Wer weiß, welche anderen Germanen dem Beispiel noch folgten. Der letzte Schlag aber, den Volusian zu führen hatte, würde vor Mitte November in Byzanz nicht bekannt sein, sofern er überhaupt geführt werden konnte. Zwischen dem 15. Oktober und dem 1. Dezember also, schloß sie die Rechnung ab, wird man am Hofe von Byzanz keine Zeit haben, sich zu langweilen.

Im kaiserlichen Palaste fiel die fast heitere Ergebung Placidias in ihr Schicksal auf. Man sah sie oft mit ihren beiden Kindern, der sechsjährigen Honoria und dem vierjährigen Valentinian, in ihrer Barke auf dem Bosporus. Sie hatte kaiserliche Bewachung erbeten und erhalten, um bis in die Kastanienhügel von Hýdorhedý hinüberfahren zu können, in deren Gold sie am liebsten die warmen Nachmittage verbrachte.

Pulcherias Unruhe steigerte sich von Tag zu Tag. Sie hörte nicht auf, dem Patriarchen Attikus mit ihren Ängsten im Ohr zu liegen: Es müsse sich da im Hintergrunde etwas Böses vorbereiten. Aber der Patriarch, ein alter Mann, der noch den großen Theodosius gekannt und bewundert hatte, war kein Freund der Gewaltpolitik, welche die Prinzessin und ihr Bruder betrieben. Er hatte oft genug gewarnt, und Placidias Haltung – die er für gottergebene Demut hielt – hatte ihm viel zu denken gegeben. Als er an einem Sonntag eine Predigt über göttliche und irdische Gerechtigkeit hielt, war die Hofgesellschaft in eine große Erregung geraten.

Als am gleichen Abend der Sessel des Kaisers Theodosius im

Kasino der Gardeoffiziere zusammenbrach und ein Holzsplitter den Monarchen leicht am Halswirbel ritzte, sank ein Entsetzen auf die von Aberglauben zerfressenen Gemüter. Als aber vollends am frühen Morgen ein Kugelblitz durch die Hauskapelle glitt und über den Pinienwipfeln des Gartens als sengende Flamme zerbarst, gab es am Hofe keinen Menschen mehr, der nicht an nahendes Unglück geglaubt hätte.

Das Unglück hatte schon seinen Einzug in den Hafen gehalten.

Während der Kaiser beim Frühstück saß, wurde ihm das Ultimatum des Grafen Bonifatius überreicht: sofortige Anerkennung Placidias und ihres Sohnes – Westillyrien zurück an Rom – Bedingungslose Annahme und Antwort innerhalb der Zeit, die eine kaiserliche Eiltrireme zur Fahrt von Byzanz nach Karthago benötigt, also bis spätestens 15. November. Bei Ablehnung Sperrung des Getreides an Italien, Krieg und Begünstigung der vandalischen Seepolitik.

Zwei Stunden später – als ob sogar der Zeitpunkt verabredet worden wäre – liefen die Kündigung des westgotischen Bündnisses »als eines nur auf den Namen des Kaisers Honorius lautenden« und die Nachricht von der Besetzung der Festung Narbonne ein.

Wie eine Zugabe des Schicksals aber mußte es Placidia empfinden, daß am Ende der Woche die Vandalen erklären ließen, sie erachteten sich in keiner Weise an das Schiffbauverbot vom Jahre 419 gebunden – und die Hunnen ihre Tributforderungen verdoppelten.

Der Kaiser war aus allen Himmeln gefallen. Sein Wille schien gebrochen. Es war ihm unmöglich, einen Entschluß zu fassen. Er fühlte deutlich, daß weder die Feldherren noch die Minister, noch der Patriarch mit der hinter ihm stehenden Geistlichkeit sich für einen Krieg begeistern würden, dessen gutes Ende mehr als unsicher, dessen schlechtes aber tödlich sein konnte. Selbst Pulcheria wagte nicht mehr, zum Losschlagen anzutreiben. Ein letzter Versuch zu »heroischem« Handeln, den sie bei dem Generalissimus Ardapur gemacht hatte, war auf ironische Ablehnung gestoßen: Die Lage sei so verwickelt, daß nur nach kühlster militärischer Abwägung der Aussichten ein Entschluß gefaßt werden könne. Es sei nicht »heroisch«, sondern frevelhaft, sich mit unzureichenden Kräften in ein Abenteuer zu stürzen, das dem Imperium selbst zum Verhängnis werden könne. Er hoffe, die Kaiserin Pulcheria werde Herrin über ihre Gefühle und nehme sich ein Beispiel an der besonnenen Art der Kaiserin

Athenaïs, die ihrem Gatten in diesen schweren Tagen als wirkliche Gefährtin zur Seite stehe. Entscheidung über Krieg und Frieden sei eine soldatische Angelegenheit, nicht aber eine weiblich-gefühlsmäßige ... Wütend war Pulcheria hochgefahren: Diese unverschämte Sprache verbitte sie sich. Worauf Ardapur mit einer höflichen Verneigung erwidert hatte, das solle sie bei ihrem Bruder tun, denn eben dieser habe ihm eben diese Sprache – befohlen. Er müsse zufügen, daß er auch aus eignem Antrieb heraus die gleiche geführt haben würde.

Am letzten Oktobersonntag erschien Pulcheria plötzlich gegen Abend bei Placidia. Zu ihrem Erstaunen fand sie den Hausminister Paulinus im Gespräch mit der »Gotin« (wie sie zu sagen pflegte).

»Ich störe wohl«? fragte sie bös. »Nun: Ich komme, um zu stören.«

»Wen und was?« fragte Placidia mit ungewöhnlicher Schärfe.

»Das Netz, das Sie vor den Augen des Hofes spinnen ... «

»Es hätte keinen Sinn, es hinter den Augen des Hofes zu spinnen, da diese Augen ja schon lange blind geworden sind.«

»Nicht die meinen!«

»Die Ihren vor allen anderen! Ihre Blindheit des Verstandes und des Herzens hat die anderen angesteckt. Aber Gott sei Dank hat bei denen die Krankheit nicht so lange gedauert wie die Ihre. Sie wollen auch heute noch nicht sehen, obwohl auch Ihnen wahrscheinlich schon die Schuppen von den Augen gefallen sind.«

»Das sind sie: nämlich, was Ihre Person betrifft!

»Es wäre vorteilhafter für Sie, wenn Sie gesagt hätten: was ›meine‹ Person betrifft. Dann hätte man vielleicht ein vernünftiges Wort zusammen reden können.«

»Ich verzichte auf ›vernünftige‹ Worte mit Ihnen.«

»Das ist ohne Schwierigkeit, sogar vor Zeugen, festzustellen! Denn was Sie bis jetzt von sich gegeben haben, läßt nicht mehr auf eine sehr klare Geistesverfassung schließen.«

»Und das lassen Sie hier über mich ergehen, Paulinus«, schrie Pulcheria.

»Ich würde die Lage nur verschlimmern, wenn ich in diesen Streit eingriffe. Außerdem käme es mir nicht zu, da ich ja der Gast der Kaiserin bin, die Sie überfallen haben.«

»Was sagen Sie? Ich habe überfallen?«

»Was haben Sie denn sonst getan?« lachte Placidia. »Hatte ich

Sie vielleicht zu mir eingeladen? Sie sind unangemeldet hier erschienen und haben erklärt, daß Sie kommen, um zu stören. Was wollen Sie also?«

»Ihnen sagen, daß ich Sie in Haft setzen lassen werde! Sie ganz allein haben uns dieses Unglück eingebrockt. Sie und dieser ›Fürst‹ Thanausis.«

»Können Sie das beweisen, Majestät?« fragte Paulinus.

»Ich denke, Sie mischen sich nicht ein?«

»Doch. Zugunsten meiner Gastgeberin, die hier so unerhört beleidigt wird, wie dies der byzantinische Hof noch nicht gesehen hat ... Ich bitte mich verabschieden zu dürfen, meine Majestäten. Sie werden ohne Zeugen rascher einig werden.«

Als Paulinus gegangen war, sank Pulcheria plötzlich in sich zusammen.

Placidia schüttelte den Kopf. Wieder stieg das Mitleid in ihr hoch.

»Armes Getier«, dachte sie, »das sich den Kopf an den Gittern zerschlägt.«

Sie ließ Pulcheria ein Glas Samos bringen. An der Art, wie diese trank, erkannte sie, daß das Gespräch fortgeführt werden konnte.

»Was eigentlich wollen Sie von mir, Pulcheria? Daß ich auf meine Ansprüche verzichte? Das wird niemals geschehen. Sie und Ihr Bruder berauben mich meiner Rechte – ich kämpfe für sie.«

»Während Sie unser Gast sind.«

»Oh – Sie irren ungeheuerlich: während ich im Hause meiner Mutter und in meiner Vaterstadt wohne. Das ist alles. Glauben Sie doch nicht, daß ich keine Freunde in der Welt habe, die sich aus freien Stücken für mich einsetzen. Soll ich sie etwa daran hindern? Würden Sie das tun, im gleichen Falle? Gewiß nicht. Was ereifern Sie sich? Die Lage ist unendlich einfach: Nehmen Sie den Kampf auf! Siegen oder verlieren Sie! Scheint Ihnen das Wagnis zu groß, so setzen Sie sich friedlich mit mir auseinander, wodurch der Krieg gegen die Mächte, die sich gemeldet haben, vermieden wird.«

»Sie kennen mich, Placidia. Können Sie sich denken, daß ich je auf einen mir heiligen Gedanken verzichte?«

»Sie können Ihren Gedanken behalten – aber Sie werden sich den Wirklichkeiten fügen müssen. Sie sind ja nicht allein am Ruder.«

»Nein! Es ist nur noch ein Mensch hier am Ruder außer mir – und das sind Sie!«

»Sie überschätzen mich, liebes Kind. Ich glaube, die Vernunft ist hier am Hofe bei einer ganzen Reihe von Menschen am Ruder.«

Pulcheria stand auf:

»Ich möchte Sie etwas fragen: Haben Sie es auf meine Demütigung abgesehen?«

»Nein.«

»Dann lassen Sie mir Zeit, mich in die Lage einzudenken.«

»Liebe Pulcheria, ich habe Ihnen weder Zeit noch keine Zeit zu lassen. Die Generale werden entscheiden. Seien Sie genauso abwartend, wie ich es bin, und unterwerfen Sie sich dem Beschlusse Ardapurs. Befreien Sie sich von Verantwortungen, die Sie nicht zu tragen vermögen. Vergessen Sie nicht, daß Sie sich vielleicht auch mit – mir einmal in Ruhe aussprechen könnten, wenn es um sehr große Fragen geht. Mein Blut steht dem Begründer unserer Dynastie wohl doch noch etwas näher als das Ihre.«

Pulcheria war schon an der Tür, als sie sich zu einer Entschuldigung aufraffte:

»Können Sie mich verstehen, Placidia?«

»Politisch: nein. Menschlich: vielleicht. Aber erlauben Sie mir, Ihnen sehr ans Herz zu legen: Man vermenge nicht, was in verschiedene Zonen gehört. Männer – wollen niemals ›Trumpf‹ sein. Weder bei dieser – noch bei jener.«

Pulcheria stand offnen Mundes. Dann ging sie raschen Schrittes durch die Gärten in den Palast hinüber.

»Unheimliche Frau«, schoß es ihr durch den Kopf, als sie die Stufen emporstieg. »Sie ist – entrechtet – noch gefährlicher als im Besitze ihres Rechtes. Es will mir scheinen, ihre Feindschaft sei nicht tragbar.«

Die letzte Novemberwoche war angebrochen, und der Hof hatte immer noch keine endgültigen Beschlüsse gefaßt. Castinus hatte die Reichsverweserschaft für den Westen und das Konsulat für das Jahr 424 inne – aber Botschaften an Bonifatius und die Westgoten waren nicht abgegangen. Der Kaiser war der Meinung, daß man sich nicht zu überstürzen brauche, so lästig ihm auch die unentschiedene Lage war.

Da kam am 10. Dezember die Nachricht, welche mit einem Schlage die gesamte Lage änderte und ihn zum Handeln zwang: Der Westen hatte sich nach eignem Gutdünken einen Kaiser erwählt: Johannes, den früheren Leiter der Reichskanzlei – und Castinus war zu ihm übergetreten.

Gleichzeitig mit dieser Kunde erhielt Placidia ein geheimes Schreiben Volusians, das folgenden Wortlaut trug:

»Ihre Wünsche, verehrteste und geliebteste Freundin, sind durch die Ereignisse überholt worden. Es ist gut so, denn wir können besser für Sie auf Posten stehen, wenn wir unbeteiligt sind. Für den Hof von Byzanz dürfte es nun kein Schwanken mehr geben, sofern ihm die Frage der Dynastie wirklich so wichtig ist, wie er vorgibt. Wir stehen alle bereit und warten, indem wir vorläufig so tun, ›als ob‹. Divodurus ist mit uns und befolgt unseren Rat. Setzen Sie keine Hoffnung auf den Gotenkönig. Er wird die Fahne nach dem Winde hängen. Theoderich ist unwünschenswert. Der Abenteurer in ihm ist heute noch stärker als der Staatsmann. Einigung mit Byzanz – auch durch kleine Opfer erkaufte – ist wertvoller als neues Gotenbündnis, solange in Bordeaux-Toulouse kein Thronwechsel eingetreten ist. Das gotische Volk ist Ihnen treu. Der König geht seine eignen Wege. Der Bote unserer Gesandtschaft an die oströmische Regierung, der Ihnen diesen Brief überbringt, wird auch Ihre Antwort in Empfang nehmen. Er ist Ihnen in Bewunderung ergeben und erwartet mit uns allen Ihre Heimkehr.«

Theodosius war über die erhaltenen Bescheide in eine solche Bestürzung geraten, daß erst ein Zornesausbruch der Kaiserin Athenaïs ihn dazu bestimmte, den Kriegsrat einzuberufen:

»Nun«, warf sie ihm an den Kopf, »was hat Ihnen denn Placidia über diesen Castinus gesagt? Wird Ihnen jetzt vielleicht klar, daß dieser Abenteurer seine Abmachungen mit Ihnen nur getroffen hat, um Zeit für die Wahl eines Usurpators zu gewinnen? Ich bin wirklich darauf gespannt, wie Sie sich aus dieser Geschichte herauszuziehen gedenken. Ohne äußere und innere Demütigungen wird es nun natürlich nicht abgehen! Sie hätten uns erspart bleiben können, wenn Sie auf Paulinus und auf mich gehört hätten, statt mit Pulcheria – gegen die Einsicht und den Willen Ihres Großvaters – Luftschlösser zu bauen! Heute haben Sie die halbe Welt auf dem Buckel – und morgen vielleicht auch noch die Perser, trotz des ›hundertjährigen‹ Friedens, den Sie vor zwei Jahren mit ihnen geschlossen haben, sofern Sie sich nun nicht beeilen! Gegen den Thronräuber, gegen den Grafen Bonifatius, gegen die Vandalen und Westgoten können Sie nicht gleichzeitig Krieg führen. Wenn Sie gegen Bonifatius angehen, müssen Sie den Usurpator Johannes anerkennen. Entscheiden Sie sich aber gegen Johannes, so müssen Sie die Forderungen des Bonifatius erfüllen, also Placidias und Valentinians Ansprüche befriedigen. Zwangslage, so oder so! Das Prestige von Byzanz wird in jedem Falle, dank Ihrem und Pulcherias Eigensinn, um einige Klafter sinken. Eine einzige Person kann es heute noch retten, sofern Sie ihr den Rückweg mit Ehrenpforten schmücken: Placidia. Diese Frau sollten Sie sich zum Vorbild nehmen! Sie weiß was Politik-machen bedeutet. Pulcheria und Sie aber – reiten ein längst erledigtes Phantom noch einmal zu Tod! Schade, daß Sie in Ihrem Leben nie aus diesem verräucherten Palast herausgekom-men sind! Byzanz ist nicht die Welt – und wird die Welt nicht sein. Niemals! Es ist *eine* Welt unter anderen: genauso wie Rom, genauso wie Athen, das heute noch im Geiste von Hellas weiter-lebt!«

»Warum sind Sie so beispiellos hart?« fragte Theodosius, ohne von dem Blatt aufzusehen, das er mit sinnlosen Ornamenten bemalt hatte.

»Weil ich Sie liebe und weil ich Sie endlich als einen selbständi-gen Mann handeln, aber nicht ewig an den Rockschößen Ihrer Schwester hängen sehen möchte! Diese Frau fängt an, zu einem Verhängnis zu werden! Sie sollte als Äbtissin in ein Kloster gehen – und mir endlich den Platz räumen! Eine mönchisch-schwärme-rische Natur wie die Ihre bedarf der Hilfe eines nüchternen Verstandes, nicht aber der Litaneien einer von Glauben und Herrschsucht Besessenen, wobei ich es dahingestellt sein lasse, welcher ihrer Besessenheiten der – Vorrang gebührt! Pulcheria – oder ich! Einmal müssen Sie sich entscheiden. Ich bin es müde, das Gespött des Hofes zu sein. Mit mir gehen Sie, je nach Belieben, schlafen – und von ihr lassen Sie sich die Politik besor-gen! Welche, das beweist ja die Lage, in der wir heute alle sind! Ich möchte das Gelächter im Hause Placidias gehört haben! Sie hat gewirkt – gewartet – und recht behalten. Auch sie ist fromm. Auch sie dient Gott. Aber etwas glaubhafter als die unglückseli-gen drei Nonnen, welche Ihre Schwestern heißen – und mit etwas mehr Erfolg. Gott ist bei ihr – und nicht bei uns! Verletztes Recht ist Gott niemals ein Wohlgefallen! Gott hat Ihnen einen mehr als deutlichen Wink gegeben! Beachten Sie ihn! Noch ist es Zeit. Ein paar Tage noch. Mehr nicht. Gottes Fristen sind immer nur – kurz bemessen!«

»Haben Sie vergessen, was Sie Pulcheria schulden? Wären Sie oströmische Kaiserin ohne ihren Willen?«

»Wer sagt Ihnen denn, daß es mein höchstes Glück ist, oströmische Kaiserin zu sein? Ich sollte Pulcherias Werkzeug werden! Mit dieser Erkenntnis aber ist mein Dank an sie abgetragen! Ich bin kein Werkzeug – außer Gottes! Ich bin Ihre Gattin. Da mich ein ehrliches Gefühl an Sie bindet, spreche ich die Sprache einer freien Athenerin. Es wäre ein großer Irrtum, anzunehmen, daß ich jemals meine Herkunft verleugnete. Wenn der Gott der Christen, zu dem ich mich heute bekenne, das ist, was man mich über ihn gelehrt hat, so soll er es mir beweisen, indem er Ihnen endlich die Augen öffnet! Das ist der einzige Gnadenbeweis, den ich von ihm in allen meinen Gebeten erflehe! Ich denke zuerst an Sie – nicht an mich! Ich meine, das müßten Sie fühlen und sich danach zu mir verhalten. Gehn Sie allein mit sich zu Rate. Ich habe mich von Lasten befreit, die unerträglich geworden waren. Tun Sie jetzt das gleiche – auf Ihre Art!«

Über eine Woche dauerten die Kriegsräte und politischen Besprechungen im Kaiserpalast. Placidia hatte der Bitte des Hofes, sie möge an dieser und jener Beratung teilnehmen, nicht entsprochen. Sie könne sich erst äußern, hatte sie dem Kaiser nach einer geheimen Aussprache mit dem Generalissimus Ardapur geschrieben, wenn ein endgültiger Plan der Regierung vorliege.

Am 19. Dezember wurde sie von Paulinus zur Entgegennahme der kaiserlichen Beschlüsse in den Kronrat gebeten. Sie antwortete abermals mit einer Ablehnung: Sie habe in einem oströmischen Kronrat nicht das geringste zu suchen. Der Kaiser möge ihr persönlich die Ergebnisse mitteilen oder – wenn er dies nicht wolle – in schriftlicher Ausfertigung zustellen lassen.

Was sie nie erwartet hatte, ereignete sich: Theodosius kam noch am gleichen Abend zu ihr.

Sie war ihm bis zur Vorhalle entgegengegangen. Er sagte, als sie sich in Placidias Arbeitszimmer niedergelassen hatten:

»Sie sind Siegerin in unserem Streit geblieben, aber Sie haben niemandem im Kampfe eine unheilbare Verwundung beigebracht. Selbst nicht Pulcheria, welche Sie um eine Unterredung unter vier Augen bittet, ehe Sie durch Ihre neuen Aufgaben ganz in Anspruch genommen werden.

Die Beschlüsse, welche gefaßt worden sind, werden Ihnen morgen, durch die kaiserlichen Siegel beglaubigt, vom Kanzler zugestellt. Sie fassen sich ungefähr in folgenden Sätzen zusammen: Die Würde und die Rechte einer Kaiserin in Westrom sind Ihnen wieder zuerkannt. Ihr Sohn erhält den Titel Kaiserliche

Hoheit, welcher zu einem späteren Zeitpunkt in den eines Kronprinzen und Kaisers erhöht wird. Auch Ihrer Tochter steht der Titel Kaiserliche Hoheit zu. Selbstverständlich werden Ihnen alle Ihre vom Augenblick Ihrer Verbannung an bis zu dem heutigen Tage gesperrten Apanagen ausgezahlt – und von morgen an laufend mit einer Erhöhung um fünfzig vom Hundert eingehändigt. Der Feldzug gegen den Usurpator Johannes, dessen Bitte um Anerkennung wir durch eine schon abgesandte Kriegserklärung beantwortet haben, wird sofort begonnen. Er liegt in den Händen des Generalfeldmarschalls Ardapur und seines Sohnes Aspar, denen sich der Gouverneur der Provinz Aquileia, Ihr Freund Candidian, wohl anschließen dürfte, wenn der geeignete Zeitpunkt gekommen scheint. Der General Graf Bonifatius in Karthago wird von unseren Entscheidungen durch Boten unterrichtet, welche abreisen können, sobald wir Ihre Beglaubigung unseres Briefes in Händen halten. Auch unser Schreiben an die Westgoten, worin wir ihnen ein neues Bündnis mit dem gesamten Imperium anbieten, bitten wir Sie, bestätigen zu wollen. Vandalen und Hunnen dagegen werden einer Antwort nicht gewürdigt. Diesen werden wir den nötigen Bescheid geben; jene zu zügeln, wird Ihre Aufgabe sein, wenn der Sieg errungen ist. Als erstes Hauptquartier ist Saloniki vorgesehen. Wir bitten Sie, sich mit dem Heere in den letzten Dezembertagen dorthin zu begeben. Wir setzen Salona als zweite Etappe und Aquileia als dritte fest. Da der Usurpator infolge der Getreidesperre Krieg in Afrika führen muß, wird ihm wohl nichts anderes übrigbleiben, als Castinus mit dieser Aufgabe zu betrauen. Das Heer, das ihm dann noch in Italien zur Verfügung steht, dürfte schwerlich ausreichen, dem unseren selbst nur kurze Zeit standzuhalten, zumal Ihr Anhang im Lande noch beträchtlich sein soll, wie uns berichtet wurde. Woher der Usurpator neue Truppen anwerben solle, ist nicht ersichtlich, da die Goten keinesfalls gegen ihre eigne Königin auf italischem Boden kämpfen werden. Wie Sie selbst sich mit den gotischen Forderungen nach einem Mittelmeerhafen auseinandersetzen, müssen wir Ihnen anheimstellen. Wir zweifeln nicht, daß Ihr bewundernswürdiges diplomatisches Geschick eine für das gesamte Imperium günstige Lösung finden wird. In all unseren Beschlüssen leitet uns der Gedanke an die Aufrechterhaltung der Einheit des Imperiums durch die Aufrechterhaltung und Stärkung der theodosianischen Dynastie. Um dieser Richtung unserer auf ewige Sicht festgelegten Politik einen unzweideutig klaren Ausdruck zu verleihen, wünschen wir ein jetzt schon zu vollziehendes Verlöbnis Ihres Sohnes Valentinian mit der oströmischen Kronprinzessin Licinia und hoffen, daß Sie gegen diesen Plan keine Einwände zu erheben haben. Die öffentlichen Erlasse aller dieser Beschlüsse dachten wir unter dem Segen des Patriarchen Attikus als einheitliche Staatshandlung am Weihnachtstage dem gesamten Imperium bekanntzugeben. An diesem Tage auch würden Sie zum ersten Male wieder als Mitglied des Kaiserhauses in der Öffentlichkeit unter dem Perlenband der römischen Majestät erscheinen, in der Mitte Ihrer Kinder. Wir nehmen an, daß Ihnen diese Beschlüsse volle Genugtuung gewähren und die Vergangenheit auslöschen. Wir hoffen, daß sie der Beginn einer starken Politik der Gemeinschaft zwischen Rom und Byzanz sein werden, einer Gemeinschaft, die jeder wünschenswerten Erweiterung offen steht und in Notfällen gegenseitige Hilfeleistungen vorsieht. Wir haben eine einzige Klausel beizufügen: Ihre Regierung und Regentschaft würde erlöschen, falls Sie sich zu einer uns nicht genehmen dritten Heirat entschlössen. In diesem Falle würde Ihrem Sohne Valentinian ein Vormund und dem Westreiche ein Verweser bestellt. Wir halten die Klausel für überflüssig, möchten sie aber um der Form willen in dem Vertrage verzeichnet wissen.«

Placidia hatte geschlossenen Auges die ruhigen Darlegungen des Kaisers angehört. Sie waren mit der Sicherheit eines durch vieles Auswendiglernen geübten Gedächtnisses vorgetragen worden. Sie waren einfach, sachlich und überzeugend. Sie waren das Äußerste, das man erwarten konnte.

Nun nahm sie schweigend die Hände des Kaisers. Sie vermochte nicht zu sprechen. Auch Theodosius fand keine Worte mehr.

Erst nach Mitternacht verließ er das schweigende Haus. Er nahm eine Freundschaft mit in seinen Palast, nachdem er eine Freundschaft zurückgelassen hatte. Aber er nahm ein noch Größeres mit: Die Bestätigung seiner selbst durch die Größe eines vielgeprüften Frauenherzens.

Die Tuben sandten das weiche Aufwärts der Töne aus ihren silbernen Gehäusen, die Orgeln quollen unter den ansteigenden Knabenchören, die Mosaikwände glitzerten im Kupfer der schwankenden Lampen. Weihrauch, mit Myrrhen und Santel gemischt, wölkte aus den langsam schwingenden Kesseln. Die Menge lag betend auf den Knien – der Patriarch, im Rubinmantel, die goldne Tiara auf dem weißen Haar, hob das Kreuz am Hochaltare in die kerzenflimmernde Luft, als auf die Minute, mit der die Heilige Nacht beginnt, der kaiserliche Zug die Hagia Sophia betrat.

Zuvorderst schritt Theodosius II. Hinter ihm, von ihrer Wärterin getragen, folgte die kleine Prinzessin Licinia. Dann, dicht nebeneinander, die Kaiserinnen: Athenaïs, Placidia, von ihren Kindern umgeben, und Pulcheria. Die Prinzessinnen Arkadia und Marina bildeten die nächste Reihe. Der Hof schloß sich in langer Tiefe an.

Alle Augen suchten Placidia, die mit gesenkter Stirne, wie auf dem Saumpfad zweier Welten, schritt.

Ein einziger Gedanke trieb in ihrem Herzen:

»Ist es die Höhe, die beginnt? Ist es noch einsamerer Kampf?«

Wer sie ansah, wußte: So schreitet Schicksal, als Verzicht und Erfüllung: in beiden aber als die Last, die Gott auf seine Geschöpfe legt.

Der Krieg gegen den Usurpator Johannes nahm den Verlauf, den man erwartet hatte. Im Dezember 424 konnte das Hauptquartier nach dem eroberten Salona an der illyrischen Küste verlegt werden. Schon im Februar 425 war man in der Lage, es nach Aquileia, auf italischen Boden vorzuschieben. Dort blieb es bis zum Spätsommer. Ravenna fiel in den letzten Apriltagen. Die oströmischen Truppen vermochten in die Festung einzudringen, weil Placidias Anhänger, von Volusian geführt und durch die Gardeoffiziere des Divodurus unterstützt, ihnen die Tore geöffnet hatten. Johannes hatte nicht mehr entfliehen können. Er wurde gefangen und in das kaiserliche Hauptquartier nach Aquileia gebracht. Placidia ließ sich überreden, von der Gnade, die sie üben wollte, keinen Gebrauch zu machen. Man hatte ihr klargemacht, ihr politisches Ansehen verlange – gerade weil sie eine Frau sei – eine so abschreckende Hinrichtung des Hochverräters, daß allen Aufwieglern die Lust vergehe, eine gleiche Behandlung zu erfahren. Sie hatte sich gefügt und die Angelegenheit an den Strafrichter verwiesen. Auf dessen Befehl wurde der Thronräuber, nachdem ihm zuvor die rechte Hand abgehauen worden war, rittlings auf einen Esel gebunden und unter Mißhandlungen des Pöbels im Zirkus vorgeführt. Erst nach dieser Schaustellung endete er unter der Axt.

Trotzdem schien der Krieg noch einmal aufflackern zu wollen. Kurze Zeit nach der Hinrichtung des Johannes führte sein Parteigänger Aëtius eine hunnische Truppe, die er in Ungarn angeworben hatte, über die Julischen Alpen nach Italien, griff den General Aspar in der Flanke an, mußte sich jedoch, ohne jeden Erfolg, aus dem Kampfe zurückziehen.

Placidia begriff, daß sie mit diesem Feinde sofort verhandeln müsse. Er entließ, nachdem sie ihm Gallien als militärisches Wirkungsgebiet versprochen hatte, seine (durch das Imperium entlohnten) Hunnen und stellte sich der neuen weströmischen Regierung zur Verfügung.

Placidia befahl ihn nach Abschluß des Vertrages in das Hauptquartier. Sie ließ ihn in militärischer Haltung vor sich stehen.

»Meine eignen Truppen«, sagte sie, »hätten genügt, auch Sie mitsamt Ihren Hunnen zu erledigen. Dann wäre Ihnen das gleiche widerfahren wie Johannes. Es ist aber ein besonderer Grund, der mir die Schonung Ihrer Person als vorteilhafter erscheinen ließ: Man rühmt mir Ihre Gerissenheit, Ihre Tatkraft und Ihre guten Beziehungen zu den Hunnen, bei denen Sie einige Jahre als Geisel gelebt haben. Sie sind also ein Mann, der dem Imperium Dienste leisten und sich selbst dadurch Verdienste erwerben kann. Sie können auf mich rechnen, sofern ich auf Sie rechnen kann. Ich muß diesen Zusatz machen, weil mir der Zeitpunkt, an welchem Sie noch in den Krieg eingegriffen haben, zu denken gibt. Da Sie doch wußten, daß Johannes schon erledigt und die Macht in meinen Händen war, da Sie sich ausrechnen konnten, daß Rom niemals gegen meine Übermacht zu halten sein würde – die Truppen des Castinus in Afrika waren ja schon vor dreiviertel Jahren bis auf einige Kohorten zusammengehauen –, warum haben Sie noch den Kampf aufgenommen und gegen wen?«

»Gegen den Feind, der mir gegenüberstand. Ich habe meine Pflicht erfüllt.«

»Nun, Oberst Aëtius, ich werde diese Ihre uneigennützige Haltung als eine allerdings von Ihnen selbst erteilte Empfehlung in meiner Erinnerung buchen. Erfüllen Sie Ihre Pflicht in Zukunft niemals schlechter gegen Ihre Kaiserin. Dann werden wir gut miteinander auskommen. Sie sind dem Kriegsminister Felix unterstellt und haben sich zu dessen Verfügung zu halten. Über Ihre gallische Aufgabe werden wir nach der Krönung des Kronprinzen in Rom ausführlich sprechen. Melden Sie sich in der zweiten Oktoberwoche auf dem Palatin. Es ist mein Wunsch, daß auch Ihre Familie bei den Feierlichkeiten anwesend sei und mir vorgestellt werde. Sie sind entlassen.«

»Was hat man mir über diese Frau erzählt«, fragte sich Aëtius, als er im Hofe sein Pferd bestieg. »Nach welchen Maßen bestimmen eigentlich diese Schranzen und Laffen den Wert eines Menschen? Mit Galla Placidia werde ich entweder ein gemeinsames Regiment führen, wie es Rom lange nicht gesehen hat – oder wir werden auf Leben und Tod um die Macht miteinander kämpfen müssen. Einen Mittelweg wird es nicht geben.«

Rom fiel am 6. Juli. Am 9. Juli wurden von Aquileia aus alle Regierungserlasse des Johannes für nichtig erklärt und die Suprematie der orthodoxen Staatsreligion über die anderen Bekenntnisse wiederhergestellt. Im September nahm die Kaiserin einen kurzen, von der Freude der Bevölkerung getragenen Aufenthalt in Ravenna. Aber schon Anfang Oktober verlangten die Ereignisse ihre Anwesenheit in Rom. Theodosius, der gerne in Person der Erhebung seines kleinen Vetters Valentinian zum Kaiser beigewohnt hätte, um die politische Einheit des Imperiums zu betonen, erkrankte auf der Reise in Saloniki und mußte sich durch seinen Hofmarschall, den Grafen Helion, vertreten lassen.

Die Krönung fand am 23. Oktober 425 um 10 Uhr morgens mit betonter Einfachheit statt. Um 12 Uhr eröffnete die Kaiserin vor einem geladenen Senatsausschuß, den Mitgliedern der Regierung und den Würdenträgern des neuen Hofstaates ihre beginnende Regierung durch eine Rede, deren letzter Teil wegen seiner rückhaltslosen Offenheit einen außergewöhnlichen Eindruck hinterließ:

»Es kann also nicht meine Aufgabe sein«, sagte sie, »mir durch Beschönigung die Schwierigkeiten zu verhüllen, unter denen ich die Regierung übernehme. Wenn es mein Wunsch war, daß die Krönung meines Sohnes sich ohne jene Prachtentfaltung vollziehe, welche schon oft genug nur das Vorspiel recht trüber Ereignisse war, so ist es nicht minder mein Wunsch, daß Ihnen allen stündlich vor Augen stehe, wo wir feiern sollen und wo nicht. Warten wir, bis der Kaiser großjährig ist, und hoffen wir, daß es uns in den neun Jahren bis zu diesem Zeitpunkt gelinge, wenigstens einen Teil der Aufgaben zu lösen, die uns gestellt sind. Lernen wir in großen Umrissen sehen! Halten wir uns nicht so sehr an die tägliche kleine Sorge, sondern lernen wir mit Dingen rechnen, die sich in tragischer Notwendigkeit unter unsren Augen vorbereiten.

Die Politik, welche ich für die nahe und ferne Zukunft während meines Aufenthaltes in Byzanz mit der oströmischen Regierung vorbereitet habe, ist eine Politik freundschaftlicher Zusammenarbeit. Nur wenn diese gesichert ist – und ich halte sie für gesichert –, können wir der größten Sorge zuversichtlich ins Gesicht schauen, die am Horizonte aufgetaucht ist: der Gefährdung des westlichen Mittelmeerbeckens. Es ist gefährdet, meine Herren – und es wird in wenig Jahren noch ganz anders gefährdet sein, wenn wir nicht Tag und Nacht auf unserer Hut sind. Die ›Vandalengefahr‹, über welche die Besserwisser und Nörgler lachen, ist Wirklichkeit. Ginge es nur um eine germanische Siedlung in Spanien, so wäre eine Besorgnis, wie sie die Einsichtigen hegen, vielleicht übertrieben. Aber es geht um das Meer. Von dem Süden Portugals bis nach Andalusien und Cartagena hinauf ist die iberische Halbinsel in den Händen eines Volkes, dessen

Bestrebungen, eine Seemacht zu werden, nur ein ganz Verblendeter leugnen kann. Die letzten Plünderungszüge vandalischer Seeräuber nach den Balearen sind ein Menetekel, welches nicht rechtzeitig verstanden zu haben ich mir niemals zum Vorwurfe machen möchte. Das Imperium lebt vom ungeteilten Besitze desjenigen Meeres, das wir das ›mare nostrum‹ zu nennen pflegen. Es kann keine imperiale Politik geben, welche an dieser Notwendigkeit zu rütteln versuchte. Wir müssen also unter allen Umständen verhindern, daß die Vandalen im Besitze wichtiger Häfen an der Mittelmeerküste bleiben, und die rascheste Vermehrung unserer Flotte betreiben.

Die zweite Gefahr, welche beizeiten gebannt werden muß, ist die Hunnenbedrohung Westeuropas. Wenn man auch nicht von einem hunnischen ›Staate‹ in dem Sinne sprechen kann, wie wir dieses Wort begreifen, so muß doch festgestellt werden, daß sich bei diesen Barbaren eine Bestrebung zu politischem Zusammenschluß ihrer vielen Stämme geltend macht. Ich hatte in Byzanz Gelegenheit, die Meinung von guten Kennern der hunnischen Absichten einzuholen: Sie haben die Dinge nicht anders gesehen als ich. Politische Erkenntnisse sind oft – nicht immer – weit mehr eine Angelegenheit der Witterung als der Berechnung. Entscheidend ist, daß man die Witterung für Mögliches früh genug habe, um sich zur Abwehr rüsten zu können. Ich weiß nicht, ob zwischen Vandalen und Hunnen Abmachungen bestehen; jedenfalls könnte dies der Fall sein. Wir haben die Unterschätzung der Barbaren-Diplomatie schon mehr als einmal teuer bezahlt. Sehen wir zu, daß wir nicht eines Tages kurzsichtigen Leichtsinn mit Opfern bezahlen müssen, an denen wir verbluten könnten. Ich rufe den Schatten Stilichos auf: Er war der einzige Römer, der mit übersichtiger Klarheit das Notwendige erkannte und sich mit seinem Leben dafür einsetzte. Wer sich einsetzt, der setzt sich aus. Er wußte es – und fiel dem Unverständnis zum Opfer. Ich beginne meine Regierung, indem ich Sie alle beschwöre, sein Gedächtnis dadurch von begangenem Unrecht zu reinigen, daß Sie niemals mehr in die gleichen Irrtümer verfallen wie seine verblendeten Mörder. Das Imperium würde nicht noch einmal eine solche Versündigung überstehen! Davon ist man heute auch in Byzanz überzeugt.

Nächst diesen Kardinalfragen verlangt eine grundsätzliche Stellungnahme: die Gotenfrage. Mit dem Tode meines Freundes Vallia sind im westgotischen Volke wieder Strömungen aufgetaucht, die man überwunden glaubte. Der König Theoderich vertritt das Wohl seines Volkes schlecht, wenn er glaubt, sich ohne unsere Zustimmung an der gallischen Mittelmeerküste festsetzen zu können. Daß er nach Arles vorstieß, beweist, daß er das Vertrauen nicht verdient, das ich ihm entgegenzubringen bereit war. Wir werden keine gotischen ›Vernichtungskriege‹ mehr führen, wie sie sich allerhand Hitzköpfe zu Zeiten Stilichos zurechtgelegt hatten. Aber wir werden Theoderich auch nicht erlauben, in seinen heutigen Stellungen zu bleiben. Es wird keine schwere Aufgabe sein, ihn in die Grenzen seines aquitanischen Siedlungsgebietes zurückzuweisen. Noch diese Woche wird unser Heer marschieren. Ich kann Ihnen versichern, daß viele Westgoten – und nicht die schlechtesten – mit der Abenteurerpolitik ihres Königs nicht einverstanden sind. Ehe wir uns überhaupt auf die Frage eines gotischen Freihafens am gallischen Ufer noch einmal einlassen, müßte uns Theoderich gegen die Vandalen bemerkenswerte Hilfe geleistet haben. So leid es mir, als der Trägerin der gotischen Königswürde, auch tut: ich werde neue gotische Übergriffe mit der sofortigen afrikanischen Getreidesperre beantworten. Ich bin mir in dieser Frage mit dem Grafen Bonifatius mehr als einig.

Was die gallische Frage betrifft, so ist zu bemerken: Seit mein zweiter Gatte, Constantius, in Gallien die innere Verteidigungslinie angelegt hat – deren dauernde Verstärkung natürlich unsere Pflicht ist –, glaube ich, daß wir allen Wirren in dieser Provinz immer wieder Herr werden können. Leichte Arbeit werden wir nicht haben. Aber sie wird zu leisten sein, wenn wir Zähigkeit, Entschlossenheit und Geduld an den Tag legen.

Eine illyrische Frage gibt es nicht mehr. Ich habe der oströmischen Regierung gegenüber den Verzicht auf Ansprüche ausgesprochen, welche uns keinerlei Vorteile, sondern nur einen unfruchtbaren Streit mit Byzanz brächten. Unsere Blicke haben nach Norden, nach Westen und nach Süden zu gehen. Dieses Gesichtsfeld schließt genug an Aufgaben für uns ein.

Die Frage unserer Rüstungen bleibt in ihrer ganzen Schwere bestehen. Sie ist – wie zu Zeiten Stilichos – vor allem eine Frage der Opferbereitschaft und der Goldabgabe. Es will mir scheinen, daß vor allem in diesem Punkte die Irrtümer vermieden werden müßten, welche uns die Schreckensjahre 408-410 gebracht haben. Die auf jene Zeit zurückgehende Flüchtlingsfürsorge bringt ja allen Steuerzahlern heute noch an jedem ersten eines Quartales zum Bewußtsein, was durch zeitigen Goldeinsatz vermieden werden kann.

In den kirchlichen Angelegenheiten ist unser Standpunkt durch die Gesetze vom 9. Juli festgelegt. Das Wohl des Staates verlangt die Einheit der Kirche. Anarchistische Bestrebungen, welche sich – wie die donatistisch-circumcellionische in Afrika – religiös verbrämen möchten, werden wir unschädlich machen. Sekten werden wir entrechten. Es wird da ohne Härten nicht abgehen. Aber es geht ja auch bei den Inhabern der Macht und der Verantwortung nicht ohne Härten gegen sich selbst ab. Wer einen Bau auszubessern und zu erhalten hat, kann nicht jedem gemütlichen Winkel nachweinen, den er verschwinden lassen muß!

Bezüglich des Verhältnisses zwischen Kirche und Staat gilt für uns der gleiche Standpunkt wie in Byzanz: Die Kirche wird gefördert, aber niemals ermächtigt werden, den Rahmen des Staates zu durchbrechen. Der Römer gebe Gott, was Gottes – und dem Staate, was des Staates ist. Und der Papst tue desgleichen; damit wir uns ihm gegenüber ebenfalls entgegenkommend verhalten können.

Lassen Sie mich noch einen Irrtum aufklären, der sich leider in einigen Köpfen festgesetzt hat: Man hat mir vorwerfen wollen, ich habe Byzanz eine Art Bevormundung über Rom eingeräumt, indem ich sozusagen von ›Theodosius' Gnaden‹ wieder in meine Würden und Rechte eingesetzt worden sei. Muß ich diesen Unsinn widerlegen? Nach dem Tode des Kaisers Honorius gab es keine andere Stelle, die dieser Formfrage – um eine solche handelt es sich – hätte Genüge tun können. Ich möchte fast – unter Abwandlung eines Wortes von Stilicho – sagen: ›Da ich keine Rebellin bin, sondern eine Dienerin der Dynastie‹, füge ich mich dem Brauche. Durch nichts kann ich besser beweisen, daß ich imperial und nicht nur weströmisch denke. Es gibt keine Suprematie von Byzanz über Rom oder umgekehrt. Es gibt das Imperium mit seinen beiden *gleichberechtigten* Hälften, und es gibt eine einzige, für beide Hälften geltende Politik: die imperiale.

Immer umbranden vom Rande her die Stürme den Fels. Es gilt, sie am Rande zu bannen und den Fels zu schützen.

Mit dieser Erkenntnis werde ich regieren – und für diese Erkenntnis werde ich sterben, wenn es sein muß.

Ich erwarte Ihre Hilfe, Ihre Opferbereitschaft und Ihre Treue. Der Rest aber steht bei Gott.«

In einer zweiten, kurzen Nachmittagssitzung wurden die neuen Ernennungen bekannt gegeben. Unter ihnen die folgenden:

Oberstkommandierender sämtlicher Streitkräfte des Reiches und Kriegsminister: Generalfeldmarschall Flavius Constantius *Felix*.
Oberstkommandierender in Gallien: General Flavius *Aëtius*.
Oberstkommandierender in Spanien: General *Asterius*.
Oberstkommandierender in Afrika: General *Bonifatius*.
Generaladjutant Ihrer Majestät und Verbindungsoffizier für das gotische Aquitanien und Byzanz: Fürst *Thanausis*.
Leiter der Reichskanzlei und des Geheimdienstes: Senator *Volusianus*.
Generalgouverneur für das Stadt-, Hafen- und Landgebiet Ravenna: General *Candidianus*.
Hafenkommandant von Portus und Generalkommandant der Küstenbewachung bis Reggio di Calabria: General *Cinna*.
Oberbefehlshaber sämtlicher Palastgarden in Ravenna und Rom: General *Divodurus*.
Oberbefehlshaber der gotischen Garden und der gesamten Reiterei in Afrika: Graf *Sisinanth*.
Oberhofmeisterin: *Singledia* Constantia.
Erzieher des Kronprinzen Valentinian: Dekan *Grunnitus*.

Das Festmahl fand um neun Uhr abends auf dem Palatin statt. Es waren nur achtundfünfzig Gedecke aufgelegt. Das Mailänder Orchester spielte unter Leitung seines berühmten Kapellmeisters Menon von Antiochia griechische und syrische Musik. Um elf Uhr hob die Kaiserin die Tafel auf. Eine halbe Stunde später verabschiedete sie sich von ihren Gästen, die bis lange nach Mitternacht zusammenblieben.

»Mir scheint«, sagte Senator Sempronius, »daß in Rom eine sehr andere Luft zu wehen beginnt.«

Aëtius lachte:

»Die Luft weht so, wie die *meisten* blasen. Solange nur *ein* Atem zu spüren ist, kann man höchstens von einem Luftzug reden.«

»Ich hoffe, daß viele ihren Atem diesem einen, den wir heute gespürt haben, vermischen werden«, erwiderte scharf der Graf Bonifatius.

»Es ist mir angenehm, zu hören, Graf«, sagte der Kriegsminister Felix, »daß gerade Sie sich zu dem gemeinsamen Konzert bekennen. Es sollte mich freuen, wenn Sie auf Sonderarien, wie Sie sie im Jahre 423 geblasen haben, zu Ihrem eigenen Vorteile verzichteten.«

»Darf ich Sie bitten, Generalissimus, nicht über Dinge zu urteilen, die Sie nicht überschauen. Wenn ich damals keine ›Sonderarie‹ geblasen hätte, wie Sie sich auszudrücken belieben, wären Sie heute nicht Kriegsminister. Überlassen Sie es gefälligst meiner kaiserlichen Freundin, meine Handlungen zu bewerten. Was heute gilt, braucht nicht gestern gegolten zu haben – und morgen auch nicht, wenn Minister ihre Befugnisse überschreiten!«

»Das meine ich auch«, sagte Volusian. »Auf die Einhaltung der Befugnisse kommt es jetzt an. Auf nichts anderes!«

»Und auf die da oben«, machte der Dekan Grunnitus, die kurzsichtigen Augen gegen die vergoldeten Wände werfend, in deren höchsten Feldern ein pompejanischer Faun seine Bocksbeine zum Sprunge hob.

Im runden Fensterbogen stand der Ausschnitt eines gestirnten Himmels, den ein unsichtbarer Mond mit grüner Seide unterlegte.

Lange schon lag die Kaiserin stumm, aus halbgeschlossenen Lidern in den Dämmer des Raumes träumend. Eine halbvergessene griechische Strophe, der Sappho vielleicht oder der Erinna, klang in ihr nach:

> Nun schreitet blau die Nacht
> Um Hof und Säulengang ...
> Unhörbar ist ihr Schritt,
> Wie des Geliebten, der
> Nicht mehr zu Myra kommt ...

»Warum«, fragte sie sich, »fällt mir heute, am Tag meines Glückes, diese schwermütige Strophe ein? Warum sehe ich die Küste von Arcachon und den lauen Wolkenzug jener lange schon versunkenen Januarnacht in Narbonne? Sind dieses nicht die Gärten des Palatin mit ihren tropfenden Wasserbecken und dem bleichen Glanz des Forums in der Tiefe? Ist dies nicht Thanausis an meiner Seite, der Freund, der Geliebte?«

Thanausis, den Kopf in die Hand gestützt, wartete. Aber dieses Warten schien die Ferne nicht zu erreichen, an die sie sich verloren hatte ... Plötzlich drehte sie ihm ihr Gesicht zu.

»Sagtest du Thanausis und meintest Athaulf?« fragte er sehr leise.

»Nein. Ich sagte Thanausis und meinte Thanausis.«

Sie lächelte und fuhr ihm langsam, ängstlich fast, über die Haare, in denen sich manchmal die dünnen Fassungen ihrer vielen Ringe verfingen.

Von den Wällen wurde die zweite Morgenstunde gerufen. Man hörte die Schritte der Wache, die zur Ablösung antrat.

Thanausis schob seinen rechten Arm unter Placidias Schulter, legte den linken um ihre Hüfte und zog den zögernden Körper näher zu sich.

»Bist du so ungeduldig«, sagte sie. »Es ist noch lange bis zum Tag.«

Und sie fuhr mit geschlossenen Lippen den Brauen nach, den Schläfen, dem Ansatz des Halses bis zur Schulter. Sie atmete den Hauch von Santel, der aus der Seide seiner Chlamys aufstieg.

Aber der ungerufene Schatten wollte nicht weichen ...

Da spürte sie, wie der Druck der Arme, die sie umschlossen hielten, schwächer wurde.

»Du bist müde, Placidia.«

»Vielleicht. Ich weiß es nicht. Ich weiß nur, daß du mich liebst.«

Er legte sie langsam in ihre Kissen zurück und richtete sich auf.

»Was tust du, Thanausis?«

»Ich gehorche dir.«

»Warum befiehlst du mir nicht?«

»Weil ich dich liebe. Mehr, als du jemals ahnen darfst, mehr, als ich je beweisen kann.«

»Kein Mensch kann mehr beweisen, als du tust.«

Er zog ihre beiden Hände gegen sich und suchte mit den Lippen die schlagenden Pulse der blauen Adern.

Aber diese Hände entwanden sich plötzlich den Liebkosungen, warfen sich über seinen Nacken, zwangen seinen Kopf nieder.

»Lehre mich, Thanausis, einer solchen Liebe würdig zu sein. Es sind viele Dinge in mir verschüttet worden, die auferstehen möchten.«

Ein Windhauch fing sich in der silbernen Ampel, den Duft der späten Heliotropenbeete aus dem Garten mit sich tragend. Der Flügelschlag eines Nachtvogels huschte am Fenster vorüber. Von ferne drang das Knarren eines Wagens, der auf die Appische Straße hinausfuhr ...

Der Herbst des Jahres 428 verweilte lange über dem Land. Volusian, der Leiter der Reichskanzlei, hatte seine Sommerwohnung am Meer in Rimini noch nicht verlassen.

Am 22. November erschien Candidian, der auf einer Dienstreise begriffen war, um nach dem Freunde zu sehen. Er fand ihn in die Niederschrift eines Textes verloren.

»Du?« sagte Volusian fast verstört, als er Candidian vor sich sah. »Du kommst zur rechten Zeit ... Du bringst Glück.«

»Was ist?«

»Der ›Fall‹ Bonifatius ist erledigt.«

»Und?«

»Eine erbauliche Angelegenheit, die noch allerhand Nachspiele haben wird – ihre Entwirrung aber: ein Meisterstück der Kunst Placidias, ruhiges Blut zu bewahren und Geduld zu üben.«

»So spanne mich doch nicht auf die Folter und sage mir das Ergebnis!«

»Erwiesene Unschuld und befohlene Wiedereinsetzung des Grafen von Afrika.«

Candidian machte einen Sprung durch die Luft:

»Ich habe immer an ihn geglaubt! Das müssen wir feiern, Volusian.«

»Ganz gewiß. Aber nicht heute. Man darf mich nicht aus meiner Sammlung reißen. Ich bin im Begriffe, für mich selbst einen – nichtparfümierten Bericht über diese Vorgänge aufzuschreiben, nachdem der ›Staatsbericht‹ schon gestern in die Register der Kanzlei eingegangen ist. Wenn ich die Nacht durcharbeite, wird er morgen früh fertiggestellt sein. Du schwörst mir Schweigen – und ich werde dir erzählen, was sich in Wirklichkeit ereignet hat.«

»Weiß Placidia alle Zusammenhänge?«

»Alle. Dank ihrer Beherrschung sind sie ans Licht gekommen.«

»Es ist kein Wort aus ihr herauszubekommen.«

»Sie weiß, warum sie schweigt. Hast du noch nicht bemerkt, daß nur Frauen schweigen können?«

»Doch, Volusian. Das habe ich bemerkt. Placidia ist sehr verändert seit dieser Geschichte.«

»Sie hatte Grund, sich abzuschließen. Ich sage dir, daß sie uns alle in die Tasche steckt. Vielen Menschen wird die Maske, welche sie tragen müssen, zum Gesicht. Placidia hat ihr Gesicht zur Maske werden lassen, seit ihr die Lichter aufgegangen sind. Ich glaube, daß es auf der Welt nur einen einzigen Menschen gibt, der weiß, was wirklich in ihr vorgeht. Der aber – kann ebenso schweigen: Thanausis.«

»Placidias Zuflucht ist bei ihm. Zehnfach, seit die Macht in ihren Händen liegt.«

»Wie könnte sie so wundervoll regieren, wenn sie nicht diese Zuflucht hätte? Ihr römisches Wollen lebt daran. Welcher Römer hätte die Kraft zu einer stummen Liebe wie der des Thanausis! Die Römer verschwätzen ihr Glück und – ihr Bett.«

»Und dennoch sage ich dir, daß Placidia Constantius fehlt.«

»Nein, Candidian. Nicht Constantius. Das lateinische – Geschlecht fehlt ihr. Die satisfactio in materia. Wir nehmen die Frauen anders. Wir erfüllen sie besser im Teil – und lassen sie unbefriedigter im Ganzen. Was ihr heute fehlt, gibt ihr die beispiellose Kraft. Gesetz des ewigen Ausgleichs, das auch wir auf unsere Art erfahren haben.«

»Ist die Wiedereinsetzungsurkunde schon aufgesetzt?«

»Sie wird niemals aufgesetzt werden. Es ist nichts gewesen! Verstehst du? Aber andere werden – trotzdem – furchtbar büßen. Nicht heute und nicht morgen. Dann, wann die Stunde der Vergeltung schlägt. In Größe grausam ist nur, wer warten kann. Placidia kann warten. Das ist ihre Stärke – und das Geheimnis ihres Wesens.«

»Wie glaubst du, daß sie zu uns steht?«

»Hast du dir diese Frage noch niemals selbst beantwortet, Candidian?«

»Ich hatte vielleicht nicht den Mut dazu.«

»So bist du auf der rechten Fährte: Placidia steht gar nicht mehr zu uns. Sie ist uns dankbar – und wir dienen ihr. Was können wir mehr verlangen? Was könnte sie – heute – noch anderes tun? Die Throne töten. Um wieviel mehr der einsame Thron einer einsamen Frau ... Denke dir unsere Frauen, denke dir Lelia und Octavia an ihrer Stelle: Sie würden in einem einzigen Jahr zerbrochen sein.«

In der gleichen Nacht vollendete Volusian seinen Bericht. Er lautete:

DIE RECHTFERTIGUNG DES GRAFEN BONIFATIUS
Im Sommer 425 war es die Absicht der Kaiserin – sie residierte noch im Hauptquartier von Aquileia –, den General Bonifatius zum Generalissimus und Kriegsminister, also auch zum Leiter der Außenpolitik zu ernennen, den General Felix als Oberbe-

fehlshaber nach Spanien zu senden, den General Asterius in der gleichen Eigenschaft nach Gallien und den Grafen Sisinanth unter Beigabe des Generals Cinna mit dem Kommando in Afrika zu betrauen. Der senatorische Adel hat diese Pläne im Einverständnis mit dem Kaiser Theodosius II. verhindert. Er verlangte für seinen alten Parteigänger und Kandidaten Felix das höchste Reichsamt. Er lehnte in fast drohendem Ton die Besetzung des afrikanischen Postens durch einen Goten ab und erklärte Asterius als ungeeignet für die Aufgaben in Gallien. Es blieb Placidia nichts anderes übrig, als sich zu fügen, zumal Ostrom – das ihr zum Siege verholfen hatte – sie bat, eine Verletzung der Senatspartei zu vermeiden. Als die Frage der Besetzung des gallischen Postens aufgeworfen wurde, ergab sich, daß die Senatoren schon insgeheim mit Aëtius verhandelt hatten, der als ihr zukünftiger Sachverwalter gelten konnte. Es ist durchaus möglich, daß der Hochadel noch im Juni 425 Aëtius zum Losschlagen gegen Placidia bewogen hat, um ihn ihr im Falle eines Sieges ganz einfach aufzuzwingen. Sie kam jedoch den Rechenmeistern zuvor: vor allem, weil ihr das gute Verhältnis des Aëtius zu den Hunnen von unschätzbarem Werte zu sein schien. Sie würde sich sehr wahrscheinlich mit ihm sogar auf einen freundschaftlichen Fuß gestellt haben, wenn sie nicht sofort begriffen hätte, daß ihn mit Felix eine gemeinsame Eifersucht auf den allmächtigen Bonifatius verband. Für diesen mußte sie einen schweren Kampf mit den Senatoren ausfechten: Wie konnte man ihr zumuten, den Mann, durch dessen Mut und Hilfe sie wieder zur Herrschaft gelangt war, wegen angeblicher »Unzuverlässigkeit« kaltzustellen! Man möge sie ja nicht reizen, rief sie laut in den Kronrat. Sie habe gewaltige Trümpfe im Spiel. Entweder man füge sich in der »Frage Bonifatius« ihrem Willen – oder sie werde vorläufig ihre Rechte an Theodosius zurückgeben. Dann aber werde sich eine Koalition gegen den Senat bilden, die dieser sich nicht träumen lasse! Man hat sich wohl ausgerechnet, welche tödliche Koalition dies gewesen wäre: Ostrom, Bonifatius, Westgoten – und nachgegeben. Daß Placidia schon im Herbste 425 Bonifatius für gefährdet hielt, erhellt aus der Belassung ihrer gotischen Garden in Karthago und aus der ungewöhnlichen Machterweiterung des Grafen Sisinanth. Diese Frage wurde einige Stunden *vor* der Ernennung des Felix zum Kriegsminister erledigt. Die versiegelten Urkunden gingen aus Rom ab, *ehe* er sie gegenzeichnen konnte. Ein weiterer Schachzug gegen die senatorischen Einflüsse ist die Ernennung (und oströmische Besoldung!) des Fürsten

Thanausis zum »Verbindungsoffizier« mit Byzanz! Eine sehr kühne – und sehr verschlagene Wahl, welche bedeutet: »Seht euch vor, Senatoren! Ich habe nicht vergebens über ein Jahr da drüben als Verbannte gesessen. Ich hatte Zeit genug, mir meine Eisen ins Feuer zu legen! Ich mache imperiale, aber keine römisch-senatorial-plutokratische Politik. Ich mache – gegebenen Falles – diese Politik durch einen Goten mit Byzanz gegen den römischen Senat!« Eine nicht minder große Verschlagenheit aber offenbart die Erhebung Singledias, der Nichte des Kaisers Constantius, in den Rang einer Oberhofmeisterin. Damit wurde Padusa, die Gattin des Kriegsministers, welche sich auf diesen Posten gespitzt hatte, aus dem nahen Umkreis der Kaiserin ausgeschaltet, denn man konnte sie ja nun nicht mehr mit dem untergeordneten Posten einer Hofdame abspeisen. Die bedeutsamste von allen Maßnahmen aber ist wohl die Ausdehnung der Befugnisse des Hafenkommandanten Cinna von Portus! Cinna konnte nun bis nach Messina hinunter Getreideschiffe beschlagnahmen, wenn ihm die Kaiserin einen solchen Befehl erteilte. Daß dieser Mann jeden Befehl seiner Gönnerin blindlings durchführen würde, daran durfte keiner zweifeln. Auch diese Urkunde ist schon im Juli 425 in Aquileia – also *ohne* Gegenzeichnung eines Kriegsministers – ausgefertigt.

Als einziges Zugeständnis an die Wünsche der Senatoren hat die Kaiserin in ihrer Thronrede vom 23. Oktober 425 die Verwarnung an den Gotenkönig Theoderich eingefügt. Aber sie müßte nicht sein, wer sie ist, wenn sie nicht diesem Manne schon damals einen geheimen Wink gegeben hätte, die Ermahnung nicht allzu tragisch zu nehmen und seine Truppen den Fangarmen des Aëtius rechtzeitig zu entziehen. Stilicho hat hier wohl noch als Schatten Pate gestanden ...

Was geschah nun – in Wirklichkeit – zwischen 425 und 428? Während Aëtius sich seiner Aufgabe in Gallien widmete, die »Grenzen des Imperiums« im Nordosten wiederherstellte, die Goten in ihr aquitanisches Gebiet zurückdrängte und den Frankenkrieg vorbereitete, gelang es dem Kriegsminister Felix, das nördliche Ungarn den Hunnen zu entreißen und damit die Donaugrenze wieder aufzurichten. Kein Mensch hat je von nennenswerten Kämpfen vernommen, die dort stattgefunden hätten. Wenn also das Gerücht auftauchte, es handle sich da um ein von dem Senate finanziertes und von Felix aus Eifersucht auf Aëtius ausgetragenes Geschäft – die Hunnen wollen immer nur Gold –, so hat dieses Gerücht sehr viel für sich. Vor allem aber würde es auch auf die einfachste Weise erklären, warum sich seit 427 bei Aëtius wahre Haßausbrüche gegen den Kriegsminister feststellen ließen, welche die Kaiserin ganz offensichtlich mit Genugtuung erfüllten. Sie hatte allen Grund, sich darüber zu freuen, daß dem Aëtius das »Hunnenmonopol« nun strittig gemacht worden war – aber nicht minder über die Bedrohung des Felix durch einen von Ehrgeiz zerfressenen Mann, der nicht gesonnen war, irgendeinen Nebenbuhler auf die Dauer neben sich zu dulden.

Daß der Kaiserin der ihr aufgezwungene Kriegsminister Felix mit seinem gesamten Anhang widerwärtig war, lag für mich auf der Hand. Ich habe oft genug die Beherrschung bewundert, mit der sie ihre Gefühle verbarg.

Felix hatte dem Bonifatius aufgetragen, die mauretanischen Stämme Afrikas zu bekämpfen. Bonifatius gehorchte, tat aber mehr als gut daran, seine Kräfte nicht in gefährlichen und wertlosen Streifzügen zu erschöpfen, zumal er die Erfolglosigkeit des Unternehmens rasch erkannte. Er ließ sich vielmehr von der Kaiserin zum Studium der vandalischen Zustände nach Tanger schicken und sandte von dort im Sommer 427 dem Hofe glänzende Berichte über die außerordentliche Gefahr, welche nicht nur dem westlichen Mittelmeer, sondern auch der nordafrikanischen Küste von der fieberhaften vandalischen Seerüstung her drohte. Ja, es schien ihm eine Bannung dieser Gefahr nur durch eine vorläufige vandalische Landnahme eben in Mauretanien möglich – zwecks späterer Vernichtung der Angesiedelten mit Hilfe Ostroms und der kabylischen Eingeborenen. Wenn die Vandalen zunächst als römische »Foederati« Land erhielten, wie in Spanien, so hatte man sie noch an der Leine. Wenn sie dagegen schon als Feinde einmarschierten, war die Lage infolge des Mangels an schlagbereiten römischen Heeren fast aussichtslos.

Es lag also auf der Hand, daß ein Krieg gegen die Vandalen nur im Bündnis mit Ostrom und niemals als eine »improvisatio africana« geführt werden könne.

In Südspanien verheiratete sich Bonifatius mit Pelagia, der Enkelin eines gotischen Fürsten, welche unermeßlich reich war und dem arianischen Glauben anhing. Sie vertauschte diesen zwar bei ihrer Ankunft in Karthago mit dem athanasianischen, ließ aber heimlich ihre Tochter wieder arianisch taufen (wie man behauptete). Nun setzte die orthodoxe Hetze gegen Bonifatius ein, die von unterirdischen Mächten geschürt wurde. Welches waren die Mächte, und woher waren sie gesandt? Es blieb ergründbar, bis eines Tages der Herzensfreund und Beichtvater der

Generalin Padusa Felix in Bône bei Augustinus gesichtet wurde: der Dekan Grunnitus.

Als die Angelegenheit so weit gediehen war, forderte im März 428 der Kriegsminister bei der Kaiserin die Rückberufung des »eigenmächtigen und pflichtvergessenen« Feldherrn zwecks Berichterstattung nach Ravenna. Da auch der gerade in der Residenz anwesende Aëtius sich für diese Maßnahme aussprach, horchte die Kaiserin auf – und schloß sich der Meinung ihrer Generale an. Zwei Monate später – am denkwürdigen 18. Mai 428 – erfolgte die schroffe Weigerung des Bonifatius, nach Ravenna zu kommen. Felix triumphierte: Landesverrat! Placidia blieb ruhig. Felix ließ die Generale Mavortius, Gallio und Sinox gegen Bonifatius in See stechen. Gleichzeitig verlangte er die Entsendung des Fürsten Thanausis zu den Westgoten nach Toulouse, um Truppen für den »Vandalenkrieg« in Afrika bereitstellen zu lassen. Placidia blieb abermals ruhig. Sie stimmte wieder zu. Thanausis reiste am 15. Juni nach Livorno ab – aber er ging im geheimen Auftrag der Kaiserin nicht nach Toulouse, sondern nach Karthago, zu Bonifatius. Dieser war inzwischen mit den »Bestrafern« spielend fertig geworden und nun in der Lage, Thanausis die Machenschaften des Felix und seiner Helfer in allen Einzelheiten darzulegen. Es war durch freie Zeugenaussagen – nicht durch Aussagen auf der Folter – erwiesen:

Erstens: daß Felix selbst durch seine Agenten die mauretanischen Bergvölker aufgewiegelt, ja sogar durch Bestechungsversuche die Truppen des Bonifatius zur Meuterei verführt hatte.

Zweitens: daß Grunnitus und Konsorten die orthodoxe Bevölkerung gegen Bonifatius gehetzt hatten, indem sie das Märchen von der arianischen Taufe seiner Tochter erfanden und es als Beweis für eine staatsfeindliche Gesinnung ausspielten: Bonifatius begünstigte die anarchische Donatisten- und Circumcellionenbewegung, bereite den arianischen Vandalen, die als Glaubenskämpfer auftreten würden, den Weg und heuchle, um seine Absichten zu verbergen, Freundschaft für den Kirchenvater Augustinus, den er später dann als ersten erledigen werde.

Drittens: daß sich eine ganze Reihe von Damen aus der hohen und mittleren Beamtenschaft, durch Briefe der Generalin Padusa Felix bearbeitet, gar nicht hätten genugtun können in der persönlichen Verleumdung des Bonifatius: Er führe ein heidnisches Hurenleben mit den Dirnen der afrikanischen Lupanare, mit Tänzerinnen, Tingeltangelsängerinnen, kurz, mit dem Auswurf des weiblichen Geschlechtes – und gebe damit nicht nur allgemeines Ärgernis, sondern ein – leider nur allzuhäufig nachgeahmtes – bitterböses Beispiel.

Viertens: daß bestochene Beamte der Hafenverwaltungen von Bône, Karthago und Sousse verbreiteten, Bonifatius lasse absichtlich die Seebefestigungen verkommen, denke auch nicht an Ausbesserung und Neubau von Schiffen, sondern sei auf nichts anderes bedacht, als seine Machtstellung im Innern des Landes durch bewußte Begünstigung der armen, aufbegehrenden Schichten zu befestigen.

Außer diesen Protokollen aber konnte Bonifatius dem Fürsten Thanausis noch ein ebenso seltsames wie kostbares Dokument vorweisen: nämlich einen Brief des Generals Aëtius, dessen Wiedergabe hier nicht fehlen darf:

Ravenna, am 21. März 428

Es ist mir, verehrter Graf Bonifatius, nicht möglich, die genauen Gründe zu erforschen, welche die Kaiserin und den Kriegsminister bewogen haben, Sie zur Berichterstattung nach Ravenna zurückzubeordern. Ich würde Ihnen nahelegen, zu kommen, wenn Sie der Ansicht sind, daß die Lage im Mittelmeer Ihre Abwesenheit nicht als eine unmittelbare Gefahr für das Imperium erscheinen läßt. Ist dieses allerdings der Fall, so müßten Sie sehr mit sich zu Rate gehen, ob Sie den militärischen Ungehorsam gegen Ihre oberste Kriegsherrin und Ihren Vorgesetzten für ausgeglichen hielten durch Ihre aufopfernde Treue zum Imperium. Was der Kriegsminister hier gegen Sie – in diesem oder jenem Falle – beschließen wird, ist natürlich eine Frage für sich. Da Sie ihn kennen, wird es sich empfehlen, auf der Hut zu sein. Ich reise morgen auf den gallischen Kriegsschauplatz zurück, wo mir die ripuarischen Franken nicht minder zu schaffen machen als Ihrem guten Rufe allerhand Gerechte.

Stets der Ihre
Flavius Aëtius

Dieses Dokument nun brachte, mit den Darlegungen des Bonifatius selbst, Fürst Thanausis der Kaiserin auf ihren Sommersitz Villa Cesarini am Nemisee, als Felix soeben (16. August 428) eine zweite Strafkolonne unter dem Grafen Sigisvult von Ravenna nach Afrika abgesandt hatte. Zum drittenmal bewahrte die Kaiserin eine übermenschliche Ruhe. Sie schickte nun ihrerseits den Grafen Darius von Portus aus an Bonifatius. Er hatte Befehl, den Grafen Sigisvult sofort nach Ravenna zurückzubeordern, mit

Bonifatius aber einen Arbeitsplan für den Fall einer vandalischen Flottenbewegung gegen die afrikanische Küste aufzustellen. Den ahnungslosen Kriegsminister befahl sie nach Villa Cesarini. Da ich auf ihren Wunsch der Unterredung beiwohnte, die sie dort mit ihm hatte, konnte ich ermessen, in welchem Maße sie schon alle Fäden in der Hand hielt, das heißt also: die Lage beherrschte.

»Ich habe mich entschlossen, lieber Generalissimus«, sagte sie freundlich, »die ›Angelegenheit Bonifatius‹ zu begraben. Es ist nichts gewesen, und es ist nichts. Haben Sie verstanden? Bonifatius ist und bleibt der Oberbefehlshaber in Afrika. Es drohen dem Imperium zu schwere Gefahren, als daß ich auf einen so tüchtigen Mann verzichten könnte. Wenn Ihnen meine Entscheidung nicht paßt, steht es Ihnen frei, den Abschied zu nehmen. Sie werden ihn unter genauester Würdigung Ihrer Verdienste ohne weiteres erhalten. Sie sind entlassen.«

Als Felix ging, war er verwirrt wie ein ertappter Einbrecher. Die Kaiserin hatte ihm nicht eine Silbe von den seitenlangen Berichten des Bonifatius, geschweige denn von dem Brief des Aëtius mitgeteilt. Sie sagte nach langem Schweigen zu mir: »Weder Felix noch Aëtius ahnen, wie sie mir in die Falle gegangen sind. Vorläufig brauche ich sie alle beide noch. Daß Felix dumm ist, habe ich immer gewußt. Was kann von des Senates Gnaden Gescheites kommen? Daß aber Aëtius vor lauter Gescheitseinwollen eine solche Eselei begehen könnte, wie diesen Brief zu schreiben: das hätte ich nicht für möglich gehalten. Weiß Gott: Feldherren sollten sich nicht in Diplomatie versuchen! Der Gescheite ist auch diesmal wieder der – Anständige: Bonifatius. Ich werde es ihm zu lohnen wissen. Gegen den Senat.«

Gestern abend nun (21. November 428) kam der Bescheid des Darius, der den des Thanausis noch an erstaunlichen Enthüllungen übertrifft. Felix, Padusa und der Dekan Grunnitus sitzen auf der vordersten Anklagebank. Im Hintergrunde, als fragwürdiger Ehrenmann, bleibt Aëtius sichtbar.

Morgen gehen neue Boten an Bonifatius. Sigisvult ist schon auf dem Heimweg. Darius bleibt in Karthago. Die Kaiserin deutet an, daß sie dem Kriegsminister – der seine große Schlappe ausgerechnet am Ende seines Konsulates erleidet – zu Weihnachten den Titel des Patricius verleihen werde: ein böses und gefährliches Geschenk.

Der erste Akt des Schauspieles ist zu Ende. Wann und wie werde ich über die folgenden berichten?

Während Volusian diesen Bericht aufschrieb, saß die Kaiserin allein im Halbdunkel ihres Arbeitszimmers in Ravenna und überlegte:

»Diesen Felix wird mir eines Tages Aëtius besorgen – und den Aëtius – der Brief. Ich habe rasch gelernt, wozu der römische Kaiserthron verpflichtet!«

Sie schüttelte sich in einem jähen Frost.

»Drei Jahre Kaiserin – und schon ein solcher Abend.«

Spät noch ließ sie Thanausis zu sich bitten.

Auf dem Neujahrsempfang 429 wurde bekanntgegeben, daß der Generalissimus Flavius Constantius *Felix* für seine Erfolge gegen die Hunnen mit dem höchsten Ehrentitel des Imperiums: »Patricius« ausgezeichnet werde; daß, angesichts der gewaltigen Anstrengungen, die im kommenden Jahre der weströmische Staat auf militärischem Gebiete machen müsse, der hochverdiente Oberbefehlshaber für Gallien, Flavius *Aëtius,* ebenfalls den Titel eines Generalissimus und die Befugnisse eines stellvertretenden Kriegsministers erhalte, dem rangälteren Felix aber »in der Form« unterstellt bleibe; daß der Oberbefehlshaber für Afrika, der hochverdiente Graf *Bonifatius,* in Zukunft nur noch der Kaiserin unterstellt sei und weitgehende Vollmachten zu selbständigem Handeln erhalte, wogegen er aus freien Stücken seinen Sohn aus erster Ehe, Verimodus, als Geisel angeboten habe; daß der hochverdiente und in mustergültiger Selbstverleugnung dem Imperium dienende Fürst *Thanausis* zum Sonderbevollmächtigten der Kaiserin in allen Staatsangelegenheiten ernannt werde; daß der Dekan *Grunnitus* seinen höheren kirchlichen Pflichten zurückgegeben sei; daß an seiner Stelle der Presbyter *Vitus* die geistige und der Rittmeister *Agrippa* die körperliche Erziehung des Kronprinzen übernehme; schließlich daß die sämtlichen kaiserlichen Garden im Laufe der kommenden Monate eine beträchtliche Verstärkung erführen.

Es wurden in Aussicht gestellt: Maßnahmen zur Ausbesserung sämtlicher Befestigungen an den Küsten, eine Verschärfung der Hafenkontrolle sowie der Getreidezuteilung in allen kriegswichtigen Häfen.

Als erste Aufgabe wurden dem neuen Generalissimus Aëtius die Vorbereitungen zum Kriege gegen die norischen Alpenvölker übertragen, dem Patricius Felix aber die Neubearbeitung der veralteten Rangliste anvertraut.

Als einige Tage später diese Erlasse veröffentlicht wurden, wußten die Eingeweihten, woran sie waren.

In den weitläufigen Erdgeschossen des Palastes, den sich die Kaiserin Placidia dicht beim Kriegshafen, am Meer, hatte bauen lassen, Erdgeschossen, die mit den naheliegenden Kasernen durch unterirdische Gänge in Verbindung standen, waren die neueingetroffenen gotischen Leibgarden untergebracht. Die Sonderkohorte von hundert gotischen Offizieren aus dem hohen Adel unter Fürst Rékkaréd aber bewohnte den Seitenflügel, der an die Gemächer der Kaiserin angrenzte. Die Buccellarii des Kaisers Constantius lagen im »Alten Palast«. Der »Neue Palast«, in dem Honorius residiert hatte, wurde zu »besonderer Verwendung« freigehalten. Über Umbauarbeiten, die man in seinem Inneren vornahm, verlautete nur wenig. Man erfuhr, es würde Platz für beträchtliche Truppenmengen geschaffen. Andere wollten gehört haben, man richte ein Schiffsbauamt ein.

Anfang Juni reiste die Kaiserin in ihr Sommerhaus am Nemisee. Felix und seine Gattin wurden ebenfalls dahin befohlen, da Placidia, wie sie angab, über die Neubearbeitung der Rangliste auf dem laufenden gehalten zu werden wünschte.

Am 28. Juni gegen Mittag kehrte der Fürst Thanausis von einer zweiten Afrikareise zurück.

»Ich weiß schon, was Sie bringen«, rief ihm Placidia entgegen, als sie sein Gesicht sah.

»Ja«, sagte er. »Die Vandalen sind in Afrika. Sie sind am 12. Mai in Tanger gelandet und haben die Provinz, deren militärische Belegung von viertausend Mann nur noch auf dem Papier stand, besetzt.«

»Wir verlassen morgen abend die Villa Cesarini. Reisen Sie mir heute schon nach Ravenna voraus, und berufen Sie den großen Kronrat auf den 11. Juli ein. Stichwort: Das Vaterland ist in Gefahr. Alarmieren Sie unterwegs die Bevölkerung, wo Sie können. Unterrichten Sie in Rom Papst und Senat. Unterstreichen Sie die Schwere des Ereignisses. Ermahnen Sie alle zur Anspannung der letzten Kräfte. Es geht um das Meer – um die *Herrschaft über das Meer!* Nennen Sie das Gespenst, das uns droht: die Wiederaufrichtung der Macht Karthagos mit vandalisch-alanischem Vorzeichen. Lassen Sie sofort Aëtius von seinem toskanischen Landgute nach Ravenna befehlen. Tun Sie alles, was dem Ernst der Lage entspricht: Sie haben jede Vollmacht. Hier ist mein Siegelring. Sie befehlen in meinem Namen.«

Kurz vor der abendlichen Abreise nach Rom warf der Patricius Felix die Frage der Zuständigkeiten auf, die sich angesichts der neuen Lage mit großer Dringlichkeit stelle. Placidia sah ihn von oben bis unten an:

»Befugnisse hat der, dem ich sie erteile. Wir sind im Kriegszustand, den ich noch heute in Rom für das gesamte Mittelmeerbecken anordnen lassen werde, soweit es weströmischer Oberhoheit untersteht. Befugnisse erhält, wer sie zu gebrauchen weiß. Aber nicht, wer nachweislich mit ihnen Mißbrauch getrieben hat. Warten Sie die Beschlüsse von Ravenna ab, und stellen Sie keine Fragen, auf die man Ihnen peinliche Antworten geben müßte. An dem, was uns nun geschehen ist, haben Sie Ihr gerütteltes Teil Schuld. Ihre Machenschaften in Tunesien haben uns ein ganzes Jahr Abwehrarbeit gegen die Vandalen gekostet. Sie haben noch eine beträchtliche Rechnung an das Imperium zu begleichen. Ich verbiete Ihnen, den Bannkreis der Stadt Rom zu betreten und sich mit irgendeinem Menschen dort in Verbindung zu setzen. Sie reisen unter Bewachung, der Sie von diesem Augenblick an unterworfen sind. Wenn Ihnen an Ihrem Leben gelegen ist, vermeiden Sie einen neuen Rechenfehler. Lernen Sie endlich begreifen, daß die Bearbeitung der Rangliste eine ungewöhnlich hohe Auszeichnung für Sie ist.«

Sie rief einen Offizier ihrer gotischen Leibgarde:

»Der Patricius Felix und seine Gattin Padusa sind in Gefahr. Nehmen Sie sie in Ihren Schutz und führen Sie sie, ohne Rom zu berühren, bis zum dritten Meilenstein auf die Straße Rom-Rimini. Dort erwarten Sie meine Ankunft heute nacht um drei. Sie stehen mit Ihrem Leben ein.«

»Zu Befehl, Majestät.«

Noch während Placidia ein spätes Gespräch mit dem Papst Coelestin führte, traf ein zweiter Bote ein, der Thanausis auf einem Schnellruderer gefolgt war. Er brachte die Schreckensnachricht, nur ein kleiner Teil der Vandalen sei in Tanger gelandet. Das Hauptheer sei – von dem gesamten Volke gefolgt – auf unzähligen Schiffen in gerader Fahrt von Cartagena nach Nemours westlich von Oran übergesetzt und dort ausgeschifft worden.

»Aber das ist doch unmöglich«, rief Placidia. »Von Cartagena nach Nemours! Mit selbstgezimmerten, schlechten Schiffen!«

»So unfaßlich es erscheint, Majestät: was ich berichte, ist die reine Wahrheit. Die Landung ist tatsächlich am 24. Mai erfolgt.«

»Dann möge Gott dem Imperium beweisen, daß er es nicht untergehen lassen will«, sagte Placidia. »Menschenkraft reicht zur Bewältigung dieses Verhängnisses nicht mehr aus. Aber ein Gutes hat es vielleicht: Es wird auch dem verstocktesten Senator zeigen, daß nun der letzte Mann auf seinen Posten muß. Lesen Sie uns die Messe, Heiliger Vater, ehe wir eine so dunkle Heimreise antreten müssen. Lassen Sie jeden Tag in allen Kirchen beten für ›Unser Meer‹ . . . für ›Unser Meer‹.«

Der Kronrat, den der Fürst Thanausis auf Befehl Placidias für den 11. Juli einberufen hatte, begann in der Frühe um acht. Die Windräder surrten in dem glühenden Saal, dessen schwere Bastvorhänge dicht geschlossen waren. Nur die Türen nach dem schattigen Pinienhof standen geöffnet. Wachen wandelten auf Flachssohlen lautlos über die Steinfliesen des Kreuzganges, Brunnen quollen und perlten. Manchmal schrie ein Pfau, wenn er auf den Rasen zurückgescheucht wurde.

Es waren anwesend: die *Kaiserin,* ungewöhnlich frisch, schlagfertig und wachsam wie ein Luchs; der Kriegsminister *Felix,* unterwürfig, unsicher und immer darauf bedacht, seiner Herrin angenehm zu sein; der stellvertretende Kriegsminister *Aëtius,* sachlich, sachkundig-gewandt und offenbar erfreut, daß es etwas zu entscheiden gab; der General *Sigisvult,* abwartend, schweigsam, nie im Widerspruch mit Aëtius; der Gesandte »zu besonderer Verwendung« *Trygetius,* verschlagen, vorzüglich unterrichtet und von jener leichten Überheblichkeit, wie sie oft geschulte Diplomaten haben; der Fürst *Thanausis,* kühl, zurückhaltend, oft eine falsche oder leichtfertige Beurteilung des vandalischen Charakters verbessernd; der Bischof *Maxentius,* lauernd, beflissen und immer die kirchlichen Fragen in den Vordergrund schiebend, was ihm von Trygetius oft verwiesen wurde; der Leiter der Reichskanzlei, *Volusianus,* sehr vorsichtig, unbestechlich in seiner Meinung und auf die rechte Zahl verweisend, wenn Phantasie sich in allzu kühnen Berechnungen erging; der Gouverneur von Ravenna, *Candidianus,* mutig, erfinderisch und des Erfolges sicher, falls Ostrom sofort mit seiner Flotte eingreife.

Die Besprechungen dauerten mit einer kurzen Pause bis um fünf Uhr nachmittags. Um diese Stunde zog sich die Kaiserin mit Volusian zu einer Unterredung zurück. Als der Kronrat um sieben zur Beschlußverkündung zusammentrat, sagte sie:

»Es ist erfreulich, meine Herren, daß wir uns in der verhältnismäßig kurzen Zeit von zehn Stunden auf eine einheitliche Linie festlegen konnten. Was mich besonders freut, ist die Ergebenheit, welche mir von allen Seiten bekundet wurde. Einen besonders schönen Beweis von Opfersinn hat mir der Patricius Felix dadurch gegeben, daß er seine zweitausend Buccellarii dem Generalissimus Aëtius für den norischen Feldzug zur Verfügung stellte. Ich habe ihm die schöne Geste gelohnt, indem ich ihm für die Dauer des Krieges den ›Alten Palast‹ als Wohnung überließ. Er steht also unter dem Schutz meiner eignen Garden und kann sich mit ganzer Kraft der ihm zugewiesenen Aufgabe der

Neuordnung der Rangliste widmen. Er wird sich mit seiner Arbeit unschätzbare Verdienste erwerben: denn – ich muß es aussprechen – es ist eine Schande, in welchem Zustand der Unordnung sich dieses wichtige Nachschlagebuch befindet. Wir dürfen, leider, nicht daran zweifeln, daß dem König Gaiserich bekannt war, wie groß der Unterschied zwischen unserer tatsächlichen Truppenmacht und den lächerlichen Ziffern ist, die da noch auf dem Papier stehen. Die Kenntnis dieses Unterschiedes mag ihn sehr zu seinem waghalsigen Unternehmen ermutigt haben.

Fürst Thanausis, obwohl seit Monaten ohne Rast und Ruhe in meinen Diensten unterwegs, hat sich sofort bereit erklärt, zur Fühlungnahme mit der oströmischen Regierung abermals auf Reisen zu gehen. Es werden ihm beigegeben unser hochverdienter Gesandter Trygetius, ein Fachmann sondergleichen, und der General Vigilentius als marinetechnischer Berater für die Flottenverhandlungen mit dem Patricius Ardapur. Zwischen sämtlichen Gouverneuren der italischen Häfen wird eine enge Zusammenarbeit angebahnt; die Schutzmaßnahmen für die Balearen, Sizilien, Sardinien und Korsika werden einem Sonderkommissar unterstellt, dem heute leider abwesenden, hochverdienten Grafen Darius.

Was nun die Kriegführung selbst betrifft, so bleiben wir in folgendem Plan: Sämtliche Unternehmungen des Oberbefehlshabers Aëtius in Gallien geschehen ohne Bezug auf die Ereignisse des Mittelmeeres. Das heißt: Von den ihm unterstellten Truppen, deren Zahl an und für sich schon bescheiden ist, werden keine Abteilungen nach Afrika verschifft. Dagegen sollen unsere westgotischen Freunde, welche wir, wie Sie wissen, durch den Friedensschluß vom Jahre 426 als souveränes Volk anerkannt haben, gebeten werden, sich unserem Vorgehen gegen den Vandalenkönig Gaiserich anzuschließen. Es erhebt sich hier die Frage, ob sich die Vandalen überhaupt eine Möglichkeit zu einer Rückkehr nach Spanien offengelassen haben. Wenn ja, müßten wir versuchen, sie ihnen zu zerstören, indem wir ihre Platzhalter auf unsre Seite zögen oder den Westgoten den Weg in die von den Vandalen verlassenen Länder freigäben. Es sind schon Boten unterwegs, um sich an Ort und Stelle über die Lage in Südspanien zu vergewissern. In einer Ausdehnung der westgotischen Einflußzone bis nach Gibraltar: also auf Asturien, Gallizien und Portugal könnte ich keinen Nachteil, sondern nur einen Vorteil für das Imperium sehen. Die unüberwindliche Feindschaft zwischen Westgoten und Vandalen wird sich immer zu unseren Gunsten auswirken. Zu Verhandlungen nach Toulouse habe ich die Grafen Ereswinth und Witiko aus meiner Adelsgarde sowie die Obersten Petronius und Cencius aus der Garde des verstorbenen Kaisers Constantius bestellt.

Was nun die afrikanische Kriegführung angeht, so versteht es sich von selbst, daß ich dem Grafen Bonifatius, diesem treuesten und bewundernswertesten aller Freunde, unbegrenzte Vollmachten erteile und ihm einen vervierfachten Staatskredit zur Verfügung stelle. Die ganze Last des Vandalenkrieges liegt nun auf seinen Schultern, sofern die oströmische Flotte ihm nicht sogleich zu Hilfe kommt. Von der orthodoxen Kirche erwarte ich für die Dauer des Feldzuges äußerste Mäßigung gegen die donatistische Bewegung. So fern ich dieser auch selber stehe, so scharf ich auch den Gedanken der kirchlichen Einheit im Imperium vertrete: wenn *ich* meinen persönlichen Standpunkt vor den Notwendigkeiten des Staates zurücktreten lasse, so muß es der Papst ebenfalls tun. Der Generalfeldmarschall Aëtius hat das große Verdienst, darauf hingewiesen zu haben, daß eben die Donatisten, noch mehr vielleicht die Circumcellionen, den Vandalenkönig mit offnen Armen aufnehmen werden, wenn er es sich einfallen ließe, als Landaufteiler und Steuerbefreier zu kommen. Nach allem, was man uns über die außergewöhnlichen Fähigkeiten dieses Fürsten (der übrigens von seiner Mutter her sarmatisches Blut haben soll) erzählt, ist damit zu rechnen, daß er den allgemeinen Strömungen dieser Zeit Rechnung tragen und sich sowohl bei seinen Soldaten als auch bei den armen Bewohnern der Gebiete, die er erobern will, als gottgesandten Vorkämpfer für den *arianischen,* also in seinem Sinne rechten Glauben und als Befreier von römischer Unduldsamkeit aufspielen wird. Ich verbiete daher in Nordafrika jede Verletzung der nichtorthodoxen Bevölkerung durch die orthodoxe Geistlichkeit und werde den Kirchenvater Augustin um seine Unterstützung während der Kampfzeit bitten. Das strategische Problem wird sein, Zeit zu gewinnen, um Karthago unter allen Umständen halten zu können. Der Weg von Nemours nach Karthago ist weit. Mit einem ganzen Volke vorzurücken, ist nicht einfach. Eine unmittelbare Landung in Karthago oder Bône zu versuchen, erscheint als ausgeschlossen. Sie müßte scheitern, denn bis zu dem Zeitpunkt, wo sie erfolgen könnte, wäre unsre Flotte zu einem vernichtenden Schlag in der Lage. Die Gefahr einer Festsetzung auf römischem Kolonialgebiet droht vom Lande her: von dem Vormarsch auf unserer Militärstraße, welche in einiger Entfernung längs der Küste von Westen nach Osten verläuft. Stellt sich die eingeborene Bevölkerung dem Eroberer feindlich gegenüber, so dürfte sein Wagnis mißlingen. Schließt sie sich ihm aber an, so ist ein mörderischer Krieg zu erwarten. Da es nicht meine Art ist, mir und anderen etwas vorzumachen, muß ich Ihnen sagen, daß ich die zweite Möglichkeit für die wahrscheinlichere halte. Ich werde den letzten Denar dafür opfern, daß Bonifatius in die Lage versetzt werde, die todbringende Welle aufzuhalten.

Meine Herren, es besteht bei vielen Römern noch immer die Unsitte, von ›Barbaren‹ verächtlich zu reden und sie beim Volke verächtlich zu machen. Sie wissen, wie oft ich schon auf die Gemeingefährlichkeit eines solchen Unfugs hingewiesen habe. Wenn Sie – sine ira et studio – einmal überdenken, welchen Beweis von Lebenskraft und Daseinswillen das Vandalenvolk seit seinem Einbruch in Gallien, am 31. Dezember 406, erbracht hat: in sage und schreibe 13 Jahren, so müssen Sie zugeben, daß sich das Imperium seit Jahrhunderten keinem gefährlicheren und zielbewußteren Gegner gegenüber befand. Ich erkläre für einen Hochverräter, wer lächerlich machen will, was uns vernichten kann! Ich pfeife auf alles Geschwätz von Kultur und Nichtkultur, wenn es um einen letzten Kraftbeweis geht! Ich, die Kaiserin, erkenne mir nicht das Recht zu, über triebhafte Volkskräfte zu spotten, die mir meinen Platz strittig machen wollen! Auch ich liebe diese durch die Welt ziehenden Vandalen nicht, aber ich nehme sie ernst. Nur darauf kommt es an, wenn wir uns nicht bös in die Nesseln setzen wollen. Sorgen Sie alle mit mir – und ich wende mich besonders an Sie, Bischof Maxentius –, sorgen Sie dafür, daß das gesamte Volk seelisch gerüstet sei für den Widerstand, den es leisten muß! Ganz abgesehen von der Gefahr, die allen westlichen Mittelmeerhäfen droht: Was allein kann uns geschehen, wenn unsre Kornkammer Tunesien in diese Barbarenhände fällt? Denken muß man an diese Möglichkeit, ihre Folgen ausmalen darf man sich nicht. Die Bilder, die man dann vor seinem Geiste aufsteigen sähe, hätten lähmende Gewalt über den Willen.

Seien Sie sich alle mit mir bewußt, daß wir vor *dem Wendepunkt* unserer Geschichte stehen. Auch ein Sieg über die Vandalen könnte uns nur eines lehren: daß auf unabsehbare Zeit hin der römische Staat wieder eine Militärmacht werden muß – und nichts als eine Militärmacht. Das hämmern Sie jedem jugendlichen Gehirne ein, Tag um Tag, Stunde um Stunde. Daß wir die

Möglichkeit zu dieser Umkehr hätten, bezweifle ich keinen Augenblick. Denn es fehlt uns weder an Menschen noch an Mitteln, sofern wir vernünftig wirtschaften. Aber es fehlt uns an Männern – an jungen Männern vor allem –, welche ihren Glauben an das Imperium in Begeisterung zu verwandeln und andere Gläubige zur aufopfernden Tat mitzureißen vermögen! Wo keine Vorbilder sind, da sind auch keine Nachahmer! Die wahren Vorbilder aber sind immer nur die durch Glaube und Hingabe beseelten! Nicht aber die Schacherer um eine höchst zweifelhafte ›Macht‹, welche zwar Erfolge erringen, aber nicht wissen, was Hingabe an ein ihr eignes Ich überragendes Ziel ist. Ich kenne heute nur ein einziges Ziel: die Rettung des weströmischen Staates – und dadurch die Rettung des Imperiums. Ich werde ihm treu bleiben bis zum letzten Atemzug. Und sollte ich im Kampfe um dieses Ziel auf der Strecke bleiben: nun, so wüßte ich, wofür ich gelebt und gelitten hätte!«

Lange waren in einem Kronrate nicht solche Worte vernommen worden. Lange nicht hatte sich ein Männerauge gefeuchtet, weil eine Frau das Rechte zur rechten Zeit gesagt hatte.

Die gemeinsame Abendtafel verlief in ruhigen, sachlichen Gesprächen. Gegen zehn Uhr, nachdem man auf den von Rosen überblühten Gartenterrassen noch ein Glas Falerner getrunken und den kühlenden Pinienduft der nahen Wälder geatmet hatte, verabschiedete sich die Kaiserin. Nur Aëtius war von ihr noch zu einer kurzen Unterredung unter vier Augen gebeten worden.

»Eure Majestät waren über alle Begriffe wundervoll und unvergleichlich«, sagte er, als sie ihn zum Niedersitzen aufforderte.

»Ich war, was mich bewegt und erschüttert«, sagte sie einfach. »Ich hoffe, auch Sie erkennen, worum es geht.«

»Es geht um das *Letzte*, Majestät. Ich weiß es.«

»Dann, General, tun Sie danach. Der Norden des Imperiums ist Ihnen anvertraut, so wie Bonifatius der Süden. Forschen Sie aus, ob die Hunnen schon heimlich im Spiele sind. Siegen Sie, aber machen Sie die Besiegten zu Freunden des Imperiums. Wir können auch nicht mehr den kleinsten Feind brauchen. Erweisen Sie sich, General. Ich habe Ihnen durch die Ausschaltung des Flavius Felix eine große Last der Beengung abgenommen, aber eine noch größere Verantwortung auferlegt. Seien Sie beider Geschenke würdig. Sie haben gesehen, daß ich – im Namen des Imperiums – zu lohnen verstehe! Es soll nicht an mir fehlen, Sie für neue Verdienste noch besser zu belohnen. Ich denke weit voraus, Aëtius, denn ich habe vieles Ungewöhnliche erlebt. Halten Sie sich so, daß mein Vorausdenken und die Wirklichkeiten, welche Ihre Erfolge schaffen werden, sich eines Tages begegnen können. Das ist es, was ich Ihnen noch sagen wollte. Sie reisen morgen in Ihr Hauptquartier. Ich bitte Gott, er möge Ihren Sinn erleuchten – und Ihre Waffen segnen. Leben Sie wohl.«

Aëtius stand noch lange auf demselben Fleck, als Placidia gegangen war. Als auch er sich schließlich zum Aufbruch entschloß, schüttelte er bewegt den Kopf:

»Kennt sie meinen Brief? Kennt sie ihn nicht? Wenn sie ihn kennt: Hätte sie ihn wirklich zu meinen Gunsten gedeutet? Hat sie ihn aber zu meinen Ungunsten gedeutet: Wie vermag sie so zu verbergen, was sie dann fühlen muß? Gilt ihr nur noch der Staat, und schiebt sie Schachfiguren – gegen ihr Gefühl? Wie mag es ihr gelungen sein, Felix so beispiellos zu erledigen? Welche Worte sind gefallen? Wann? Wo? Nach vierzehn Stunden Kampfes, äußerster Anspannung und äußerster Beherrschung keine Spur von Müdigkeit? Um zehn Uhr abends frisch wie bei Tagesanfang? Haßt sie mich wirklich nicht? Sind auch über mich die Würfel schon gefallen? Was weiß ein Mann – vom Lächeln einer Frau?«

Thanausis schlug den türkisblauen Vorhang zur Seite. In dem Wohnzimmer Placidias brannten nur zwei goldlackbraune Kerzen. Die Fenster waren gegen die Schwüle eines verhängten Himmels geöffnet. Der Duft der Pinien, dem Geruch des Meeres vermengt, stand in dem kleinen Raum. Auf dem Diwan, halb sitzend, halb liegend, schlummerte die Kaiserin.

Thanausis setzte sich auf ein Kissen neben dem Ruhebett und legte den Kopf an den Rand des Polsters.

Der Atem der Kaiserin hob sich ruhig, ebenmäßig, aus unverworrener Müdigkeit.

Thanausis träumte. Er merkte nicht, wie Placidia die Wimpern aufschlug, sich auf Ort und Stunde besann, mit ausgeruhten Blicken auf ihn niederschaute und dann ihre Hand gegen die hohe Wölbung seines Hinterkopfes ausstreckte. Erst als er die Stütze der Finger an der Fülle seiner Haare fühlte, wandte er das Gesicht.

Sie zog seinen Kopf an ihren Mund. Ihre Lippen traten die geliebte Wanderung an. Sie gingen langsam, von Pore zu Pore, als gälte es, das angebetete Antlitz in sich aufzutrinken, ehe es wieder für lange in unsichere Ferne entschwand.

»Sage mir doch eine Silbe, Thanausis.«

»Was soll ich dir sagen, du Ewige, nach einem solchen Tag?«

»Die Silben der Silben.«

»Ich kann sie nicht mehr über meine Lippen bringen. Du hast die Bergtriften gesehen, wo der Wuchs der Bäume endet und nur noch Gras in blauen Äther übergeht: So ist mein Herz, Placidia, in der Luft deines Lebens. Es ist stumm. Was bin ich denn vor dir? Das Nichts vor dem Imperium!«

»Ah«, fuhr Placidia auf, »daß du dieses Wort auszusprechen wagst in einer solchen Stunde! Fühlst du nicht, daß sie die einzige Stunde meines Lebens werden wollte, in der ich dir hätte bekennen dürfen: was gilt vor deiner Liebe das Imperium – und du zerschlägst sie mir?«

Thanausis, geschlossenen Auges:

»Jetzt ist das Wort der Worte gefallen. Jetzt bist du da, wo ich bin. Nein, ich werde dir die Stunde aller Stunden nicht zerschlagen, dir nicht und mir nicht! Ich werde sie uns beiden so erfüllen, daß wir niemals gewesen sind, bevor sie kam.«

Placidia, die Schläfen an den Knien des Geliebten, die Finger an seinen Hüften, in Tränen:

»Daß du mir diese Hoffnung nicht zerbrachst ...«

Thanausis, mit Händen wie aus einem anderen Leben das Perlenband von ihrer Stirne lösend:

»Was schert uns – Rom?«

Er zog sie langsam in die Höhe, ließ sie mit dem Rücken gegen sich stehen, bog ihren Kopf auf seine Schulter nieder, so daß ihre Augen waagrecht im Raume standen, schwarze, abgründige Brunnen, in deren Tiefen alle Spiegelbilder erloschen waren:

»Ich will Rom von dir abstreifen: ein Kleid, das du nie mehr tragen sollst, so, wie du es bis heute trugst. Keiner, Placidia, entrinnt den Dingen, zwischen die er gestellt ist. Aber man kann die Gewänder der Seele wechseln, in denen man ihnen begegnet.«

Placidia lächelte. Nicht zu Thanausis, nicht zu sich selbst: zu dem Glück, das aus der rettenden Stimme, schwer wie der Duft der Nacht, in die Wasser ihrer Augen sank.

»Ist es nicht seltsam«, sagte sie, »wie alle Schwere verbündet auf unser Herz kommt, der Bestimmung und der Entrückung?«

»Sie sind das Gleiche, Geliebte, die eine durch die andere bedingt. Weißt du auch, daß wir – nun – gemeinsam bis zum Ende gehn müssen?«

»Ich weiß es. Wir haben Grenzen und Umkehr überschritten. An dem Ufer, das wir betreten haben, kann keiner mehr allein gehn.«

»Auch nicht mit Gott«, sagte Thanausis sehr leise.

»Auch nicht mit Gott?« verklang die Antwort als Frage.

Als der Tag luftlos und silbergrau über dem Meere aufging, saß Placidia am Fenster, vor dem die Schwalben hin und her schossen. In ihrem Rücken schlief Thanausis den lichten Schlaf des Menschen, der vollbracht hat. Lange hatte ihn Placidia betrachtet, ehe sie sich erhob:

»So schläft nur, wer mit allen Bildern seiner Seele einig ist.«

Auf der Höhe des mild bestrahlten Meeres erschien der Schatten eines hohen Seglers.

»Du großer Statthalter der Liebe«, sagte sie stumm, »wir sind gleichen Schrittes auf die Stufe getreten, an der die verlaufende Hochebene beginnt. Und dennoch mußt auch du behütet werden: wie alles Leuchtende.«

Fünftes Kapitel

Placidia verzichtete im Jahre 429 darauf, ihren Sommersitz am Nemisee zu beziehen. Ihr Pflichtgefühl verbot ihr, von der Residenz um einige Tagereisen entfernt zu sein. Sie teilte sich mit Volusian, der in Rimini Wohnung genommen hatte, in die Arbeit der Reichskanzlei. Jeden Morgen um sieben Uhr fand man sie an ihrem Schreibtisch, über die in der Nacht eingegangenen Berichte gebeugt. Zu ihrem Gehilfen hatte sie den Presbyter Petrus bestellt, dessen diplomatische Begabung ihr von dem Papst Coelestin gerühmt worden war. Das Ende der Woche pflegte sie in Rimini zu verbringen, wo sie eine Villa neben der Volusians gemietet hatte. Diese Aufenthalte gaben ihr Zerstreuung, Erfrischung und den unerläßlichen Gedankenaustausch mit dem Freunde, dessen beobachtender, kühler Geist oft genug das Gespinst heimlicher Fäden entdeckt hatte, die ihr selbst verborgen geblieben waren. Volusian unterhielt seine Agenten vor allem in Gallien und in Afrika. Er zahlte ihnen nur wenig Geld für ihre Dienste, setzte sich aber immer dafür ein, daß sie in Fragen der Beförderung oder geschäftlichen Begünstigung den Vorrang vor anderen erhielten. Da er niemals ein gegebenes Versprechen vergaß, konnte er sich auf die ihm hinterbrachten Mitteilungen verlassen.

Zu seinem großen Erstaunen erschien am 20. Oktober bei ihm ein Vertrauensmann des zur Bearbeitung der Rangliste »verurteilten« Kriegsministers Felix: Aëtius sei im Begriffe, die im Jahre 427 eroberte Donauprovinz Pannonien an die Hunnen auszuspielen. Er bereite ein neues Bündnis mit diesen vor, ohne die Regierung von seinen schon eingeleiteten Verhandlungen in Kenntnis zu setzen.

Wenige Tage später forderte ein Brief des Aëtius die genaueste Überwachung des Kriegsministers, da es erwiesen sei, daß dieser durch geheime Aufstachelung der Hunnen die große Linie der imperialen Politik in Gallien unterbinden wolle.

»Was soll man nun glauben?« fragte die Kaiserin, als ihr Volusian Bericht erstattete.

»Beides, Majestät. Daß Felix seit seiner Kaltstellung gegen den Nebenbuhler, schon seit dem 1. Januar auf der Lauer liegt, wußte ich. Das ist mehr als natürlich. Es ist nicht minder natürlich, daß er sich bei der Regierung lieb Kind machen will, nachdem er eine Handhabe gegen den Feind zu besitzen glaubt. Aëtius hingegen bereitet den Schlag, zu dem er entschlossen ist, schon heute vor, nachdem er gewiß ist, daß sein Opfer ihm auf sehr unliebsame Weise in die Karten geschaut hat.«

»Was will Aëtius?«

»Aëtius will die Macht, Majestät. Die unbedingte, die unbegrenzte Macht. Es ist weder ein Träumer noch ein Phantast. Er sieht, daß auf lange Zeit hinaus der gesamte Norden, also die Donauländer mit den Alpen, der Rhein und Gallien, in einem Zustand von Unruhe – und zwar gefährlicher Unruhe – verbleiben werden. Er kann diesen Zustand nur meistern, wenn er die Hunnen zur Verfügung hat. Er wird sie nicht haben, wie er sie braucht, solange die pannonische Frage besteht. Sie wissen, Placidia, daß ich diesen ›Sieg‹ des Felix immer für eine sehr fragwürdige Angelegenheit gehalten habe. Wir kommen tatsächlich ohne die hunnischen Söldner nicht aus.«

»Wir! Zugegeben. Aber wie kann sich Aëtius unterstehn, Abmachungen von so ungeheurer Tragweite hinter meinem Rücken zu betreiben, anstatt die ganze Frage durch die Regierung behandeln zu lassen?«

»Weil er eben – Aëtius ist!«

»Sie bestätigen meine eigene Ansicht über den Mann. Wir werden uns fürs erste nicht in das Spiel einmischen. Wir werden Felix zum Scheine etwas größere Freiheit gewähren. Laden Sie ihn im Laufe der Woche zu sich ein. Ich werde ihm eine kaiserliche Trireme zur Verfügung stellen. Sehn Sie, was Sie aus ihm herauszuholen vermögen. Loben Sie seine Arbeit für die Rangliste. Er leistet in der Tat Vorzügliches. Glaubte ich, daß aus einem Intriganten jemals ein grader Mensch werden könnte, so wäre ich geneigt, ihm zu verzeihen.«

»Ich rate Eurer Majestät, jede Gefühlsbezeugung niederzuhalten. Es scheint mir weder der Augenblick zum Zürnen noch zum Verzeihen gekommen. Warten wir ab, was in Gallien und in Afrika geschieht.«

»Haben Sie gute Agenten im Lager des Aëtius?«

»Meine besten, Majestät. Außerdem aber wird General Litorius dafür Sorge tragen, daß die Bäume nicht in den Himmel wachsen.«

»Er ist Heide.«

»Was bin ich denn?«

»Ach so . . .«

»Majestät, ich bitte Sie, in Rücksicht auf unsere Lage Ihren in der Rede vom 11. Juli betonten Standpunkt in Glaubensfragen eher noch zu verschärfen als zu lockern. Wir brauchen jeden tüchtigen Mann, mag er Christus anbeten oder Astarte. Die Lage des Imperiums erscheint als sehr ernst – und zwar auf lange Sicht. Es steht mir kein Recht zu, Ihnen einen Rat zu erteilen, aber ich möchte meine Furcht nicht unausgesprochen lassen, der Dekan Petrus könne versuchen, Sie zu einer – päpstlichen Richtung Ihrer Politik zu bestimmen. Sollte sich diese Furcht für mich in eine Gewißheit verwandeln, so wäre ich nicht mehr in der Lage, die Geschäfte der Reichskanzlei zu führen.«

»Sie scheinen mir heute sehr überreizt, lieber Volusian. Ich gebe zu, daß sie Grund dazu hätten. Sie sind überanstrengt. Sie brauchen sich wegen des Dekans Petrus keine Sorge zu machen. Er hat noch nicht um ein Haar die Grenzen der ihm von mir vorgeschriebenen Befugnisse überschritten. Ich halte ihn, weil mir der Papst sehr nützlich und sehr gefällig sein muß! Sie sind sich doch mit mir darüber klar, daß in Afrika von Gaiserich, nicht von uns ein Glaubenskrieg geführt werden wird: ein Angriffskrieg gegen die orthodoxe Kirche, wie man ihn seit Apóstata nicht mehr erlebt hat! Es könnte also sein, daß mir der Papst die Seelen gewinnen muß, damit ich die Männer auf die Mauerschanzen kriege, wenn es zum Äußersten käme.«

»Sie rechnen also auch mit diesem Äußersten?«

»Tag und Nacht tue ich nichts anderes. Ich lese die – neue Rangliste des Felix, und die Flammen steigen hinter mir auf. Wir haben ja keine Armee und keine Marine mehr in Afrika. Alles nur auf dem Papier. Die Kasernen und Arsenale sind leer. Die Bevölkerung aber – von der römischen Beamtenschaft abgesehen – ist jeden Augenblick bereit, sich dem Germanenkönig anzuschließen und von ihm anständigere Lebensbedingungen zu erwirken. Wer kämpft denn heute noch mit seinem ganzen Herzen für dasjenige Rom, das wir verkörpern? Kein Mensch mehr! Die Feldherrn kämpfen für ihren persönlichen Ruhm und ihre persönliche Macht; ihre Söldner kämpfen für das tägliche Brot und allerhand Vorteile. Die lebendige, geknechtete, treibende Masse ist uns feindlich gesinnt – oder so gleichgültig, daß sie alles mit in Kauf nimmt. Ich bin gewiß nicht mutlos, Volusian. Aber es gelingt mir seit dem Vandalenschreck nicht mehr, an jenes Glück zu glauben, das so oft in meinem Leben gesiegt hat. Ich sehe eine Folge von Ereignissen zu einer Linie gefügt, die sich unaufhörlich senkt. Ich weiß nicht, woher mir dieses bittere Gesicht gekommen ist; ich weiß nur, daß es mich beherrscht – und daß mir Pflicht und Einsicht befehlen, es unverwandt im Auge zu behalten.«

»Das Schicksal des Imperiums, Majestät, liegt seit der Vandalenlandung von Nemours – im Osten, und zwar in der byzantinischen Flotte.

Wir haben keine, die wir einsetzen könnten. Von Bonifatius können wir im besten Falle die Rettung von Karthago erwarten. Gelingt ihm diese, so hat er ewigen Ruhm geerntet. Aber die Gefahr bliebe über dem Imperium schweben – bis zum nächsten Streiche Gaiserichs.«

»Hängt nicht ewig über jedem Menschenleben die Gefahr?« fragte Placidia, auf das Meer starrend, das in lauer, silberner Glätte an den Strand spülte. »Was heißt besiegen und was heißt erreichen? *Stehn* heißt das Letzte. Von Anfang bis zum Ende stehn am angewiesenen Platz.«

»Das lehrt die Stoa, Majestät.«

»Das lehrt auch Christus, Volusian!

›Sei getreu bis in den Tod, so will ich dir die Krone des Lebens geben.‹«

Sie hielt ihm die Hand hin:

»Ich will nach Ravenna zurückfahren. Der Kronprinz macht mir Sorge.«

Sie setzte sich noch einmal auf die Seitenlehne des Sessels:

»Sie haben Valentinian einige Male gesehen, als ich ihn hierher mitbrachte – welchen Eindruck hat er Ihnen gemacht?«

»Einen sehr gedrückten, verträumten, leidenden.«

»Ja, dieses Kind, das körperlich so gesund und wohlgebildet ist, hat ein umdüstertes Gemüt. Ich zittre vor dem Gedanken, Valentinian könne auf Honorius hinauskommen. Ich betrachte ihn oft von der Seite, beobachte seine Bewegungen, den Ausdruck seines Gesichtes, wenn er Menschen ansieht. Ich weiß nie, woran ich mit ihm bin. Er liebt mich mit einer fast krankhaften Zärtlichkeit, und er verabscheut seine Schwester, deren bestimmtes, vorlautes, oft herrisches Wesen ihm zuwider ist. Er will auch von dem Fürsten Thanausis nichts wissen, auf dessen Freundschaft zu mir er eifersüchtig ist. Was er an Geschwätz über Zauberei, Goldmacherei, Geisterbeschwörung aufschnappt, bewegt ihn so, daß er darüber nicht einschläft. Alle Spiele, die er erfindet, drehen sich um diese Wunderdinge. Ein Glück, daß er gerne und gut reitet. Und ebenfalls ein Glück, daß er sich den Sohn des Grafen Sigisvult zum Spielgefährten ausgesucht hat. Ein gescheiter, lebendiger Bursch, dieser elfjährige

Eygil. Nur etwas zu durchtrieben für sein Alter – und zu vertraut mit den schlechten Gewohnheiten der Hafenkinder.«

»Lassen Sie die Jungen ruhig im Hafen herumstreichen! Lassen Sie sie auch allerhand böse Worte mit nach Hause bringen! Es ist besser, sie wissen etwas vom Volk, als sie beten von früh bis spät den Rosenkranz herunter! Ein wahres Glück, daß Sie diesen Grunitus in sein Seminar zurückgejagt haben! Der hätte einen halben Pfaffen aus dem zukünftigen Kaiser gemacht. Wenn ich, als römischer Senator, ein Gesetz zu erlassen hätte, so dürfte niemals ein Priester irgendwelchen Bekenntnisses einen Fürsten erziehen!«

»Sie haben ja einen wahren Koller gegen den Klerus.«

»Majestät, ich habe heute morgen wieder Berichte über das Treiben der Patriarchen Kyrill von Alexandria und seiner ägyptischen Mönche erhalten.

Diese Zeilen stehen im Zeichen der Auflösung. Wenn die Menschen in Dogmenfanatismus verkommen, anstatt ihre Pflichten zu tun, wenn das Nächste das Fernste und das Fernste das Nächste wird, so hört die Berechnung auf. Ich frage mich oft, wozu wir überhaupt noch weltliche römische Politik machen. Vielleicht haben die Majestäten in Byzanz recht, wenn sie nur noch – Kirchenpolitik treiben. Sie haben, möglicherweise, besser verstanden als wir westliche Menschen, was not tut! Man sollte die Völker immer mit den Dingen gängeln, aus denen sich am besten die Stricke drehen lassen, an die man sie binden kann. Allerdings würden dann die sogenannten ›heiligen Dinge‹ zu recht unheiligen entwertet! Aber die Patriarchen geben ja selbst das Beispiel! Glauben Sie, ein solches Verbrechen wie die Ermordung der Philosophin Hypatia und das schamlose Benehmen des Hofes von Byzanz gegen einen so hervorragenden Mann wie den Statthalter Orestes von Ägypten würde vergessen? Sie zeigen, was heute möglich ist – und empfehlen sich den Besessenen jeden Schlages zur Nachahmung. Wir wollen abwarten, auf was sich der König Gaiserich berufen wird, wenn er orthodoxe Bischöfe in seine arianischen Zangen nimmt!«

»Ja, wir wollen es abwarten, Volusian, und uns heute das Herz nicht schwerer machen, als es schon ist.«

»Es ist gut, vorbereitet zu sein, Majestät. Die Verwirrung der Geister ist groß, auch derer, die keine Not leiden – und doch nichts anderes mehr tun, als nach dem ›Paradiese‹ schreien! Vielleicht darf ich Ihnen für die Seefahrt eine kleine Abhandlung mitgeben, die mir ein ungenannter Gegner des Patriarchen Nestorius aus Byzanz und Anhänger des berüchtigten Zänkers Schenute von Atripe diese Woche zugesandt hat:

NUR DIE THEÓTOKOS (DIE GOTTGEBÄRERIN) WEIST UNS DEN WEG ZUM HEILE, DOCH DIE CHRISTÓTOKOS (DIE CHRISTGEBÄRERIN) DEN WEG ZUR EWIGEN PEIN

Ich nehme an, daß uns Fürst Thanausis bei seiner Rückkehr aus Byzanz allerhand erbauliche Dinge über die Einflüsse des neuesten Glaubensstreites auf die Politik des Hofes berichten wird. Vielleicht ist man so sehr mit der Frage einer Konzilberufung beschäftigt, daß man keine Zeit findet, an Gaiserich und Karthago zu denken. Das ›Heil der Seele‹ – oder besser, was die Patriarchen so zu nennen pflegen – ist wichtiger als ›irdisch Gut‹! Bei welcher Formel aber ›Heil der Seele‹ nur ein Falschmünzergeld wäre, das keine Bischofskasse mehr annimmt, wenn es ihr den gewünschten Sieg, das heißt den Weg zur politischen Macht, erkauft hat! Welches Schindluder wird von diesen Erleuchteten mit ›Werten‹ getrieben – und wozu gibt die leidende Menge sich her! Nein, glatt herausgesagt: Ich will lieber gegen Gaiserich kämpfen bis an das Ende meines Lebens – als gegen diese Wegelagerer im Land der Seele! Welcher Jammer, daß der Statthalter Orestes nicht den Mut hatte, den Patriarchen Kyrill ins Paradies zu befördern! Wieviel Kräfte wären in Byzanz frei für das – Imperium, die sich heute auf einem Narrentheater verzetteln. Ich kann nicht anders denken. Ich bin und bleibe Römer – bis zum Tod.

Es ist mir eine Erleichterung, gesprochen zu haben, Majestät. Wenn Sie glauben, daß meine altrömische Gesinnung nicht vereinbar sei mit meinem Amt, so geben Sie es einem anderen. Ich werde Ihnen, auch ohne Amt, kein schlechterer Diener sein. Die Lehre der Stoa, der ich anhänge, ruht auf der Treue um der Treue willen.«

»Sie bleiben, Volusian. Was Sie mir gesagt haben, sagen Sie ja keinem anderen. Daß Sie es mir sagen, erhöht mein Vertrauen zu Ihnen. Ich weiß, daß Sie zu trennen wissen: Herz – und Notwendigkeit. Sie sind dem Gott, zu dem ich bete, näher, als Sie glauben. Ich werde Ihnen darüber noch vieles zu sagen haben . . . Wann wollen sie nach Ravenna übersiedeln?«

»Noch diese Woche, Majestät.«

»Also: auf Wiedersehen in Ravenna.«

Was man ohne Schwierigkeit hatte errechnen können, war im April 430 eingetreten: Die Truppen des Bonifatius hatten nicht ausgereicht, das vandalische Vordrängen an der numidischen Grenze aufzuhalten. Die mauretanischen Bergbewohner, die Donatisten und die Circumcellionen hatten sich Gaiserich angeschlossen und ihm einen raschen Vormarsch ermöglicht. Bonifatius mußte sich auf Bône, die Residenz des Bischofs Augustinus, zurückziehen und für eine lange Belagerung einrichten. Die Vandalen vermochten sogar schon in einzelne Teile von Tunesien vorzustoßen. Ihre Plünderungen gefährdeten die Ernährung Westroms.

Aus dem Norden kamen günstigere Nachrichten: Aëtius hatte die Alamannen aus Graubünden zurückgeschlagen. Er traf Anfang Mai in Ravenna ein, um mit Felix Abrechnung zu halten. Er behauptete, Beweise dafür in Händen zu halten, daß dieser einen Anschlag gegen ihn vorbereitet habe, um sich wieder von der Kaiserin in seine früheren Machtbefugnisse einsetzen zu lassen, ganz zu schweigen von den hunnischen Aufhetzungen. Als Felix, seine Gattin Padusa und Grunnitus am 30. Mai nach der Messe das Gotteshaus verließen, wurden sie von Soldaten des Aëtius niedergehauen. Keine Hand hatte sich gerührt, um ihnen ihr Schicksal zu ersparen.

»Ermächtigen mich Eure Majestät«, fragte Aëtius die Kaiserin, als sie ihn in kurzer Audienz einige Tage nach der Untat empfing, »meine Politik so fortzusetzen, wie ich es für notwendig halte?«

»Ihre Politik?«

»Meine Politik!«

»Es gibt für mich keine Politik, die ohne mich betrieben werden könnte, Generalissimus. Sie haben mir Ihre Pläne zu unterbreiten, ehe ich sie gutheiße. Welches Ihre nächste Aufgabe ist, wissen Sie: die Aufstände der norischen und rätischen Völker zu unterdrücken. Dazu sind Sie ermächtigt. Zu anderem nicht. Ich wünsche Ihre sofortige Rückkehr auf Ihren Posten. Wenn mir Ihre Anwesenheit hier notwendig erscheint, werde ich Sie zurückrufen. Ich rate Ihnen, den Bogen nicht zu überspannen.«

»Da in meiner Hand das Amt des Kriegsministers und des Oberbefehlshabers nach dem Tode des Felix nun vereinigt ist, darf ich wohl beanspruchen, daß mir auch der Graf Bonifatius in Afrika unterstellt werde.«

»Es ist, wie Sie sich entsinnen werden, abgemacht worden, daß dies niemals geschehen wird. Halten Sie sich also an die Abmachungen, sofern Sie wünschen, daß ich mich ebenfalls an sie halte.«

»Sie sind auf mich angewiesen, Majestät.«

»Sie irren sich!«

»Ich glaube, daß eher das Gegenteil der Fall ist.«

»Versuchen Sie, ohne mein Kennwort den Palast zu verlassen!«

»Sie würden wagen?«

»Was ich wagen würde, ist meine Sache! Ich frage Sie zum letztenmal: Werden Sie sich meinem Befehle fügen und sofort auf Ihren Posten im Felde zurückkehren?«

»Eure Majestät sind der einzige – Mann an diesem Hof. Ich neige mich vor so viel – Entschlossenheit!«

»Sie wissen, daß ich für Komplimente wenig Sinn habe. Desto mehr aber für Gehorsam. Ich dulde kein Benehmen wie das Ihre. Ich lasse Ihnen alle Machtfülle, die Ihnen zukommt. Ich habe nicht den geringsten Grund, Ihre Schlagkraft im Felde zu mindern. Aber ich lasse mir nichts abpressen, am wenigsten von einem Mann, in dessen Akten verfängliche Papiere liegen. Jawohl, Generalissimus. Sie können mir eine Stunde lang so gerade und treu in die Augen schauen, als ob Sie der Erzengel Michael wären: es hilft Ihnen nichts. Ich weiß, was ich weiß! Sorgen Sie jetzt dafür, daß ich Ihnen eines Tages bona fide ein Schriftstück zurückgeben kann, das Sie besser nie von sich gegeben hätten. Ehe das allerdings der Fall sein wird, müssen Sie außergewöhnliche Erfolge nach Hause bringen. Haben Sie mich jetzt verstanden? Das Kennwort, auch für die Tore, heißt – Sie verstehen ja etwas Gotisch, soviel ich weiß: ›Ni qam lagjan gawairthi ak hairu.‹

Was soeben zwischen uns gesprochen worden ist, wird in keinen Akten gebucht. Es ist eine durchaus persönliche Angelegenheit. Faßte ich es als etwas anderes auf, so wäre Ihre Laufbahn zu Ende. Ich hoffe – und wünsche Ihnen von Herzen –, daß Sie mit dieser Stunde beginnt.«

Ohne ein Zeichen der Erregung verabschiedete sich Aëtius. Aber es war ihm nicht sehr wohl zumute. Wer seine Gegenspieler ermorden läßt, fürchtet selbst an jeder dunklen Ecke das meuchlerische Messer.

Für Aëtius konnte es nach dieser Unterredung keinen Zweifel mehr daran geben, daß sich auch die Kaiserin keine Minute lang scheuen würde, ihn beseitigen zu lassen, wenn ihr eine Verletzung ihrer Hoheitsrechte unerträglich erschiene. Sein Leben hatte an einem Faden gehangen. Es würde erst in Sicherheit sein, wenn er wieder bei seinen Truppen war.

So verließ er, von der kleinen Garde begleitet, die er in seiner Verstiegenheit für ausreichend gehalten hatte, noch am gleichen Nachmittage die Stadt.

»Was haben Sie getan, Majestät!« sagte Volusian, der dem Gespräch von einem verborgenen Söller aus zugehört hatte.

»Ich habe mir Luft gemacht und bewiesen, daß es noch eine Verkörperung des Imperiums gibt. Ich bin die Kaiserin gewesen. Das ist alles. Schluß mit dieser Sache. Gehen wir an die Arbeit. Lesen Sie mir die neuen Berichte über die Befestigungen von Karthago, Constantine und Sousse vor.«

Als Volusian zu lesen begann, merkte Placidia, daß sie ihm nicht zu folgen vermochte. Ihre Gedanken umdrängten, umklammerten einen einzigen Namen: Aëtius. War sie zu weit gegangen? Hatte sie – in ihrer berechtigten Erbitterung – die Herrschaft über sich selbst verloren? War ihr Wille schwächer als ihr Herz?

Volusian, ihre Entrücktheit bemerkend, hatte aufgehört zu sprechen.

Die plötzliche Stille rief die Kaiserin in die Stunde zurück. Sie fragte, als ob es selbstverständlich sei, daß Volusian den Weg ihrer Gedanken kenne:

»Glauben Sie, daß es Aëtius bis zur offenen Rebellion treiben wird?«

»Kaum, Majestät. Für Aëtius gilt – mutatis mutandis – genau das gleiche, was für Stilicho galt: Er wird die große Linie seiner Pläne nicht aufgeben, weil ihn die Umstände zwangen, einen scheinbaren Rückzug anzutreten. Sein Ziel ist die Macht. Er hatte sich im Zeitpunkt verrechnet, zu dem er es wagen durfte, mit seinen Ansprüchen hervorzutreten. Felix, der ja auch Ihnen, Majestät, reichlich zu schaffen gemacht hatte, war durch Aëtius beseitigt. Aëtius buchte diesen von ihm bestellten Mord zugunsten des Imperiums und glaubte, nun den entscheidenden Vorstoß gegen Bonifatius wagen zu dürfen, den einzigen Rivalen, den es für ihn noch gibt. An Ihrem Willen zerbrach sein größenwahnsinniger Plan.«

»Also sind auch Sie der Ansicht, daß ich recht gehandelt habe?«

»In der Sache, ja. Was die Form betrifft, so hätte ich es vielleicht für vorteilhafter gehalten, wenn Sie die Ansprüche des

Generalissimus ins Lächerliche gezogen hätten. Die Wirkung wäre bei diesem Manne, der wohl dem Säbel, aber nicht dem Florett gewachsen ist, lähmend gewesen. Ich fürchte, daß die Hiebe, die Sie ihm versetzt haben, ihn in seinem Kampfwillen bestärken.«

»Sie haben mehr als recht, lieber Freund. Lassen Sie mich Ihnen bekennen: Ich hatte nicht die Kraft zur – Ironie in dem Augenblick, wo ich sie mehr als je gebraucht hätte. Aber wer weiß: Es war vielleicht gut so. Denn ich fühle, daß der offene Krieg zwischen Aëtius und mir unvermeidlich ist. Er liegt in der Luft. Vielleicht habe ich falsch gehandelt, indem ich ihn zu seinen Truppen entließ. Vielleicht hätte ich ihn sofort beseitigen lassen sollen. Daß ich es nicht tat, muß seinen Sinn haben, den wir vielleicht erst nach Jahren erkennen werden. Die Beobachtung des Generalissimus muß verschärft werden. Ich wette meinen Kopf, daß er selbst schon begonnen hat, seine Drähte zu ziehen. Das Wichtigste ist, daß ich der Westgoten sicher bin. Sie lieben Aëtius nicht. Es steht mir in jedem Augenblick frei, ihnen den Zugang zum Mittelmeer zu öffnen, wenn sie für mich eintreten. Und außerdem ist da noch die suebische Karte im Spiel .... Berichten Sie mir heute abend. Ich bin im Augenblick nicht in der Lage, Sie anzuhören. Ich muß zunächst die andere Sache überdenken.«

»Werden Sie mich von Ihren Entschlüssen in Kenntnis setzen, Majestät?«

»Und wenn ich es – diesmal – vielleicht nicht täte?«

»So könnte ich natürlich keine Verantwortung für die Folgen tragen.«

»Gewiß nicht. Ich kann Ihnen im Augenblick keine Antwort geben. Warten Sie bis morgen.«

Als Volusian gegangen war, ließ Placidia den Fürst Rékkaréd, den Führer ihrer gotischen Adelsgarde, zu sich rufen:

»Ich brauche Sie, da Thanausis noch in Byzanz ist und voraussichtlich auch nicht vor Ende dieses Jahres zurückkehren wird, zu der ersten großen Aufgabe, die Sie für mich lösen sollen. Sie sind mit Ihrem Eide zum Schweigen verpflichtet.«

»Zu Befehl, Majestät.«

»Sie reisen in den nächsten Tagen nach Toulouse und unterrichten sich genau über die Stimmung des gotischen Hofes gegenüber der Kaiserlichen Regierung. Es ist mir wichtig zu erfahren, ob der General Aëtius einen Sondervertreter bei dem König Theoderich unterhält, noch viel wichtiger aber, ob er mit den

Sueben, welche in Spanien die Bevölkerung der Provinz Gallien beunruhigen sollen, in Verbindung steht. Ich sähe gerne eine suebisch-westgotische Freundschaft unter meinem persönlichen Patronat. Meine Gegenangebote finden sich in dem Briefe an Ihren König. Seien Sie zu Weihnachten wieder hier ... Haben Sie einen durchaus zuverlässigen Freund bei Hofe, der nach Ihrer Rückkehr Ihre Aufgabe weiter durchführen könnte?«

»Nicht bei Hofe, Majestät. Aber hier in der Garde. Den Grafen Vetto.«

»Sohn des Grafen Rútila?«

»Eben diesen.«

»Sehr gut. Speisen Sie mit ihm bei mir heute abend. Wir werden dann weiter beraten . . . . Es scheint, der junge Kaiser hat Sie sehr in sein Herz geschlossen?«

»Ich ihn ebenfalls, Majestät. Er ist ein ausgezeichneter Reiter, im Sattel und ohne Sattel.«

»Machen Sie keine allzu tollen Kunststücke mit ihm! Sie wissen, daß das Imperium auf seinen Schultern ruht! Der Kaiser Theodosius in Byzanz hat keinen Sohn!«

»Der Kaiser Valentinian ist nicht waghalsig, aber mutig.«

»Sprechen Sie manchmal Gotisch mit ihm?«

»Immer. Er lernt die Sprache leicht.«

»Sorgen Sie dafür, daß er sie bald beherrscht. Einem Kaiser müssen mindestens drei Sprachen geläufig sein.«

In den ersten Oktobertagen traf der Fürst Thanausis aus Byzanz in Portus ein, wo ihn Placidia erwartete. Endlich, nach zwölfmonatigem Zögern, hatte sich der Kaiser Theodosius entschlossen, dem weströmischen Hofe Hilfe zu versprechen. Es hatte des vandalischen Einbruchs über die tunesischen Grenzen bedurft, um der Regierung von Byzanz die Augen zu öffnen. Zu einem sofortigen Einsatz der gesamten Flotte hatte man sich nicht aufraffen können, aber ein starkes Hilfskorps für das Frühjahr 431 zugesagt, da niemand daran zweifelte, daß der General Bonifatius vor Bône die schwache vandalische Armee festhalten und lähmen würde. Die Vandalen verstanden nichts von der Kunst der Belagerung. Ihre Kriegführung war abenteuerlich, räuberhaft und auf offne Feldschlacht nur dann eingestellt, wenn sich geordneter Kampf nicht vermeiden ließ.

Placidia hörte während der Fahrt von Portus nach Rom fast gleichgültig den Bericht des Freundes an. Sie hatte kaum noch auf

Hilfe von ihrem Neffen gerechnet. Ja, sie war fast erstaunt, nun doch auf so viel Entgegenkommen gestoßen zu sein.

»Ich wollte nicht schreiben«, sagte Thanausis, »wo meiner Ansicht nach der eigentliche Urheber der Verschleppung zu suchen ist. Man kann nicht wissen, wem selbst gotisch geschriebene Briefe ein willkommener Fund sein können. Die Seele des Widerstandes ist Ardapur selbst, der Alane. Sein Sohn Aspar, weit imperialer denkend als sein Vater, drang schließlich mit seiner für Westrom günstigen Auffassung durch. Er selber wird das Hilfskorps anführen, verlangt aber, um einen entscheidenden Schlag tun zu können, beträchtliche Verstärkung durch römische Reiterei.«

»Er wird sie erhalten«, sagte Placidia. »Es ist jedenfalls gut, daß der kluge und taktvolle Trygetius in Byzanz geblieben ist. Sollte man dort über Patriarchengezänk den Kopf verlieren, so kann er jederzeit als Mahner auftreten ... Lassen wir jetzt Afrika und die Vandalen ruhen. Wir werden heute und morgen die Lage nicht ändern. Es sind andere Dinge, die wir uns zu sagen haben.«

»Wie verändert sie mir erscheint«, dachte Thanausis, als sie auf der appischen Straße gegen die rötlich umleuchtete Stadt dahinfuhren. »Was mag an trüben Dingen hinter dieser Stirne wohnen, von denen ich noch nichts weiß. Ihre Wangen sind nicht mehr so eben wie vor einem Jahre, und ihre Schläfen liegen in der Umdunkelung einer Melancholie, die ich noch niemals an ihnen gewahrte.«

»Ich habe die Kinder bei mir«, sagte Placidia plötzlich. »Sehen Sie, Thanausis, daß Sie das Herz Valentinians gewinnen. Der Junge fürchtet sich vor Ihrer Rückkehr. Er sorgt sich darum, ich könne ihm nun weniger Zeit gönnen als zuvor. Er fühlt, daß er mich nötig hat. Und ich sehe, wie er sich in meiner Liebe entfaltet. Lassen Sie ihn auch einen Teil Ihres Lebens werden. Er ist kein fröhliches Kind – wie sollte er es auch sein.«

Als sie in die palatinischen Gärten einfuhren, ging eben die Sonne in basaltgrauen Wolken unter.

»Wie früh die Nacht schon kommt«, sagte Thanausis.

»Ich bin froh, daß dieser Sommer zu Ende geht«, erwiderte Placidia. »Er war voll Sorge und voll Einsamkeit. Ich freue mich nun auf die Kastanienwälder von Villa Cesarini, auf die Wanderungen mit Ihnen und die Abende, an denen Sie mir erzählen werden. Sie wohnen diesmal im Palatin auf dem linken Korridor neben meinen Zimmern. Ich habe in Ihren früheren Räumen

Valentinian untergebracht. Er bestand darauf, in meiner nächsten Nähe zu sein.«

Thanausis sagte auf gotisch:

»Ich denke, für Sie und mich ist die Frage der Nähe eine Frage der Seele und nicht der Zimmer.«

»Wenn es das Herz eines Kindes zu schonen gilt«, lautete die gotische Antwort, die von einem langen Blick begleitet war.

»Wie verändert sie ist«, bestätigte sich Thanausis den ersten Eindruck nach dem Wiedersehen in Portus, als sie müde an seiner Schulter lag. »Sie ist nicht weniger mutig, nicht weniger wachsam, nicht weniger kämpferisch, nicht weniger leidenschaftlich im Einsatz ihrer Kräfte für das Imperium: und dennoch kommen alle Strahlungen ihres Wesens aus einer wie nach Abend hin verwandelten Luft. Beklemmend abendlich die Dinge, die sie manchmal sagt – süßer als einst, schmiegsamer, ausgeglichener: doch oftmals so, als habe irdisches Tun und Lassen keinen Sinn, solange es auf das eigne Ich zurückbezogen wird.«

»Denke nicht so viel über mich nach«, sagte plötzlich Placidia, ohne Thanausis das Gesicht zuzuwenden. »Hülle mich ein – und trage mich fort. Was hat unsere Liebe mit all den Widerwärtigkeiten zu schaffen, in denen unser Taglauf sich zerquält? Wir werden langsam, was unsre Tage sind. Was macht es, wenn uns die unberührte Zuflucht bleibt?«

»Es gibt keine unberührte Zuflucht«, dachte Thanausis. »Auch sie nimmt den Hauch der Tage und der Stunden an, in denen unser Dasein abläuft. Ist unser Stoff auch unser Schicksal: Lebensgefühl schenkt nur die Wandlung.«

Er drängte seine Stirne gegen den ruhig atmenden Hals der Geliebten und ließ seinen Mund am Ansatz der Schulter ruhen.

Sie fühlte die Tiefe seiner Traurigkeit, aber sie fand – in dieser Nacht – nicht mehr die Kraft zu dem enthebenden Wort.

Statt des Fürsten Rékkaréd selbst trafen zu Weihnachten Berichte aus Aquitanien ein, deren Inhalt ein jähes Licht auf die politischen Machenschaften warf, welche Aëtius sofort nach seiner Abreise aus Ravenna eingeleitet hatte. Am gotischen Hofe gab es nicht einen, sondern mehrere seiner Agenten, denen sich, zum Scheine, Vetto eingereiht hatte. Was aber die Sueben betraf, so lag es auf der Hand, daß sie Aëtius für seine persönlichen Dienste zu gewinnen versuchte, um sie gegen die Goten ausspielen zu können, falls diese sich seinen Plänen nicht willig zeigten. Welches diese Pläne waren, blieb noch im Dunkel. Um dieses Dunkel zu lichten, war Rékkaréd selbst mit einem Auftrag Theoderichs an die suebische Hofhaltung in Coimbra gereist.

Die Kaiserin gab das Schreiben an Volusian, der es langsam las.

»Sehen Sie die Kurve?« fragte Placidia.

»Ich ahne sie. Was ich sehe, ist eine unabstreitbare Verletzung des Verbotes, mit irgendeinem Volke hinter dem Rücken der Regierung Verbindungen zu unterhalten. Wo Agenten sind, sind auch hin und her gehende Gesandtschaften. Erbringt uns Fürst Rékkaréd den unzweifelhaften Beweis, daß der Generalissimus heimlich mit den Sueben unter Umgehung des Hofes von Ravenna zu irgendeinem Zwecke verhandelt, so ist der Grund zum Vorgehen gegen ihn gegeben. Sollen seine Verhandlungen dem Imperium dienen, auf das er vereidigt ist, so braucht er sie nicht geheimzuhalten. Die Tatsache, daß er sie geheimhält, beweist, daß er sie entweder nur seinem eignen Machtbedürfnis dienstbar machen oder aber gegen das Imperium ausspielen will. Ehe Sie selbst handeln können, Majestät, bleibt die Rückkehr des Fürsten Rékkaréd oder des Grafen Vetto abzuwarten. Es müßte dann jedenfalls dem Generalissimus so viel Arbeit in Gallien gegeben werden, daß wir inzwischen seine Gespinste durch diplomatisches Zuvorkommen zerreißen könnten. Ich würde empfehlen, den Grafen Asterius aus Tarragona kommen zu lassen und mit ihm die Lage durchzusprechen. Vor allem auch die hunnische Frage. Denn wenn es eine Kurve gibt, die Aëtius ziehen will, so kann sie nur von Ungarn über die norischrätischen Alpen und das fränkische Siedlungsgebiet bis nach Toulouse und Suebisch-Spanien reichen. Vielleicht rechnet er mit einer völligen Niederlage des Bonifatius in Afrika und wird als unumschränkter Machthaber im Nordosten, Norden und Nordwesten des Imperiums auftreten, sobald er den einzigen ebenbürtigen Rivalen, den er hat, geschlagen und entmachtet weiß. Geht Bonifatius nur geschwächt oder vielleicht als Sieger aus dem Vandalenkrieg hervor, so erhöbe sich wieder die Frage, wem nun die endgültige höchste Machtstellung zufiele. Denn die Macht mit dem ›anderen‹ teilen würde keiner dieser beiden Generale.«

»Ich nehme an, die Macht würde – wenn erst der Punkt erreicht wäre, von dem Sie sprechen – demjenigen zufallen, auf dessen Seite ich mich schlüge. Welche Seite dies wäre, bedarf wohl keiner näheren Erläuterung mehr.«

Die Diplomatie des Hofes von Ravenna arbeitete in den ersten Monaten des Jahres 431 wie nie zuvor. Es wurde allen nur vorstellbaren Möglichkeiten Rechnung getragen, damit man für das Eintreten einer jeden gerüstet sei. Der Oberbefehlshaber Asterius erhielt den Auftrag, in Spanien eine neue Armee auszuheben, Candidian stellte auf italischem Boden die Hilfsdivisionen für Aspar und Bonifatius zusammen und ließ sie von Graf Sisinanth nach Afrika abholen. Thanausis ging mit großen Vollmachten zu den Westgoten.

Wie berechtigt alle diese Maßnahmen waren, bestätigten die Meldungen des Fürsten Rékkaréd, der am 12. April 431 mit dem Grafen Vetto in Ravenna anlangte: Aëtius verhandle tatsächlich mit den Sueben über militärische Hilfeleistung (gegen Zugeständnisse auf spanischem Boden), ohne sich um die Regierung in Ravenna auch nur zu kümmern. Er bekämpfe zwar in Gallien gerade die ripuarischen Franken, solle aber entschlossen sein, auch diese durch ein Militärabkommen an seine Fahnen zu fesseln. Die Vorbereitung eines Schlages gegen Ravenna könne also kaum noch bestritten werden.

Wenige Tage nach dem Eintreffen dieser durchaus glaubwürdigen Nachrichten ließ die Kaiserin Aëtius mitteilen, daß sie ihn – angesichts seiner großen Verdienste – im Einverständnis mit dem senatorischen Adel für das Jahr 432 zur Übernahme der höchsten römischen Staatswürde, des Konsulates, bestimmt habe. Sie hoffe, daß dieses Jahr ihm einen entscheidenden Sieg über die Franken, Burgunder und Aremoriker schenke – und dem Imperium den gewünschten Erfolg in Afrika, gegen das eine oströmische Flotte bereits ausgelaufen sei.

Am 30. September kam vom afrikanischen Kriegsschauplatz die Kunde, daß Gaiserich unter der Drohung der oströmischen Flotte die Belagerung von Bône aufgegeben und Bonifatius mit allen seinen Truppen ehrenvollen Abzug gewährt habe.

An Karthago und Constantine könne er sich nicht heranwagen. Das heldenhafte Durchhalten des Bonifatius habe es ermöglicht, diese beiden wichtigsten Plätze Tunesiens und Numidiens uneinnehmbar zu machen. Die oströmische Armee unter Aspar verbleibe in Afrika.

Byzanz hatte also begriffen, was auf dem Spiele stand. Und der Vandalenkönig hatte eingesehen, wo er haltmachen mußte, sofern er nicht die errungenen Erfolge durch Aufopferung seiner Truppen wieder aufs Spiel setzen wollte.

In der gleichen Nacht noch erging an den Grafen Bonifatius

ein eigenhändiges Dankschreiben der Kaiserin, in welchem sie ihn auf seine baldige Rückberufung nach Ravenna vorbereitete.

»Sie haben sich«, hieß es in dem Text, »abermals als ein so tapferer und aufopfernder Freund erwiesen, daß ich Ihnen Ihr Verhalten nur mit der Zuweisung ehrenvollster Aufgaben lohnen kann. Denken Sie zunächst jedoch daran, sich nach so viel erlittenen Entbehrungen zu erholen, damit Sie in voller Frische die bedeutende Arbeit übernehmen können, welche auf Ihren hohen Mut und Ihre Umsicht wartet. Bringen Sie jedenfalls auch die gotischen Garden mit, welche sich so bewundernswürdig gehalten haben; auch ihrer warten neue Verdienste und größerer Ruhm. Wenn Sie es ermöglichen können, sehen Sie, daß wir den Jahresanfang gemeinsam begehen dürfen. Ich wünsche dem Imperium, mir und Ihnen, daß er uns eine Folge von froheren Tagen schenken möge, als wir sie seit dem 1. Januar 431 erlebt haben.«

Der Graf Bonifatius hatte, nachdem er sich mit dem General Aspar über die Richtlinien der gegen die Vandalen durchzuführenden Politik einig geworden war, Karthago im November 431 verlassen und sein sizilisches Landhaus bei Messina bezogen, um seine erschütterte Gesundheit in einer zweimonatigen Ruhepause aufzubessern. Erst in den letzten Februartagen 432 schiffte er sich nach Rom ein, wohin ihm die Kaiserin mit dem engeren Hofstaate entgegengereist war. Jedermann wußte, was eine solche Geste Placidias zu bedeuten hatte.

Die Kamelienbüsche blühten in den palatinischen Gärten, in den Lüften hing der Duft der schwarzen Veilchen, mit denen die jungen Grasflächen übersät waren.

Alle Freunde der Kaiserin waren bei dem triumphartigen Empfange anwesend, den sie am 5. März dem heimkehrenden Freunde bereitete. Auch die Senatoren waren erschienen. Sie hatten es für klug gehalten, sich nicht bei der Ehrung eines Mannes auszuschalten, in dessen Händen morgen oder übermorgen die oberste Gewalt liegen konnte. Man vermutete dies und jenes über die nächsten Entschlüsse Placidias. Aber man wußte nichts. »Sie kann Aëtius nicht entbehren«, sagten die einen. »Sie ist zu klug, sich selbst ihres besten Soldaten zu berauben.« – »Aëtius ist kein hervorragender Feldherr«, sagten die anderen. »Er ist ein gerissener Diplomat und Drahtzieher. Litorius wäre noch lange kein schlechter Ersatz für ihn.« Wieder andere behaupteten, Bonifatius werde, genau wie Aëtius, sich in seiner Politik nur auf den Senat stützen; gerade er habe, wie kein zweiter, in Afrika

Gelegenheit genug gehabt, festzustellen, zu welchem Schaden für das Imperium das geringste Liebäugeln mit den aufbegehrenden Donatisten und Circumcellionen führen müsse. Die ganz Gescheiten aber wollten wissen, Placidia werde nun dem Senat die Rechnung aus dem Jahre 408 vorlegen und – auf sozialrevolutionärer Basis – eine gemeinsame vandalisch-römische Bündnispolitik größten Stiles über die Köpfe der besitzenden Klasse hinweg proklamieren. Dieser verschwiegenen, wachsamen und nie eine erlittene Unbill vergessenden Herrscherin sei jede Überraschung zuzutrauen.

Aber die Kaiserin hielt keine Programmrede. Sie richtete ein paar Worte des Dankes und der Verherrlichung an Bonifatius, sprach von der Schwere der Zeiten, die es jedem Römer zur Pflicht machten, »Imperium«, immer wieder »Imperium« zu denken – und kündigte die rasche Abreise des Hofes nach Ravenna an. Wer also geglaubt hatte, auch nur durch eine Andeutung zu erfahren, welchen Kurs sie nun zu steuern gedenke, mußte sich beim Nachhausegehen eingestehen, daß er genauso gescheit sei wie vorher. Er wäre allerdings um einiges gescheiter gewesen, wenn er der Unterredung hätte beiwohnen können, welche zwischen Placidia und Bonifatius in Gegenwart Volusians noch in der gleichen Nacht hinter verschlossenen, durch gotische Gardeoffiziere bewachten Doppeltüren stattfand.

»Die afrikanische Lage«, sagte Bonifatius, »ist und bleibt äußerst gefährlich. So gut auch unsere Beziehungen seit 425 mit Ostrom sind, es ist kaum anzunehmen, daß sich der byzantinische Außenminister alanischer Abstammung jemals zu einer vandalenfeindlichen Politik entschließen wird. Die Lage des weströmischen Staates wird von ihm wegen der ununterbrochenen Unruhen in Gallien und Spanien als hoffnungslos angesehen. Triebe man durch eine rabiate Vandalenpolitik Gaiserich in Bündnisse mit den die gallischen Gaue immer wieder überflutenden Germanenstämmen, so richtete man weit größeren Schaden an, als wenn man mit den Vandalen zu paktieren versuchte. Sie sind nur ein kleines Volk. Warum sollen sie nicht genauso brauchbare Vasallen werden wie andere Stämme, falls man ihnen erträgliche Lebensbedingungen schafft und mit ihnen, als Bewohnern der Mittelmeerküsten, gemeinsame Seepolitik treibt. Ja, warum sollte man ihnen nicht geradezu das ehrenvolle Amt der ›Matrosen‹ des westlichen Mittelmeeres zuweisen, nachdem es nun einmal eine der ihren ebenbürtige weströmische Flotte nicht mehr gibt? Warum sollte man nicht an eine Verbindung der römischen und vandalischen Dynastien durch spätere Heiraten denken? Diese Erwägungen wären gar nicht so uneben, wenn sie sich nicht auf die – Vandalen bezögen, besser gesagt: auf die von einem König wie Gaiserich regierten! Ich hatte mit diesem Manne eine lange Unterredung nach dem Abzug aus Bône. Ich habe ihn also aus nächster Nähe körperlich und seelisch verspürt. Ich darf deswegen behaupten, daß er sich niemals mit der Rolle eines von Roms Gnaden angesiedelten Germanenfürsten begnügen wird, auch wenn er diese Etappe nun wohl zunächst mit mehr oder weniger Anstand durchläuft. Selbstverständlich hat er mir nur die üblichen Liebenswürdigkeiten und Lügen gesagt. Es ist unvorstellbar, daß es einen verschlageneren Rechner gäbe als ihn. Vielleicht einen einzigen noch – aber von beträchtlich geringerem Zuschnitt. Gaiserichs Art, sich zu geben, ist ungermanisch. Sie erinnert an die Art asiatischer oder halbasiatischer Despoten. Der rein germanische Adel seines Volkes haßt ihn, weil er sich in allen wichtigen Entscheidungen hintergangen und ausgeschaltet fühlt. Die Revolte – die innere – ist da. Sie braucht nur in eine äußere verwandelt zu werden, wenn die Stunde gekommen scheint. Vorläufig kann von der Entfesselung eines Aufstandes aber noch gar keine Rede sein. Vorläufig ist eben das Staunen über die erreichten Erfolge, vor allem unter den einfachen Soldaten, viel zu groß, als daß eine Auflehnung gegen ihren Urheber nicht als Volksverrat empfunden würde. Aber der Kern des vandalischen Problems liegt ja anderswo: Gaiserich selbst hat innerlich längst schon gegen den reinblütigen Adel Stellung genommen. Gaiserich denkt und fühlt proletarisch und will seinen Staat auf den einfachen Soldaten und den Proletarier stützen. Deswegen, und aus keinem anderen Grunde, hat er die Fahne des Arianismus zu seinem Feldzeichen erhoben: die Fahne einer soldatischen Heilslehre, der sich alle wirtschaftlich Unterdrückten anschließen können, sofern sie nur ihrem natürlichsten Gefühle folgen. Von römischer Seite aus gesehen: Die senatorische Feudalwirtschaft mit all ihren notwendigen, aber unglückseligen Begleiterscheinungen ist die für uns gefährlichste und zuverlässigste Bundesgenossin der vandalischen Zerstörungspolitik. Gaiserich spielt sich auf als was er ist: als der gottgesandte Reformator, der gekommen ist, der ›Senatoren Werke aufzulösen‹. Er kennt seine Wulfilas-Bibel auswendig und weiß sich ihren Weisheiten – je nach dem Bedürfnis – zu bedienen. Die orthodoxe Kirche hat ihm nichts anderes entgegenzuhalten als ein geistiges Prinzip. Was schert das arme Teufel wie die Donatisten und Circumcellionen, die nichts zu reißen und zu beißen haben? Je simpler ein Mensch, um so zugänglicher ist er dem sogenannten greifbaren Beweis! Hat die orthodoxe Kirche jemals Latifundienbesitzer einfach enteignet und das Land unter die Armen aufgeteilt? Es ist mir kein Beispiel bekannt. Sie predigt die Nichtigkeit der irdischen Dinge und verweist auf ein Paradies, von dem noch kein Armer einen Zipfel gesehen hat. Gaiserich sagt: ›Hier habt ihr das Paradies: Land, das euch ernähren und aus geschundenen Kolonen zu freien Bürgern meines Staates machen wird.‹ Wie es in zehn oder zwanzig Jahren um eine solche Freiheit bestellt sein mag, das ist eine cura posterior! Wer etwas geschenkt bekommt, der lebt vom heiligen Augenblick der Schenkung – auf Vorschuß! Daß sie nun – wenn auch in veränderter Form – abermals Werkzeug eines Despotenwillens sind: das spüren die Beschenkten nicht! Und selbst wenn sie es ahnten: es wäre ihnen gleichgültig! Denn es ist doch ›wenigstens etwas geschehen‹! So sind alle Entrechteten des Lebens: Die Veränderung allein ist ihnen schon Erlösung! Das ist begreiflich. Wir würden wohl auch so empfinden, wenn wir zu ihnen gehörten. Was ist denn diesen Ärmsten, die wie mit Ketten an eine Scholle gefesselt waren, die ihnen nicht gehörte, noch der Gedanke des ›Imperiums‹, für den wir leben und sterben? Eine Vogelscheuche! Ich wage, es hier auszusprechen: Solange das Imperium nicht erkennt, daß es eine ganz neue Wirtschaftspolitik treiben muß, wird es immer nur eine Sysiphusarbeit leisten! Wo aber kein Ende ewig gleichen, unfruchtbaren Kampfes abzusehen ist, da erlahmt schließlich auch die beste Kraft! Wir haben bei allen Barbareneinfällen bis jetzt gesehen, daß die überrannte Bevölkerung mit einer geradezu selbstmörderischen Gleichgültigkeit die schlimmsten Vergewaltigungen über sich ergehen ließ! Als Trier von den Franken verwüstet lag, erbaten sich die Überlebenden von dem Präfekten – Zirkusspiele zur Erholung, während die Leichen wochenlang unbestattet auf den Straßen lagen! Die Anhänger der senatorialen Politik werden nicht müde, auf solche Beispiele hinzuweisen, wenn sie immer und immer wieder erklären, es lohne sich ja gar nicht, derartig zerrüttete ›Massen‹ vor dem Untergange zu schützen! Der Besitz und das Gold der Besten müsse gerettet werden – nicht aber ein verkommener Pöbel, von dem befreit zu sein die größte Wohltat für den Staat bedeute! Gaiserich kennt diese Art der Beweisführung. Er macht sie zuschanden, indem er das Gegenbeispiel gibt – und sich damit die Bundesgenossenschaft aller derjenigen sichert, welche ihre

Not nur dem bösen Willen und der Verstocktheit der Besitzenden in die Schuhe schieben. ›Was Gaiserich kann‹, heißt die Losung, ›das könnten jene auch, wenn sie nur wollten! Aber sie wollen eben nicht! Wir Armen sollen recht- und machtlos bleiben: denn nur so kann man uns den Fuß auf den Nacken setzen.‹ Man darf es Gaiserich nicht übelnehmen, wenn er sich mit großer Geschicktheit aller Strömungen bedient, die seiner Politik dienlich sind. Auch nicht, wenn er sie fördert, wo immer er kann. Es ist mir von glaubwürdigen Kelten berichtet worden, daß er in Spanien und in Gallien die Bakauden bearbeiten läßt: jene ausgebeuteten Bauern, denen man die letzte Kuh aus dem Stall und das letzte Ei aus dem Nest holt. Man würde sich nicht wundern dürfen, wenn ihm eines Tages von innen her die Eroberung zweier Provinzen gelänge, welche andere Germanenstämme bis jetzt von außen her zu überwältigen trachteten. Ich habe oft über diese Fragen mit dem Bischof Augustinus gesprochen, der, wie Sie wissen, während der Belagerung von Bône, am 28. August 430, gestorben ist. Er war schon übersichtig geworden. Er verstand nicht mehr diese höchst irdischen Zusammenhänge, weil er nur noch – das Reich Gottes sah. Das war sein gutes Recht. Aber wie sollen wir mit einer solchen Gottesschau Politik treiben, solange von Millionen Augenpaaren nur ein einziges in den Himmel sieht und alle anderen auf die Erde? Ob mit der arianischen Lehre, ob ohne sie, ob mit der donatistischen, ob ohne sie: das Imperium kann nicht mehr die allumfassende Macht bleiben, die es war und weiterhin zu sein beansprucht, wenn es sich nicht mit allem Ernste daranmacht, seine gesellschaftliche Struktur den veränderten Zeiten anzupassen. Das ist die große und unverrückbare Erkenntnis, die mir das vandalische Beispiel gegeben – und bewiesen hat.«

»Mit anderen Worten«, sagte Placidia laut, »die imperiale Politik der heutigen Zeit kann dem orthodoxen Einheitsprinzip nicht untergeordnet bleiben . . . .«

» . . . sofern dieses Prinzip nicht darauf bedacht ist, durch die irdische Bemühung um irdische Notwendigkeiten das Fundament seiner eignen Mitleidslehre zu stärken! Wer nicht sehen will, daß dem Menschen der leidende Mensch als erste Aufgabe Gottes zugewiesen ist, begibt sich einer Kraft, mit der er Berge versetzen könnte! Ein einziges Stück Brot in den hungernden Mund, einen einzigen Denar in die verlumpte Schürze ist mehr wert als alle Versprechungen von Himmeln, die doch nur von der Erde aus – erobert werden könnten. Wer Imperium sagt und will, muß auch sagen, zuerst das Brot und den Denar – und dann den Himmel. Das ist der einzige Weg, auf dem man Gaiserich erreichen und – entzaubern kann! Mag er noch achtzig anderen orthodoxen Priestern den Kopf abschlagen oder Blei in die Kehle gießen lassen: um solcher Greuel willen wird sich nie ein Sturm erheben, der ihn fortfegt! Es wird ihn überhaupt keine Macht der Erde mehr aus Afrika vertreiben. Überwinden aber könnte ihn nur das höhere Beispiel.«

»Ich glaube, daß Sie recht haben«, sagte Placidia sehr ernst. »Aber ich glaube auch, daß wir dieses höhere Beispiel nicht mehr zu geben vermögen. Gaiserich wird bleiben, wo er ist. Unsere einzige Aufgabe wird sein, Bündnisse zu verhindern, die tödlich werden könnten. Es könnte sich ein Ring um alle unsere Grenzen schließen – weiß man, was schon gesponnen wird? –, und unter denen, die ihn legen, könnten auch römische Konsuln sein. Wir wissen erstaunliche Dinge, Bonifatius. Und wir werden erstaunliche Beschlüsse fassen müssen, heute noch. Ich muß Ihnen einige Fragen stellen. Ich rechne auf Antworten, die nur durch den Gedanken an das Imperium bestimmt werden ... Halten Sie Aëtius für ersetzbar?«

»Ja. Der General Litorius wiegt ihn zweimal auf. Er ist Heide. Das Reich hat heute keinen besseren Taktiker. Er kann sich nicht entfalten, wie er sollte.«

»Was halten Sie von dem Grafen Asterius?«

»Vornehm, Eurer Majestät bis in den Tod ergeben, ein guter Festungskommandant und Statthalter.«

»Und Sigisvult?«

»Den Mantel nach dem Wind und unselbständig. Gehört Aëtius. Gefolgsmann, ohne Kopf. Der unwünschenswerte Gote.«

»Wie beurteilen Sie Ihren Schwiegersohn Sebastianus?«

»Sehr tapfer. Ganz von Gefühl bestimmt. Unter Umständen also ein gefährlicher Feind.«

»Würden Sie dem Dux Divodurus eine Division im Felde anvertrauen?«

»Zwei. Ein braver und beliebter Soldat.«

»Darius auch?«

»Darius leistet nur im Generalstab Gutes. Mehr Diplomat als Feldherr.«

»Und Ulfilas?«

»Gehört an Grenzwälle, Rhein und Donau.«

»Glauben Sie, daß man die Hunnen von Aëtius lösen könne?«

»Niemals. Auch nicht um Gold. Sie brauchen ihn – für sich.«

»Was meinen Sie?«

»Die Hunnen denken weit – und warten. Ihr Staat, wenn man das Ding so nennen kann, festigt sich, nimmt Form an. Es sind Hunnen bei Gaiserich. Weiß man, wozu? Vielleicht schont man deswegen in Byzanz schon heute die Vandalen.«

»Fürst Thanausis übermittelte mir ähnliches. Sind Sie bereit, mit mir – gewagte Politik zu machen?«

»Sofern ich sie verantworten kann: gewiß.«

»Wie deuten Sie den Brief Aëtius an Sie, vom Jahre 428?«

»Er läßt jede Deutung zu.«

»Sie sehen in ihm nicht *nur* die Falle, die er Ihnen stellen wollte?«

»Ich hatte niemals Streit mit ihm.«

»Kennen Sie diesen Mann so schlecht, um zu glauben, daß er nur Böses mit Bösem vergilt? Dann müßte ich Ihnen sagen, daß sein Drang nach Macht ihm jedes Mittel heiligt. Sogar – die eigene Dummheit. Dieser Brief an Sie war eine Falle. Nur wirkliche Gauner geben sich als Biedermänner. Aëtius muß verschwinden. Ehe es zu spät wird. Noch in diesem Jahr. Sind Sie bereit, ihn zu ersetzen?«

»Ihn ersetzen heißt: ihn vernichten.«

»Also vernichten Sie ihn. Ihre Goten sind bei Ihnen. Das Heer, das Candidian in Italien aushob, ist zurück in Brindisi. Vereinigen Sie beide Armeen und führen Sie sie in die Po-Ebene. Lassen wir Aëtius seinen Frankenkrieg weiterführen. Sind Sie in Norditalien eingetroffen, erfolgt der Schlag: Ich entkleide ihn aller seiner Ämter. Statt seiner werden Sie Patricius, Generalissimus, Kriegsminister. Dann werden wir in reinerer Luft Politik treiben können. Jenseits von täglich drohendem Hochverrat. Lassen Sie sich von Volusian Einblick in die Akten geben. Sie werden sich wundern ... Sie schlagen ein?«

»Ich schlage ein.«

»Niemand weiß von dem Plan, außer uns dreien. Vor Mai kann er nicht bekanntgegeben werden. Bis dahin können Sie schlagbereit sein. Im nächsten Jahre führen Sie das Konsulat.«

Seit Stilichos Tod hatte keine innerpolitische Nachricht mehr solches Aufsehen in Italien erregt wie das Edikt vom 6. Juni 432, in welchem die Absetzung des Generalissimus Aëtius bekanntgegeben wurde. Es kam für alle – einige wenige Eingeweihte ausgenommen – aus heiterem Himmel. Gerade der Umstand, daß es in sehr gemäßigter Sprache abgefaßt war, verlieh ihm in den Augen der politisch Geschulten eine besondere Schwere. Es lautete:

»Wir tun hiermit zu wissen, daß Wir Uns zu Unserem großen Bedauern gezwungen sahen, aus Gründen der Sicherheit des Imperiums Seine Durchlaucht Flavius Aëtius, den Generalissimus, Kriegsminister, Senator und Konsul des laufenden Jahres, seiner Ämter zu entheben und in den Ruhestand zu versetzen. Eine Auflehnung gegen diesen Unseren Entschluß würde als Rebellion gegen den Staat gedeutet und entsprechend geahndet werden.«

Die Kaiserin selbst hatte – nach tagelangen Besprechungen mit Volusian – diesen Text entworfen, der, wie sie sagte, das »lebendige Gegenbeispiel« zu dem Briefe des Aëtius an Bonifatius sein sollte. Es ließ sich aber wohl behaupten – das Wort stammte von Candidian –, daß »in der Wunde eines Frauenherzens mehr an gefährlichem Nachtschatten wächst als an beißendem Bilsenkraut in der Verschlagenheit eines Generales«.

Thanausis erschrak, als ihm Placidia den Text zur Begutachtung vorlegte:

»Welchen Weg sind Sie gegangen, Placidia, ohne daß ein Ohr Ihre Schritte gehört hätte? Sind Sie wirklich schon so weit von den Geschehnissen, die Sie schaffen helfen, abgerückt?«

Placidia hatte geantwortet:

»Sie sind und bleiben der einzige Mensch in meiner Umgebung, der mit den Fingerspitzen begreift. Sie erkennen in einer Sekunde, wozu andere einen Tag brauchen. Und immer das Wesentliche ... Ja, Thanausis, ich bin schon weit aus dem ›Geschehnis‹ fortgegangen. Und eben deshalb wohl vermag ich es abwägend zu überblicken. Welchen Sinn hätte es gehabt, auch nur ahnen zu lassen, wie bitter mich selbst die Machenschaften dieses Mannes getroffen haben? Die Macht, die ich verkörpere, ist – für die Öffentlichkeit – jenseits meines schlagenden Herzens. Und warum hätte ich – durch die unzweideutige Formel – die Verantwortung für alle kommenden Ereignisse nicht demjenigen aufbürden sollen, der diese Ereignisse nun schaffen wird? Schließlich aber: Wie hätte ich mich durch Vorausnahme von Akzenten wie ›Hochverräter‹, ›Ächtung‹ und ähnlichen einer stufenweisen Wirkung auf das Volk berauben dürfen, die ich noch sehr gebrauchen werde? Denn Aëtius wird sich nicht fügen: Er wird kämpfen und untergehn – oder kämpfen und siegen.«

Thanausis schaute Placidia gerade in die Augen. Nur die Unbewegtheit seiner Züge verriet, was in ihm vorging.

»Ja, mein Freund«, sagte Placidia leise, während ihre Hand den Kelch einer Lilie streichelte, die aus hohem Glase in die Glut der Abenddämmerung niederhing, »ja, auch diese Möglichkeit habe ich schon in Rechnung gestellt.«

»Und – wenn sie wirklich einträte?«

»So würde ich in die letzte Kampfstellung einrücken müssen, die mir mein Schicksal befiehlt: in die Verteidigung bis zum Tod. Vielleicht, Thanausis, ist es diejenige, in der mein Wesen sich am reinsten löst. Vielleicht mußten alle früheren Wege gegangen werden, damit dieser späteste sich öffne. Vielleicht. Es ist zu früh, um zu bejahen. Aber meine Ahnungen sind fast immer meine Wirklichkeiten geworden ... Ich habe Sie sehr allein gelassen, in diesen letzten Wochen, Thanausis. Sie kennen meine Natur: Sie wendet sich erst nach getroffener Entscheidung gegen die Liebe wie die Blume erst um die Mittagsstunde gegen das Licht. Ich möchte, ehe der innere Krieg beginnt, mit Ihnen eine Woche in die Berge gehen. Ich habe heute nacht von einem kleinen gallischen Alpendorf geträumt, wo ich vor vielen Jahren die Kinder um eine blühende Linde tanzen sah. Als ich erwachte, faßte mich eine fast krankhafte Sehnsucht nach diesem Dufte, in dem die milden Sommer kühlerer Gegenden gesammelt sind. Ich weiß, wo es viele Linden gibt, die jetzt in Blüte stehn: auf den Wiesen vor meinem Landhaus Castellum Tiliarum, über Faënza. Dorthin werden wir morgen reisen. In unsere letzten Ferien vor den Stürmen. Ich wundere mich, wie ruhig ich bin. Oft scheint es mir, Gott hat sich als Schatten über mich gebreitet. Ich habe viel mit ihm gesprochen in den letzten Monaten. Er ist nicht so schlicht zu deuten, wie es Bonifatius tat. Glauben Sie mir: Auch der rohesten Masse wird der vereinfachte Gott nicht genügen. Es ist nicht wahr, daß die Seele schweigt, wenn der Magen gestillt ist. Das Wunder der Theótokos ist ewiger als alle Nutzanwendung Gaiserichs. Und mächtiger ist das Paradies als alles ausgeteilte Land mit Brunnen, Stall und voller Scheune. Ich habe in diesem Frühling viele Nächte wach gelegen und nachgedacht. Man kann nicht Glauben gegen Glauben stellen. Glaube ist Gnade – und ohne irdisches Maß. Daß der Staat auf die Einheit des Dogmas hinzielt – ist eine andere Angelegenheit. Er wird siegen, wenn er nicht zwingt. Nur dann aber wird er auch abzuwehren vermögen, was ihn zwingen will. Mir scheint, daß Abwehr das tiefste Gesetz der bewußten Seele sei. Ich bin still

geworden, seit ich dies weiß. Abwehr ist fast immer stumm. Sie
verschmäht den Waffengang, wo er nicht unerläßlich wird. Sie
dichtet die Mauern. An ihrer Geduld zersplittert die Lanze.
Auch Gott ist mächtig durch Abwehr. Die seine heißt: Erbarmen.«

»Ich hörte einen Mönch in Chalkedon sagen, Gottes Macht sei
sein Erbarmen über sich selbst.«

»Und Sie haben diesem Mönch geglaubt?«

»Nein.«

»Warum nicht?«

»Gott kann sich nicht auf sich zurückbeziehen. Gott ist bedin-
gungslos und nicht bezüglich.«

»Nur in der heiligen Mutter und im heiligen Sohn. In diesem
Durchbruch ist die Welt beschlossen. Er trägt den Namen: Heiliger Geist.«

Das Licht an den Wänden hatte dunklere Töne angenommen,
die lorbeergrünen Vorhänge hingen im Gespinste von rötlichem
Gold. Die blauen Papageien schaukelten schläfrig in ihren
Ringen.

»Ich lasse die Trireme bereithalten«, sagte Placidia, nachdem
sie lange in das Spiel der Sonnenkringel auf dem blassen Mosaik-
boden geträumt hatte. »Ich habe Lust, auf dem Meere zu Abend
zu essen. Wen wollen wir mitnehmen? Rékkaréd, Vetto, Singledia, die Ehepaare Volusian, Candidian – und Fállada, die bezaubernde Tochter des Divodurus. Sorgen Sie für weißen toskanischen Wein, Thanausis. Und für viele Sterne über dem Pinienwald. Da das Spiel traurig ist: seien die Zwischenspiele schön.«

Die Senatspartei hatte nicht gewagt, offen zugunsten ihres
Freundes Aëtius einzugreifen. Es war ihr nicht einmal gelungen,
die Stimmung der Massen zu beeinflussen. Aëtius war verhaßt
wie jeder, der in teilnahmsloser Selbstherrlichkeit thront. Das
Volk, für das er nie ein Herz gezeigt hatte, wünschte seine
Niederlage. Der Wunsch wurde ihm erfüllt. Zwischen Rimini
und Ravenna kam es im September zu einer Schlacht, welche
Aëtius verlor. Aber er konnte einen Teil der Truppen, mit denen
er eben noch die Franken in Gallien bekämpft hatte, gegen die
Alpenpässe retten, um sie dort aufzufüllen und neu zu formieren.
Bonifatius war in der Schlacht durch einen Lanzenstich in die
rechte Flanke verwundet worden. Die Verletzung schien zu-
nächst bedeutungslos. Aber es erwies sich Anfang Oktober, daß

die Leber getroffen worden war. Die Kaiserin ließ die berühmtesten Ärzte aus Rom und Mailand kommen. Sie ließ Messe um Messe lesen, Bittgottesdienst um Bittgottesdienst abhalten. Sie lag selbst in stundenlangem Gebet. Der Kranke wollte nicht genesen. Auf seinen Wunsch war der Befehl über das Heer seinem Schwiegersohne Sebastianus anvertraut worden, der sofort neue Aushebungen vornahm und dann über den Po marschierte.

Ende Oktober schien es einen Augenblick, als ob sich das Fieber gebrochen hätte. Aber am 1. November wurde die Kaiserin an das Lager eines Sterbenden gerufen, der um ein letztes Gespräch mit seiner Herrin gebeten hatte. Sie kam, kaum ihrer Verzweiflung Herrin, zu dem Manne, der ihr den Thron gesichert hatte und nun für diesen Thron sein Leben ließ.

Sie fand ihn heiter, ganz in sein Geschick ergeben, licht und ritterlich im Hingang, wie er im Leben gewesen war.

»Ich wäre Ihnen noch vonnöten gewesen, Majestät«, sagte er ruhig. »Aber Gott hat es anders gewollt. Da wir Gläubige sind, müssen wir uns fügen. Ich weiß nicht, ob Sebastian mit Aëtius fertig wird. Ich hoffe es. Bleibt er Sieger, so müssen Sie ihm scharf auf die Finger sehen. Übertragen Sie ihm das Oberkommando in Afrika. Dort ist er um so mehr an seinem Platz, als es gelten wird, einen Kleinkrieg gegen die numidischen Banden zu führen. Aber lassen Sie immer Graf Sisinanth als Chef des Stabes bei ihm sein. Unterliegt er aber, so machen Sie aus freien Stücken Frieden mit Aëtius. Es wird dann keine Möglichkeit mehr sein, die Macht in die Hände des Litorius zu spielen, der, ohne mich im Rücken, sich auch kaum auf einen so ungleichen Kampf einlassen könnte. Sie werden mit Aëtius nicht schlecht fahren, sobald kein ebenbürtiger Rivale mehr da ist. Sie werden es um so weniger, als im Jahre 434 der Kaiser großjährig wird. Aëtius könnte dieses Ereignis gegen Sie ausspielen und Zwietracht säen, wenn Sie sich nicht mit ihm verständigten. Es gibt, wenn er nicht unterliegt, keine andere Lösung für das Imperium. Sie muß gefunden werden, sofern wir alle nicht für nichts gekämpft haben sollen.«

Der Blick, mit dem Bonifatius die Kaiserin anschaute, bedeutete:

»Versprechen Sie mir, daß Sie tun werden, worum ich Sie bitte.«

Sie hielt ihm beide Hände hin, die er langsam an die verbrannten Lippen zog, während seine Augen sich vor einer Welle wiederkehrenden Gallenkrampfes schlossen.

Wenige Minuten später begann die Agonie.

Die Kaiserin verbarg ihr Schluchzen in den Falten eines Linnenvorhangs, den sie rasch vor ihr Gesicht gezogen hatte, als der Schmerz sie überwältigte. Dann weinte sie lautlos an der Schulter Singledias, lange ...

Sebastianus wußte, daß er Aëtius keine Zeit lassen dürfe, eine neue schlagfertige Armee am Fuß der Alpen auf die Beine zu stellen. Er ging in Eilmärschen dem Feind entgegen, überfiel den Unvorbereiteten und versetzte ihm eine solche Niederlage, daß er sich nur durch Preisgabe seines Heeres und heimliche Flucht auf sein toskanisches Landgut retten konnte. Von dort gelang es ihm mit Hilfe befreundeter Senatoren, über Rom und Durazzo an das hunnische Hoflager in der ungarischen Tiefebene zu entkommen. Während des Winters 432/433 hörte man nichts von ihm. Einige sagten ihn tot, andere prophezeiten sein plötzliches Wiederauftauchen. Zu diesen letzten gehörte die Kaiserin. Schon im März wurde von einem Agenten seine Anwesenheit bei dem Hunnenkönig Ruas bezeugt. Kurze Zeit darauf erfuhr man in Ravenna, daß er den Hunnen die im Jahre 427 von Flavius eroberten Teile Ungarns zurückgegeben habe. Als Gegenleistung seien ihm von diesen zwanzigtausend Mann zur Verteidigung seiner Ansprüche überlassen worden. Die Meldung fand rasch ihre Bestätigung. Schon Mitte April stand er mit diesem unangreiflichen Heere auf istrischem Boden bei Laibach.

Tagelang hatte im Palaste von Ravenna niemand die Kaiserin zu Gesicht bekommen. Es sprach sich herum, daß sie ganze Nächte vor dem Altare von Santa Croce im Gebet liege.

Am 20. April ließ sie auf Drängen Volusians eine Gesandtschaft in das Hauptquartier des Aëtius abgehen, welche von dem Dekan Petrus und dem General Darius geleitet wurde. Sie forderte – unter Gewährung freien Geleites und doppelter Geiselstellung – Aëtius auf, sich zu einer Unterredung im Palaste von Ravenna einzufinden. Die Hunnen hätten an der italischen Grenze stehenzubleiben. Lehne Aëtius diese einzige von ihr gestellte Bedingung ab, so werde sie die Goten nach Italien rufen und ihm die Franken in den Rücken hetzen. Auch ein vandalisches Bündnis werde sie abschließen und die Getreidezufuhren nach Italien in Karthago und Portus sperren lassen. Sie werde eher das Chaos heraufbeschwören und ihn sowie sich selbst darin zugrunde gehen lassen, ehe sie ihren eignen imperialen Gedanken seinem persönlichen Geltungswillen opfere. Aëtius, der eigentlich zu schroffem Handeln entschlossen gewesen war, wußte, daß dies nicht nur Worte waren. Er hätte laut gelacht, wenn ihm eine solche Botschaft von Byzanz oder, ein Jahrzehnt früher, von einem Kaiser wie Honorius zugegangen wäre. Mit Placidia und der Treue ihrer Freunde aber rechnete er als mit Kräften, die ihm noch im letzten Augenblick den Sieg zerstören konnten, den er schon in Händen hielt.

Während er noch überdachte, welche Antwort er erteilen und in welcher Form er sie geben solle, fiel ihm aus den Jahren seiner hunnischen Geiselschaft ein Vers ein, den ihm Attilas Bruder Bleda oft vorgesagt hatte:

Zum Bund gezwungner Feind erreicht das Ziel:
Fruchtloser Krieg wird kühnes Ritterspiel.

»Diese Strophe«, sagte er sich, »werde ich an den Anfang meines Antwortschreibens setzen. Sie leitet ein neues Kapitel der weströmischen Geschichte ein. Ich bin unentbehrlich geworden. Möge ich der Kaiserin nie in einer schwachen Stunde eingestehen, was sie weiß: daß sie mir – noch viel unentbehrlicher ist! Aëtius: Stilicho redivius, mit einem Unterschied: nicht gegen die Senatoren, sondern mit ihnen. In diesem Punkte wird es einiges absetzen. Warum nicht? Die Politik ist lebendiger, wenn sie auf ›sittliche Standpunkte‹ abgestimmt wird. Macht ist zwar immer noch Trumpf – aber augenblicklich nicht Mode. Opfern wir dem Götzen dieses Jahrhunderts unseren Obolus: zurück zur guten, alten Zeit! Senatus – populusque romanus. So ist die gottgewollte Reihenfolge und Abhängigkeit. Erst der Senat – und dann das Volk!«

Am 5. Mai 433 wurde das Schicksal des Abendlandes bis auf den heutigen Tag entschieden. Der Friede zwischen Placidia und Aëtius, der an diesem Tag geschlossen wurde, konnte achtzehn Jahre nach seiner Geburt Attilas Werk zerstören und die Mongolen aus den reichen Gefilden Galliens in ihr Steppen-Nichts zurücktreiben.

Am 3. Mai hielt Aëtius, in alle seine Ämter wieder eingesetzt und mit dem Ehrentitel des »Patricius«, des »Vaters des Vaterlandes« willkommen geheißen, in Ravenna seinen feierlichen Einzug. Das Volk, das immer jubelt, jubelte. Die Kaiserin aber war in Rimini. Die Staatsbarke stand für den Heimgekehrten bereit. Er hatte den Wink verstanden und – beachtet. Er durfte vor dem Volke niemals als Triumphator über eine Hohe Majestät erscheinen. Er kam, weil »Mißverständnisse« beseitigt waren.

Am Abend des 4. Mai trat er, von einer kleinen Leibgarde begleitet, als Diener seiner Herrin die Reise nach Rimini an.

Die Unterredung fand am Nachmittag des 5. Mai in dem Strandgarten statt, der von dem Haus der Kaiserin zum Meer hinunterführte.

»Wären wir einfache Menschen, auf denen keine andere Sorge ruht als die um die eigene Person«, sagte die Kaiserin, »so hätten wir wohl niemals mehr zusammen gesprochen. Da uns die Lasten ›Staat‹ aufgebürdet sind, haben wir kein Recht, uns in die eigenen Gefühle zu verbeißen. Wir haben nicht einmal mehr das Recht, Abrechnung zu halten. Wir haben eine einzige Pflicht: den Strich zu ziehen.«

»Er ist gezogen, Majestät. Bewunderungswürdig klar und kühn von Ihnen – voll Hoffnung auf lange, gemeinsame Arbeit von mir.«

»Ich habe mich oft gefragt, General, ob ich Sie hasse: so wie das Herz einer Frau seinen Gegenspieler haßt. Ich habe mir die Frage immer mit einem Nein beantworten müssen. Es gab sogar einen Augenblick – nach dem Kronrate vom 11. Juli 429 –, wo ich bereit gewesen wäre, mit Ihnen Freundschaft zu schließen. Sie haben damals nicht begriffen. Nehmen wir Ihr Nichtbegreifen als Stufe auf der Schicksalstreppe, die zu dem heutigen Tage führte. Ich biete Ihnen keine Freundschaft an – und will von Ihnen keine. Das Horoskop der Stunde steht auf ›necessitas‹, Notwendigkeit. Daß wir dieses begriffen haben, ist wichtiger als unser Herz. Genauso wichtig ist die offene Sprache, die wir führen. Wir sind wie Pferde, die das Geschick in das gleiche Joch gezwungen hat. Der überbeladene Lastkarren kann auf dem sandigen Weg nicht vorwärts kommen, wenn wir nicht gleichen Schrittes in gleicher Richtung ziehen.«

»Wir werden es tun.«

»Es bleibt uns nichts mehr anderes übrig. Wir gehorchen beide einem dritten Willen, der uns zu seinen Vollführern – übrigließ. An Lehrgeld haben wir beide genug bezahlt.«

»Mehr als genug. Wir dürfen uns den Überschuß zugute schreiben.«

»Das dürfen wir – mit sauberem Gewissen. Ich hätte Sie im Jahre 30 – nach der Ermordung des Felix – töten lassen können. Ich war fast entschlossen, es zu tun. Es findet sich rasch ein Dolch und eine Faust, die ihn führt, rasch ein Gift und eine

Hand, die es träufelt. Ich habe es nicht getan. Sie wissen, daß nicht Furcht mich davon abhielt. Gott hielt mich davon ab. Er mußte wissen, warum. Was nicht im heiligen Augenblick geschieht, der einmal kommt, kein zweites Mal, geschieht in diesem Ablauf niemals mehr. Sie sind gefeit. Sie wissen auch, daß Sie es sind. Das gibt Ihnen Maß und Mäßigung für alle Zukunft. Ich gehe weiter: Es gab Ihnen Maß und Mäßigung schon in Ihrer Antwort auf meinen Brief. Wir haben beide – dem gleichen Gott geopfert, dem wir dienen. Was an neuen Opfern von uns verlangt wird, gilt dem Imperium.«

»An Opfern, Majestät?«

»An Opfern, ja. Oder glauben Sie, der mehr ein Staatsmann ist als ein Feldherr, noch an Triumph?«

»Ich nenne Tat, was von mir verlangt wird.«

»Sie dürfen – Opfer sagen, General. Denn Sie wissen genauso gut wie ich, daß die Würfel gefallen sind. Mehr als den Kern zu halten, ist uns beiden nicht mehr bestimmt. Wenn dies gelingt, ist Übermenschliches getan. Das Imperium vollenden – wird kein Römer mehr. Haben Sie noch nie bedacht, daß die edelsten Taten von denen getan werden, die bis zum letzten Augenblick im Sturme stehn? Glauben Sie, daß je der Janustempel – bestünde er noch – geschlossen werden könnte? Haben Sie doch den Mut, sich einzugestehen, daß auch Ihre Aufgabe nur: nicht zu wanken heißen kann. Dann werden Ihnen viele Bitternisse erspart und viele Kräfte neu gegeben werden. Wir sind der Übergang. Wie wir es sind, entscheidet über die Zukunft. Wie wir es sind, ist unsre Erbschaft an die kommende Welt. Nicht, was wir noch für uns erstreben. Es gibt keine Rückversicherungen mehr. Wer nur an das Sammeln denkt, wird morgen vor Flammen stehn, die seine Scheune vernichten. Sie haben heute die Macht, die Sie wollten. Sie sind allein. Der Radius Ihres Wirkens ist genauso groß wie der Radius meiner Macht. Was könnte es Ihnen nützen, über den natürlichen Umkreis hinauszugreifen? Sie würden Ihren eignen Standort schwächen. Was hätten Sie dabei zu gewinnen? Nur auf den Standort kommt es an. ›Λὸς μιο ποῦ στῶ.‹ Verstehen Sie, was ich meine?«

»Ich wage nicht, zu verstehn.«

»Wagen Sie es ruhig! Sie werden bei *diesem* Wagnis viel zu gewinnen haben. Denken Sie an die Aufgaben, die Ihrer warten! Gallien wird nie mehr ruhig werden, Spanien nie mehr, Afrika nie mehr. Zählen Sie auf die Hunnen? Wie sollten Sie! Sie wissen, daß Sie von denen nur Söldner zu erwarten haben, gegen schweres Gold. Wollen Sie mit dem Hunnenkönig Ruas das Imperium erneuern? Das ich sogar mit meinen Goten nicht mehr ›erneuern‹ will? Denken Sie jenseits des Imperiums? Jenseits des Radius meiner Macht? Dann wären Sie nichts anderes als ein Abenteurer, der als Dämon unter Dämonen durch die Welten fährt. Sie stehn und fallen mit der imperialen ›Rechtmäßigkeit‹: in Ihren Taten und in Ihrem Ruhm. Genau wie ich: auf meine Art. Unsere Bestimmung ist die gleiche: Wir sind beide als *Bewahrer* eingesetzt. Eine einzige Krone – und einer einzigen Krone Schwert. Aber wir sind auch Statthalter für die, welche nach uns kommen. Man wird uns eines Tages vorrechnen, wie wir – verwaltet haben, was uns anvertraut war. Die Menschen werden es tun – und Gott. Seien Sie über den Parteien, Aëtius. Verschreiben Sie sich keiner Macht als Ihrer eignen. Wer sich verschreibt, wird an den trügerischen Pakt erinnert. Verschriebene sind hörig – oder tot. Nur wer einsam handelt, besteht. Sie haben die Kraft zur Einsamkeit. Hüten Sie dieses Geheimnis, nachdem Sie als einziger übriggeblieben sind.«

Den Kopf in die Hand gestützt, die Augen weit geöffnet, starrte Aëtius auf das windgetriebene, stahlblau auf und nieder steigende Meer. Barken mit weißen Flügeln schaukelten sich gegen die funkelnde Höhe – in fernen Buchten leuchteten hellrote Gärten auf, in noch ferneren drängte sich goldumglühter Pinienwald.

Placidia wußte, daß ihr schwerster irdischer Sieg errungen war.

Sie atmete tief die salzige Luft. Ohne sich zu rühren, ein Bildnis ihrer selbst, ging sie in die letzte Zone ihres Kaisertums hinüber.

Aëtius wagte nicht, sich über ihre Hand zu beugen.

Er fühlte, daß es niemals zwischen dieser Frau und ihm ein äußeres Zeichen geben würde. Was er an Zeichen hätte geben können, erreichte die Bezirke ihres Lebens nicht mehr. Sie war jenseits jeglicher Bezeugung: unheimlich fremd – und doch unheimlich gegenwärtig, ein Nenner, der sich unter jedes schwankende Gewissen schrieb.

Sie erhob sich:

»Ich habe Volusian gebeten, den Hofstaat für morgen abend sieben einzuberufen, damit er Ihre außenpolitische Rede anhören kann. Er vollzieht damit seine letzte Amtshandlung als Leiter der Reichskanzlei. Seine Stelle wird der zum Bischof ernannte Petrus Chrysólogus übernehmen. Er selbst geht ein halbes Jahr auf Reisen. Er muß diesen Urlaub haben. Mit dem Beginn des neuen Jahres übernimmt er die Stadtpräfektur in Rom. Alle anderen Besetzungen bleiben, sofern Sie nicht diese oder jene Änderung im Sinne Ihrer Politik für nötig halten.«

»Darf ich Eurer Majestät einen einzigen Wunsch äußern?«

»Welchen?«

»Ich hätte gern den Grafen Sigisvult als Kriegsminister.«

»Ernennen Sie ihn in meinem Namen. Ich selbst möchte gerne den General Cinna befördert sehen. Und zwar zum Grafen von Afrika.«

»Es gibt keinen besseren, Majestät.«

»Und wer wird Seekommandant für die Westküste?«

»Graf Candidian?«

»Auch in dieser Ernennung begegnen wir uns. Die Ostküste übernähme dann Dux Divodurus. Den Oberbefehl über sämtliche kaiserliche Garden aber Graf Sisinanth.«

»Es liegt mir am Herzen, Eurer Majestät noch eine Mitteilung zu machen: Es ist – nach erfolgten Aussprachen in Briefen – meine Absicht, mich nach Ablauf des Trauerjahres mit der Witwe des Grafen Bonifatius zu vermählen.«

»Ich glaube nicht, daß Sie diesen Schritt je zu bereuen haben werden. Pelagia ist eine große Dame: in jedem Zoll die Frau aus fürstlichem Geschlecht. Sehr reich und ungewöhnlich feinen Geistes.«

»Werden Eure Majestät ihr das seither bewiesene Wohlwollen bewahren?«

»Warum nicht?«

Über der Mauerbrüstung erschien der Kopf des Fürsten Thanausis. Placidia winkte lächelnd mit der Hand:

»Ist die Barke bereit?«

»Sie wartet, Majestät.«

»Also gehn wir, Generalissimus. Wenn Sie jemals über Goten etwas wissen wollen, sprechen Sie mit dem Fürsten Thanausis. Sie wissen, daß er nicht zur Partei des jetzigen Königs gehört. Aber er wäre der vollkommenste Nachfolger, den – wir uns wünschen könnten.«

Genau um fünf verließ die kaiserliche Eiltrireme Rimini in Richtung Ravenna. Ganz vorn am Bug, der silberblauen Tramontana preisgegeben, saß Aëtius. Er verstand sich selbst nicht mehr.

»Im Herbst 425 sind mir goldne Brücken gebaut worden«, sagte er zu sich selbst, »im Jahr 429 diese Brücken mit seidenen Teppichen belegt – warum habe ich sie nicht betreten? Wer tut – unser Tun?«

Sechstes Kapitel

Der Friede mit dem Vandalenkönig Gaiserich wurde am 11. Februar 435 in Bône geschlossen. Ostrom ließ den Vertrag durch den General Aspar, Westrom durch den Minister Trygetius unterzeichnen, der die schwierigen Verhandlungen zwei Jahre lang geleitet und zu dem günstigsten Abschluß gebracht hatte, der im Augenblick zu erreichen war.

In dem Kronrat, der auf den 20. März nach Ravenna einberufen wurde, führte Trygetius aus:

»Die größte Schwierigkeit unserer Aufgabe bestand darin, dem König Gaiserich klarzumachen, daß er einen Frieden von dem Imperium nur dann erlangen könne, wenn er sich den gleichen Siedlungsbedingungen unterwerfe wie alle anderen Germanenstämme, die wir seither zur Landnahme zuließen. Er hätte diese unsere Grundbedingung niemals angenommen, wenn er nicht durch innenpolitische Schwierigkeiten zu außenpolitischer Mäßigung gezwungen worden wäre. Wie sehr er sich auch bemühte, diese inneren Spannungen zu verbergen oder mit einem Achselzucken abzutun, wir waren über sie durch Überläufer auf das genaueste unterrichtet. Es besteht die Tatsache, daß Gaiserich nur von den niederen Schichten seines Volkes sowie dem beträchtlichen Mitläufergesindel seines Heeres in seiner Stellung gehalten wird. Den dank ihrer Hilfe errungenen Erfolg bis ins kleinste auszuschlachten, mußte also die nächste Etappe seiner Politik sein. Denn gegen heimlich drohende Adelsrebellion gibt es nur das Gewicht des für die Masse ausgemünzten ›Sieges‹. Mit anderen Worten: Gaiserich brauchte Frieden. Deshalb hat er sich mit der allgemein üblichen Landnahme begnügt. Ob er sich auf die Dauer mit ihr begnügt, wird von der innenpolitischen Entwicklung des Vandalenstaates abhängen. Es wird unsere Aufgabe sein, den vandalischen Adel zu stützen und seinen Haß gegen die königstreuen alanischen Bestandteile des Heeres zu schüren, welche er als unebenbürtige Zuläufer empfindet, gleichzeitig jedoch zu verhindern, daß die offene Revolte früher ausbreche, als wir sie gebrauchen können. Es ist meine feste Überzeugung – und nicht nur meine, sondern diejenige aller urteilsfähigen Beobachter der Lage –, daß der Admiral Aspar – welcher rein alanischen Blutes ist – mit seiner Flotte die vor Bône lagernde Flotte Gaiserichs mit Leichtigkeit hätte zerstören können, wenn dies seine Absicht gewesen wäre. Es war eben nicht seine Absicht. Seine persönliche Begünstigungspolitik Gaiserich gegenüber ist jenseits jeden Zweifels. Wir werden uns sein fragwürdiges Verhalten sehr wohl merken müssen, um in späteren Zeiten keinen unangenehmen Überraschungen ausgesetzt zu sein. Gaiserichs Macht ist nur seine Flotte, die er natürlich nun auf ihre doppelte Höhe bringen wird. Nur eine übermächtige Flotte auch wird ihm erlauben, sein wirkliches, heute noch ängstlich verborgenes Ziel zu verfolgen: das Imperium zu zerstören! Ich habe aus verbürgtester vandalischer Quelle – ich möchte hier keine Namen bloßstellen, die uns noch sehr nützlich sein können – die Bestätigung seines (nach einem Gelage) in falschem Barbarenlatein ausgesprochenen Wortes: ›ceterum censo, esse delendam Roma‹. Es mag uns zu denken geben, daß er nur ›Roma‹ sagte und nicht ›Imperium‹!

Die eigentliche Vandalengefahr ist also tatsächlich nur in der dämonischen Persönlichkeit Gaiserichs selbst verkörpert. Auch dies zu wissen, ist von Wichtigkeit. Es bewahrt vor einer Überschätzung der vandalischen Volkskraft und weist unserer Politik – unter vielen anderen – noch einen besonderen Weg.

Was nun den Friedensvertrag selbst betrifft, so bin ich der Ansicht, daß er nicht so gefährlich ist, wie er auf den ersten Blick aussieht. Er ist ein Landnahmevertrag. Das Imperium hat die Vandalen auf afrikanischem Boden gesiedelt. Der König Gaiserich ist römischer Vasall.

Daß auf einem Raume, der für Millionen Platz hat, an achtzigtausend Vandalen Boden abgegeben wird, ist eine Tatsache, über die man sich nicht allzusehr zu erregen braucht, besonders dann nicht, wenn diese achtzigtausend Menschen in feindliche Parteien und Klüngel gespalten sind und der Schlüsselpunkt des Siedlungslandes – das mächtige Karthago – nach wie vor in römischem Besitz ist. Das Wichtigste für Westrom bleibt, daß die Getreidelieferungen ohne jede Verminderung der seitherigen Menge fortlaufen. Dennoch werden wir gut daran tun, uns schon heute in Ägypten, Spanien und Gallien nach zusätzlichen Lieferungen umzutun. Denn es könnte Gaiserich – bei dieser oder jener Gelegenheit – in den Sinn kommen, von uns durch Sperrung der tunesischen Zufuhr politische oder kirchliche Zugeständnisse zu erpressen. Wir müssen dann in der Lage sein, nein zu sagen.

Ich werde von vielen Seiten gefragt, welche persönlichen Eindrücke ich von dem Vandalenkönig erhalten habe. Ich bin zu

sehr an die Luft des diplomatischen Berufes gewöhnt, als daß ich
in den Fehler verfiele, mir ein Bild von einem Menschen zu
machen, den ich nur am Verhandlungstisch erlebe, wo die Kunst
des Verbergens mehr als jede andere geübt wird. Gaiserich ist ein
Mensch, der die Legende anzieht. Also ist es doppelt schwer, ihn
zu durchschauen. Es lassen sich mancherlei Anlagen erahnen,
über die er sich selbst wohl nicht im klaren ist. Beim Adel – unter
dem ich außergewöhnlich schöne und ziemlich viel dunkle Menschen sah – wird er verspottet wegen seiner Häßlichkeit. Für
diese Aristokraten ist Gaiserich unedlen Blutes: der Sohn einer
Unfreien, einer sarmatischen Sklavin; einige behaupten sogar
einer hunnischen. Ich weiß es nicht. Aber es könnte sein. Gestalt
und Augenschnitt sind ungewöhnlich. Das Wesen ist unhell,
verschlagen, katzenhaft. Der Verstand unheimlich, boshaft
durchdringend und von blitzartiger Behendigkeit. Ich habe ihn
niemals lachen sehen. Auch niemals die Stimme erheben hören.
Es gibt kein freies Gespräch mit ihm. Er will nur Antworten auf
gestellte Fragen hören. Er hat keine Berater. Er hat auch keinen
Freund. ›Was er tut‹, sagte mir einer seiner schlimmsten Hasser,
›ist nichts als Rache an seiner minderwertigen Geburt.‹ Als ich an
diesen ausgezeichneten Seelenkenner nur mit den Augen eine
Frage richtete, zuckte er die Achseln: ›Das wagt noch keiner.‹

Mit diesen Eindrücken erschöpft sich natürlich nicht der
Staatsmann und Eroberer. Ich möchte mich eines Urteiles über
den Wert und die zeitgeschichtliche Bedeutung der Staatsgrün-
dung Gaiserichs enthalten. Sie ist zu neu und unfertig, als daß
man sich über sie äußern könnte. Man täte dem König unrecht,
wenn man ihn für Unzulänglichkeiten verantwortlich machte,
die jedes neue Gemeinwesen aufweist, oder für Lebensformen,
wie sie nun einmal der germanisch-sarmatischen Überlieferung
eigen sind. Jenseits aller zeitlichen Beurteilung stehende Leistun-
gen sind: der Bau seiner Flotte, die Überfahrt von Cartagena
nach Nemours und die Umstellung seiner Wehrmacht von Land
auf See. Wer das zuwege bringt, der bringt auch noch anderes
zuwege. Er hat der umgelagerten Welt ein weithin sichtbares
Menetekel gegeben. In Westrom hat man es verstanden. Möge
die Vorsehung verhindern, daß man es in Ostrom nicht versteht!

Ostalgerien und der Nordwesten von Tunesien sind heute vandalisches Siedlungsland. Die Politik des Imperiums darf – koste
unsere Anstrengung, was sie wolle – nur zweierlei anstreben:
erstens, daß das erwähnte Siedlungsland niemals die römische
Oberhoheit völlig abschüttele, und zweitens, daß es wieder

aufhöre, Siedlungsland zu sein. Es darf kein Mittel geben, das durch diesen oder jenen Zweck nicht geheiligt schiene, im ganzen Römischen Imperium kein Gewissen, das sich durch ein nützlich erscheinendes einschüchtern ließe. Auf den Kopf des Barbarenkönigs aber würde ich Tausende von Pfunden Goldes setzen.

So sehe ich, als Diplomat, die neue Lage. Wer die mir oft verargte Milde meines Denkens kennt, wird wissen, was es heißt, wenn ich sie in solche Härte verkehre. Gejammer hat keinen Sinn. Opfer sind vonnöten, damit der Zugriff erfolgen kann. Das gesamte Abendland ist in Gefahr, wenn es jemals unter die Vormundschaft vandalischer See- und Bodenpolitik gerät, ganz zu schweigen von dem Grauen arianischer Vergewaltigung.

Die orthodoxen Kirchen sind zerstört, geplündert, ausgebrannt. Viele Gläubige ermordet oder in die Sklaverei verkauft, Bischöfe, die ihrem Gott nicht abschwören wollten, starben auf dem Scheiterhaufen, Dorf- und Stadtbewohner, die sich vor dem Mitläufergesindel der Armee in die Berge retteten, sind dort verhungert oder von wilden Tieren zerrissen worden. Wann diesem Elend je ein Ende gesetzt werden könne, ist nicht zu errechnen. Der Glaubenshaß ist nicht an Krieg gebunden. Er kämpft nach seinem eignen Gesetz. Wollen es Eure Majestät mir nicht zum Bösen anrechnen, wenn ich ausspreche, was ich nicht verschweigen kann: Der Gott der Arianer zahlt in Afrika heim – was an ihm gesündigt wurde. Es wird gut sein, seinen Zorn zu sänftigen.«

Ein jähes Erschrecken war auf den Sitzungssaal gesunken.

Langsam, mit traurig-schwerer Stimme, sagte die Kaiserin:

»Der Gott, zu dem ich bete, ist kein Gott der Rache noch der Sühne. Er würde auch niemals einen solchen anerkennen, wenn es andere Götter neben ihm gäbe. Seine Gnade ist selbst denen noch vorbehalten, die sich in blinder Wut an ihm vergehn, weil sie ›nicht wissen, was sie tun‹. Aber ich glaube, Trygetius, daß Sie auch dem arianischen Gott Unrecht zufügen. Er wird mißbraucht von einem Despoten, der die Unterschriften fälscht. Gaiserich ist nicht der Vollstrecker dieses Gottes: er ist sein Schänder! Ich weiß, aus meiner gotischen Ehe, wie Arianer Gott verehren. Wir müssen trachten, die beiden Christengötter gegen ihren Vergewaltiger aufzurufen. Was uns allen not tut, ist die Sammlung der Seelen im letzten Sinnbild. Trotz Friedensschluß und ausgefertigtem Vertrag: Es ist kein Friede, und es wird kein Friede werden. Haben wir den Mut, es uns endlich einzugestehen. Die Weiser zeigen auf Krieg. Ertragen wir, was uns bestimmt ist, ein jeder mit der Größe, die er aufbringt. Wir alle hier in diesem Saal werden bis zu unserem letzten Atemzug im Kriege sein.«

Seit der Unterzeichnung des Friedens von Bône waren vierunddreiviertel Jahre verflossen.

Die Kaiserin zog den ledergefütterten Brokatvorhang zurück und trat einen Augenblick an das offne Fenster. Das Meer, gelb-grau, stob unter der Wut des Novembersturmes gegen die Strandmauern. Gebrochene Pinienstämme trieben in den Fluten. Die Wolkenfetzen schleiften über jähem Abendrot.

»Wehe den Schiffen, die sich nicht beizeiten geborgen haben«, dachte Placidia, während sie den Vorhang wieder schloß und an den eisernen Wandhaken festband. Sie entsann sich jener schlimmsten aller Seereisen, im Jahre 425, als sie auf der Fahrt von Aquileia nach Ravenna fast gescheitert wäre. Sie hatte damals Johannes dem Evangelisten eine Kirche versprochen, wenn er sie gut an Land brächte. Vor wenigen Tagen waren die letzten Mosaikfelder in die Apsis des Gotteshauses eingelassen worden.

»Es sind andere Stürme, heiliger Apostel«, sagte sie laut, »aus denen du uns heute retten mußt. Tag und Nacht werden dich die Kerzen in der goldnen Kuppel beschwören und die Liturgien um gute Landung des Schiffes anflehen, das ›Imperium‹ heißt.«

Sie setzte sich neben das Feuer, zog die Decke aus Marderfellen, die ihr Athaulf in jenem Alpenwinter geschenkt hatte, über die Knie und begann in einem Merkbuch zu blättern, ohne dessen Hilfe sie sich kaum noch in dem Dickicht der Ereignisse zurechtfand.

Wenige Zeilen waren da aufgeschrieben, Daten, Namen, geheime Zeichen, deren Deutung nur ihr selber möglich war. Aber aus diesem Wenigen drängte ihr Leben gegen sie an, ausgefüllt bis in die letzte Minute: ein Leben rastloser Bemühung, nie gebrochenen Widerstandes, zähen Einsatzes für das eine Ziel, an dessen Ketten sie gefesselt lag: Imperium. Oft war sie müd geworden: zum Schlafe für immer müd, aber niemals hatte sie versagt. Die Bewertungen hatten sich verschoben – die Arbeit war die gleiche geblieben. Sie hatte nicht geklagt und nicht leichteres Leben beneidet; sie hatte Tag für Tag Gott gedankt, daß er ihr den Löser und den Binder gegeben hatte: Thanausis. Nein, in ihr waren keine Sehnsuchten auf der Lauer liegen geblieben, um hinterrücks hervorzubrechen und das Ebenmaß der Schritte zu

zerstören; sie war gewachsen in dem natürlichen Gang ihrer
Bestimmung. Aus Zartheit war Leidenschaft geworden, aus Leidenschaft Liebe – aus Liebe Vertrautheit. Selten nur noch hatte
der Körper die Mittlerschaft des Geschlechtes verlangt; aber die
Lippen hatten oft und immer wieder die Lippen gerufen, an
denen sie ruhen konnten. Nie hatte Gerücht sich an das streng
bewahrte Geheimnis gewagt – nie, fünfzehn lange Jahre nun, ein
falscher Ton zu falscher Zeit geheiligte Bindung preisgegeben.
Auch dieses Glück war aus Herrschaft geboren – durch Herrschaft gehalten worden. Seine Kurve, in der Schwesterkurve
eines größeren Schicksals geborgen, hatte sich niemals in die
Niederung fragwürdiger Kämpfe gesenkt. Sie war einsam und
unerreichbar, nicht einmal ahnbar dem verworrenen Trieb der
Unerfüllten.

Placidias Finger wendeten langsam die dünnen Pergamentsei-
ten. Da stand: *Gallien.*

Gallien, das große, fiebergeschüttelte Sorgenkind im Norden.
Sie las und überdachte:

435
»Burgunder- und Alanenaufstand. Bakaudenaufstand, von dem
Westgotenkönig Theoderich geschürt ... «

Dieser Theoderich! Nie hatte sie den Weg zu ihm gefunden,
nie hatte er sie gesucht. Welcher Abenteurer zwischen zweifel-
haften Gelegenheiten ... Welcher Hasardspieler, der immer nur
die billigsten Wünsche seiner Mannen in Bewegung hielt und die
Schicksalslinie seines Volkes nicht erkannte ... Trotzig und be-
schränkt: ein Anführer von Landsknechten, kein König. Ein
Mauschler, hatte Aëtius ihn genannt, der sich selbst die schlechten Karten in das Spiel gibt. Wußte er, was er sich selber antat,
wenn er die bakaudischen Bauernrevolten ermunterte?

436
»Krieg mit den Burgundern. Aëtius schlägt sie unter ihrem
König Gundahar, hetzt ihnen die ihm verbündeten Hunnen
auf die Fersen, läßt ihr Reich am Rhein vernichten. Inzwischen
drängt Theoderich, alle Verträge brechend, wieder nach Narbonne vor ... «

Immer diese blinde Besessenheit, am Mittelmeer sein zu wollen! Wozu? Mit jedem gewaltsamen Versuche, mit jedem neuen
Vertragsbruch bewies er doch nur, daß er kein Vertrauen ver-
diente.

Rom konnte keinen solchen unberechenbaren Glücksritter an seinen Küsten dulden. Es mußte ihm heimzahlen.

437
»Litorius – nach entscheidendem Siege über die Bewohner der Bretagne – entsetzt Narbonne von den Westgoten und treibt sie in ihre Grenzen zurück ... «

»Aëtius hat inzwischen die Bakauden erledigt ... Der Gotenkrieg geht weiter. Um ein Haar hätte Theoderich das Schicksal seines burgundischen Stammesbruders Gundahar geteilt ... Ein Wunder rettet ihm sein Reich ... «

439
»Litorius wird in der Schlacht bei Toulouse gefangen und verwundet. Er stirbt in gotischer Gefangenschaft. Theoderich muß Frieden schließen. Er hat nur einen Pyrrhussieg erfochten ... «

Seine besten Soldaten sind tot, aufgerieben, für nichts und wieder nichts. Was erwirkt ihm die Freundschaft des Statthalters Avitus von Gallien? Ein Wort: Souveränität über ein Land, das er schon besaß – und nicht durch Klugheit zu dehnen verstand. Er ist kein Vasall Roms mehr. Was ist er denn? Ein Mann, der nicht begreift, was ihm der Krieg gegen die Vandalen an Lohn und Geltung eingebracht hätte. Einer, der immer auf die falsche Karte setzt. Aus Verranntheit. Nun sitzt er wieder fest am Atlantischen Ozean. Die vandalischen Erbfeinde werden sich beeilen, ihm afrikanisches Getreide zu senden! Sein tapferes und williges Volk wird abermals den Gürtel enger schnallen müssen. Es wird ihm nicht viel helfen, daß die ripuarischen Franken wieder über den Rhein gedrungen sind, Köln und Trier erobert haben. Auch deren Stunde wird schlagen ...

Placidia ließ das Merkbuch auf ihren Schoß sinken.

»Und dieses Hin und Her am Rande des Imperiums und im Imperium selbst geht nun seit Hunderten von Jahren«, sagte sie vor sich hin. »Das Imperium lebt. Es stand niemals – wird niemals stehn. Wie lang noch wird es leben – und als was?«

Aus den Pergamentblättern war ein breites gepreßtes Rosenblatt gefallen.

Placidia drehte es langsam zwischen ihren Fingern. Es trug in Goldschrift auf dem lichten Purpur eine Jahreszahl: 29. X. 437.

Das war der Tag, an dem sich der achtzehnjährige weströmische Kaiser Valentinian in Byzanz mit der vierzehnjährigen Kronprinzessin Licinia vermählt hatte.

Das Rosenblatt aber hatte er am Morgen, kurz vor der Trauung, im Zentifoliengarten der mütterlichen Villa gepflückt und nach Ravenna senden lassen.

Placidia schloß die Augen vor den Bildern, die in ihr aufstiegen ... Sie wäre damals gerne mit dem einzigen Sohn im Sommer 37 nach Byzanz gereist, um die vergoldete Stadt am Kornblumen-Meere wiederzusehen. Sie hätte gerne noch einmal die späten Nachmittage in den lichten Eichenhainen von Kiathané verträumt, sich auf der Barke an dem Platanengold des Bosporus vorübergleiten lassen und im Abendrot die weißen Mohnfelder von Chalkedon durchwandert – aber die Sorge, die ewige Sorge um das Imperium hatte ihr eine so weite Entfernung von Ravenna nicht erlaubt. Niemals – in den zwölf Jahren seit ihrer Krönung – hatte sie so schmerzlich gespürt, wie sehr sie die Gefangene des Perlendiadems war. Sie hatte dem Kaiser die Prinzessin Honoria mitgeben wollen, damit wenigstens eine Frau des weströmischen Kaiserhofes bei der Trauung anwesend sei; aber er hatte sie bestürmt, ihm das nicht anzutun. Er haßte diese Schwester, die ihn eine Jugend lang wegen seiner Empfindsamkeit verspottet hatte, er haßte sie noch mehr, weil sie zu Unrecht – wie er sagte – in den Rang einer Kaiserin erhoben worden war. Placidia hatte nachgegeben – und sich dadurch die Feindschaft des herrischen Mädchens zugezogen, für das Byzanz ein Traum von Licht und Luft und Gold gewesen war: das Glück – ja vielleicht die Befreiung von der Heimkehr an den strengen mütterlichen Hof.

Nur Volusian war als Vertreter der Kaiserin mit auf die Reise gegangen. Seinen Hofstaat hatte Valentinian selbst gewählt: junge Menschen des hohen Adels, mit denen er erzogen worden war, Kinder der »neuen« Zeit, die sich schon halb als »Byzantiner« fühlten, Griechisch sprachen und von der »sagenhaften« Athenaïs schwärmten.

Volusian sollte nicht mehr auf seinen Präfektensitz nach Rom zurückkehren. Er war, kurz nach der Hochzeit, an Typhus erkrankt, auf dem Krankenlager unter dem Einfluß seiner von dem Heiligen Grab zurückgekehrten Base Melana zum Christentum übergetreten und in der Villa Placidias am 20. November, das goldne Kreuz am fiebernden Mund, gestorben.

Valentinian und seine junge Gattin hatten für den Winter in Saloniki Aufenthalt genommen – und erst im Mai 438 die Heimfahrt über Athen und Brindisi angetreten. Athenaïs hatte darauf bestanden, daß ihr einziges Kind die Heimat seiner Mutter kennenlerne. »Wer die Luft um die Akropolis geatmet hat«, hatte sie gesagt, »ist ein freier Mensch geworden. Wer als Kaiserin auf den Stufen des Erechteions saß und die Sonne ins Meer sinken sah, begreift, welches Erbe er angetreten hat.« Und sie hatte Valentinian auf die Seele gebunden, mit der Tochter der Griechin Griechisch zu sprechen, Homer und Sappho, Pindar und Plato immer neben die Heilige Schrift zu legen und Sorge dafür zu tragen, daß die Jugend des römischen Adels Hellas, »der Heimat aller Süße«

Ἑλλάδι, τῇ τῶν παντῶν ἡδύστῃ

die Treue wahre . . .

Placidia sagte den Vers, der von Athenaïs selber stammte, vor sich hin:

Der Heimat aller Süße, die den Tag durchströmt,

und sie dachte des strahlenden Junitages, als sie an der Landungstreppe des kaiserlichen Hafens von Ravenna die Schwiegertochter in ihre Arme schloß, die sie zuletzt als kleines Kind in der Wiege gesehen hatte. Licinia Eudoxia – silberner Name, in einem Duft von weißer und glyzinenblauer Seide schwebend, blond, wie Athene selbst, zart wie Nausikaa, das Wunder ihres Jahrhunderts: im ersten Jahr der Ehe angebetet von dem jungen Kaiser – im zweiten noch geliebt – im dritten Purpurgeborene im Perlendiadem, voll Heimweh an die heimatlichen Fliedergärten denkend, an den Regenbogenglanz der ewig stäubenden Fontänen, die Litaneien im blauen Myrrhenduft, die weißen Taubenschwärme in den Marmorhöfen, den Schritt der goldnen Prätorianeroffiziere in den Hallen, die Sesamkuchen der bithynischen Zuckerbäcker, den schönen Harfenspieler vor der Tür des traurigen Vaters und den Gesang der lydischen Matrosen im Bukoleon.

»Ja, du süße Verbannte, ein Mann müßte ein Gott sein, wenn er dein Heimweh erreichen und in seinen Zärtlichkeiten töten wollte. Die schattende Pinie Ravennas und der gebrannte Backstein seiner Mauern werden dir niemals Heimat werden – und die gütige Lässigkeit deines Gatten wird nicht ausreichen, das Erdreich deiner Seele zu tränken. Du wirst zu Sappho und zu Plato flüchten – und es wird keiner wissen, wem du am Abend entgegenweinst. Wir, die es ahnen, sind zu alt, um dir zu helfen. Du bist zu jung, um dich anzuvertrauen. Die Zeiten, denen du entgegengehst, werden voll rauher Winde sein, denen der Flügelschlag deines Lebens nicht standhält.

Imperium! Verlies – aus dem es kein Entrinnen gibt.

Ein einziges – vielleicht: Gott. Aber die Jugend geht nicht zu diesem Gott. Sie geht zu dem, der ihrer eignen Sehnsucht gleicht.

Licinia Eudoxia.«

Placidia erhob sich.

Genau zwei Wochen war es nun her, daß – am 10. November – bei der Regierung von Ravenna jene Nachricht eingetroffen war, welche den Schwarzsehern das gefährliche Wort auf die Lippen gelegt hatte: »Finis Imperii«, »Ende des Imperiums«.

Gaiserich hatte am 19. Oktober 439 ohne Schwertstreich von Stadt und Hafen Karthago Besitz genommen. Damit war der Vertrag von Bône zerrissen und nach vierjähriger Pause der Kriegszustand wieder eingetreten. Westrom hatte nicht nur einen abtrünnigen Vasallen in seine Grenzen zurückzuweisen: es hatte die Wiederaufrichtung der karthagischen Seemacht vandalischer Nationalität unter Aufbietung seiner letzten Kräfte zu verhindern – eine unlösbare Aufgabe, wenn Byzanz abermals den unverzüglichen Einsatz seiner gesamten Flotte verweigerte. Im Gegensatz zu der Verwirrung, in welche selbst besonnene Geister durch die Besetzung Karthagos geraten waren, hatte Placidia, nach einem ersten Erschrecken, eine kühle, abwägende Haltung bewahrt. Sie hatte – gemeinsam mit Valentinian, der nun alle Regierungserlasse zeichnete – die Todesstrafe auf jede Verbreitung falscher Gerüchte gesetzt und den zum Erzbischof ernannten Petrus Chrysólogus aufgefordert, in seinem Kirchensprengel Ravenna zuversichtliche Predigten halten zu lassen. Gleichzeitig hatte sie Aëtius, der gerade auf seinem toskanischen Landgute weilte, in die Residenz zurückrufen lassen. Er war – nach dem Tode Volusians – der einzige Kopf, der die weltpolitische Lage zu überschauen und die Richtlinien eines Vorgehens festzulegen vermochte. Ihrer im Kronrat vom 20. März 435 bekundeten Überzeugung getreu, hatte sie nie erwartet, daß Gaiserich den Friedensschluß von Bône als eine endgültige Regelung der vandalisch-römischen Beziehungen ansehen werde. Auch der General Cinna, der als Graf von Afrika und Hafenkommandant von Karthago die Unterwühlungspolitik Gaiserichs an Ort und Stelle beobachten konnte, hatte gewarnt und gewarnt. Botschaft auf Botschaft war nach Byzanz gegangen – Volusian hatte nicht aufgehört, bei dem Kaiser Theodosius vorstellig zu werden und um »Bereitschaft für alle Fälle« gebeten. Man hatte die Achseln gezuckt, erklärt, daß Ravenna Gespenster sähe, und gemeint, es sei ja noch Zeit genug zum Eingreifen, wenn sich Gaiserich tatsächlich als Vertragsbrecher erweise. Westrom habe Geld genug, seine Kriegsflotte aufzurüsten, es sei unbegreiflich, daß dies nicht längst geschehen sei. In den ersten Tagen des Jahres 439 hatte Cinna um Enthebung von seinem Posten gebeten; er könne die Verantwortung nicht mehr tragen, wenn ihm Aëtius keine Truppen sende und Byzanz keine Hilfsflotte. Die kabylisch-maurischen Stämme dächten nicht daran, sich in Roms Dienste spannen zu lassen – auch Gaiserich könne auf sie nicht zählen. Sie seien von wildem Freiheitsgeist beseelt und unbesiegbar, weil unerreichbar in den Schlupfwinkeln ihrer Felsentäler. Aber Aëtius hatte keine entbehrlichen Truppen, und Byzanz wurde von einem alanischen Kriegsminister regiert, der byzantinische, aber keine imperiale Politik betrieb.

Außerdem spielten innerhalb der oströmischen Grenzen unter dem Deckmantel von dogmatischen Streitigkeiten solche Machtkämpfe der Patriarchen, daß das Augenmerk der Regierung kaum über diese Grenzen westwärts hinausging. Um so weniger, als es im Osten von den unruhigen Persern und im Norden von den erpresserischen Hunnen bedroht war, die sich nur durch ungeheure Tribute in Schach halten ließen.

Da Placidia das Ansehen des Generals Cinna, eines ihrer treuesten Diener, nicht auf das Spiel setzen wollte, sandte sie ihn, unter Aufrechterhaltung aller seiner afrikanischen Befugnisse, zu »vorübergehender Verwendung« nach Palermo, wo er den sizilischen Widerstand für den Fall eines überraschenden Angriffes vorbereitete. Einer seiner Unterfeldherren übernahm die karthagische Hafenkommandantur mit dem geheimen Befehl, die kaiserliche Flotte keinesfalls in einem aussichtslosen Kampfe gegen die überlegenen vandalischen Streitkräfte zu opfern, sondern bei heraufziehender Gefahr nach Marsala-Palermo zu führen. Westrom konnte nicht den Verlust seiner besten Kriegsschiffe tragen.

Hundertmal hatte die Kaiserin allein oder in Gesprächen mit Thanausis die neue Lage erwogen. Hundertmal war sie zu der Erkenntnis gekommen, daß Afrika nur noch durch die byzantinische Kriegsflotte dem Imperium zurückzugewinnen sei. Westroms Politik konnte nicht mehr ein aussichtsloser Angriffskrieg gegen Gaiserich sein, sondern nur noch eine Abwehr räuberischer Angriffe auf seine europäischen Küsten und

Inseln. Zu einer Auseinandersetzung über diese Fragen hatte sie den Generalfeldmarschall Aëtius vor dem Abendessen zu sich gebeten. Er wurde ihr um sechs Uhr gemeldet. Der Kaiser Valentinian, dessen Gegenwart bei der Unterredung ihr erwünscht gewesen wäre, hatte sich entschuldigen lassen: Es sei selbstverständlich, daß er die Beschlüsse seiner Mutter und des Patricius billigen werde.

»Die Mutter beschließt, und der Sohn billigt«, sagte bitter die Kaiserin, als sie den kurzen Brief gelesen hatte. »Nein, die Mutter beschließt gar nichts. Die Mutter hört, was der Feldherr sagt.«

Sie deutete auf einen Sessel.

»Ich habe mir, wie Sie sich denken können, General, reichlich den Kopf über die ›neuen‹ Ereignisse zerbrochen. Es hat also wenig Sinn, sie in ihrem Wieso und Warum, in ihrem Wenn und Aber noch einmal durchzusprechen. Ich möchte Sie vielmehr Dinge fragen, welche weit über die Geschehnisse dieser Wochen hinausgreifen; ich möchte feststellen, ob meine Vermutungen und Ihr besseres Bescheidwissen sich decken. Die Frage lautet: Haben wir es im Norden, Süden und Osten des Imperiums noch mit Einzelereignissen zu tun, welche in einer zufälligen Gleichzeitigkeit vor sich gehen – oder stehen wir schon einer heimlichen Koalition gegenüber, welche – vielleicht sogar im Einverständnis mit den alanischen Befehlshabern von Byzanz – auf die bewußte Zertrümmerung des weströmischen Reiches hinzielt?

Also: Sind die westgotischen und die vandalischen Unabhängigkeitsbestrebungen – denn um solche geht es –, welche beide in den Herbst 439 fallen, ein abgekartetes gemeinsames Spiel oder nicht? Sind zwischen Gaiserich und den Hunnen Abmachungen in dem Sinne getroffen, daß die Könige Attila und Bleda Ostrom bedrohen, damit es an einem Eingreifen zugunsten von Westrom und gegen die Vandalen verhindert wird – oder nicht? Sind vielleicht sogar die Perser unter Jezdegerd II. mit Hunnen und Vandalen verbündet oder nicht?«

»Auf alle Fragen Eurer Majestät, welche in den Mittelpunkt der Weltpolitik zielen, kann ich – leider – nur mit einem einzigen Satze antworten: Ich weiß es nicht. Ja, ich wage nicht einmal zu sagen: Wahrscheinlich wird in den Kulissen das vorgehen, was wir, als römische Menschen mit einer tausendjährigen geschichtlichen und diplomatischen Erfahrung, annehmen müssen. Es wäre natürlich wünschenswert für uns, Gewißheit zu haben – und sei es die bitterste. Es gibt nichts, was lähmt wie Ungewißheit. Sie schließt die Sammlung der Kräfte auf eine Mitte hin aus, verbietet die klare Berechnung des Erreichbaren und untergräbt das Verantwortungsgefühl. Ich könnte mir allerdings denken, daß Gaiserich, eben um uns in unserem Handeln zu schwächen, Bündnisse vortäuscht, die in Wirklichkeit gar nicht bestehen. Denn es ist über allen Zweifel erhaben, daß dieser Mann – nachdem ihm das Wagnis der Seefahrt gelungen ist, das ein nicht zu berechnender Einsatz des Ganzen auf eine einzige Karte war – nun zielbewußt von Etappe zu Etappe weiterschreitet. Aber das ›Ziel‹ ist eben immer nur die nächste Etappe, deren Erfolgsmöglichkeiten er sich aus den Ergebnissen der vorhergehenden errechnet. Daß er den weströmischen Staat ›zerstören‹ will, glaube ich nicht. Er ist ein verschlagener Rechner und das Gegenteil eines für sein Volk denkenden oder gar sich opfernden Heerführers. Um seine Person und seine Familie geht es ihm. Ich glaube nicht einmal, daß er von seinen Vandalen allzuviel hält. Seine Liebe gehört den Alanen. Ihre Sprache spricht er. Die Sprache der Minderheit also. Mit den Hunnenkönigen könnte er Abmachungen in dem von Eurer Majestät erwähnten Sinne getroffen haben. An eine gemeinsame Zielsetzung hunnisch-vandalischer Politik aber vermag ich ebenfalls nicht zu glauben. Die Hunnen sind Steppenvieh. Sehr gefährliches. Deswegen ist es immer mein Bestreben gewesen, mich mit ihnen gut zu stellen. Sie haben außerdem Überfluß an Menschen. Sie liefern mir die Söldner, die ich rücksichtslos in die Schlacht werfen kann, ohne mich darum sorgen zu müssen, wie viele von ihnen zusammengehauen werden. Bringe ich Gold, stehen mir so viele neue Söldner hunnischer Abkunft zur Verfügung, als dieses Gold aufwiegt. Eine hunnische Politik in aufbauendem Sinn hat es bis heute nicht gegeben. Sollten Attila und Bleda eine solche nach römischem Beispiel versuchen wollen, so würden sie scheitern müssen. Fast leiblich mit ihren Pferden verwachsene Verwüster verkommen im Gefängnis staatlicher Ordnung.

Was Eure Majestät von dem Westgotenkönig Theoderich und seiner Politik halten, weiß ich durch Bericht und Brief. Ich kann die Meinung Eurer Majestät allerdings in allen Punkten nicht teilen. Auch der Präfekt von Gallien, Avitus, kann es nicht. Theoderichs Kampf um die ›Souveränität‹ – die man ihm zugestehen mußte – bedeutet doch ganz einfach, daß er dem weströmischen Staat ein beträchtliches und wertvolles Stück Land abgenommen hat. Außerdem aber, daß er als selbständiger Herrscher in jedem Augenblick für oder gegen Westrom auf dem Plan erscheinen kann. Das Odium eines Rebellen kann ihm nach dem diesjährigen Frieden von Toulouse nicht mehr angehängt werden. Er hat also einen außerordentlichen Erfolg errungen, wenn er ihn auch mit unaussprechlichen Opfern erkaufen mußte. Wir dürfen sicher sein, daß er auf lange Zeit hin keine Angriffsgelüste mehr spüren wird. Er könnte aber – um sich eine Rückendeckung gegen spätere römische Rache für so viel begangene Untreue zu sichern – vielleicht einmal vorübergehend die erbfeindlichen Gefühle gegen die Vandalen unterdrücken und sich politisch Gaiserich nähern. Oder auch ein Bündnis mit den Sueben in Nordwestspanien eingehen ...

Eine kluge westgotische Politik – und hierin begegne ich mich wieder mit der Auffassung Eurer Majestät – dürfte, ob nun auf der Grundlage römischer Vasallenschaft oder staatlicher Unabhängigkeit, nur eine einzige *Linie* verfolgen: die der Gefolgschaftstreue gegen Rom. Die Losung müßte heißen – die Könige Athaulf und Vallia hatten dies begriffen –: sich bei Rom unentbehrlich zu machen, nicht aber: Verträge schon in der Absicht zu unterschreiben, sie bei der ersten Gelegenheit zu brechen. Wenn Theoderich uns in den nächsten Jahren nicht zu schaffen machen wird, so bestimmt nicht, weil er begriffen hätte, sondern weil er erschöpft ist. Auf welche neuen Streiche er sinnt, kann niemand erraten. Vielleicht auch tritt Gaiserich selbst an ihn heran – und er geht ihm ins Garn ...

Von einer ›Politik‹ der anderen germanischen Völkerschaften, der Burgunder, der Alamannen, der ripuarischen und salischen Franken kann nicht gesprochen werden: Man nenne denn Politik Kreuz- und Quer-Kriege, in denen ein Stamm dem anderen die fettesten Brocken fortzuschnappen versteht. Lebte ein umfassender germanischer Gedanke und würde sein Bestehen durch eine gemeinsame, eindeutig geführte Politik bewiesen, so wäre das Imperium am Ende seiner Weisheit. Aber wir sehen ja, unter unseren Augen, wie sich die Germanenvölker gegenseitig aufreiben. Es wird uns, da wir keine nationalrömische Armee mehr haben, nichts anderes übrigbleiben, als sie weiterhin gegeneinander auszuspielen, und doppelt, wenn wir ihre ›Unabhängigkeit‹ in diesem oder jenem Falle anerkennen müssen. Auch bei den Vandalen wird es dahin kommen, falls Byzanz nicht ihre Flotte vernichtet oder bis zur Bedeutungslosigkeit schwächt. Wird aber Gaiserich selbständig, so dürfen wir keinesfalls mit ihm in Feindschaft leben. Dieses ist der einzige unabänderliche Grundsatz, der mir für unsere zukünftige Außenpolitik gegeben scheint. Nicht so sehr wir, als die orthodoxe Kirche wird ihn bezahlen müssen. Denn Priester von Roms Gnaden wird es im vandalischen Staate nicht mehr geben. Ein strenger Arianismus mithraischer Färbung wird im vandalischen Afrika die Seelen regieren. Vielleicht nicht zum Schaden der orthodoxen Kirche, welche sich dann wohl einiger ihrer Grundfehler entsinnen und – hoffentlich – entledigen wird. Die Zeiten, Majestät, dünken mich noch nicht reif für die Errichtung eines Glaubensmonopoles. Das Imperium braucht Soldaten und Bundesgenossen, an deren Bekenntnis man nicht rühren darf. Auf ihre Waffenfähigkeit kommt es an, nicht auf ihr Credo. Die Orthodoxie ist ein persönlicher Luxus, den sich die besitzenden Klassen leisten können, welche die alte römische Überlieferung in christlicher Tönung fortführen. Eure Majestät wissen, daß ich der unbedingte Parteigänger dieser Klassen bin, weil ich glaube, daß der einzige ruhende Pol, den es noch gibt, nicht angerührt werden dürfe, sofern nicht in kürzester Zeit das Chaos von allen Ecken und Enden über uns hereinbrechen soll. Nur eine Macht regiert die Welt: das Gold. Wer imperiale Politik in großem Stile treibt, muß auf der Seite des Goldes sein, so bedauerlich dies auch scheinen mag. Wer ein ausprobiertes, besseres Rezept weiß, soll es mir nennen. Er kann aber von vornherein seinen Atem sparen, wenn er mir etwa dieses oder jenes Beispiel antiker Stadtstaatpolitik anführen will. Das Heute zählt – und nicht das Gestern. Wir brauchen keine schulmeisterhaften Beispiele. Wir brauchen einen kalten Sinn für die Wirklichkeiten, das heißt: die Gabe, in unermüdlichen Bemühungen das Spiel der heutigen Weltkräfte zu erkennen.

Kirchenväter können uns gerade in dieser Kunst eine gute Lehre erteilen. Eure Majestät entsinnen sich, daß der Patriarch Kyrill von Alexandria im Kampfe gegen den Patriarchen Nestorius von Byzanz gelegentlich des Konziles von Ephesus Anno 431 die Kleinigkeit von 1296 Pfund Gold Bestechungsgelder an den Hofstaat von Byzanz gelangen ließ. Die Liste mit den Namen sämtlicher Empfänger, Damen und Herren, ist durch die Unvorsichtigkeit eines Prälaten bekannt geworden. Kyrill wußte eben, wie hoch im Kurs der Begriff ›Theótokos‹ stand. Sein geistliches Amt hatte ihm seinen Wirklichkeitssinn für Dinge der kirchlichen Praxis nicht getrübt. Man könnte eher das Gegenteil behaupten . . .

Der unsre also verlangt von uns, daß wir zur *Abwehr* rüsten. Nichts anderes. Westrom fällt der Verteidigungskrieg zu. Byzanz der Angriffskrieg, falls ihn mein Kollege im Amt, der

Patricius Ardapur, erlaubt. Das ist die Lage. Eine andere gibt es nicht. Sie ist sehr ernst, aber sie ist nicht hoffnungslos, solange ich in Gallien der unumschränkte Herr bin. Auf dem afrikanischen Kriegsschauplatz werde ich nicht einen einzigen Soldaten opfern. Wir werden die Befestigungen von Rom aufbessern, sämtliche großen Häfen instandsetzen, was wir ja schon – und nicht ohne Erfolg – seit 429 tun, und jeden waffenfähigen Mann zum Küstendienst einberufen. Wir werden selbstverständlich eine Kriegssondersteuer erheben: kurz, alle jene beliebten Maßnahmen treffen, die, solange die Welt besteht, noch immer getroffen wurden, wenn der Ruf erscholl: ›Das Vaterland ist in Gefahr‹!

Und selbstverständlich wird die Kaiserin Licinia ihrem Erhabenen Vater die Lage in solchen Farben schildern, daß er nicht gut anders kann, als seine Flotte gegen Karthago ausfahren zu lassen. Für ihre Kinder tun ja manchmal auch Majestäten etwas.«

Die Kaiserin erhob sich. Aëtius folgte ihrem Beispiel.

»Es ist zwischen Ihrer Auffassung der Lage, General, und der meinen kein Unterschied in der Sache. In unsrer Art aber, über diese Lage zu sprechen, ist jener Unterschied des Tones, der, wohl ebenfalls solange die Welt besteht, Majestäten leider schon recht oft von ihren tüchtigsten Ministern geschieden hat. Ich kann es mir nicht versagen, Ihnen selbst in dieser ernstesten aller Stunden die Bemerkung zu machen, daß Sie mich durch eine etwas sachlichere Sprache mehr erfreut hätten. Seien Sie mir für diese Ehrlichkeit dankbar. Sie haben sich in der Tat ungeheure Verdienste um Imperium und Dynastie erworben. Ich würde es mit Freude begrüßen, wenn Sie diesen Verdiensten noch eines der höchsten zufügten, die es auf Erden gibt: jene von Selbstbeherrschung zeugende Bescheidenheit, für die Sie mir reif geworden scheinen. Auf Wiedersehen heute abend, bei Tisch.«

Die Berichte, welche in den ersten Dezembertagen 439 aus Afrika eintrafen, waren schlimmer, als man erwartet hatte. Gaiserich hatte in Tunesien die orthodoxe Kirche und den senatorischen Adel kurzerhand enteignet, Priester, welche den Übertritt zur arianischen Lehre verweigerten, töten oder in Gefangenenlager nach Sardinien verschleppen lassen, Großgrundbesitzer aber vor die Wahl gestellt, als Leibeigene auf ihren früheren Gütern zu arbeiten oder als Bettler außer Landes zu gehen. Die kirchlichen Gebäude wurden der arianischen Geistlichkeit unterstellt. Was Cinna im Hafen von Karthago an älteren Schiffen hatte zurücklassen müssen, wurde in Umbau gegeben und der vandalischen Flotte eingereiht.

Der weströmischen Regierung blieb nichts anderes übrig, als die Maßnahmen zu ergreifen, welche Aëtius in seinem Gespräch mit der Kaiserin genannt hatte.

Placidia blieb zunächst in Ravenna, Valentinian siedelte noch vor Weihnachten mit seiner Gemahlin nach Rom über, wo man seine Anwesenheit aus politischen Gründen wünschte. Er hatte einen Augenblick daran gedacht, Licinia selbst zu ihrem Vater zu senden, um seinem Verlangen nach Hilfe stärkeren Nachdruck zu geben, aber Placidia hatte sich diesem Plane mit großer Entschiedenheit widersetzt. Nur das gefährdete Kind konnte den Kaiser Theodosius zu einem heftigen Widerstand gegen die Lauheit des Oberbefehlshabers Ardapur anspornen, nicht das in Byzanz wohlgeborgene, das man unter dem Vorwand zurückhalten konnte, man wolle zuerst einmal abwarten, wie sich die Dinge im westlichen Mittelmeerbecken anließen. Diese Dinge ließen sich sehr schlimm an. Der Kriegsminister Graf Sigisvult, dem die Küstenverteidigung des gesamten Westreiches oblag, hatte es nicht verhindern können, daß die Vandalen im Sommer 440 in Marsala auf Sizilien landeten und von dort aus den südlichen Teil der Insel mit Krieg überzogen. Wieder wurden die Orthodoxen Opfer rücksichtsloser Verfolgungen und Beraubungen. Ein Versuch, auch in Palermo einzudringen, scheiterte an dem Widerstande Cinnas. Da von Ostrom immer noch keine Hilfe gekommen war, sandte Placidia Thanausis abermals nach Byzanz. Er trug Briefe der Kaiserin Licinia an ihren Vater bei sich, in denen sie verzweifelt sofortige Hilfe forderte. Es war nicht nötig gewesen, die Schreiben durch die Reichskanzlei stilisieren zu lassen: Die Gabe des beschwingten Wortes war von der griechischen Mutter Athenaïs auf die Tochter übergegangen.

Im Frühjahr 441 lief endlich eine große oströmische Flotte mit einem starken Landungskorps gegen Sizilien aus. Gaiserich hatte kaum von ihrem Herannahen Kunde erhalten, als er aufbrach und in die afrikanischen Häfen zurückkehrte: Abscheu und Haß auf der vergewaltigten Insel zurücklassend, welche nun die genauso rohen Horden der »Befreier« über sich ergehen lassen mußte.

Thanausis war im Gefolge dieser Flotte bis nach Reggio di Calabria gefahren und von dort über Portus-Rom nach Villa Cesarini gereist, wo die Kaiserin Placidia den Sommer verbrachte. Er traf dort am frühen Nachmittag des 10. Juni ein.

»Meint es nun Ostrom ernst – oder nicht?« war die erste Frage, die sie ihm stellte, als sie sich eben aus der Begrüßung gelöst hatte.

Thanausis zog sie durch die niedrige Tür des Gartensaales auf einen umschatteten Waldpfad.

»Wandern wir ein wenig«, sagte er. »Es ist vieles, was ich zu berichten habe. Deine Frage macht mir das Sprechen leichter, als ich es erwartet hatte.«

»Ist die Frage berechtigt?«

»Sie ist mehr als berechtigt.«

»Ich wußte es. Alles jubelt in Italien, seit die Ausfahrt der Flotte und ihre Größe bekannt wurde. Es hätte nicht viel gefehlt, und man hätte voreilige Dankesdepeschen an Theodosius geschickt. Die kleine Licinia geriet fast in Verzückung. Valentinian ließ sich von ihrer rührend-kindischen Freude anstecken. Aëtius und ich sind die einzigen, die einen kühlen Kopf behielten. Als ich nun vollends hörte, daß die Flotte nach Sizilien steuert, anstatt sofort Kurs auf Karthago zu nehmen, und daß sie von fünf Admiralen statt von einem einzigen befehligt wird, kamen mir große Bedenken an der Aufrichtigkeit der oströmischen Absichten.«

»Man kann den Gehirnen, die in Wünschen denken, keinen politischen Verstand beibringen«, sagte Thanausis in großer Bitterkeit. »Und nichts ist falscher, als daß Erfahrungen die Menschen gewitzigter machen. Die Dummheit ist Trumpf in der Welt. Die gleiche Sorte Narren beißt immer wieder auf die gleichen Köder an, und wenn sie sich zwanzigmal den Gaumen am Angelhaken blutig gerissen hat.«

Sie setzten sich auf eine Bank, die einen Blick auf die gegenüberliegenden Uferhügel des Nemisees freigab, ohne das Wasser zu zeigen. Über der Flucht der Kastanienwipfel hob sich der Monte Cavo in wolkenlose Bläue. Hunderte von Zitronenfaltern hingen in der Luft des nahenden Abends. Ein Atem trocknenden Heues drang manchmal von einer verborgenen Waldwiese herüber. Zwei Bussarde zogen lange ihre Kreise und verschwanden in jähem Absturz.

»Sprechen wir nicht mehr von Byzanz und Karthago«, sagte plötzlich Placidia. »Man muß den Ruf der Stunden verstehen. Wer weiß, Thanausis, wann uns eine solche noch einmal wiederkommt. Dies ist kein Ort mehr mit umrissenem Namen – kein Zeitablauf mehr zwischen Zeiten. Dies ist nur Du und Ich und unsre Farben: Blau und Gold.«

Sie griff nach seiner Schläfe.

»Auch du?« sagte sie, das weiße Haar gegen die Helle haltend, das ihr in den Fingern geblieben war.

»Ich habe mich beeilt, dir nachzukommen«, lächelte er.

»Das dürfte dir nicht leicht werden, Thanausis. Sieh ... «

Sie senkte den Kopf. Mitten durch die schwarze Fülle zogen sich lange silberne Bänder, noch immer leicht zu verbergen durch den geschickten Kamm, aber dennoch da – unwiderruflich da.

»Gib sie her, Placidia. Sie sind unsere Jugend – und unser Weg.«

»Nein. Der Weg unter dem unseren. Diese Stunde sagt, was unser Weg ist. Wir sind sehr jung geblieben – über uns. Wenn ich die Augen schließe und nur die Luft atme, könnte ich denken, ich säße mit dir in den Wäldern vor Narbonne – und wir wären beide zwanzig Jahre alt.«

»Dort saßest du nicht mit mir, dort saßest du mit Athaulf.«

»Und wenn ich dir sagte, daß du und Athaulf in mir zu *einem* Bild geworden sind? Würdest du es verstehen und nicht traurig werden?«

»Ich weiß es länger, als du denkst, Placidia. Ich habe eine gewisse Zeit gebraucht, mich daran zu gewöhnen. Eines Abends in Byzanz, als ich wieder darüber nachdachte, schien es mir plötzlich selbstverständlich. Ich kann dir nicht sagen, warum. Ich weiß nur, daß ich um die gleiche Zeit etwa die Grenzen meines eignen Namens überwunden hatte. Wenn wir bedenken, aus welchen Abgründen von Ahnenreihen wir aufsteigen, welches Drinnen und Draußen, An und Um all unserer Vorfahren uns gebildet haben – wie können wir noch an einem Namen haften, der doch nichts anderes ist als eine äußere, aber keine innere Unterscheidung? Ich hörte neulich abends, bei meiner Ankunft in Reggio di Calabria, die Gesänge eines Knabenchores auf den Tod des jungen Claudius Carso, der in einem der Abwehrkämpfe des Senators Cassiodor gegen die Vandalen gefallen war. Unwahrscheinlich schöne Lieder, von denen mir eine Strophe im Gedächtnis geblieben ist:

> Consumpto nomine
> Resurgit anima,
> Ad astra, Domine,
> Promovens flamina ...

und ich fragte mich, warum diese Strophe nur den Toten gesungen werden soll. Du weißt es, Placidia, daß mein Leben ohne Freundschaften verlaufen ist und ohne Anlehnung an die Betriebsamkeiten eines gotischen Menschen dieser Zeit. Seit ich dich kenne, hat mein Leben dir gegolten. Ich habe dir mit allen Kräften, die mir gegeben wurden, geholfen, deine Aufgabe zu erfüllen, weil ich in deinem Wollen den Weg meines eignen Volkes einbezogen fand. Einen tieferen und schöneren Weg, als ihn heute diesem Volke ein gutmeinender, aber kurzsichtiger König weist. Aber indem ich mich ganz in deine Dienste stellte, habe ich mich weit über diesen Dienst und mich selbst hinausgehoben. Das Ziel verschwand vor dem Weg, wie der Name verschwindet vor dem Wesen. Ich habe begriffen, was die Hellenen mit dem Worte ›Schönheit‹ meinten. Ich weiß nicht, ob es noch einen einzigen Goten gibt, der das gleiche begreift. Man kann es nicht erklären und noch viel weniger lehren. Es ist eine gewaltige und sehr männliche Kraft: dieselbe, welche den persischen Mithras umweht – und den gesetzgebenden Christus. Als ich darüber nachsann, warum ich dieser Erkenntnis teilhaftig wurde, während andere Menschen nicht geringeren Blutes und nicht geringeren Geistes nicht einmal ihren Hauch verspüren, erkannte ich das Gewicht der Bürde, welche Gnade heißt, und das Gewicht der Verpflichtung, welche Gnade auferlegt. Ist aber ein Mensch einmal an dieser Stelle angelangt, so hat er die Grenzen überschritten, welche ein irdischer Name umreißt.«

»Warum hast du mir dies alles niemals geschrieben, Thanausis? Wie manchen meiner einsamen Abende hättest du mir freundlicher gemacht – wieviel leichter die Loslösung von so vielem, das mich vor ein, vor zwei Jahren noch durch seine Schwere fast erdrückte.«

»Ich konnte es dir nicht schreiben, weil ich es noch nicht hätte ausdrücken können. Es hat erst in dieser Stunde seine Sprache gefunden – weil eben diese Stunde ihm bestimmt war. Du selbst hast ihre Macht gefühlt – und gebannt. Heute sage ich dir: Was gilt mir das ganze Imperium vor dieser Stunde und vor diesem Ort? Gibt es irgendwo noch einen Menschen, dem ich anvertrauen könnte, was ich dir anvertraut habe?«

»Gibt es irgendwo noch einen, der es mir anvertrauen würde?« fragte Placidia, ohne Thanausis die Augen zuzuwenden. Sie stützte ihren Hinterkopf auf den Rücken der Bank und faltete ihre Hand mit der seinen.

»Daß schon die Lebenden, ohne vor Gottes Bild zu knien, so entrückt sein können«, dachte sie.

Thanausis, als ob er sich in ihre Gedanken eingeschaltet hätte: »Die Ferne Gottes ist wirksam in jedem Aufeinanderangewiesensein.«

Auf den Kastanienwipfeln an den jenseitigen Ufern war das Sonnenlicht erloschen. Noch lag es tief auf den violetten Kuppen des Monte Cavo. Die Gräser vor der Bank bewegten sich im ersten Streichen des Abendhauches.

»Wir sind, als Wissende – wie manchmal fernsüchtige Kinder – sehr weit von dem schützenden Hause fortgegangen. Und es ist keine Mutter mehr da, die uns zurückriefe.«

»Möchtest du – zurückgerufen sein?« fragte Thanausis im Aufstehen.

»Nein«, erwiderte Placidia, seinen Arm nehmend und sich zum Gehen wendend. »Ich möchte keinen meiner Wege noch einmal beginnen müssen, auch nicht den süßesten. Ich möchte bald erkennen, daß ich den letzten begonnen habe. Mein Auge will keine neuen Bilder mehr in sich aufnehmen, mein Herz noch weniger. Was ich heute noch leben will, muß sich ohne Kampf Gott angleichen lassen. Ich bin das Fremde müd, und sei es meines eignen Blutes. Den Wert setzt Gott.«

»Gott setzt den Frieden«, sagte Thanausis, die ruhigen Schrittes Schreitende fest im Arme haltend. »Wie sollen wir ihm danken, daß er uns jede Verwirrung ersparte?«

»Ich weiß es«, lächelte Placidia. »Aber ich sage es dir nicht. Eines Tages wirst du es sehen. Und fühlen, daß das Imperium nicht die – Grenze meines Wirkens ist. Hast du auch nicht vergessen, in Byzanz nach Basilius zu fragen, der mir die dunkle Muttergottes gemalt hat?«

»Er ist vor Jahren schon gestorben, Placidia – bei den ägyptischen Mönchen von Fajum, wie es heißt. In ihren Felsenklöstern sollen Wunderwerke seiner Kunst geborgen sein, keinem profanen Auge sichtbar, nur dem Gläubigen, der als Pilger kommt.«

Die Kaiserin war stehngeblieben:

»Wieder einer weniger von den wenigen, die wissend waren und ihren Namen überwunden hatten. Wieder einer nach dem Eingang durch die Türen der Vergessenheit. Es ist Zeit, daß ich mich rüste. Ich werde den sinkenden Zeiten zeigen, wie ich meinen Namen überwand.«

Die Kaiserin hatte als Gäste auf der Villa Cesarini ihre zweiundzwanzigjährige Tochter Honoria, welche seit einigen Jahren einen gesonderten Hofstaat führte, den Seekommandanten der Westküste, Graf Candidian, mit seiner Gattin Letia, den neuernannten Führer der gotischen Adelsgarde, Graf Thorismund, und die alte Fürstin Baltaswinta, welche seit einem halben Jahre nach Ravenna übergesiedelt war, um den Rest ihres Lebens bei ihrem Sohne Thanausis zu verbringen.

Nach dem Abendessen, als man bei Windlichtern auf der Gartenterrasse saß, erzählte Thanausis von Byzanz:

»Paulinus, dessen Geschichte so viel Staub aufgewirbelt hat, ist keineswegs hingerichtet, sondern auf seine kappadokischen Güter verbannt worden. Warum, wird man nie erfahren. Schon im Jahre 423 – also vor nunmehr achtzehn Jahren, als ich mit Ihrer Majestät in Byzanz war – ging das Gerücht, er sei der Geliebte der Kaiserin Pulcheria. Sie haben alle seinerzeit gehört, daß der Patriarch Nestorius in einer mehr als plumpen Predigt Anspielungen auf dieses ›sündhafte‹ Verhältnis machte, welche ihm den tödlichen Haß der Angegriffenen zuzogen und nicht wenig zu seinem Sturz beitrugen. Die Kaiserin Pulcheria hatte das Gelübde der ewigen Jungfrauschaft abgelegt – wer jemals mit ihr persönlich in Berührung kam, konnte wohl kaum den Eindruck erhalten, daß sie es verletzt habe. Daß dagegen die Kaiserin Athenaïs mit Paulinus viele Jahre hindurch in sehr herzlicher Freundschaft verbunden war, wußte der gesamte Hof. Es ist auch nicht ersichtlich, warum er es nicht hätte wissen sollen, da diese schöne Freundschaft ja unter den Augen des Kaisers ausgetragen wurde, der mit großer Liebe an Paulinus hing und allen Grund hatte, diesem wahrhaft bezaubernden Manne seine Zuneigung zu schenken. Die Kaiserin Athenaïs hat niemals ihre athenische Herkunft noch ihr attisches Temperament verleugnet. Sie kam aus der Freiheit – und hat auch am Hofe immer auf der Wahrung dieser Freiheit bestanden, soweit es nur irgend mit der Hofsitte vereinbar war. Sie fand in Paulinus die verwandte Seele: den weltmännischen Menschen mit hoher Bildung, weitem Blick, lebendigem Herzen, sprühendem Geist. Die Beziehung war gegeben, ehe sie sich geformt hatte – und der Kaiser Theodosius, der das Herz seiner Gattin besaß, hatte ja nur an dem guten Einverständnis zwischen Athenaïs und Paulinus zu gewinnen. Es ist also Unsinn, wenn man ihm nun, zwanzig Jahre nach seiner Ehe, plötzliche Eifersuchtsanwandlungen zuschreibt. Daß man Athenaïs bei ihm verleumdet hat, liegt auf der Hand.

Daß man Paulinus angeschwärzt hat, ebenso. Seit wann bemächtigte sich die Niedrigkeit nicht des Lichten, Freien, Edlen?

Was immer da an undurchsichtigen Machenschaften gewesen sein mag: sie können nur innenpolitischer Natur gewesen sein. Sicher ist, daß sich das Gemüt des Kaisers Theodosius seit etwa drei Jahren sehr verdüstert hat. Das mag ein Erbe seines Vaters sein, der oft an langen Niedergeschlagenheiten litt. Als ich zuletzt, also vor zwei Monaten noch, die Kaiserin Athenaïs sah, war sie von strahlender Schönheit, ganz erfüllt von den Erfolgen ihrer einjährigen Reise in Kleinasien, die ein wahrer Triumphzug war und in der göttlichsten aller Städte, in Antiochia, zu Kundgebungen für diese außergewöhnliche Frau führte, wie sie das oströmische Reich wohl noch nie zuvor erlebt hatte. Als die Kaiserin im Jahre 439 nach Byzanz zurückkehrte, fand sie allerdings einen ›neuen Mann‹ auf dem Plan, dessen Gegenwart ihr sowohl als auch Paulinus mehr als unerwünscht sein mußte: den Eunuchen Tajuma, dessen Geist und Schönheit den gesamten Hof in einer Art Verzauberung hielten. Auf diesen Mann und seine gefährlichen Einflüsse sind alle Veränderungen zurückzuführen, die sich mittlerweile vollzogen haben. Er ist die verkörperte Machtgier ohne Maß. Ungewöhnlich gebildet, ungewöhnlich durchtrieben und von einer Geschmeidigkeit, die man nur erlebt haben, aber niemals schildern kann, verstand er es, den Kaiser derartig von allen Freunden abzuschließen, daß es schließlich nur noch zwei Menschen bei Hofe gab, in deren Händen die Politik ruhte: Theodosius und Tajuma. Das erste, was ein zu solcher Macht gelangter Günstling tut, ist, daß er alle Einflüsse auszuschalten versucht, welche den seinen mindern könnten. So wurde Pulcheria kaltgestellt, so wurde Paulinus vom Hofe entfernt, so sahen sich, als ich eben Byzanz verließ, die Kaiserin Athenaïs und der Stadtpräfekt Kyrus bedroht, deren Freundschaft dem Eunuchen ein sehr willkommener Anlaß zu Beunruhigungen des Kaisers ist.«

»Aber was ist das für ein Kaiser, der sich einem Eunuchen einfach ausliefert?« rief die Prinzessin Honoria laut in den Raum.

Ehe noch die Kaiserin Placidia ihre Tochter zur Mäßigung auffordern konnte, bestätigte Thanausis:

»Sie rühren an den einzigen Punkt, Prinzessin, von dem aus überhaupt eine Deutung der unfaßlichen Vorgänge im byzantinischen Kaiserpalast möglich ist. Auch der Kaiser Theodosius ist – auf seine Weise – krank.«

»Wenn nur einmal ein Mann käme«, ergänzte Honoria, »der

das Imperium wieder von dem diokletianischen und konstantinischen Etikettenunfug befreite! Jede Pferdehändlerstochter hat es besser als eine kaiserliche Prinzessin in ihrem Gefängnis.«

»Ich meine«, sagte Placidia, »du hättest dich über das deinige nicht gerade zu beklagen.«

»Ich gebe zu, Mutter, daß es schlimmere gibt. Ich muß es mir allerdings zu meinen Gunsten buchen, wenn in meinem Haus eine gesündere Luft weht als in anderen. Ich werde mit meinen Eunuchen fertig. Die Männer sind es, die mit diesen Verschnittenen nicht fertig werden! Das ist das Ungeheuerliche.«

»Oder zu gut fertig werden«, lachte Graf Thorismund, der gerne Honoria geheiratet hätte, wenn nicht auch sie durch das Keuschheitsgelübde gebunden gewesen wäre.

»Ah, wäre ich ein Mann, was ich leider nicht bin, und der Kaiser dazu! Was lassen sich die Menschen bieten – aus Dummheit und Bequemlichkeit! Wie könnte das Leben weit und herrlich sein, wenn nicht so viel elende Kreaturen die Zügel in Händen hielten! Sehn Sie sich diesen Gaiserich an – das ist ein Kerl! Wie der das Gelichter zusammenstaucht! Und Attila! Auf Gäulen durch die Welt und durch das Leben – links und rechts zerstiebt der Dreck vor den Hufschlägen –! Wir aber sitzen wohlerzogen und bedächtig wie Schleiereulen hinter den Gittern, beten Rosenkränze und singen Litaneien herunter...«

»Wir haben genug von deinen Selbstbekenntnissen«, unterbrach die Kaiserin ihre Tochter, die fast in einer Ekstase gesprochen hatte. »Sage solche Dinge lieber den Wänden deines Hauses, aber nicht unseren Ohren.«

Graf Thorismund wandte sich leise gegen die Prinzessin:

»Sie sind bewunderungswürdig, wenn Ihre unverfälschte Natur ausbricht. Sie sollten zu den Goten kommen, mit den Männern auf die Jagd oder auf Beute reiten, wie die Königinnen in der alten Heimat am Nordmeer.«

»Ja, Thorismund, das sollte ich! Sie sind einer der wenigen Menschen, die mich begriffen haben. Sie sind mir ähnlich? Ich brauche ja nur zu sehen, wie Sie auf Ihrem Pferd ins Meer reiten und sich mit den Wogenkämmen balgen. Es hätte neulich nicht viel gefehlt, und ich hätte es Ihnen nachgemacht. Aber ich war dann schließlich doch zu feige und folgte meiner Hofmarschallin. Wundern Sie sich aber nicht, wenn ich doch eines Tages wie die Schaumgeborene plötzlich aus einer Woge vor Ihnen auftauche. Ich bin heute im Sinne der höfischen Zucht ganz brav – aber ich weiß niemals, ob ich es morgen noch bin! Heiraten darf ich nicht – was soll ich also den ganzen Tag tun, als auf Dinge sinnen, welche den Matronen die Milch versetzen?«

»Wollen wir morgen ausreiten, Prinzessin? Weit ins Land hinein? Nach Olévano hinauf, zu den Ziegenhirten, die so schöne alte Lieder auf ihren Weidenflöten spielen?«

»Wohin Sie wollen, Graf. Nur nicht zu den Nonnen von Anticoli, die am Wege wohnen. Und früh schon fort, mit Tagesanbruch, wenn einem der Tau von den Ästen ins Gesicht fliegt und die Mauerwände nach Frühnebel riechen. Ohne Reitknechte. Sie und ich allein. Gegessen wird bei den Bauern. Käse, Brot und Frascati: den echten, der nicht in die Stadt kommt.«

»Du wirst morgen schwerlich reiten können«, sagte Placidia. »Der Papst hat sich angesagt.«

»Nicht bei mir. Der Papst ist immer vorhanden. Das schöne Wetter nicht. Man muß diese blauen Tage ausnutzen, ehe es zu heiß wird. Papstbesuche sollten überhaupt nur bei Regenwetter stattfinden. Ich bedaure also, verhindert zu sein. Gib mir zu trinken«, wandte sie sich an den Sklaven, der mit Wein und Früchten in der Ecke stand. »Ich werde Ihnen jetzt ein paar dakische Lieder aus der Heimat meines Vaters singen. Meine kleinen sarmatischen Dienerinnen, Pendiálu und Daianór, werden mich auf der Laute begleiten.«

»Rufe sie, Tenno.«

Dunkel und heiß, der schweren Sommernacht vergleichbar, füllte die Altstimme den Raum und drang über die reglosen Wipfel gegen umflorte Sterne.

Die Kaiserin liebte es nicht, daß Honoria sang: Diese Stimme war das Fremde, die Auflehnung, die Durchbrechung der Form, um die sie selbst gekämpft hatte. Diese Stimme war der Aufruhr: tief wie Wälder- und Meeresrauschen im Sturmwind, ohne Makel wie das Tönen der Bronze unter dem leisesten Hammerschlag, unerbittlich in ihrem Gang, wie das Gewissen in schlaflosen Nächten.

Die Kaiserin hatte kein reines Gewissen gegen dieses Kind, das ihr seit den ersten Lauten, die von seinen Lippen gekommen waren, fremd geblieben war. Sie hatte sich nicht bemüht um diese wilde, große Seele, die ganz Natur war, Gott und die Welt verachtete und als ewige Brandstifterin zwischen anderen Seelen einherschritt. Sie hatte sich dem Sohne verschrieben und auf seine Einflüsterungen gehört: Man könne diesen Dämon der kaiserlichen Familie, in dem sich alles Dunkel der vergangenen Geschlechter in schwarzer Flamme gesammelt habe, nur durch die Macht der Kirche bezwingen; man müsse ihn Gott zum Opfer bringen, indem man ihn durch ein ewiges Gelübde dem Herrn verlobe. Man müsse tun, was man auch in Byzanz mit Pulcheria getan habe: die Erstgeborene der ewigen Jungfrauschaft weihen und dadurch Gott gewissermaßen der schenkenden Dynastie verpflichten. Placidia hatte wohl die Angst des schwächeren Bruders in diesen Begründungen gespürt. Aber sie hatte sich gefügt. In einem Alter, wo die Natur der Frau sich schon regt, aber noch nicht in die Erkenntnis ihrer Macht erhoben hat, wurde Honoria bewogen, das Gelübde abzulegen, und zur Belohnung für ihren Gehorsam in den Rang einer Kaiserin erhoben. Bis in ihr zwanzigstes Jahr war ihr noch nicht bewußt geworden, was sie an Opfer und Entsagung mit diesem Gelübde auf sich genommen hatte. Aber dann brachen plötzlich, ein Feuerstrom, ihre Sinne aus. Die Männer warteten an den Straßenecken, bis sie vorübergeritten kam. Sie glich ihrem Vater: Sie haßte die Hofgesellschaft. Sie saß wie ein Mann zu Pferd. Eines Tages fand man sie beim Würfelspiel mit Offizieren der Buccellarii in einer Hafenkneipe. Die Kaiserin tobte. Honoria, verächtlich und frech: ob schon einmal bekannt worden sei, daß ein harmloser Würfel den Keuschheitsgürtel einer Christusbraut gelockert habe. Man schickte sie in ein Kloster nach Rom. Eines Abends war sie verschwunden. Sie hatte Wohnung im Palatin genommen und vierzehn Tage lang ein ungebundenes Leben geführt. Als der Papst sich unterstanden hatte, sie zu demütigem Leben in der Nachfolge Christi zu ermahnen, hätte sie ihn fast zur Tür hinauswerfen lassen. Ihr Bruder ließ sie nach Ravenna zurückbringen und in einer eignen Hofhaltung einsperren. Sie triumphierte. Sie kannte ihre Macht über die Männer, vor allem über den schlichten Soldaten. Der Himmel der Ställe ging ihr auf. Ihre Pferde siegten bei allen Rennen. Sie war der Abgott der Reitknechte. Sie wußte nun, bat ihren Seelenbräutigam allabendlich um Verzeihung und blühte unter der gewährten Gnade auf wie Holunder in den warmen Mauerecken.

Dann trat ihr Herz in seinen ersten Flor: Sie entdeckte ihre Liebe zu dem Fürsten Rékkaréd, die erwidert wurde. Sie bat Bruder und Mutter um Entbindung von dem Gelübde: Man wies sie ab und drohte ihr, Fürst Rékkaréd nach Hause zu schicken, wenn sie auch nur versuche, sich ihm zu nähern. Sie schlug ihm gemeinsame Flucht vor. Er bedeutete ihr, daß er keine entlaufene Kaiserstochter als Gattin zu seinem Volke bringen könne. Sie warf ihm ihre Verachtung ins Gesicht und ließ ihn fallen. Er sei im kaiserlichen Palast am rechten Platz. Sie brauche Männer, keine Waschlappen.

Fürst Rékkaréd bat um seinen Abschied. Da ihm Placidia wohl gesonnen war, ernannte sie ihn zum Befehlshaber ihrer römischen Garde. In der Hauptstadt vergaß er rasch das Zwischenspiel von Ravenna. Das gotische Blond war Trumpf in Rom. Aus den Betten der Römerinnen erwuchs die Lust, aber keine unliebsame Tragödie. Man war nicht vergebens in die Schule des ravennatischen Hofes gegangen. Mit dreißig Jahren machte man keine Torheiten mehr.

Auch Honoria hatte rasch vergessen. Ein Römer vornehmster Abstammung, der Senator Flavius Herkulanus, bewarb sich um sie. Er war ihr angenehm. Ein Mann ohne Geist, aber von hohem körperlichem Reiz. Nicht älter als sie selbst und sehr reich. In Gallien und Spanien begütert, Besitzer eines königlichen Palastes in Arles. Da er zu den Freunden des Kaisers zählte, hoffte man auf die Lösung des Gelübdes. Aber man hatte abermals falsch gerechnet. Nun war es die kleine Kaiserin Licinia, die sich als unerbittliche Gegnerin des Planes erwies. Sie fürchtete Nachkommenschaft, die der ihren gefährlich werden konnte. Seit dieser neuen Ablehnung war wieder unversöhnlicher Haß am Hofe von Ravenna eingezogen. Honoria stand allein gegen alle. In ihrem Herzen wucherte der Wille zur Rache. Aber sie hatte nun schweigen gelernt. Als Sinnbild der vergewaltigten Natur stand sie auf dem einsamen Posten der Warterin. Die Mauern ihres Palastes hüteten die Geheimnisse. Nie sah man einen Mann heimlich aus ihrem Schlafzimmer schleichen. Und dennoch war ersichtlich, daß ihr nichts fehlte. Auch ihre Feinde lagen auf der Lauer: Valentinian und Licinia.

Placidia war zu sehr in ihr eignes Leben eingesponnen, um noch ein Schicksal beeinflussen zu wollen, das seinen eignen Gesetzen verfallen war. Sie hätte sich vielleicht beim Papst für eine Lösung des Gelübdes eingesetzt, wenn nicht die Sorge um das Imperium all ihre Kräfte gebunden hätte. Sie bemühte sich, freundlich zu der Tochter zu sein. Aber sie stieß auf keine Gegenliebe mehr. Dieses ungestüme und wahrhaftige Herz war zu ungerecht behandelt worden, um verzeihen zu können. Ein einziges Mal hatte Honoria sich geäußert: zu Thanausis, ehe er nach Byzanz ging. Er hatte ihr seine Hilfe versprochen. Sie hatte gefühlt, daß seine Worte ehrlich waren, und ihn seit diesem Tag als heimlichen Freund betrachtet.

Nun schaute er ergriffen auf die Singende, welche Ort und

Stunde vergessen hatte. Ihre Stimme stand wie nachgedunkeltes
Gold über dem Klirren der Saiten:

> Ihr atmenden Wälder von Nisch,
> Tötet den lügenden Mond...
> Heilig allein sind die Nächte,
> Durch die sein Truggewand
> Funkelnd nicht nachschleift,
> Heute ein halbes, morgen ein ganzes!
> Die Sterne nur schreiten wahrhaftig...
> Weh, wer sich dem Monde verschrieb!
> Tötet, ihr Wälder von Nisch,
> Tötet mir den Verräter...

»Wie warst du unvergleichlich in deinen Berichten über Byzanz«, sagte Placidia zu Thanausis, als sie mit ihm allein in ihrem
Zimmer saß.

»Es ist nicht nötig, daß man wisse. Noch weniger, daß man
errate, was uns droht.«

»Ist Athenaïs schuldig?«

»Nein. Es ist sicher, daß sie vor Jahren die Geliebte des Paulinus war – sie wäre zehnmal entschuldigt. Sie ist frisch wie ein
Bergquell – was ist Theodosius? Lassen wir es bei der Frage
bewenden. Jahrelang galt seine Liebe dem Gesetzbuch, das im
Jahre 38 beendet wurde. Nachdem Tajuma gekommen ist, ver-
zettelt er sein Herz in einem neuen Patriarchengezänk. Tajuma
ist der Parteigänger des Abtes Eutyches, Eutyches aber ist
Westrom feindlich. Seine Politik zielt auf Absonderung. Füge
dieser Zielsetzung die Haltung der alanischen Oberbefehlshaber
Ardapur und Aspar bei, welche Westrom für verloren ansehen,
und du kannst errechnen, was wir von Byzanz zu erwarten
haben. Der Kaiser – ein Jammerbild! Ich darf nicht an den Abend
denken, den ich allein mit ihm und mit Tajuma zwischen seinen
neugemalten Folianten verbrachte. Ich bin mir klar, daß diese
Szene absichtlich von dem Eunuchen heraufbeschworen wurde:
Ich sollte sehn, was Hörigkeit von Purpurmanuskripten, von
goldnen Lampen, blauem Räucherwerk und der Durchtrieben-
heit eines Mannes ist, der bis zum letzten Winkel des Palastes
jeden Hofbeamten an der seidnen Schnur hält, die er morgen
zuziehn kann. Die Kaiserin ist ausgetilgt. Hellenische Luft gilt
als Gift. Es gehn Gerüchte – ich hörte sie im Hause des Stadtprä-
fekten Kyrus –, Athenaïs werde für immer Byzanz mit Jerusalem

vertauschen. Sie selber sagte nichts. Sie hat den Tod im Herzen
– und spielt ihre Rolle mit solcher Selbstbeherrschung, daß man
ihr zu Füßen sinken möchte. Nur als ich mich von ihr verabschiedete, vergaß sie sich – wer weiß, vielleicht mit Absicht. ›Wenn
mein Kind Sie noch einmal zu mir senden sollte, dann werden Sie
vielleicht etwas weiter fahren müssen. Ich werde wahrscheinlich
auf neue, lange Reisen gehen. Was soll ich Besseres tun, als mir
die Welt betrachten? Sagen Sie noch nichts der Kaiserin Licinia.
Sie wünscht nach Byzanz zu kommen. Lassen Sie ihr den
Traum.‹«

»Also geht sie nicht aus freien Stücken. Der Eunuche regiert,
der Kaiser gehorcht, Pulcheria wartet im Dunkel – die Generale
machen Militärpolitik auf eigne Faust, der Patriarch von Alexandria hat die Hand schon an der Gurgel des Imperiums – und
wir kämpfen noch für etwas, das es vielleicht in wenig Jahren
nicht mehr gibt.«

»Wir kämpfen für das einzige, wofür es sich zu kämpfen lohnt:
für den Ort, auf den wir verwiesen sind. Es ist kein schlechter
Ort, Placidia.«

»Nein, ein schlechter gewiß nicht. Nur ein sehr bittrer Ort.«

»Bereiten wir uns auf die große Schwenkung vor, die wir
machen müssen. Machen wir sie innerlich schon: du, die Kaiserin, und ich, der gotische Erbfeind der Vandalen. Wir müssen
Frieden mit Gaiserich schließen – und ein Bündnis. Vielleicht
noch – eines Tages – gegen Byzanz! Kein Mensch kann ahnen,
was sich dort ereignen wird. Mir bleibt jetzt nur noch eines
übrig: Aëtius aufzuklären. Es steht ein Hunnenkrieg im Osten
bevor. Vielleicht ist Gaiserich mit Attila im Bund. Vielleicht auch
noch der Perser. Kyrus war sehr bedrückt, als ich ihn verließ.
Und er ist wirklich keiner, der Gespenster sieht. Wir müssen auf
jede Möglichkeit gefaßt sein.«

»Wir müssen, ja, wir müssen«, sagte Placidia, den Kopf in
ihren Händen auf der Tischkante bergend. »Wir müssen bis zum
Ende, ohne Pause, ohne Ausblick, ohne nur ein einziges Mal
fragen zu dürfen. Wir müssen! Um dieses Wortes willen habe ich
mich an Honoria versündigt. Ich sage dir, Thanausis: Wir müssen überprüfen, ob wir müssen. Es könnte sein, daß wir am Ende
zur Erkenntnis kommen, daß wir zu gehorsam waren. Vielleicht
verlangt Gott öfter, als wir glauben, daß wir uns auflehnen und
erst im Untergang den Sieg erringen. Niemals vergesse ich ein
Wort, das Athenaïs mir am Weihnachtstage 423 in Byzanz sagte:
›Athen besiegt die Welt, als geistige Macht.‹«

Consumpto nomine
Resurgit anima...

Thanausis hob ihren Kopf von der Tischkante hoch und zog ihn gegen sein Herz:

»Wozu also traurig sein? Ein uraltes gotisches Runenwort sagt: ›Von jeder edlen Regung der Lebendigen nähren sich die Toten und die Ungeborenen.‹«

Als sie spät auseinandergingen, um sich zur Ruhe zu begeben, reichte Placidia Thanausis ein Buch.

»Lies das, solange du noch bei mir bist. Ich möchte mit dir darüber sprechen. Es ist mir vor drei Wochen von dem Verfasser, dem Presbyter Salvianus von Marseille, zugesandt worden.«

Thanausis las den Titel, der in rot-goldnen Buchstaben auf den Pergamentdeckel geschrieben war:

DE GUBERNATIONE DEI
VON DER REGIERUNG GOTTES

Die Ereignisse nahmen den Verlauf, welchen Thanausis vorausgesagt hatte. Gaiserich hielt die byzantinische Flotte in Messina durch Verhandlungen bis in das Jahr 442 hin. Als diese zu keinem Ergebnis führten und der Zeitpunkt zu einem Angriff auf Karthago gekommen gewesen wäre, traf aus Byzanz der Befehl zur unverzüglichen Rückkehr des Geschwaders ein: Ein hunnischer und persischer Angriff gegen Ostrom hatte begonnen. Es lag auf der Hand, daß der Zeitpunkt, zu dem er erfolgte, mit Gaiserich verabredet gewesen war. Er hatte diese Entlastungsoffensive von langer Hand vorbereitet. Nun blieb Westrom nichts anderes mehr übrig, als Frieden mit den Vandalen zu schließen, das heißt, die »neue Lage« anzuerkennen.

Valentinian hatte Aëtius auf den 20. Oktober 442 zur Beratung nach Ravenna gebeten. In einem Kronrat, an dem außer dem Kaiser und Galla Placidia nur noch der Kriegsminister Graf Sigisvult und der Erzbischof Petrus Chrysólogus teilnahmen, führte Aëtius aus:

»Die vandalische Macht ist durch das Versagen der byzantinischen Flotte zu einer Seemacht ersten Ranges im Mittelmeer geworden. Was alle Einsichtigen seit 429 kommen sahen, ist nach dreizehn Jahren eingetreten. Es hat keinen Sinn mehr, sich heute noch in einem Gejammer über eine unabänderliche Tatsache zu ergehen. Westrom ist – für lange Zeit – in eine Abwehrstellung gedrängt. Seine Politik wird darauf hinauslaufen müssen, seine Handlungsfreiheit wiederzuerlangen. Das kann nur geschehen, wenn es sich nicht mehr auf Byzanz verläßt und seine eigne Flotte wieder aufbaut. Die Entscheidung wird zur See und nicht mehr zu Lande gefällt werden. Der erste Schritt, der nun zu geschehen hat, ist die Herstellung eines Bündnisses oder einer Freundschaft mit den Vandalen auf der Grundlage der Gleichberechtigung. Gaiserich hat aufgehört, ein Vasall von Westrom zu sein. Er ist selbständiger König eines selbständigen Reiches, das ganz Tunesien und den östlichen Teil von Algerien sowie die Flottenbasis von Tanger umfaßt. Römisch bleiben: Numidien mit Constantine, ganz Tripolitanien und Mauretanien mit den Städten Sétif und Cherchel. Was die Frage der Getreidelieferungen betrifft, so kann sie als geregelt gelten. Ein von uns anerkannter selbständiger Vandalenstaat, mit dem wir in Frieden leben, hat keinen Grund, uns sein Getreide, das er ohne Abnehmer stapeln oder verkommen lassen müßte, nicht zu verkaufen. Zu unseren Gunsten haben wir eine Tatsache zu buchen, welche sich vor kurzem ereignet hat, aber nur Eingeweihten bekannt ist: Gaiserich hatte – in der richtigen Erkenntnis, daß ihm das starke westgotische Volk im Bunde mit Westrom und den Sueben, welche die früher vandalischen Sitze in Südspanien und Portugal besetzt hatten, eines Tages zu einer großen Gefahr werden können – seinen ältesten Sohn, den Kronprinzen Hunerich, mit der Tochter des Westgotenkönigs Theoderich vermählt. Kaum war die Ehe geschlossen, als sich Gaiserich zu einer ungeheuren Unklugheit hinreißen ließ: Er behauptete, die gotische Prinzessin habe den geheimen Auftrag gehabt, ihn zu vergiften, und sandte sie, an Nase und Ohren verstümmelt, ihrem Vater zurück. Das Ergebnis läßt sich denken. Wir werden es uns zunutze machen. Theoderich dürfte bis an das Ende seines Lebens von allen vandalischen Vorlieben geheilt sein. Man hat in mir den politischen Urheber dieser Barbarei sehen wollen. Ich werde diese Einschätzung meiner diplomatischen Fähigkeiten mit Würde zu tragen wissen. Ich habe mich bis heute, auch ohne mich der abgeschnittenen Ohren und Nasenflügel eines jungen Mädchens als Hilfsmittel zu bedienen, in meinen Plänen durchzusetzen vermocht. Es will mir scheinen, daß der Vandalenkönig seinen Ältesten von unwünschenswerten Fesseln befreit und für höhere Zwecke seiner persönlichen Politik verfügbar haben wollte, zumal er im Begriffe sein soll, die Frage der Erbfolge in einer sehr eigenartigen Weise zu lösen. Warten wir ab, was wir da noch erleben werden, und sehen wir uns den Prinzen Hunerich recht genau an, wenn er demnächst als Bürge für den Frieden bei uns seine Geiselschaft antreten wird. Es gehen schon Legenden über diesen zwanzigjährigen Thronerben um, der an Fanatismus und Hochmut seinen Vater noch um ein Beträchtliches übertreffen soll. Es wird sich empfehlen, ihm zunächst einmal sehr viel Spielraum zu belassen, um erkennen zu können, wohin seine Veranlagungen und Leidenschaften zielen. Sind wir uns darüber im klaren, so werden wir ihn – in unserem Sinne – zu behandeln wissen. Es ist nicht anzunehmen, daß sich Rom in gar keinem Winkel seines Wesens einnisten könne.«

»Ich empfehle Ihnen, Generalissimus«, warf die Kaiserin ein, »diesen so sehr verschrienen jungen Mann meiner Fürsorge zu überlassen. Ich habe in meinem Leben erstaunliche Erfahrungen mit Menschen seiner Art gemacht. Ihnen fehlt oft weiter gar nichts als die ehrliche Bemühung eines menschlichen Herzens um ihre immer nur in Halbdunkel zurückgedrängte Seele. Bis wann werden wir denn das Vergnügen haben, Hunerich hier zu sehen?«

»Ich nehme an, daß er mit unseren Bevollmächtigten Anfang Dezember hier eintreffen wird.«

»Es wäre gar kein übler Scherz, ihn der gotischen Adelsgarde zuzuteilen«, lachte Valentinian. »Aber die vornehmen jungen Herren würden sich wohl die Nasen zuhalten. Sie sind an den Geruch dieser Söhne der Wildnis nicht mehr gewöhnt. Der Kronprinz Hunerich wird ja wohl seine Begleitung mitbringen.«

»Es sind königlichen Geiseln nicht mehr als zwei Diener gestattet.«

»Ich werde ihn in meinem Palaste beherbergen«, sagte Placidia. »Von den Goten wird er fürs erste nichts zu sehn bekommen. Ich lasse ihm den nördlichen Torflügel herrichten. Wie für einen Römer. Aber Sie werden alle sehen, daß wir eine kleine Überraschung erleben werden. Sehr wahrscheinlich wird einer kommen, der alle Schliche unserer ›vergoldeten Jugend‹ schon gründlich kennt. Drei Jahre Karthago werden ihm die Augen geöffnet haben. Die Besitzer der Nachtlokale auf der Via Caelestis haben sich wohl um seinen Besuch gerissen – und die Damen der syrisch-hellenischen Gesellschaft wohl auch.«

»Nur sein Vater hat ihm vielleicht einen Strich durch die Rechnung gemacht! Es heißt, er wolle Karthago und Bône in

Stätten vandalischer Sittlichkeit verwandeln«, spottete Valentinian. »Das Gewerbe der Luxuria wird sich freuen.«

»Ich hoffe nicht, Majestät, daß der arianische König Gaiserich der orthodoxen Welt ein so beschämendes Beispiel gibt! Es wäre kein Erfolg für uns«, sagte der Erzbischof.

»Was hat der Glaube mit diesen Dingen zu tun, Eminenz?« fragte Valentinian in unverborgener Bosheit. »Wo nicht gesündigt wird, wird auch nicht gebetet! Man soll nicht allzuviel verbieten und die geplagte Menschheit ihren Ausspann finden lassen, wo sie will und wie sie will. Die sogenannte Tugend ist eine Angelegenheit des reiferen Alters. Warum ihm seine besonderen Freuden vorwegnehmen? Alles zu seiner Zeit. Diese Vandalen müssen ewig die Menschheit aufscheuchen. Als ob sich das lohnte! Es wird ja doch nichts anders auf der Welt. So ein König aus den Sarmatischen Wäldern oder Gott weiß woher hat einmal etwas läuten gehört, vernimmt geheime Stimmen, die ihm allerhand obskure Befehle erteilen, und schon beginnt die Säuberung der Welt, die Verwandlung der Seelen, die Geburt des goldnen Zeitalters. Der ganze Zauber dauert dreißig Jahre – dann steht die Ablösung vor der Tür, behauptet das genaue Gegenteil und hat wieder die Tüchtigen auf ihrer Seite. Ich bin zwar erst einundzwanzig Jahre alt – aber ich habe, wie Sie wissen, recht Ernsthaftes gelesen und das meiste davon wohl auch verstanden. Ich sage Ihnen: Zwei Drittel aller Dinge, um die sich die Völker heute zerfleischen, lohnen den Aufwand gar nicht, es sei denn, so ein ›Eifriger‹ meine, der Aufwand lohne sich um des Aufwandes willen. Diese Sisyphusnaturen haben keinen Humor – und infolgedessen auch keinen Sinn für das Lächerliche. Nur wer lachen kann, bleibt am Ende der Sieger.«

»Ich glaube nicht, Valentinian«, sagte die Kaiserin, »daß du mit dieser lange überholten Philosophie der Skeptiker heute auch nur eine einzige all der brennenden Fragen lösen kannst, welche die Völker quälen. Es ist unwesentlich, ob, wie man sagt, ›am Ende ja doch alles gleich ist‹. Es ist wichtig zu begreifen, daß es einem jeden Menschen aufgegeben ist, bis zu diesem Ende zu gehen – und daß sein Wert sich danach bemißt, in welchem Geiste er die ihm zugewiesene Strecke durchläuft. Die Lehre der Skepsis schiebt den wirkenden Gott beiseite. Sie schaltet den Menschen aus dem Menschen aus. Sie lähmt. Wer als Gelähmter endet, weiß nichts von dem Ablauf, der in Erfüllung mündet. Es ist gefährlich für einen Herrscher, die Achseln zu zucken.«

Aëtius wandte sich zur Kaiserin:

»Ich glaube, Majestät, daß der Kaiser sich weniger zur Philosophie der Skepsis als gegen die vergeblichen Versuche am nachweislich Unabänderlichen bekennen wollte. Ich teile seine Ansicht, weil ich ihre Richtigkeit erfahren habe. Auf diese Erfahrung werde ich die weströmische Politik der kommenden Jahre stellen. Deshalb greife ich in die Unterredung zwischen Mutter und Sohn ein. Es ist jetzt viel die Rede von dem Buche des Presbyters Salvianus aus Marseille: ›De gubernatione Dei‹, und ich weiß, daß es auch bei Hofe viel gelesen und viel besprochen wird. Ein sicherlich ehrlich empfundenes und gut gemeintes Buch. Ich würde sagen: ein gefährliches, wenn es den proletarischen Schichten zugänglich wäre, deren Partei es in grotesker Einseitigkeit ergreift. Man würde ihm eine Bedeutung zuerkennen, die es nicht hat, wenn man es verböte. Ich habe es mit großer Aufmerksamkeit gelesen, und ganz besonders die Stellen, die auf mich und meine gallische Geschäftsführung zugeschnitten sind, ohne daß natürlich mein Name genannt wäre. Ich möchte dem Presbyter Salvianus raten, doch nur einmal einen einzigen Monat die staatserhaltende Arbeit zu leisten – staatserhaltend im rein äußeren Sinn des Wortes –, die jede Minute meines Daseins ausfüllt. Ich möchte dann sehen, wie es ihm zumute wäre. Er würde wohl nicht mehr Gedanke und Wirklichkeit verwechseln – und ein Zweites tun wollen, ehe das Erste getan ist! Wenn man – wie es Gaiserich getan hat – den Besitz planmäßig zugunsten der Besitzlosen enteignet und dann an diese verteilt, so muß man wissen, daß diese Besitzlosen geschlossen hinter einem stehen, die Größe des ihnen gemachten Geschenkes begreifen und sich dadurch seiner würdig zeigen, daß sie nun alle die Verpflichtungen gegen den Staat auf sich nehmen, welche seither der Besitz – und sei es auch manchmal in einem ungerecht geringen Maße – tatsächlich getragen hat. Gaiserich hatte diese Gewißheit. Außerdem hatte er die militärische Macht, jeden Versuch von Ungehorsam oder Revolte im Keime zu vernichten. Glaubt denn wirklich ein denkender Mensch, die gleiche Methode könne im Imperium angewendet werden – und zumal in einem Imperium, das an allen Grenzen von Feinden bedroht ist, die nur auf seinen Zusammenbruch warten? Und wenn ich diesem Proletariat ich weiß nicht was gäbe: immer würde es unzufrieden sein, immer mit neuen Forderungen hervortreten und mich in jedem Augenblick verraten, der ihm geeignet erschiene. Jeder Lockung des äußeren Feindes würde es folgen, in seinem aufgeschichteten Haß jeden Zusammenbruch des Staates und der ihn stützenden

Geldmächte begünstigen, und wenn das entstehende Chaos noch schlechtere Lebensbedingungen schüfe. Ich weiß, daß die Lage des Proletariates sehr bedauernswert ist. Nicht ich habe Schuld an dieser Lage. Ich habe sie bei der Machtübernahme vorgefunden, und ich habe mit ihr als einem vorläufig Unabänderbaren zu rechnen! So lange Unabänderbaren, bis die außenpolitischen Kämpfe zu einem ungefähren Stillstand gekommen sind! Ich kann außenpolitisch nur durchhalten, solange das Kapital besteht, auf das ich mich stützen *muß*. Lasse ich auf dieses Kapital die anarchisch gesinnten Schichten los, so zerschlage ich mir selbst das Gerüst, auf dem das Imperium und ich selber, als sein Erhalter, stehen! Ich bin nicht der gefühllose, eigensüchtige Machthaber, als der ich verschrien bin, aber ich bin noch der Machthaber im Dienste der Dynastie und des Imperiums. Ich gedenke, durch dick und dünn dieser Machthaber zu bleiben. Eine tatsächliche Aufrollung innenpolitischer, also sozialer Fragen gibt es nicht, solange ich der verantwortliche Leiter der weströmischen Politik bin. Nicht, weil ich selbst die Lösung dieser Fragen nicht möchte, sondern weil sie vorläufig mit Erfolg nicht durchführbar ist. Sage man von mir, was man wolle: nie soll man sagen, daß ich ein ›Eifriger‹ aus den ›Sarmatischen Wäldern‹ war, ›der Stimmen vernommen hat‹ und das Leid der Welt abschaffen wollte. Das mögen andere tun, wenn sie es fertig bringen. Ich selber bin bescheidener.

Ich will, meiner aus Erfahrung gewonnenen Überzeugung treu, auf meinem Posten stehen, die Grenzen niemals aus dem Auge verlieren, die mir gesetzt sind, und innerhalb dieser Grenzen die mir zugewiesene Aufgabe lösen: die Mauern des Staatsgebäudes zu erhalten, nicht aber, ihm eine neue, höchst fragwürdige Inneneinrichtung zu besorgen. Irre ich, so mag mich die Geschichte richten. Aber auch vor diesem Urteil hätte ich keine Angst. Vor der Geschichte gilt, wer als Mann *steht*. Vor der Geschichte gilt nicht, wer mit unzureichenden Kräften zum unrechten Zeitpunkt das Unmögliche aus einem schlecht beherrschten Gefühl heraus versucht – und dann sein Spiel jämmerlich verloren sieht.«

»Aber vor Gott besteht der ehrlich Fühlende, der sich für sein Gefühl opfert – und habe er sich hundertmal nach menschlichem Ermessen geirrt«, rief erregt der Erzbischof.

»Ich war niemals so vermessen, Eminenz, sogar noch mit meinen Irrtümern vor Gott zu paradieren! Ich sprach von meinem irdischen Auftrag – und nicht von der Rechtfertigung meiner Person! Es wäre wünschenswert, daß Sie schärfer dächten – und weniger heftig fühlten! Lassen Sie Gott aus dem Spiel, wo es um das Erbe von Menschen geht, das durch einen Menschen erhalten werden muß! Wenn sie sich auf Grund Ihrer geistlichen Befugnisse als Vertreter der Regierung Gottes empfinden, so ist das Ihre Sache, die mich nichts angeht. Kommen Sie mir aber in das Gehege meiner weltlichen Arbeit, so haben Sie ausgespielt. Ich kann keinen Erzbischof von Ravenna dulden, der seine Grenzen nicht ebenso kennt wie ich die meinen!«

Die Kaiserin hob den Arm gegen Aëtius:

»Ich muß Sie mit Ihrem eignen Wort zur Ordnung rufen, Generalissimus. Es wäre empfehlenswert, daß Sie weniger heftig fühlten und Ihre Gefühle in maßvollerer Weise äußerten. Sie haben einen Erzbischof in Ravenna weder zu dulden noch nicht zu dulden. Das ist des Kaisers und meine Sache. Seine Eminenz denkt nicht daran, sich in Ihre Außenpolitik einzumischen. Er hat Ihnen erst erwidert, als Sie etwas allzu selbstherrlich das für Sie gültige Gesetz zu einem Axiom erhoben.«

»Ihre Rüge, Majestät, beruht auf einem Mißverständnis meiner Worte. Ich glaube noch an das Imperium. ›Von ganzem Herzen und mit ganzer Seele‹, wie geschrieben steht. Mein Feind ist, wer nicht ebenso unverbrüchlich daran glaubt! Wehe allen denen seiner Bewohner, die mir diesen Glauben zerstörten. Sie stießen sich selbst den Dolch in den Rücken!«

»Es freut mich, dieses leidenschaftliche Bekenntnis zum Imperium aus Ihrem Munde zu hören«, sagte die Kaiserin mit kühler Verbindlichkeit, während sie sich erhob und damit die Sitzung schloß. »Sie haben als Mann gesprochen, der ganz mit seiner Aufgabe eines ist. Lassen Sie andere mit der ihren eines sein! Jede Tat – also auch die Ihre – verlangt Sonderung. Das Geheimnis des großen Fließens und Ineinanderfließens aber, das Geheimnis von Ursache und Wirkung, vermag kein menschlicher Geist zu erkennen, auch nicht der Ihre. Sich unentwegt um seine Ergründung zu bemühen, Gott im Spiel der Verkettungen zu suchen, wie immer sie sich benennen mögen, ist die Voraussetzung höheren Lebens. Bewußt in der Ehrfurcht vor dem Geheimnis zu stehen und doch zu handeln: dies scheint mir das wahrhaft Männliche – und Königliche. Reichen Sie sich die Hände, Erzbischof und Generalissimus. Sie sind im Tun gesondert, im Mute gleich. Dieser Tag ist ein Tag der Bestätigung. Wir wollen ihn als solchen beschließen.«

Als man aufbrach, um in die Wohnräume hinüberzugehen, hielt die Kaiserin den Feldherrn einen Augenblick zurück:

»Ich möchte Sie noch von einer Einladung in Kenntnis setzen, die ich vor einigen Tagen habe ergehen lassen. Der Presbyter Salvianus wird die Weihnachtspredigt für den Hofstaat halten.«

»Das ist unmöglich, Majestät«, erwiderte heftig Aëtius. »Das ist Parteinahme gegen meine Politik.«

»Keineswegs. Das ist nur ein Beweis dafür, daß ich etwas weiter denke als Sie! Ich verschließe mich keiner Strömung dieser Zeit. Ich bin weder das Sprachrohr des Papstes noch das Ihre. Ich bin die Kaiserin Placidia. Machen Sie nicht immer wieder denselben Rechenfehler! Ihre Geltung wächst an der meinen. Nicht umgekehrt. Wenn Sie klug sind, hören Sie sich diese Predigt an. Man kann von seinen geistigen Gegnern oft – das Beste lernen. Es wird einen ungeheuren Eindruck machen, wenn der Oberbefehlshaber des Imperiums an der Seite seiner Herrin einem Gläubigen, der an *dieses* Imperium nicht mehr glaubt, sein Ohr leiht! Sie werden sowohl Ihren kirchlichen wie politischen Gegnern viel Wind aus den Segeln nehmen, vor allem aber, Sie werden dem König Gaiserich, auf dessen Freundschaft wir für lange Zeit angewiesen sind, beweisen, daß Sie die ›germanische Frage‹ nicht nur nach – Schlachtfeldern beurteilen. Sie sind schon manchmal meinem Rat gefolgt, ohne an Ihrer Selbständigkeit etwas einzubüßen. Ich rate Ihnen, sich auch dieses Mal dem Feingefühl der Frau – nicht der Kaiserin – anzuvertrauen.«

Aëtius antwortete nicht. Er war wütend über sich selbst. Die äußere Macht gehörte ihm. Es gab keinen Gegenspieler, der sie ihm hätte strittig machen können. Auch die Kaiserin war schon lange nicht mehr seine Gegenspielerin. Sie war das Gegenteil, und eben deshalb war sie immer wieder die Siegerin. Aber dann nahm er die Sache plötzlich von der umgekehrten Seite: Und wenn sie hundertmal die Siegerin war, die Tat, auf die es ankam, vollbrachte er. Sie hatte es nie bestritten und keine Schmälerung seines Ruhmes je geduldet. Auch an den Prophetien eines Priesters würde seine Glorie nicht trüber werden, im Gegenteil: Sie würde doppelt strahlen gegen die geschwätzig-überhebliche Ekstase. Wie hatte er sich nur eine Minute lang auflehnen, ja, wie hatte er dem Erzbischof so scharf erwidern können? Die Macht war sein – gegen alle Vorrechte der Geburt und des Ranges, auch gegen allen stummen Anspruch der Kirche. Was brauchte er es immer wieder an der unrechten Stelle zu betonen? Warum hielt er es nicht wie die Kaiserin, die sich lautlos behauptete? Weil sich

Majestät nicht lernt, gestand er sich ein. Weil sie wirklich ein Mysterium ist, an das man nicht rühren soll.

»Sind Sie im reinen mit sich?« lächelte Placidia, als er sie nun endlich ansah.

»Ja, Majestät. Wollen Sie den Salvian nicht öffentlich predigen lassen?«

»Keineswegs, mein General. Ich bin Ihrer Ansicht, daß das Volk manche Dinge lieber nicht zu hören bekommt, mit denen *wir* die Pflicht haben, uns auseinanderzusetzen. Daß allerhand Hofschranzen ein kleiner Schrecken in die Glieder fährt, ist sehr heilsam. Daß den Armen ihre Armut vorgerechnet werde, *ohne* daß man ihr abhelfen könne: das wäre eine Roheit, die ich mir nicht zuschulden kommen lassen möchte. Ich nehme an, Sie auch nicht. Wir werden beide bei der Almosensammlung an diesem denkwürdigen ›dies Salviani‹ mit gutem Beispiel vorangehen und für die Armen Ravennas einige Pfund Gold opfern, nicht wahr?«

Siebentes Kapitel

Gegen Mitte November 442 kamen die weströmischen Bevollmächtigten mit dem ausgefertigten Friedensvertrage nach Ravenna zurück. In ihrer Begleitung hatte der vandalische Kronprinz die Überfahrt angetreten.

Die Neugierde der Hofgesellschaft grenzte an Unwürde. Man wartete auf den Thronerben wie auf ein nie zuvor gesehenes Raubtier in der Arena.

Man war enttäuscht und beschämt zugleich, als man auf einem Empfang im Palaste des Kaisers den jungen Fürsten zu Gesicht bekam: Er war von mittlerer Größe, sehr schlank und ebenmäßig gewachsen, eher dunkel in Haut- und Haarfarbe, stolz, höflich und schweigsam. Sein länglicher Kopf wies feine Linien um Wangen und Kinn auf, einen Zug von Härte (wenn nicht Grausamkeit) um den vollen, bittren Mund, und jene Traurigkeit im Stand der Brauen und Pupillen, wie man sie oft an Vögeln gewahrt, die mehr im dumpfen Träumen ihres Blutes als in den Gittern ihres Käfigs gefangen scheinen. Die Augen schienen schwarz. Aber sie waren von tiefem Grau, ein wenig mandelförmig, wie von unten gestützt durch die starken Backenknochen. Sie leuchteten niemals auf. Sie zogen mit langen Blicken das Licht in sich und behielten es als Last in ihrem Abgrund.

Hunerich war auf vandalische Art gekleidet. Er trug enganliegende, schwarze Kniehosen, die unter dem Gelenk über schwarzen Strümpfen mit einer goldnen Schlußbinde gehalten waren, eine sehr kurze Tunika aus dunkelrotem Damast, die in der Hüfte eng gegürtet und um den Hals kreisrund geöffnet war. Das Haar war kurz geschnitten und ließ den Nacken frei. Am kleinen Finger der linken Hand leuchtete in breiter Goldfassung der Königsrubin mit dem eingegrabenen doppelt gespaltenen Vandalenkreuz.

Immer wieder starrte der Kaiser Valentinian auf diesen jungen Menschen aus unbegreiflich fremden Zonen, der ein ausgezeichnetes Latein sprach, mit einer Stimme wie aus Bronze auf die an ihn gestellten Fragen antwortete und alles, was um ihn her vorging, mit fast beleidigender Gleichgültigkeit betrachtete. Nicht einmal der lichten Süße der Kaiserin Licinia schien er eine Bewunderung zu zollen. Als aber die Kaiserin Placidia ihn neben sich auf die Fensterbank bat, begann sich seine Starrheit zu beleben. Über eine halbe Stunde lang sah man die beiden im Gespräch. Niemand wagte, sich zu ihnen zu gesellen, niemand, sich in ihrer Nähe niederzulassen. Man stellte fest: Hunerich sprach ungezwungen, ruhig, angeregt.

Seit diesem Abend sah man oft Placidia mit dem Vandalenprinzen ausreiten, am Strande entlang, in der Pineta oder durch die herbstlichen Felder, wo spätes Geißblatt, letzter Mohn und gelbe Margeriten blühten. Auch zu Fuß traf man sie auf langen Wanderungen an der Küste gegen Rimini. Sie schritten leicht im klaren Winde aus, den silbernen Auflichtungen und flachsblauen Buchten bewölkter Horizonte entgegen, tranken ihren Wein in einer bäurischen Osteria, verweilten lange in Gemüsezuchten, auf Hühnerfarmen oder Pferdegestüten. Wie Mutter und Sohn gingen sie dahin, manchmal Arm in Arm, Wesen, die sich aus unergründlichen Ursprüngen zueinanderneigen.

Längst war die Kaiserin dem Geschwätz der Paläste enthoben. Als Unantastbare ging sie ihren Weg, schon umwoben vom Hauch einer Ferne, an die keine Meinung mehr zu rühren wagte. Sie war nun fünfzig Jahre alt. Niemand hätte ihr jemals dieses Alter gegeben. Sie hatte nie versucht, sich jünger zu machen, als sie war. Der schöne Anschein, den sie an anderen Menschen liebte, galt ihr selbst nichts mehr. Ihr galt die Macht ihrer natürlichen Kräfte. Ihre Schönheit, die erst nun ihre Reife erreicht hatte, war die des Gleichgewichtes und der ebenmäßigen Strahlung. Seele und Schicksal waren eines geworden in ihrem Bilde. Dieser Einheit unterwarf sich jeder: An ihr scheiterte die Anmaßung des Aëtius, in sie flüchtete sich – unbewußt – die Schwermut des Vandalenprinzen, der aus Härte, Enge und Starrheit väterlicher Befehlsgewalt zum erstenmal in seinem Leben in die Weite überlegener Menschlichkeit getreten war. Voll Trotz, voll Hochmut, voll Verachtung war er an den Hof gekommen; sechs Wochen hatten genügt, ihn aufzulockern, die edlen Seiten seiner Natur dem Lichte zuzuwenden, die schlechten zu vergraben und ihn ahnen zu lassen, daß die Größe der Frau in einer anderen Bestimmung liegt als ihres »Herren und Gebieters demütige Magd und Bettgenoß zu sein«.

Die Kaiserin wußte, was sie tat, als sie den schwerblütigen Menschen an sich fesselte: Sie entfaltete eine Blüte, die gute Früchte tragen mußte – und führte Krieg gegen einen König, indem sie ihm den Sohn entfremdete. Sie führte auch Krieg gegen die Hybris ihres eignen Feldherrn, indem sie ihm die neuen Gegenspieler heimlich auf den Plan rief und vermessenen Wünschen eine Schranke setzte: Sie wußte, daß Aëtius auf den Augenblick lauerte, wo er die Forderung stellen würde, seinen Sohn aus zweiter Ehe, Gaudentius, mit Eudokia, der ältesten Tochter Valentinians, zu verloben. Sie wollte nichts von dieser Verbindung wissen. Sie hatte sich ein anderes Ziel gesetzt: ihrem Enkelkind den vandalischen Thron zu sichern und, wenn Valentinian ohne Erben bleiben sollte, die Herrschaft über Afrika und Westrom in der Hand Eudokias und Hunerichs wieder vereinigt zu sehen. Mochte dann der Sohn des Aëtius die zweite Tochter Valentinians zur Gattin nehmen; vom Throne blieb er ausgeschlossen – und dem Wiederaufstieg Westroms als einer Mittelmeerseemacht stand kein Hindernis mehr im Weg. Ja, sogar Ostrom konnte Hunerich und Eudokia zufallen, da nach dem Tode des Kaisers Theodosius auch auf dem byzantinischen Thron kein Erbe mehr vorhanden war.

Einen Augenblick lang hatte sie daran gedacht, eine Verbindung Honorias mit Hunerich zustande zu bringen. Aber sie hatte den Gedanken rasch aufgegeben. Sie wußte, daß der König Gaiserich den Kronprinzen nur mit einer Thronerbin vermählen würde. Honoria konnte niemals Erbin werden, seit die Töchter Valentinians geboren waren. Hätte Honoria, als vandalische Königin (oder Kronprinzessin), Ansprüche erhoben, so wäre der neue Vernichtungskrieg ausgebrochen, der die Nachkommen des gleichen Dynastiebegründers Theodosius I. gegeneinander gehetzt hätte. Wurde aber Valentinian noch ein Sohn geboren, so konnten dieser und Hunerich gemeinsam die Herrschaft führen und mit der Erledigung des byzantinischen Thrones die theodosianische Gliederung des Jahres 395 wiederherstellen.

Ihre kleine Enkelin Eudokia war vier Jahre alt, der Kronprinz Hunerich einundzwanzig. Die Ehe konnte in zehn Jahren vollzogen werden, das Verlöbnis aber zu jeder Stunde stattfinden. Hatten nicht Valentinian und Licinia sogar vierzehn Jahr lang als Verlobte auf den Tag der ehelichen Verbindung warten müssen? Je rascher die Verlobung der weströmischen Erbin mit dem vandalischen Erben erfolgte, um so klarer und stärker konnte Ravenna seine Außen- und Innenpolitik führen, um so fügsamer auch mußte sich Aëtius zeigen, dem Gaiserich die Grenzen setzen konnte, wie er wollte. Viele Nächte lang hatte sie ihre Pläne durchdacht, oft genug hatte man sie noch nachts zu langer Meditation in die Krypta von Santa Croce hinuntersteigen sehen.

Kurz vor Weihnachten eröffnete sie sich Thanausis, der ihre Pläne guthieß. Zu Hunerich selbst aber sprach sie erst am Nachmittag des 24. Dezember, als er ihr kostbaren vandalischen Gewandschmuck zum Geschenke machte. Sie wußte, daß sie ihm vertrauen durfte. Sie wußte auch, daß er ein Geheimnis zu wahren verstand.

Die Dämmerung sank. Der laue Meerwind trieb wie im Frühling um die Mauern.

Ohne sich zu rühren, Wort für Wort von ihren Lippen in sein Schweigen hinübernehmend, hatte er ihr zugehört. Erst als sie zu Ende gesprochen hatte, war er aufgestanden und lange sinnend vor dem Feuer stehengeblieben. Sie betrachtete sein verschlossenes, umdüstertes Gesicht, in dem sich weder Überraschung noch eine Spur von freudiger Zustimmung erraten ließ. Sie hatte dieses ernste, männliche Antlitz, das ohne Schönheit war, doch von unleugbarem Adel, lieben gelernt. Es war das Antlitz eines jungen Menschen, der sich nichts leicht machte und niemals eine Antwort gab, ehe er eine Frage auf alle ihre Verfänglichkeiten überprüft hatte.

Sie wartete. Durch ihre Gedanken ging ein weher, sinnloser Wunsch: »Hätte jemals so mein Sohn vor mir gestanden und in sich um ein Wort gekämpft. Hätte ich jemals solche Gewichte in ihm spüren dürfen – und eine solche Kraft der Verantwortung.«

Nun wandte ihr Hunerich die dunklen Augen zu. Er hatte den Arm auf den Porphyrsims des Kamins gestützt und die Schläfe in die Finger gebogen:

»Ich setze Offenheit gegen Offenheit, Majestät. Als ich nach Ravenna abreiste, sagte mir mein Vater, daß ich als Verlobter der Prinzessin Eudokia heimkehren solle.«

Placidia fühlte den unterirdischen Haß, mit dem diese Worte ausgesprochen worden waren. Sie wagte nicht, den Verstummten durch eine Zwischenfrage zum Weitersprechen zu bewegen.

Ohne eine Miene zu ändern, wie erstarrt in seiner Haltung, fuhr er fort:

»Ich wollte mich auflehnen. Aber gegen den Willen Gaiserichs gibt es keine Auflehnung. Schon einmal war ich das Opfer einer politischen Heirat geworden: der westgotischen. Sie wissen, wie sie geendet hat. Ob mit Recht oder Unrecht, habe ich nicht ergründen können. Das arme Ding, das mir da an die Seite gelegt wurde, war mir gleichgültig. Ich habe es nicht angerührt. Ich bin keiner von den jungen Männern, die nehmen, was vor sie kommt. Auch nicht, wenn es sich um eine gotische Königstochter handelt. Ich könnte Ihnen heute kaum noch sagen, wie sie aussah, obwohl die Angelegenheit noch kein Jahr her ist. Ich bin es nicht gewöhnt, mich als politisches Heiratsgut zu betrachten. Germanische Männer – auch Königssöhne – heiraten die Frau ihrer Wahl. Sie halten sich auch oft bis zu der Ehe rein. Das habe ich nicht getan. In mir waren frühe Leidenschaften, die ausgetragen werden mußten. Vielleicht habe ich sie von meiner silingischen Mutter geerbt, die eine wirre, unheimliche Frau war. Vielleicht auch von meiner Großmutter, über deren Herkunft man nichts Genaues weiß. Sie teilte als elternlose Sklavin das Lager des Königs Godigisel. Sie soll unbeschreiblich schön und heftig gewesen sein. Ich habe schon mit sechzehn Jahren Frauen besessen. Sie liefen mir nach, drängten sich mir an. Ich habe sie genommen, wenn ich Lust auf sie hatte, und dann fortgeschickt.«

»Hat es niemals eine unter ihnen gegeben, die Sie geliebt haben?«

»Nein. Ich kenne die Lust, aber nicht die Liebe, von denen uns die Barden so viel vorlügen.«

»Nicht immer, Hunerich.«

»Meine Altersgenossen waren mir lächerlich, wenn ich sie mit schmachtenden Augen hinter den Mädchen her sah. Was sollten einem Menschen wie mir diese Dinger? In Karthago habe ich eine Griechin gekannt, die Frau eines Waffenhändlers. Eine unvergleichliche Frau. Mein Vater bekam Wind von der Geschichte. Das Ehepaar war bald verschwunden. Ich weiß nicht, wohin. Er nahm mich vor: Ich habe mich den neuen vandalischen Lebensbedingungen anzupassen. Er werde mir meine Frau bestimmen, wie es in seine Politik passe. Wenn ich mich nicht füge, werde einer meiner beiden Brüder Thronfolger. Ich selber könne dann die Kutte anziehen oder Dienste bei den Kabylen nehmen. Kurz danach kam die westgotische Heirat. Ich wurde gar nicht gefragt. Ich bin nie um etwas gefragt worden. Ich hatte wie ein Sklave zu gehorchen. Nicht einmal als Knabe durfte ich mir meine Freunde wählen. Die mir gefielen, wurden von mir entfernt. Und die, mit denen man mich erzog, gefielen mir nicht. Sie begriffen nicht, wer ich war, und hatten kein Verlangen nach Wissen. Als wir dann in Bône Residenz nahmen, konnte ich mich allein ein wenig umsehn. Ich erkannte rasch, daß es sehr viele Dinge auf der Welt gab. Ich stürzte mich auf die Zeugnisse der lateinischen Vergangenheit. Ich lernte die Sprache, lernte auch Griechisch. Ich las, las, las. Nächtelang: Livius, Tacitus, Plinius, Thukydides, Herodot, Xenophon... Ich wurde durch meine Sprachkenntnisse meinem Vater unentbehrlich. Ich begriff seine Größe, seine Leistung. Ich habe nie sein Herz begriffen. Solang ich lebe, habe ich ein einziges Mal ein Herz gefühlt.«

Placidia erschrak vor der Nacht des Blicks, der auf sie gerichtet stand. Sie schloß die Augen. Diesen Blick hatte Eucherius gehabt, diesen abgrundtiefen, grundlos anklagenden Blick der gefesselten Kreatur. Ohne zu wissen, was sie tat, hob sie die Arme. Dann lag ein junger Mensch vor ihren Füßen, stumm, regungslos, und sah zu ihr empor.

So leise, als ob sie bei der zartesten Berührung zerbrechen könnten, umfaßte sie die gequälten Schläfen, neigte sich ein wenig zu ihnen nieder und sagte:

»Vertrauen Sie dem Herzen, das Sie gespürt haben.«

»Warum will auch dieses Herz, daß ich mich opfere, wo ich eben anfange, zu begreifen, was das Wort ›Seele‹ bedeutet?«

»Ich will nicht, daß Sie sich opfern. Ich will, daß sie die Aufgabe, die Ihnen das Schicksal zugewiesen hat, erkennen und erfüllen. Sie haben zehn Jahre Zeit, zu sein, wer Sie sind, und zu werden, wer Sie sind. In zehn Jahren werden Ihnen Menschen und Dinge in einem anderen Licht erscheinen als heute. In zehn Jahren werden Sie einunddreißig Jahre alt sein, die Liebe gekannt und Träume vergessen haben, die Ihr unberührtes und leidendes Herz heute noch für die Quellen des Lebens hält. In zehn Jahren werden Sie begriffen haben, daß das Leben der Könige seine eigenen Gesetze hat und zu großer Beherrschung verpflichtet. Es kann nicht der Ehrgeiz eines Menschen Ihrer Tiefe sein, jenseits seiner Bestimmung zu leben. Sie kennen das Geschick meiner Jugend. Denken Sie immer daran, wenn Ihnen manchmal die Lasten der Einsamkeit unerträglich erscheinen. Die Auflichtung geschieht, wo Sie sie am wenigsten erwarten.«

»Die Auflichtung ist geschehen, Majestät, durch Sie – durch Sie allein. Bedenken Sie nun, was eintreten würde, wenn mein Vater in wenig Monaten erfüllt sähe, wozu er Jahre vonnöten glaubt! Es würde ein Vertrag aufgesetzt, beschworen, bekanntgegeben – das Ziel wäre erreicht, und der Kronprinz würde in das Gefängnis des Palastes von Karthago zurückgerufen. Ich müßte Sie verlassen – vielleicht für immer – und hätte zwei Monate lang geträumt, wonach ich mich ein Leben lang gesehnt habe: Mütterlichkeit.«

Placidia bog den aufwärtsgewendeten Kopf langsam in ihren Schoß.

»Nein, sagte sie leise, das Zittern aus ihrer Stimme drängend,

»nein, Sie sollen mich nicht verlassen. Ich sehe, daß vor der zweiten hier eine erste Aufgabe zu lösen ist: Es gilt, ein Herz zu befrieden und aus dem Sohn eines Königs einen Königssohn zu machen. Wir haben Zeit. Dieses eine Mal haben wir Zeit. Es werden keine Gesandte an Ihren Vater gehen. Wir werden ihm die Wartefristen nicht um eine Stunde verkürzen. Gott hat mir an der Wende der Jahre noch einen Sohn gegeben. Was mir an Kräften übrigblieb, soll auch ihm gehören.«

Sie küßte lange das heimkehrende Gesicht.

Santa Croce faßte kaum die Damen und Herren des Hofstaates, der sich um sechs Uhr zum Anhören der Predigt des Presbyters Salvian von Marseille eingefunden hatte. Als letzte betrat die Kaiserin Placidia, in ihren Zobelpelz gehüllt, an der Seite des Kronprinzen Hunerich den matterleuchteten Raum. Sie schritt, während der Hof sich erhob, auf die kaiserliche Estrade zu, wo Valentinian, Licinia und Honoria schon Platz genommen hatten. Der Kirchendiener trug einen Sessel für Hunerich neben den ihren. Aëtius machte eine Bemerkung zu seiner Gattin Pelagia. Der Senator Metellus schaute den Kriegsminister Sigisvult von der Seite an, als ob er sagen wolle: »Die Kaiserin hält uns auf dem laufenden, ohne eine Silbe zu reden. Was mag da vorgehn? Ob sie ihre gotischen Vorlieben nun auf die Vandalen übertragen hat? Um Politik geht es jedenfalls«.

Honoria hatte Hunerich mit besonderer Freundlichkeit begrüßt. Sie wußte nicht, daß die eigne Mutter längst zu ihrer unfreiwilligen Gegenspielerin geworden war. Sie wußte auch nicht, daß Frauen ihrer Art den Vandalenprinzen gleichgültig ließen. Es war nicht der Dämon, den er in der Frau suchte: es war immer nur die in sich gebundene und ausgleichende Güte, das, was ihn selbst aus einem Widerspenstigen zu einem Fügsamen machte.

Als die Liturgie beendet war, betrat ein mittelgroßer, stiller Mann die Kanzel. Das sollte Salvian, der Aufwiegler, sein? Nein, dieser dunkle, runde Kopf war nicht der Kopf eines Fanatikers. Diese Stirne hatte viele Nächte lang gedacht und überdacht, aber keinen »Umsturz« vorbereitet. Diese weiten Augen hatten viel gesehn und überschaut, aber niemals das Bild des Zusammenbruchs über rauchenden Horizonten aufgerufen.

Während die Musik verklang, hob sich das gesammelte Antlitz von den gefalteten Händen. Eine deutliche, eher tiefe als helle

Stimme las den Text aus dem Evangelium Lucae, 17. Kapitel, 20. und 21. Strophe:

»Das Reich Gottes kommt nicht mit äußeren Gebärden. Man wird auch nicht sagen: Siehe hier, oder da ist es. Denn sehet, das Reich Gottes ist inwendig in euch.‹ Amen.

In Christo Geliebte: Daß die Stimme, die mir Gott zu erheben befahl, auf den Wunsch der großen Kaiserin Galla Placidia, der unentwegt sorgenden Mutter des Imperiums, sich auch an dieser heiligen Stätte vernehmen lassen darf, bestätigt mir, wie sehr ich auf dem guten Wege bin. Nur das Totgeschwiegenwerden von den Zeitgenossen ist eines Mannes Tod in der Zeit, mag er auch jenseits dieser Zeit – wie wir es oft gesehen haben – in Glanz und Größe des verkannten Künders auferstehen. Es geht mir nicht um irdischen Ruhm noch um Wirkung über meine Zeit hinaus: Es geht mir um Wirkung in die Herzen der Heutigen, welche noch zu fühlen vermögen. Ich bin ein Diener Gottes, nicht der irdischen Gewalten, aber ich kann Gott nicht dienen, wenn ich mein Auge von dem irdischen Geschehnis abwende, das sich um mich her vollzieht, wenn ich die Weite der Kluft nicht ermesse, die göttlichen Willen von irdischem Handeln trennt. Gott dienen heißt: die Erkenntnis des göttlichen Wollens dem menschlichen Wollen zu übermitteln und zu versuchen, dieses menschliche Wollen den Absichten Gottes anzugleichen. Wer da glaubt, muß wollen, daß die anderen auch glauben – und wer erkannt hat, kann nicht wünschen, daß er unter Nichterkennenden wandle. Es ist bequem und eigensüchtig, sein besseres Wissen für sich zu bewahren und zu sagen: Sehe ein jeder, wie er mit sich selbst und der Welt zurechtkommt. Es zieht aber oftmals Haß und Feindschaft, ja den Tod nach sich, die Gesichte Gottes zu sagen und den leidenden Herzen zu verkündigen.

Die Herzen der Armen sind stets auf das Auge Gottes gerichtet. Welcher andere Himmel bliebe ihnen, in dem ihre Not untertauchen könnte?

Was aber ist die Welt, in der wir heute leben, wenn nicht ein einziges, großes Feldlager der Geschlagenen und Gedrückten? Ist eine Freude in diesem Imperium, die eine Freude seiner Völker wäre? Ist da ein Opferwille Liebender, die ihr Leben freiwillig dem Staate geben möchten, der ihnen längst schon zum Zuchthaus geworden ist? Die Reichen haben gut in ihrem Golde dem Gold frönen und die trüben Wogen der Not von ihren Tischbeinen ferne halten: Sie sind die Ärmsten unter den Armen, weil sie nicht einmal dessen von Herzen froh werden, was ihnen gehört! Auf wessen Arbeit, in Christo Geliebte, ruht denn unser Staatswesen? Auf der Arbeit der Kolonen, das heißt der leibeignen Bauern, die in besseren Zeiten Herren auf ihren kleinen Gütern waren und von dem großen Grundbesitz verschlungen wurden. Von ihnen lebt das Reich – an ihnen wird es morgen sterben, wenn sie versagen; denn sie sind unersetzlich und beginnen zu begreifen, daß sie es sind. Wer sollte sie ersetzen? Die Sklaven reichen lange nicht mehr aus – und wer sollte die Sklaven ersetzen, wenn sie zu Bauern gemacht würden? Warum ist Gaiserich über Afrika Herr geworden? Nicht durch den Sieg der Waffen, wie wir alle wissen, sondern weil ihm die ausgebeutete Bauernschaft wie einem Befreier in die Arme lief. ›Schlimmer, als es ist‹, sagten die Kolonen, ›kann es nicht werden. Also erproben wir wenigstens, ob es nicht besser werde.‹ Wagt einer auszusprechen, was ich sage, so fällt die Klasse der Grundbesitzer über ihn her: Erledigt ihn, er hetzt uns die Meute auf den Hals! Als ob es Hetze wäre, wenn man sagt, was jeder weiß und sieht! Wer denkt an Hetze? Will der Arzt etwa den Kranken schädigen, dem er ein krankes Glied fortnimmt, damit es nicht die anderen anstecke? Retten will er ihn, indem er mutig zeigt, wo der Sitz des Übels ist. Ruhte das Imperium noch in seinen alten Fugen fest, so möchte keine Hoffnung sein, die Geister der Erkenntnis zu gewinnen. Doch da es wankt, wo immer sich das Auge hinwendet, gewinnt die innere Not ein andres Gesicht. Längst weiß Byzanz, warum es seine Kräfte nicht mehr für Westrom einsetzt: Es glaubt nicht mehr, daß die westliche Hälfte des Imperiums noch – in seinem Sinn – zu retten wäre, und rechnet schon die Beute nach, die ihm am Ende zufällt.

Byzanz hat recht. Von außen her ist Westrom nicht mehr zu retten. Zu halten noch: mit Härte, Grausamkeit, Ungerechtigkeit, Bedrückung der Bedrückten, Ausbeutung der Ausgebeuteten, vielleicht zwanzig oder dreißig Jahre lang. Und dann?

Dann muß zerstieben, was von innerem Haß zerfressen ist: zu keinem Opfer mehr fähig, weil jeden Glaubens an den guten Willen der Bedrücker bar.

Wo immer Germanen siedelten – als heute freie Völker oder als Vasallen Roms –, atmeten die Armen auf. Aus andrer Menschenart strömte ihnen andrer Menschengeist.

›Das Reich Gottes kommt nicht mit äußeren Gebärden.‹ Nein, es kommt aus dem Geiste Gottes, der über den Wassern war, von allem Anbeginn. Gottes Geist aber ist der Geist des Mitgefühles, der in der kleinsten Kreatur den Schöpfer wiederfindet. ›Gott schuf den Menschen ihm zum Bilde.‹ Wie aber sollte der so geschaffene Mensch ein Unterdrücker sein und ein Unterdrückter? Ist der Gott der Christen, den wir den unsren nennen, vielleicht jenem Vergewaltiger Jehova gleich, der als ewiger Strafrichter auf dem Volke lastete, das ihn anbetete? Sieht der Gott der Christen sein Abbild in dem Anmaßer, der seine Fußsohle dem Besiegten auf den Nacken setzt? Oder sieht er sein Abbild in dem Besiegten, aus dessen zertretenem Herzen die Flamme der Vergeltung aufschlägt? Weder in diesem noch in jenem! Der Gott, zu dem wir beten, ist der Gott der mannigfachen Liebe, die kein Geschöpf aus ihrem Kreislauf ausschließt. Doch er ist kein Gott der willkürlichen Gleichsetzung noch der zerstörten Grade. Da er die Stufe kennt, kennt er den Grad. Stufe und Grad aber sind die Grundpfeiler des Lebens, des stofflichen wie des geistigen, auf denen die Treppe der Vollendung ansteigt. Man sage mir ein Wort, mit dem der Heiland je die Unterschiede aufgehoben hätte! Ich kenne keines. Ich weiß nur, daß er die *Bewertungen* veränderte und den Hochmut der Pharisäer brach. Lebte er unter uns: welchem blinden Hochmute würde er heute den Krieg erklären! Wo würden wir ihn wandeln sehn? Bei den Bedrückten, Entrechteten, deren Leib geschlagen, deren Seele aber die Wohnung Gottes ist. Wie ist es, in Christo Geliebte, daß nur bei dem Leidenden die Seele sich regt und Blüte treibt? Wie ist es, daß die Freude der Sinne erschöpft und lähmt und tötet, wenn ihr das Gegengewicht göttlicher Besinnung fehlt? Und wie ist es, daß die Ruhe in Gott wunschlos macht gegenüber so vielen Freuden, um derentwillen die wahllosen Läufer in den Tod der Seele rennen? Weil Gott das Maß ist: der heilige Bezug von Erde und Himmel, nicht aber die Vernichtung jener durch diesen und dieses durch jene. Gott sieht nicht an, ob der Nichtrömer noch nicht vorgedrungen sei zum ›rechten‹ Glauben, wie ihn Athanasius lehrte mit dem Wunder der unbefleckten Empfängnis und der Dreifaltigkeit: Gott sieht an das Vertrauen des Menschen in seine übergeordnete Allmacht, in die Gesetze seiner Gerechtigkeit, die sich nicht messen an irdischem Gebrauch und irdischem Irrtum. Gott sieht an, wer die tapferste Tat auf ihn zurückbezieht. Gott sieht an, wer alle Selbstgerechtigkeit von sich wies.

Gott ist ein ewiger Schreiter in seinem eignen Reich; er duldet nicht, daß einer sich zufrieden hinlasse und sage: ›Siehe, Herr, ich bin am Ziele angekommen und habe die Ruhe dieweil.‹ Daß wir ausschreiten bis zum letzten unsrer Schritte, den er uns befiehlt: das gebietet uns allen Gott, und tausendmal mehr den im Leibe

Gesättigten als den Darbenden, denen das Leid keinen Stillstand verstattet. Gott ist als Fuchtel über die Reichen gekommen; aber daß er sie schlägt, besagt, daß er sie retten will zu sich selbst, ehe sie verfallen und untergehen! Wer sähe das Zeichen nicht über den Zeiten stehen? Die Geißel Gottes? Nein: ›Das Reich Gottes kommt nicht mit äußeren Gebärden! Das Reich Gottes ist inwendig in euch.‹

Wenn ihr aber dieses spürt, was kann euch die Veränderung der Welt, in die ihr eingeboren seid, noch anhaben? Was kann es den Reichen anhaben, daß sie die gerechtere Verteilung der Güter vornehmen und aus den Geschundenen wieder Menschen machen, die dem Bilde des Schöpfers gleichen? Daß sie Haß in Freundlichkeit verwandeln, Verstocktheit in guten Willen, Unverständnis in Verständnis? Wer nennt mir den wahrhaft Bedürftigen, der nicht mehr beglückt worden wäre durch die deutlichen Zeichen ehrlicher Bemühung als durch den hochmütig abgetrotzten Gewinn, der neuen Haß gebiert? Von innen kommt das Reich Gottes, vom Wandel der Gesinnung, nachdem der Geist die Zeichen seiner Zeit begriffen hat! Wehe allen, die niederhalten wollen, was Gott zum Leben bestimmt hat! An Gottes Willen, an Gottes Geschenke für seine Geschöpfe rührt ungestraft keines Vergewaltigers Hand! Und möchte er auch tausend Schliche erfinden: das Netz wird zerrissen werden – und das gefangene Getier wird über ihn kommen wie ein Heuschreckenvolk. Sein Haus und er werden in einer Stunde vertilgt sein. Nur aus dem Geiste kann das Imperium gerettet werden, seine Verwandlung getragen, sein neues Gesicht geliebt. Was heißt es denn, daß hier Vandalen leben, Goten dort und Römer zwischen beiden? Warum sollen Vandalen nicht leben, als was sie sind, und Goten nach dem Gesetz ihrer Art, und Römer als Römer, wenn sie sich im Letzten begegnen? Warum soll nicht wieder als freier Bauer seine Scholle bepflanzen, wer durch die Unersättlichkeit der Großen unfrei wurde? Warum soll sich nicht als freier Feldbesteller der Erde verpflichtet fühlen, wer sie betreut und für sie kämpft, wenn der Feind sie rauben will? Der Unfreie ist kein Kämpfer: Er freut sich jedes Schadens, den sein Bedrücker nimmt.

Ich kenne die Antwort der Mächtigen: ›Was sich ein solcher Presbyter nicht alles ausdenkt! Woher kommt ihm seine kindische Weisheit? Er meint, das geht nur alles so... Von einem Tag zum andern.‹ Ihr Herren, sage ich bei jeder solchen Antwort: ich bin nicht so von allen Engeln Gottes verlassen, daß ich glaubte, es könne in einem Jahre gutgemacht werden, was in Hunderten von Jahren gesündigt worden ist. Ich bin ein Diener Gottes und kein Hexenmeister, der aus zerdroschenem Stroh ein Weizenfeld erstehen läßt! Aber da ich die Welt durchwandert habe, da ich denen, welche ihr die ›Verrufenen‹ nennt, mein Ohr lieh: in Gallien und Spanien den Bakauden, in Afrika den Donatisten und Circumcellionen; da ich ohne Vorgefaßtheit anhörte, was sie mir vortrugen, anhörte die unaussprechliche Not nicht nur ihrer Leiber, auch ihrer Herzen, so weiß ich, daß ein Wunder geschehen könnte, wenn diese Ärmsten nur *verspürten,* daß der Wind der Linderung zu wehn beginnt. Da nicht mehr Volk die Wirtschaft bestimmt, sondern nur noch die Aristokraten mit ihrem Gold, können nur sie noch Wandel schaffen, ehe es zu spät ist. Viele von ihnen bekennen sich zu Christus. Warum bekunden sie nicht ihr Bekenntnis durch die Tat? Das Beispiel zündet, nicht das Wort. Ein einziges, weithin sichtbares Beispiel, und der Geschichte kann auf hundert Jahre der Weg gewiesen werden. Wodurch siegte Christi Lehre? Durch das Beispiel. Was war vor ihm die Macht des Kaisers Constantin? Eine Ohnmacht, die er zur Macht zurückerhob, indem er sich der Tausende entsann, die für den Glauben gestorben waren. Wer starb für Jupiter und wer für Juno? Wo sind diese einst Allmächtigen geblieben? Die Antwort mag uns erteilen, wer sie weiß!

Das ist nicht der neue Gott, der sich mit Beichte, Kirchgang und Gezänk begnügte und dafür einen billigen Himmel offen hielte: ›Das Reich Gottes ist inwendig in euch!‹ Dies aber heißt: Leben ist nicht nur ein Durchgang zum Paradies: Leben ist Gesinnung. Leben ist Sinnbild des Göttlichen und muß auf Erden als solches Sinnbild gelebt werden. Diesseitigkeit ist für den Gläubigen göttlich wie der Himmel. Diesseitigkeit ist Wandel: rinnende, gebärende Sekunde. Wer nicht gehorcht natürlicher evolutio, verfällt dem Zwang der revolutio. Solang es Staaten gibt, ging Gott den gleichen Weg und wurde tausendmal in seinem Schreiten übersehn. Wer blieb am Ende Sieger? Der Schreiter: mit den Scharen der Geschlagenen, die ihre Fahnen zu ihm trugen! Und was ist aller Reichtum eines einzelnen, wenn die Gemeinschaft, welche den Namen ›Staat‹ trägt, verelendet?

Die Seelen sind zu der großen Wanderung aufgebrochen: Wohin das Auge schaut, sieht es den Zug der Seelen. Der Stoff ist tot. Am toten Stoff wird das Imperium enden. Im Licht der Seelen kann es sich verwandeln und als Verheißung auferstehen. Wer da betet, soll um dieses Licht beten – und wer um dieses Licht betet, soll wissen, daß er selbst schon der Gnade dieses Lichtes teilhaftig wurde. Amen.«

Um acht Uhr waren an der Tafel der Kaiserin vereinigt: Die Majestäten Valentinian, Licinia, Honoria, der Erzbischof Petrus Chrysólogus, der Patricius Aëtius und seine Gattin Pelagia, der Küstenkommandant Candidian und seine Gattin Lelia, der Fürst Thanausis und seine Mutter, die Fürstin Baltaswinta, der Kronprinz Hunerich, die Grafen Dardanus und Asterius, der Kriegsminister Graf Sigisvult, der Minister Trygetius, der General Cinna mit ihren Gattinnen und die Oberhofmeisterin Singledia. An der linken Seite der Kaiserin hatte Salvian Platz genommen, an der rechten Cómmodus, der Vertreter des Papstes Leo I.

Um zehn Uhr abends fand sich der gesamte Hof zum Weihnachtsempfang ein.

Auf den Strandwegen wandelte das Volk von Ravenna, um einen nie zuvor erlebten Kerzenglanz aus den offnen Fenstern in die laue Nacht hinaus leuchten zu sehen.

Eine halbe Stunde vor Mitternacht, ehe man sich zur Weihnachtsmesse in die Kathedrale begab, hielt die Kaiserin eine kurze Ansprache:

»Es liegt mir am Herzen, mich an diesem Abend als Kaiserin von Ihnen zu verabschieden. Seien Sie nicht erstaunt darüber, wenn ich von heute an alle Pflichten des Hofes, die der Frau gehören, in die Hände meiner geliebten Schwiegertochter, der Kaiserin Licinia, lege. Ich werde Ravenna nicht verlassen, aber ich bin entschlossen, den größten Teil des Jahres in Rom und auf der Villa Cesarini zu verbringen. Die Politik des Reiches ist nach der Regelung der vandalischen Frage ganz in die Hände des Kaisers Valentinian gegeben, dem die gleichen erprobten und treuen Mitarbeiter wie mir zur Seite stehen werden. Was Sie heute abend in der Predigt des heiligen Bruders Salvian vernommen haben, sind die geistigen Fragen, denen ich den Rest meines Lebens zu widmen gedenke. Es scheint mir gut, in der Stunde der Abberufung sagen zu können, daß man der Regierung Gottes mit nicht geringerem Eifer nachgesonnen habe, als man sich der Erfüllung seiner irdischen Regentenpflichten hingab. Lassen Sie uns nun zur Christmesse gehen mit den Worten, auf welchen Salvian seine Predigt aufbaute: ›Das Reich Gottes kommt nicht mit äußeren Gebärden! Das Reich Gottes ist inwendig in euch.‹«

Die Tuben sandten das weiche Aufwärts der Töne aus ihren silbernen Gehäusen, die Harfen bebten zwischen den ansteigenden Knabenchören, die Wände glitzerten im Kupfer der Lampen.

Weihrauch wölkte aus den langsam schwankenden Kesseln: Die Menge lag betend auf den Knien, der Erzbischof Petrus, im violetten Mantel, hob das Kreuz am Hochaltar in die kerzenflimmernde Luft, als auf die Minute, mit der die Heilige Nacht beginnt, der kaiserliche Zug die Basilika betrat.

Zuvorderst ging, allein, die Kaiserin Galla Placidia. Hinter ihr, Honoria zur Linken, Licinia zur Rechten, der Kaiser Valentinian. Dann, von ihren Wärterinnen getragen, die Prinzessinnen Eudokia und Placidia. Der Hof schloß sich in langer Tiefe an.

Alle Augen suchten Galla Placidia, die mit gesenkter Stirn den Weg zum Hochaltare schritt.

Ein einziger Gedanke trieb in ihrem Herzen: Dies ist der letzte Weg aus meinem Kaisertum.

Wer sie ansah, wußte: So schreitet Schicksal – als Erfüllung und Verzicht, in beiden aber als die Pflicht, die Gott auf seine Geschöpfe legt.

Ein goldnes Kastanienblatt schaukelte durch die lichte Bläue ... ein zweites ... ein drittes ... Dann war nichts mehr als das rieselnde Streichen der Lüfte, lau und voll ungewisser Süße: Hauch von Baldrianblüten, Spiräen, Thymian, Farren.

Die Kaiserin Placidia saß mit dem Papst Leo I., ihrem Freunde und Bewunderer, im Parke ihres Landhauses über dem Nemisee.

»Ein guter Oktoberabend«, sagte der Papst, die Augen in die durchleuchteten Wipfel hebend.

»Ein gutes Jahr, wie die letzten vier«, nickte Placidia. »Mir ist oft bang vor so viel Frieden – und vor so viel Erfolg in Gallien! 43, endlich, die burgundische Siedlung in Savoyen. 44, gute Fortschritte unserer Kirchenpolitik in den arianischen Siedlungsländern Galliens. 45, Sieg des Stuhles Petri über die Sonderbestrebungen des Bischofs von Arles. Im gleichen Jahre die Verlobung Hunerichs mit Eudokia.«

»Ein großer Erfolg Ihrer bewunderungswürdigen Staatskunst, geliebte Tochter! Gebe Gott, daß in dem Herzen dieses jungen Mannes alle Saaten aufgehen, die Sie gesät haben. Gebe Gott auch, daß er Einfluß auf seinen Vater gewinne und dem rechten Glauben wieder die Wege nach Karthago öffne.«

»Übereilen Sie nichts, Heiliger Vater! Lassen Sie die Dinge langsam reifen! Wehren Sie jeder Unbedachtheit Ihrer allzueifrigen Dekane. Auf mich wäre nicht mehr zu zählen, wenn eine Torheit geschähe! Sie würde den Kronprinzen verdächtigen und dadurch gefährden! Diese Seele aber ist mir wichtiger als aller Eifer unerwünschter Bekehrer. Ich erwarte also von den Priestern, daß sie mir nicht ins Handwerk pfuschen. Vergessen Sie nicht, daß meine Enkeltochter sich in fünf Jahren vielleicht zum arianischen Glauben bekennen muß, wenn sie als zukünftige Vandalenkönigin ihren Einzug in Karthago hält!«

»Seien Sie ohne Sorge, Majestät. Ich weiß, was ich dem höheren Ziele schuldig bin. Da Gott warten kann, wie sollte ich es nicht können? – Erhalten Sie viele Briefe von dem heimgekehrten Hunerich?«

»Sehr viele, und die schönsten, die ich je von einem Menschen bekam.«

»Was sagt Aëtius zur Durchkreuzung seiner Pläne?«

»Nichts mehr.«

»Ich liebe dieses Schweigen nicht.«

»Ich habe aufgehört, es zu fürchten. Er ist in seinem eignen Ruhm gefangen.«

»Er darf es sein.«

»Ja, er darf es. Er hat sein drittes Konsulat für 46 wohl verdient, nachdem er die ripuarischen Franken über den Rhein zurückgetrieben und die früheren Grenzen wiederhergestellt hat. Und welcher Sieg in diesem Jahre über die salischen Franken bei Hélesmes! Dem König Chlogio wird die Ziffer 447 im Blute brennen! Vasall von Rom!«

»Es ist Zeit, daß Rom seine Heere sammelt. Attila liegt auf der Lauer. Aëtius wird keine Hunnenheere mehr anwerben können, wenn es ihm nicht gelingt, den Krieg zu vermeiden.«

»Ich bin nicht mehr ganz sicher, ob sich Attila nach Westen wendet.«

»Das Gold von Byzanz, Majestät, hat schon einmal einem Volke den Weg nach Gallien gewiesen. Seit der Eunuche Tajuma über Theodosius herrscht, ist jede Schandtat möglich. Die Patriarchen hetzen gegen Rom. Man fürchtet die Macht des Stuhles Petri. Ein Jammer um diesen verirrten Kaiser. Ein Jammer um Athenaïs, die vergessen und verloren in Jerusalem lebt. Ein Jammer um Pulcheria, die sich im Hebdomon nicht rühren darf. Man spricht von einem neuen Konzil in Ephesus. Mir graut davor. Die apostolische Kirche braucht Ruhe, lange Ruhe, keinen Zank.«

»Ist eine Seele auf der Welt, die nicht Ruhe brauchte? Wie sind wir alle müdgekämpft! Ist es zu fassen, Heiliger Vater, was ein Menschenherz ertragen kann?«

»Mit menschlichem Verstande, nein. Aber die Herzen, denen so große Lasten auferlegt werden, sind von Gott mit besonderen Kräften ausgerüstet. Sie stehen in der Gnade des Beispiels. Wer aber wäre Beispiel ohne den Willen Gottes?«

Sie schwiegen. Wieder fielen die goldnen Blätter nieder, aus jeder Lücke brach ein Stück Azur.

»Gold und Blau«, dachte Placidia, während sie den Kopf auf den Rücken der Bank legte und das Gesicht dem Leuchten preisgab.

Der Papst senkte seine schmale, heiße Hand auf die ihre.

»Darf man fragen, meine Tochter, wie es mit dem Mausoleum in Ravenna steht?«

»Im nächsten Frühling werden Sie es sehen. Romanus Phokas hat mir dieser Tage die umgeänderten Zeichnungen der westlichen Wand geschickt. Er kommt nach Weihnachten selbst nach Ravenna.«

»Und niemand sah in all diesen Jahren einen Entwurf?«

»Niemand. *Ein* Werk muß die Seele ganz allein geschaffen haben, ehe sie heimkehrt. Was die ›Kaiserin‹ Placidia politisch gewollt und getan hat, werden schon in wenigen Jahren die Menschen nicht mehr wissen. Was aber der Stoff ihrer Seele war: das wird der Stein bewahren, solange ihn Menschenhand nicht zerstört. Als Geheimnis. Es gibt keine Deutung, es gibt nur das Geheimnis. Dieses zu wissen, ist vielleicht die letzte Weisheit. Aber sie steht am Ende aller Wege. Wer sie vorwegnähme, würde den Schritt nicht lernen ... «

Als der Papst seinen Wagen bestiegen hatte, um in den Lateran zurückzufahren, kam Singledia verstört in die Vorhalle.

»Es sind Boten aus Rom mit einem Arzte gekommen: Honoria ist krank. Sie ist beim Reiten gestürzt – eine innere Blutung, scheint es. Aber das ist nicht alles ... «

»Schicken Sie den Arzt in mein Zimmer.«

»Machen Sie es kurz«, sagte die Kaiserin, als sie den alten Mann vor sich sah.»Ist das Leben der Prinzessin in Gefahr?«

»Nicht nur das ihre, Majestät, auch das Leben des Kindes, das die Prinzessin im fünften Monat trägt.«

»Was sagen Sie da?«

»Was ich feststellen mußte.«

Die Kaiserin klemmte die Schärfe eines Diamanten zwischen zwei Finger, um des Schwindels Herrin zu bleiben, der sie umkreiste.

»Wer sind Sie?«

»Ich bin der Arzt Anaximander von der Hochschule in Rom.«

»Anaximander aus Kos? Welcher traurige Anlaß, einen so berühmten Mann kennenzulernen. Verstehen Sie zu schweigen?«

»Es ist die Pflicht der Ärzte, zu schweigen, Majestät.«

»Das weiß ich. Es gibt noch eine andere Art zu schweigen. Sie begreifen, was politisch auf dem Spiel stehen kann, wenn ein solches Unglück im Kaiserhause geschieht? Also: Diese Sache ist niemals vorgekommen, wie immer sie ausgehe. Haben Sie etwa schon Sklavinnen der Prinzessin unterrichtet?«

»Niemanden, Majestät, außer der Oberhofmeisterin, welche ja die Nichte des verstorbenen Kaisers Constantius III. ist.«

»Ich danke Ihnen für Ihre Umsicht. Ich reise mit Ihnen nach Rom, um meine Tochter zu sehen. Alles Weitere findet sich dort. Glauben Sie an eine Fehlgeburt?«

»Nein. Eine solche wäre wohl sofort eingetreten.«

»Könnten Sie sich auf ein halbes Jahr von Rom entfernen?«

»Wenn mich der Hof zu einer Beratung kommen ließe ... «

»Die Kaiserin Pulcheria läßt Sie durch mich nach Byzanz rufen. Morgen früh haben Sie das schriftlich. Nächste Woche – damit die Übereile nicht auffällt – reisen Sie mit der Prinzessin Honoria nach Byzanz, wo sich das Weitere finden wird. Ich brauche Ihnen nicht zu sagen, daß Sie eine kaiserliche Belohnung erhalten. Schwören Sir mir in meine Hand *das* Schweigen, das ich von Ihnen verlange.«

»Ich schwöre es Eurer Majestät.«

Die Kaiserin traf mit Singledia abends spät auf dem Palatin ein. Sie fand Honoria zu Bett, mit großen Schmerzen, aber ohne Fieber.

»Warum hattest du nicht Vertrauen genug zu mir, mich rechtzeitig zu unterrichten?«

»Wie kann ich Vertrauen zu einer Mutter haben, die mich noch in meinem sechzehnten Jahre – aus politischen Gründen – zur Ablegung des Gelübdes zwang?«

»Ich verstehe dich. Ich habe dir meinen Irrtum oftmals abgebeten. Ich wäre auch immer bereit gewesen, ihn wiedergutzumachen, das heißt beim Papst die Lösung des Gelübdes zu erwirken, wenn sich eine Gelegenheit zu ebenbürtiger Heirat geboten hätte. Du weißt, daß sich nach der Hintertreibung deiner Verheiratung mit Herkulanus durch Licinia eine solche Gelegenheit nicht mehr bot. Ich habe mich oft genug unter den Söhnen des hohen Adels nach einem Gatten für dich umgeschaut – ich fand keinen. Eine Natur wie die deine ist den meisten römischen Männern fremd.«

»Ich weiß es. Aber ich kann nicht wider meine Natur leben, das heißt: in meinem Trieb ersticken. Nulla furca expelles naturam.«

»Wer ist der Vater dieses Kindes?«

»Ich möchte es verschweigen.«

»Warum?«

»Ich fürchte Gewalttat für diesen Mann.«

»Von mir?«

»Von Valentinian! Wie sollst du ihm verbergen, was vorgegangen ist?«

»Wenn *ich* will, daß eine Sache nicht ist, so ist sie nicht. Und diese Sache ist nicht, verstehst du? Sofern – der Mann zu schweigen weiß. Liebtest du ihn?«

»Nein. Ich brauchte ihn. Er verschaffte mir Ruhe.«

»Also – wer ist er?«

»Mein Hofmarschall, Eugenius.«

»Ihn kannst du niemals heiraten.«

»Ich will es auch nicht.«

»Wo ist er?«

»Hier, in Rom.«

»Er wird auf seinen Posten nach Ravenna zurückkehren. Tut er den Mund auf, so hat er gelebt. Du selbst tauchst in Byzanz unter, bis alles vorüber ist. Grund der Reise: Ich habe dir endlich deinen Wunsch erfüllt, ein Jahr lang in der Geburtsstadt deiner Mutter zu leben. Im Herbst des kommenden Jahres kannst du zurück sein.«

»Und dann?«

»Werden wir versuchen, dich zu verheiraten.«

Honoria preßte den Kopf in die Kissen und schluchzte. Placidia ließ sich am Rande des Bettes nieder:

»Weine dich aus, Honoria. Und wisse: Deine Mutter wird diesen Kummer mit dir bis zum Ende tragen. Habe endlich Vertrauen – und begreife, daß selbst aus solchem Unglück noch ein Gutes kommen kann. Die Menschen sehen nicht, wohin die Wege führen, die ihnen vorgeschrieben sind. Wir beide sind uns fremd geblieben bis zum heutigen Tag. Von heute an bindet uns ein Geheimnis. Hilf mir, daß es uns zusammenführe. An meinem Einsatz soll es nicht fehlen.«

Durch die Unvorsichtigkeit des Hofmarschalls Eugenius selbst erfuhr die lange Abwesenheit Honorias gegen Ende Januar 448 eine Deutung, welche von seinen Feinden am Hofe weitergegeben und schließlich vor den Kaiser getragen wurde. Das Leben der »kaiserlichen Prinzessin« wurde bei dieser Gelegenheit aufgerollt. Erstaunliche Dinge wurden berichtet. Es war, ohne einen unübersehbaren Skandal heraufzubeschwören, nicht möglich, ihnen nachzugehen. Auch hatte der Kaiser Angst, seine eignen Liebhabereien könnten deutlicher umschrieben werden, als ihm lieb war. So ließ er nur Eugenius verhaften, der Tortur der Fußsohlenbrennung unterwerfen – und nach erlangtem Geständnis erdrosseln. Als abschreckendes Beispiel für alle – wurde das Volk belehrt –, welche es wagen, die Ehre einer kaiserlichen Prinzessin durch unverschämte Lügen anzutasten. Die Verleumdung sei um so niedriger, als sich die Angeschuldigte schon seit dem vergangenen Jahre auf einer Wallfahrt nach dem Heiligen Grabe befinde und nicht einmal persönlich ihrem Verunglimpfer habe entgegentreten können.

Seiner Mutter erklärte der Kaiser, daß weder er noch Licinia die Rückkehr Honorias nach Ravenna dulden würden.

Worauf sie ihn vom Kopf bis zu den Füßen maß, ihre Schwiegertochter keines Blickes würdigte, und sagte:

»Wenn die Mutter Fehler einsieht und büßt, welche sie dem Sohn zuliebe begangen hat, der ihr Gattin und Thron verdankt, so darf sie wohl erwarten, daß dieser Sohn zum mindesten das gleiche tut!«

Wie ein gezüchtigter Knabe war Valentinian zusammengefahren.

Licinia, purpurrot, hatte eine entrüstete Geste gegen Placidia gemacht.

Placidia lachte:

»Laß diese Dummheiten, mein Kind. Höre auf, hier die Tugendhafte zu spielen. Sorge lieber dafür, daß dein Gemahl sich in jeder Stunde darauf besinnt, wem er verpflichtet ist. Mit Honoria geschieht, was ich bestimme. Und nun Schluß mit dieser Sache.

Ihr seid heute abend um acht bei mir zu Tisch. Romanus Phokas ist angekommen. Er hat Athenaïs in Jerusalem besucht.«

Sie hielt dem Kaiser die Hand zum Kusse hin.

Er neigte sich gegen die blauen Ringe. Als er sie berührte, fiel eine Träne auf sie nieder.

Placidia biß sich auf die Lippen.

Ihr Sohn – der Kaiser! So war er als Knabe gewesen: Hatte man ihn wegen einer Anmaßung zurechtgewiesen, so waren ihm die Augen feucht geworden.

Sie sah ihn an, lange ...

»Verzeihe mir, Mutter, was ich in der Erregung sagte.«

»Ich brauche deine Hilfe, Valentinian, und deine – Liebe. Ich werde nicht jünger – und die Lasten wachsen von Tag zu Tag. Sorge dafür, daß ich mich nicht entschließen muß, meine alten Tage bei einem – anderen Sohne zu verbringen.«

Drei Monate lang blieb die Kaiserin fast unsichtbar. Sie hatte im Alten Palast des Honorius Wohnung genommen, um in der Nähe des Mausoleums zu sein, das unter ihrer Aufsicht von dem Mosaikbildner Romanus Phokas vollendet wurde. Thanausis war auf ihren Wunsch nach Sizilien gegangen, um die Bewirtschaftung neu erworbener Güter und die Anpflanzung südkarpatischer Reben zu begutachten. Die Rückkehr Honorias war auf unbestimmte Zeit verschoben. Die Prinzessin lebte in Byzanz im Schutze, das heißt unter der Aufsicht der Kaiserin Pulcheria auf einem klösterlichen Landgut. Erst für das Frühjahr war die Wiedereinrichtung ihres Hofstaates im Haus ihrer Mutter vorgesehen. Eine kurze Zeitlang waren Gerüchte umgegangen. Da Beweise fehlten, waren sie wieder verstummt. Regierung und Bevölkerung hatten andere Sorgen, als sich um die persönlichen Angelegenheiten einer weströmischen Prinzessin zu bekümmern. Die Hunnen standen zu neuem, gefährlichem Angriff bereit. Ihre Goldforderungen wurden von Monat zu Monat unverschämter. Jeden Augenblick konnte der Sturm losbrechen. Der Kaiser und sein allmächtiger Berater Tajuma zerbrachen sich Tag und Nacht den Kopf, wie sie ihn abwenden könnten. Auch in Westrom waren die Befürchtungen groß. Zwischen Attila und Aëtius herrschte nun offene Feindschaft. Jeder hatte geglaubt, den anderen für seine Ziele einspannen zu können. Jeder sah, daß er sich verrechnet hatte.

Galla Placidia hatte es abgelehnt, sich an den endlosen Debatten zu beteiligen, die zwischen Kaiser, Kriegsminister und Generalissimus geführt wurden; die große Linie der römischen Defensivpolitik liege seit langem fest. Wie sie militärisch durchgeführt werde, sei nicht ihre, sondern Sache der Generale. Aëtius sah sich gezwungen, Britannien aufzugeben, um seine Kräfte nicht zu zersplittern. Die Kaiserin fand, daß er klug und vaterländisch gehandelt habe; das Glück des Westreiches hänge nicht von dem Besitz einer Nebelinsel ab, die dem Staat nur Geld gekostet, aber nichts eingebracht habe. Auch die Loslösung der aremorischen Stämme in der Bretagne ließ sie gleichgültig; auf die verfügbaren Truppen komme es in dem bevorstehenden Hunnenkriege an, nicht auf ein paar Quadratmeilen Land mehr oder weniger.

Niemand ahnte, aus welcher Entfernung der Seele diese Bescheide gegeben wurden. Nur Aëtius fühlte, daß ihm die Art, wie die Kaiserin jede Verantwortung auf ihn abwälzte, eines Tages gefährlicher werden könne als offene Feindschaft. Als ihm eines Abends berichtet wurde, sie trage sich mit dem Gedanken, Ravenna ganz aufzugeben und für immer nach Rom überzusiedeln, sagte er eine Besprechung mit seinen Stabsoffizieren ab und wanderte lange allein über die Hügel um sein Lager. Noch in der gleichen Nacht verfaßte er ein langes Schreiben an Avitus, den Präfekten von Gallien, dessen Freundschaft mit dem alten Gotenkönig Theoderich ihm bekannt war. Er sah Gespenster, witterte die unmöglichsten Komplotte und sann auf Abwehr von Gefahren, die nur in seinem überreizten Gehirn bestanden. Wie auch hätte er ahnen können, in welchen Welten die Frau, die er immer nur als unentwegt Wachsame, Pläne Schmiedende, Taten Vorbereitende erlebt hatte, sich verloren hatte? Seine Ungewißheit wurde zu Unruhe, als er anfangs Mai erfuhr, daß die Kaiserin den Sommer nicht in Villa Cesarini, sondern auf Castellum Tiliarum am Abhange des Faltaranus zubringen werde, also kaum zwei Tagereisen von Ravenna entfernt. Er war nicht davon unterrichtet worden, daß ihr die Ärzte den Aufenthalt in dünner, kühler Bergluft verordnet hatten.

Alle seine Sorgen wären in nichts zerstoben, wenn er gesehen hätte, welches verwandelte, erschütterte Antlitz sie Romanus Phokas, dem unvergleichlichen Vollstrecker ihres letzten Willens, entgegenhob, als er ihr am Abend des 16. Mai die Schlüssel der vollendeten Grabkapelle überreichte. Vielleicht wäre er erschrocken, denn er hätte erkennen müssen, daß es in diesen Augen auch für ihn keinen Raum mehr gab.

Einen Tag später, als ob es so verabredet gewesen wäre, kehrte Thanausis aus Palermo zurück.

»Halte dich bereit«, sagte sie zu ihm, als er ihr Bericht erstattet hatte, »morgen mit mir dahin zu gehen, wohin vor meinem Tode keiner seinen Fuß setzen wird. Ich habe das einzige Kunstwerk geschaffen, das mir Gott aufgetragen hat.

Wir werden es dreimal betreten: um Sonnenaufgang, wenn das Licht den östlichen Flügel durchleuchtet, um Mittag, wenn es von Süden durch die Mitte fließt, um Sonnenuntergang, wenn es den westlichen Flügel füllt. Ich gebe dir das letzte Geschenk, das ich dir geben kann: den Blick in den Spiegel, den ohne Gott kein Menschenauge erreicht.«

Eine topasgelbe Glocke, durchweht von einer hellblauen Tramontana, stand der Morgenhimmel, als Thanausis vor der Bronzetür des Mausoleums erschien. Die gotische Wache grüßte und senkte die aufblitzenden Schwerter. Er wartete. Die Meerluft flutete in den sepiabraunen Hof. Rosenbüsche atmeten um ein Brunnenbecken, dessen Wasser wie kühles Feuer aus breiter Muschel quoll. Jeden Augenblick mußte die Sonne über die See stürzen.

Den hellen Mantel um die Schultern ziehend, bog die Kaiserin aus dem Säulengang des Palastes. Wieder grüßten die Goten, wieder flogen die blauen Flammen durch die frühe Helle und senkten sich. Thanausis neigte sich auf die Hand, die den goldnen Schlüssel hielt. Nun drehte sich dieser Schlüssel in der Öffnung – ein dunkler Spalt klaffte, nicht breiter als die Schultern eines Menschen, zog sich wieder zusammen – war nie gewesen. Ein Eisengitter schob sich über breiten Marmorstufen auseinander – dann war nichts mehr. Ein Raunen, ein Flügelschlagen – ein Dunkel, eben noch als Dunkel fühlbar, weich und schwer wie Samt. Schritte tasteten sich nieder, hauchten über Gestein bis zu den Sesseln, die nun, farblos aufdämmernd, am Ende eines Ganges sichtbar wurden – in der Kreuzung von drei anderen Gängen, unter geahnter Kuppel, die noch verschleiert lag. Stirnen neigten sich. Das Gebet beschwor das Licht, daß es käme.

Von Osten brach es ein: durch wachsgelbe Alabasterfenster, deckte unirdisch-blaue Gründe auf und über ihnen goldgrünes Leuchten endlos verschlungenen Weingerankes. Es nahm die Farben aus dem glitzernden Gestein, hing sie, wie aus dem Stoff gelöst, als seidne Hauche in die Luft: als eigne Wesen, andren Planeten entsunken.

Thanausis hob den Blick, hob ihn in unaufhörlich sinkendes, rieselndes, wehendes Gold und Blau und Grün – wendete ihn – erschrak, weil ihn eine Purpurglut getroffen hatte, in der die

Räder silberner Sterne kreisen – neigte ihn wieder ein wenig und fühlte ihn fortgenommen von sprühenden Girlanden aus Lorbeer, Pfirsich und Granat – wollte das einzelne sehen – und war von einem neuen Ganzen überwältigt: vom blauen, golddurchstäubten Regen, der licht wie Sternenwasser aus der Kuppel floß, in schmale Säulenbänder strömte und mild wie Samt von violetten Petunien das geäderte Gefild der unteren Marmorwände deckte. Dann sah er nicht mehr. Er war blind geworden: aller Glanz um ihn Gefühl, endloser Blumenteppich, mit dem die eigne Seele ausgeschlagen war.

Stumm war die Frau an seiner Seite in die Knie gesunken. Auf den nackten Fliesen lag sie im Gebet. Ihre Lippen bewegten sich:

Nun laß mich ruhen, wo ich ruhen werde,
Hinab, ihr Kniee, an die wunde Erde,
Aus der die Pfeiler meines Himmels ragen:
Hat Gott sich selber nicht ans Kreuz geschlagen?

Eine Woge fuhr in ihm hoch, fast ein Befehl: Wirf dich auch auf die Knie neben dieses Gebet – verschließe den Mund, der es spricht, mit deinem Munde – hebe zurück in das Blut, was sich zu früh aus dem Blute gelöst hat.

Da nahte neues Blau aus weitergewandertem Licht – andere Alabasterfenster befahlen nun dem Raum – ein Blau wie über fernen Eichenwäldern in der Frühe eines Junisonntags, unendlich zart, fast eine Bitte, es nicht anzurühren oder zu beschwören.

»Zu früh?« fragte sich sein erschreckter Geist. »Zu früh? Faßt mich der Frevel des Urteils? Wer wüßte je, was die Zeitläufte einer anderen Seele sind, selbst der geliebtesten? Wissen wir die Stunden der eignen? Soll ich am Ende des Weges das eigne Gesetz verletzen, nachdem ich ihm ein Leben lang gehorchte? Nicht einmal die Hand dürfte ich auf dieses Haar legen, das schon im Scheine steht, nicht mit dem Finger an diese Finger rühren, die im Gebet verwandelt sind. Das Sinnbild eint sich nur dem Sinnbild, die Hingabe nur dem Verharren. Wo sie mich ließ, muß sie mich finden, wenn sie den Kopf wieder hebt ... «

Wie er sich eben in solchem Erkennen an sich selbst zurückverwiesen hatte, rief ihn lichteres Wehen, sich von der Knieenden abzuwenden und hinter sich zu schaun: Da leuchtete über der Eingangstür, aus vergißmeinnichtblauem Halbkreis und hellgoldnen Schatten, das göttliche Antlitz – leuchtete und rief:

»Ich bin es, dem du soeben gefolgt bist! Ich bin das männliche Maß und die Hand, die umschließt. Ich bin die Strahlung im Blut und die Morgenröte in Nachtgewittern. Ich bin Apollon und Baldur, wiedergekehrt als Sohn Gottes: der Schöne, Unbärtige, dem das heilige Zeichen, woran er für seine Helle starb, nun zum goldnen Herrscherstab in leichter Hand geworden ist. Siehe, wie gewaltig das Herz war, das du liebtest, daß es mich als solches Bild aus den Unwettern seines eignen Leides in die Südachse der Sonne hinaufhob, die mich um die Tagesmitte ganz enthüllt. Ich kehre der ewigen Nacht den Rücken zu – ich wußte alle Schmerzen und ließ sie hinter mir, indem ich sie mir einverleibte. Die mich zum Wächter ihres ewigen Schlafes schuf, ist die Geliebte, die dich liebt. Bist du nicht mir verpflichtet, da ihre Wahl auf dich fiel? In meinen Händen ist das Buch der Weisheit geöffnet mit goldnen Blättern – gegen den goldnen Schein über meinem Haar neigt sich, was sprießt und blüht in Feld und Flur – das unerschöpflich Grüne, in dem ihr gebunden seid an die Flächen eures Sternes. Ihr Freunde in Blau und ihr Freunde in Gold: vergeßt das Grün der Erde nicht, das aus dem vermengten Blauen und Goldnen ersteht. So werdet ihr sehn, daß ich selber die Erde bin: euer Bruder und Gott. Für die Erde hing ich am umgoldeten Gerüst – und für die Erde verhauchte mein Atem in das gestirnte Blau. Was ihr die Zeiten nennt, ist ein Tropfen in meiner blaugold-grünen Ewigkeit – und eure Schmerzen sind ein Nadelstich vor dem Lanzenriß in meiner Flanke. Meine Wunde ist verhüllt – und mein Auge leuchtet: Ich bin der tausendfältige Sohn des tausendfältigen Vaters. Wie ihr mich anruft, ist ein Nichts; daß ihr mich fühlt, ist mein Sinn. Denn wie dauerte einer, wenn nicht über den Namen hinaus: Gott oder Mensch?«

Als sie zum drittenmal gegangen waren, als sich das Gitter hinter ihnen geschlossen hatte und dann die Bronzetür, lag pfirsichfarbene Abendluft auf Pflaster und Gemäuer. Die Schwalben schossen durch den Duft der letzten Helle, aus lilagrauem Niederstieg des Himmels rief die Stimme eines frühen Sternes.

Die Wachen, unbewegt, Bilder aus Stahl, senkten zum letztenmal die Schwerter auf die Erde.

Die Kaiserin reichte Thanausis ein schmales Buch in einem Schrein aus dünngehämmertem Gold.

»Mein Dank an dich – und mein Vermächtnis. Zu sagen ist nichts mehr. Nur Hand in Hand zu gehn – bis in die letzte Stunde. Wir wissen nicht, welches Gesicht sie tragen wird, noch wann wir ihr auf unsrem Weg begegnen. Aber wann immer sie auch kommen mag: sie kann uns nicht mehr überraschen.«

Wie mein Leben, so habe ich meinen Tod in die Achsen des Lichtes gestellt: in den Osten, den Süden und den Westen, daß sie im Norden zusammenträfen, vom Aufgang her, von der Mitte, vom Niedergang. In den Norden aber habe ich das Heilige Bild gestellt, das größte Licht über allen Lichtern. Ich habe für das Haus des Todes die Form des lateinischen Kreuzes gewählt, den längeren Hingang gegen die sammelnde Mitte, in der sich zu gleichen Längen begegnen das Verlaufen des Hingangs über die Mitte hinaus bis zum Altare und die beiden Seitengänge der Nischen. Die Mitte aber habe ich von innen überwölbt mit der Kuppel, welche den Einklang des Menschen mit Gott bedeutet. Doch nach außen hin, über dem Dache, habe ich die Süße der Kuppel verborgen im Viereck eines Maueraufsatzes, denn es schmerzt die Friedlosen zu sehen, daß ein Menschenherz sich den Frieden setzt. Wer noch ringt um die Klarheit, dem soll keiner begegnen nur mit dem Anschein, daß er überwunden habe, sondern als Mit-ihm-Leidender, der vielleicht nur um einen Schritt voraus sei und deshalb ein wenig mehr von dem Setzen der Füße wisse.

Ich habe in dem Haus meines Todes gesammelt alles Leuchten und alles Dunkeln meines Lebens, ihr Auseinanderdrängen und ihr Ineinanderwehen, ihre Schauer in Leid und ihre Schauer in Süße: in beiden aber das Rätsel, das durch unsre Träume fährt und uns den Kopf von einer Seite des Kissens auf die andre wirft. Ich habe nicht lange nachzusinnen brauchen, auf welchem Grunde ich die Vielheit der Farben hinstellen solle, denn mein Leben hat mir schon in seinem Aufgang die Farben gewiesen, in denen es sich erfüllen wollte: das Blau und das Gold, aus deren Vermengung das Grün hervorgeht, so die Wirkung aus der Mischung der befruchtenden Anlässe. Durch Liebe, die mein ganzes Wesen ergriff – beide Male –, hat mich Gott in das Blau emporgehoben und mit dem Scheine des Goldes gekrönt: denn das Blaue ist die Farbe des Volkes der Geliebten, das von den Nordmeeren kam und den Sturm seiner Sehnsucht über eine gesättigte Welt warf. Was es nicht besaß, dessen war es in seinem Verlangen mehr teilhaftig als alle, die dies Ersehnte besaßen

– und da es nicht besaß, konnte es nicht im zufriedenen Besitz erlahmen, sondern ist voll ungezähmten Leuchtens geblieben in seinem unverfälschten Blut. Die Liebe hat mich sehend gemacht und alles Meinen der Alltäglichen in mir besiegt; sie hat mich auf die Gründe hinabgestoßen, wo nichts mehr ist als sie selber, und hat aus der Tiefe, nach oben und innen, die Erscheinungen erhellt. So danke ich der Liebe alles in meinem Leben, sie aber danke ich Gott, der seinen Geschöpfen in jedem Geschenke den Weg weist. Ich war in den Übergang der Zeiten gestellt, um vorauszuahnen; aber wie hätte ich ahnen sollen, ohne den Schein der Liebe, der die erstarrten Formen der Welt durchflutete und ihren verborgenen Sinn offenbarte?

So habe ich das Haus meines Todes ganz auf die *Liebe* gestellt, in die mein Leben gebettet war: der zwiefachen, die sich ergänzt in ihren Teilen und nicht nur in einem dieser Teile gedacht werden kann. Aus der Wurzel, welche Athaulf hieß, ist der Name erwachsen, der, süßer als alle Namen der Welt, meinem Herzen spät erst zur Blüte wurde und niemals den Duft der langsamen Anfänge verlor: Thanausis. Wie wenn sich Athaulf, der frühe Geliebte, der König, der die Welt in mein Wesen bettete und dieses Herz dehnte an der Weite der Welt, in seinem Folger hätte wiederholen müssen, so wuchs mir aus seinem Tode der Begleiter auf, der das Gesetz der Mannheit erfüllt hat im Feuer der Beherrschung, welches den Stahl umglüht vom Werkzeug der Vernichtung zum Werkzeug der Erhaltung: in die lauterste Form des Seins.

Da Gott in der Vollendung der Liebe meinem Herzen den Frieden beigegeben hat, wie er der ewig regsamen Quelle den Eichenhain beigibt, in dessen lichtem Wipfelrauschen sie quillt und sich ergießt, so habe ich das Haus meines Todes gebaut als ein Haus des *Friedens:* aller Farben mit allen Farben, alles Glanzes mit allem Glanze, alles Dunkels mit allem Dunkel. Aus der Liebe habe ich gewußt, daß alle Regungen unseres Daseins auf *eine* Regung zurückbezogen werden müssen, wenn uns Durchleuchtung und Ausblick gegönnt werden sollen; darum habe ich den Frieden meines Hauses strömen lassen aus einem einzigen milden Befehl: des Blauen über das Nichtblaue, damit dieses sich jenem einfüge, ohne sich selber aufzulösen. Denn auch solches hat mich die Übung der Liebe gelehrt: daß nicht ein Teil verletzt oder zertreten werden dürfe um des Ganzen willen, sondern liebend eingefügt und mit sanfter Beredung in die Hülle der Kuppel gelegt. Immer ist der Widerstand in unsrer Seele, oder die

Trägheit oder der Zweifel – und sie sind von Nutzen zu ihrer Zeit. Wo aber die Zeit der Zeiten naht: daß wir auf die Vollendung bedacht seien nach menschlichem Ermessen, da darf nur das Obere herrschen und muß das Geringere an sich heranziehen, damit es schön werde durch die Umhüllung. Denn es ist dem widerspenstigen Teile kein Gutes getan, wenn man ihn überwuchern läßt: er wird zum Anmaßer, und alle Schönheit, die er in sich trägt, wird für nichts geachtet, wo sie doch das Herz in Entzücken versetzen könnte, wenn sie heimlich glühte unter dem Dämmer der Kuppel und ihre Verheißung ausgösse in das immer verheißungsbedürftige Herz. So habe ich das Rot nur sparsam gesetzt im Haus meines Todes, obwohl ich weiß, daß das Blut nach Gott und nach dem Geiste die gewaltigste Macht ist, die den Menschen bewohnt – und habe es immer so verteilt, daß es manchmal durchsickere aus dem allumfassenden Blau, hinreißend in seiner Kraft zu funkeln und zu brennen, doch nie die Tiefe zerreißend, in die es gelagert ist als Feuer und Nahrung. Daß es unterirdisch sei und heraufglänze in ungebrochener Glut: das ist der Sinn des Blutes, des großen Erhalters, in dem wir besiegelt sind: nicht daß es ein Werk überströme, dem es dient.

Denn das Höchste, das an die Füße Gottes rührt, ist der *Heilige Hauch,* der aus der Seele des Menschen hervorgeht –πνεῦμα –, von dem die Griechen schon wußten, ehe das Heil in die Welt kam. Sein Name ist unbegrenzt – unbegrenzt die Fülle der inneren Orte, an denen es geschieht. So habe ich ihn namenlos gelassen im Haus meines Todes, das reine Weiß fast ganz vermieden, und ihn ausgegossen aus meinem Hingegebensein über alle Wände und alles Gestein, bis in die Kuppel hinauf, wo er mit unsichtbaren Flügeln stilletseht. Im weißen Golde habe ich es strömen lassen, aufscheinen aus den Gründen als Bruder des Blutes, mit anderem Stoff des Lichtes und mit anderem Getön. Hätte ich ihn je zu greifen vermocht in dem Geschehnis meines Lebens? Hätte ich ihn anrühren können wie die Silbersträge der Harfen und ihn tönen machen? Es ist keine Harfe gestellt, darauf der Heilige Hauch zu spielen sei; denn er spielt sich mit eignen Händen, durch alle Kreatur – und er »wehet, wo er will«. Er herrscht mit Flüstern über die Herzen der Menschen, und die Verstocktesten hören ihn wie Donner in den verängstigten Nächten ihres Gewissens. Den Bescheidenen aber ist er ein gewaltiger Beistand und verleiht ihnen das Feuer zur gewaltigen Tat. So habe ich ihm, dem Herrn über den Herren, das Bildnis gesetzt in meinem Haus des Todes: den Hüter über dem Eingang im Norden: Christus, den Sohn Gottes, der mit Pflanze und Tier über dem Gesteine thront, wie Apollon über dem Riß in dem Felsen von Delphi. Er hat die Schmerzen der Erde gekannt und alle Wirrsal des Blutes; es war ihm aufgetragen der schwerste aller menschlichen Aufträge: das Opfer seines Lebens für den Geist, der in ihm Gestalt geworden war, das Opfer unter allen Qualen, die dem Fleisch vom Fleisch ersonnen werden können. Er hat es vollbracht und erlitten – und ist zum Herrn der Welt geworden: als Sieger heimgekehrt in den Heiligen Hauch, aus dem er gezeugt war, nach dem Gesetz der Blutverwandlung. Denn dieses ist das Wunder der unbefleckten Empfängnis, an dem sich weder deuten noch drehen läßt von des Menschen armseligem Verstande: daß der Heilige Hauch zeuge durch das Blut, Leib werde im Leib, ausgestoßen und verwiesen in den Kampf der Erde, aus dem er sich wieder aufhebe – den Stoff seines Leibes umglühend – in den unbefleckten Zustand seiner Ewigkeit.

So habe ich dem Haus meines Todes den *Heimgekehrten Herrn* zum Hüter gesetzt: den Seligen, der überwunden hat. Denn es hat mich nie gelüstet, zu dem Schmerz zu beten: Gott ist der Ausgleich, wirkend mit geteilter Flamme, der schwarzen und der weißen. Gott ist das Endgültige, die ausgerichtete Waage, der Heilige Schoß, in dem sich auch das Nein zum Ja erhebt.

Achtes Kapitel

Die Kaiserin hatte die Monate Juni, Juli und August auf ihrem Landhause Castellum Tiliarum verbracht. Niemand außer Thanausis hatte sie begleiten dürfen. Nicht einmal Singledia, von der sie sich noch nie getrennt hatte.

Es wurde in diesem von alten Linden beschatteten Gutshofe so einfach gelebt wie bei irgendeinem Großpächter. Kein Aktenstück durfte aus Ravenna herübergebracht, kein Feldherrnbericht vorgelegt werden. Selbst einen Besuch des kaiserlichen Paares und des Erzbischofes Petrus Chrysólogus hatte Placidia abgelehnt.

Man sah sie fast nur zu Pferd mit Thanausis in den Bergen. Ihre Gesundheit, welche in den letzten drei Jahren des öfteren zu wünschen übriggelassen hatte, besserte sich von Tag zu Tag. Als sie am 4. September nach Ravenna zurückkehrte, war der Hof über ihr Aussehen erstaunt. Sie schien um viele Jahre verjüngt, aber in den Schein einer Ferne entrückt, wie ihn nur lang erwogene und ganz in der Stille gefaßte Entscheidungen einem menschlichen Wesen aufzuhauchen vermögen. So wunderte sich niemand allzusehr, als bekannt wurde, sie werde am Ende des Monates Ravenna für immer mit Rom vertauschen, vor ihrer Übersiedlung auf den Palatin aber einige Wochen am Posilipp und auf Ischia Wohnung nehmen. Die gotischen Buccellarii traten in die Dienste des Kaisers über – nur die Adelsgarde, welche jährlich erneuert worden war, sollte mit ihrer Schutzherrin nach Rom gehen.

Als sie am 12. September, nach dem Abendessen, mit ihrem Hausminister gerade eine Abrechnung ihrer sizilischen Verwalter überprüfte, trat unangemeldet der Kaiser Valentinian in das Zimmer. Er war so erregt, daß er kaum grüßte.

»Ich muß um eine sofortige Unterredung bitten«, sagte er hastig. »Gehen wir in die inneren Zimmer.«

Kaum war man dort angelangt, als er einen Brief hervorzog.

»Lies das«, sagte er, sich die feuchte Stirne wischend. »Es ist vor einer Stunde gebracht worden!«

Placidia nahm die Blätter, welche das persönliche Monogramm des Kaisers Theodosius aus Byzanz trugen:

Geliebter Vetter und Schwiegersohn!

Ich sehe mich in der traurigen, wenn nicht verzweifelten Lage, Ihnen mitteilen zu müssen, daß Ihre bei uns – aus bekannten Gründen – seit dem Ende des vergangenen Jahres als Gast weilende Schwester Honoria durch eine nicht mit Namen zu nennende Tat das gesamte Imperium in höchste Gefahr gebracht hat. Nachdem wir diese unwürdigste Angehörige Unseres Hohen Kaiserlichen Hauses auf dem Wege der Vernunft und Demut angelangt glaubten, mußten wir uns davon überzeugen, daß es weit besser für sie und uns alle gewesen wäre, sie hätte ihren Unfall mit dem Leben bezahlt. Wir haben die untrüglichsten Beweise dafür in der Hand, daß sie seit dem Monat Mai dieses Jahres in geheime Beziehung zu dem Hunnenhund Attila getreten ist und sich diesem durch Übersendung ihres Siegelringes zum Verlöbnis angeboten hat. Zuträger und Überbringer des Ringes ist ihr Eunuch Hyakinthus gewesen, den wir sofort in Haft nahmen. Da uns nicht zustand, die Landesverräterin der Wucht unserer oströmischen Strafgesetze zu unterstellen, haben wir für nötig befunden, sie sofort mitsamt ihrem Helfer unter starker militärischer Bewachung (dieses letzte natürlich unter falschem Vorwande) nach Ravenna zurückzusenden, wo sie Ihrer kaiserlichen Hausgewalt untersteht. Wir haben diese Rückbeförderung solchermaßen angeordnet, daß das Schiff eine Woche lang auf der Höhe von Rimini liegen bleibt, wo es etwa am 10. September ankommen wird, der Bote mit diesem Briefe aber Sie nach seiner Umschiffung auf eine Eiltrireme sofort erreichen kann. Sie können also Ihre Maßnahmen in aller Ruhe treffen und gemeinsam mit Ihrer Erlauchten Mutter beschließen, was Sie mit einer dermaßen mißratenen Person zu tun gedenken. Die Angelegenheit wird am Hofe von Byzanz von niemandem gewußt außer von meinem Staatsminister Tajuma und mir selbst. Sie gestatten mir vielleicht, beizufügen, daß es unserer beider Ansicht ist, Sie sollten ohne weiteres dem Attila dieses Beutestück übersenden und sich auf diese Weise seiner entledigen. Ist Honoria erst einmal im hunnischen Harem verschwunden, so dürfte sie die kaiserliche Politik wohl kaum noch einmal durch einen Wahnsinnsstreich aus dem Geleise bringen. Die Goldforderungen, mit welchen Attila den Verzicht auf die Hand seiner »kaiserlichen Braut« von mir (!) aufgewogen haben wollte, belaufen sich auf die Kleinigkeit von hunderttausend Goldpfund. Ich habe ihm erklären lassen, daß ich in dieser Angelegenheit nicht zuständig sei. Es ist mir schmerzlich, Ihnen und Ihrer Erlauchten Mutter so unerfreuliche Dinge mitteilen zu müssen, zumal wir alle Kräfte der Seele benötigen, um dem zu erwartenden Ansturm auf das Imperium im Osten und im Westen gewachsen zu sein. Gebe Gott, daß uns Allzuschweres erspart bleibe. Ich schließe Ihr und der Erlauchten Augusta Placidia Wohl in meine Gebete ein. Der Kaiserin Licinia geht ein Sonderschreiben mit dem gleichen Boten zu. Ave atque vale. Theodosius II.

Nicht eine Sekunde lang hatte Valentinian die Züge seiner lesenden Mutter aus dem Auge gelassen: Sie waren kalt geblieben – eisig kalt und verschlossen. Es schien, sie läse einen Bericht, der sie nichts anging.

»Ist Aëtius in Ravenna?« lautete ihre erste Frage.

Valentinian wurde fast verwirrt.

»Aëtius? Was soll denn Aëtius in dieser Sache? Willst du unserem schlimmsten Feinde – dieses Geheimnis preisgeben?«

»Geheimnis? Siehst du denn nicht, was hier gespielt wird? Bist du denn immer noch der gutgläubige Knabe, der nicht hinter die Dinge schaut?«

»Was soll denn hier gespielt werden? Die Sache ist doch klar wie der Tag.«

»Allerdings. Nur anders, als du glaubst. Weißt du nicht, von wem dieser niedrigste aller Briefe stammt, den jemals Theodosius gezeichnet hat? Nein? So sollte ich beinah bereuen, nach Rom überzusiedeln – und die Zügel der Regierung lieber einem Unmündigen wieder entwinden.«

»Das dürfte dir wohl nicht ohne weiteres gelingen.«

»In einer Stunde ist geschehen, was *ich* will, wenn ich es will. Verstehst du? Ich habe – bis jetzt – noch nicht abgedankt. Und ich werde auch nicht abdanken. Niemals. Ich wechsle den Wohnort. Das ist alles. Du brauchst dich im übrigen nicht zu sorgen. Ich werde es dir überlassen, diese Angelegenheit zu ordnen, allerdings unter meiner Aufsicht. Denn es geht um mein Kind.«

»Diese nichtsnutzige Person nennst du noch vor deinem Sohn dein Kind?«

»Es könnte sein, daß ich sie eines Tages dreimal mehr mein Kind nennte als dich! Auch Sohnschaft verpflichtet! Wie sich die Mutter zu der Tochter verhält, geht den Sohn nichts an.«

»Hier geht es um ein Staatsverbrechen!«

»So? Meinst du? Und wer hat es begangen? Deine Schwester? Weil das Theodosius schreibt? Glaubst du diesem Wisch da mehr als deinen Fingerspitzen? Hast du überhaupt Fingerspitzen? Diesen Brief hat der Kaiser mit schönen Lettern gemalt und – Tajuma befohlen! Und was er gesponnen hat, das werden wir sehr bald erfahren. Lasse sofort, noch diese Nacht, Aëtius von seinem Landgut zurückrufen und den Kriegsminister Sigisvult aus Bologna.«

»Sie sind beide schon in Ravenna.«

»Das trifft sich ausgezeichnet.«

»Was soll denn mit dem Schiff bei Rimini geschehen?«

»Du läßt es überwachen. Von dieser Nacht an. Und erteilst Befehl zur Landung in Ravenna, sobald wir mit Aëtius und Sigisvult im klaren sind. Wo ist der Senator Herkulanus? Bei Hof – oder auf Urlaub?«

»Er spielt Schach mit der Kaiserin.«

»Noch heute abend zu mir. Um elf. Zunächst den Erzbischof. Es tut mir leid, den alten Mann im Schlaf zu stören. Sende sofort deine Boten. In des Kaisers Namen – zur Kaiserin-Mutter. Du verstehst?«

»Nein, Mutter. Ich verstehe noch nicht. Aber ich gehorche. Ich habe immer gehorcht.«

Placidia wandte sich um. Sie ertrug dieses gequälte Gesicht nicht.

»Höre, was ich dir noch sage: Zügle dein Gefühl, mag dir Honoria noch so verbrecherisch erscheinen. Sie hat Schuld. Eine ganz andere allerdings, als du glaubst. Deine und meine Schuld aber sind immer noch größer als die ihre. Wir beide haben vieles gutzumachen. Sie – hat gebüßt. Im voraus. Mit ihrer Jugend. Du und ich: wir sind ihr – diese Jugend schuldig. Ich hoffe, es gelingt uns, einen Teil unserer Schuld abzutragen, ehe der große Schleier sinkt. Bitte die Generale auf morgen vormittag zu mir. Natürlich begleitest du sie. Ich weiß nicht, was Theodosius an Licinia geschrieben hat. Ich verbiete, daß sie an irgendeiner Entscheidung, die in den nächsten Tagen gefällt wird, beteiligt sei. Wenn sie ihren Mund nicht hält, werde ich ihn ihr zu schließen wissen. Sie ist mir schon seit langem durch ihren Vorwitz unerträglich. Ich habe den Eindruck, daß es dir – nicht sehr viel anders geht. Für eine geistreiche Frechheit ist ihr alles feil. Ihre Art ist mir zu billig; diese Art gehört nicht an den Hof – sondern auf die Agorá von Athen.«

Valentinian trat neben die Kaiserin, die ihm noch immer den Rücken zukehrte:

»Ist dein Entschluß, nach Rom zu gehen, unwiderruflich?«

»Unwiderruflich. Wer mein Herz zu finden weiß, wird es auch in Rom finden. Ich habe nicht, was die kleinen Leute nennen, ›ein gutes Herz‹. Ich habe mehr: ein Herz!«

»Wenn ich dich bäte, zu bleiben, Mutter – wenn ich dich mit allen Stimmen meines Herzens bäte, nicht von mir fortzugehn ... «

Placidia wandte sich um, legte dem Sohn die Hand auf die Schulter und sagte:

»So dürfte ich dir um deiner selbst willen diesen Wunsch nicht erfüllen! Du mußt es endlich lernen – der Kaiser zu sein! Wie soll ich meine Augen eines Tages schließen, wenn ich nicht weiß, daß du dich behaupten kannst? Was hättest du aus Licinia machen können – und was hast du sie werden lassen! Eine silberne Tänzerin, die über dem Leben dahintanzt: süß, schön, verfänglich. Du hast in dir den guten Stoff. Wer dich ein wenig kennt, bestätigt es. Was gibst du dir nicht endlich Mühe, zu sein, der du bist? Glaube mir: ich werde dir eine größere Helferin sein aus der Ferne als aus der Nähe. Brauchst du mich, so komme! Und kommst du, weil du mich brauchst, so hast du das Wichtigste gelernt: dich um das zu bemühen, was du dir wünscht. Gute Nacht.«

Am 17. September, nach Eintritt der Dunkelheit, erschien das byzantinische Schiff vor der Rade von Ravenna.

Honoria wurde von der kaiserlichen Barke abgeholt und vor die Landungstreppe des mütterlichen Palastes gefahren. Sie verschwand im Innern des Hauses, von Thanausis geleitet.

Der Eunuche Hyakinthus nahm den Weg in die Prätorianerkaserne. Er wurde in einem Soldatenzimmer untergebracht und gut verpflegt. Aëtius hatte auf schonendes Verhör gedrungen. Zunächst mußten die Aussagen Honorias vorliegen.

»Sie werden sehen, daß sie den Eunuchen deckt«, sagte Aëtius zu dem Kriegsminister. »Sie ist der anständigste Mensch am Hof.«

»Weil sie nicht weiß, daß sie selbst die Verratene ist«, erwiderte Sigisvult.

»Ist sie denn wirklich die Verratene? Die Sache mit Tajuma sieht doch sehr danach aus, als ob die Kaiserin nach einem Vorwand zur Ehrenrettung ihrer zerfransten Tochter suchte.«

»Ich finde nicht, Generalissimus, daß Sie sehr unparteiisch sind. Es scheint mir sehr glaubhaft, daß Tajuma die Fäden gezogen hat. Natürlich wußte er, in welcher inneren Verfassung Honoria war! Mit einem Menschen, der in seinem Rechtsgefühl bis auf das Blut getroffen ist, können Sie anstellen, was Sie wollen! Wer sich für erlittene Ungerechtigkeit rächt, verliert jedes Urteil über die Wirkung seiner Rache! Was liegt denn einem solchen Menschen noch an denen, die ihn mit Füßen getreten haben? Gar nichts! Er läßt ein Imperium in die Luft fliegen, nur damit ihm sein Recht werde! Vorausgesetzt, daß er ein Mensch von der Bedeutung Honorias ist. Was aber die heute üblichen Methoden der Politik betrifft, Generalissimus, so sollten doch gerade Sie wissen, daß Zartgefühl nicht eben zu ihnen gehört. Wenn ich daran denke, wie eine gewisse politische Heirat, welche Westrom nicht in den Kram paßte, zerstört worden ist, so scheint mir das vermutliche Vorgehen Tajumas noch recht – menschlich.«

»Es ist Ihnen bekannt, Graf Sigisvult, daß ich nicht gerne an diese lächerliche Vandalenlegende erinnert werde.«

»Und Ihnen ist bekannt, Generalissimus, daß ich mich gegen jede Verdunkelung in den Verhören auflehnen werde, auch wenn Sie vielleicht Gründe haben sollten, Honoria zu opfern und die – Hunnen zu schonen. Ich sage Ihnen, daß das Ansehen des Kaiserhauses aus dieser Affäre nicht geschwächt hervorgehen wird! Der Hunnenkrieg könnte Ihnen nur erspart bleiben, wenn Sie nun – auf geschicktere Weise – täten, was man gerne Honoria in die Schuhe geschoben hätte!«

»Schweigen Sie!« schrie Aëtius.

Sigisvult lachte:

»Sie sind nicht so allmächtig, wie Sie glauben! Ich habe als Kriegsminister auch eine Verantwortung und ein Gewissen. Verscherzen Sie sich Ihre zuverlässigsten Mitarbeiter nicht! Sie werden mein Volk, die Westgoten, noch sehr im kommenden Kampfe brauchen! Es kann Ihnen nicht ganz einerlei sein, wie man über Ihre – Bündnisfähigkeit denkt.«

»Ich weiß gar nicht, warum Sie sich so erregen«, bog Aëtius ab. »Sie machen aus einer Maus einen Elefanten.«

»Nennen Sie das Ding, wie Sie wollen. Ich sage Ihnen jedenfalls, daß Hyakinthus auf die Folter kommt. Der Untersuchungsrichter sagt das gleiche. Morgen abend wissen wir Genaueres als heute.«

Zur selben Zeit, als diese Unterhaltung in der Prätorianerkaserne geführt wurde, fand die Vernehmung Honorias im Palaste ihrer

Mutter statt. Anwesend waren nur die Kaiserin, der Kaiser und der Erzbischof. Er hatte die Prinzessin unter einem Schwall von Gemeinplätzen ermahnt, doch ja die Wahrheit zu sagen, hatte von der Sündhaftigkeit aller menschlichen Kreatur gesprochen, von den Mitteln der Buße und Reue, mit denen die unendliche Liebe Gottes die verirrten Schafe auf den Weg des Heiles zurückzuführen wisse ...

Da war Honoria aufgesprungen, hatte mit dem Fuß auf den Boden gestampft, daß die Bronzelampen des Deckenleuchters bebten, und in das Zimmer geschrien:

»Lassen Sie Gott samt seinen Heiligen aus dem Spiel, und üben Sie endlich die Gerechtigkeit, von der Ihnen Ihr Mund trieft, solange ich Sie kenne! Was immer ich getan haben mag: es steht Ihnen nicht zu, mich mit Ihrem unerträglichen Beichtstuhlgeschwätz so beispiellos zu erniedrigen! Vergessen Sie nicht, zu wem Sie sprechen! Wenn der da drüben – der Kaiser – es mit seinem Gewissen verantworten kann, so soll er mich richten lassen! Wenn er jeden Sinn für das Gesetz von Ursache und Wirkung verloren hat, wenn er in seiner Selbstgerechtigkeit nicht mehr weiß, wie er sich, seiner erlauchten Gattin zuliebe, noch im Jahre 41 an mir versündigt hat, als meine Mutter vom Papst das Gelübde lösen lassen und mich mit dem Senator Herkulanus vermählen wollte – wenn er das in seinem armseligen Gehirn vergessen hat, so soll er mir den Kopf herunterhauen lassen! Dann habe ich wenigstens Ruhe! Ob er sie hat, ist eine andere Frage, die mir sehr gleichgültig ist! Die Stimme, die sich hier erhebt, ist die Stimme der unentwegt vergewaltigten Natur! Ich habe anzuklagen, nicht dieser da! Ich bin das geschundene Tier, das aus seinem Käfig ausgebrochen ist und sich Luft gemacht hat! Ja – und nochmals ja. Ich habe mich an Attila gewandt und ihn gebeten, mich zu befreien! Nach Ravenna durfte ich nicht zurück. Hier hätte ich den Gewaltstreich nicht nötig gehabt. Hier habe ich gute Freunde, welche wissen, wer ich bin! In Byzanz saß mir die heilige Eule Pulcheria auf dem Nacken – und wie! Die paulinische Jungfer, wie das Volk sie nennt, welches die plumpe, aber mutige Predigt des Vaters Nestorius noch nicht vergessen hat! Beten, beten, beten! Im sackleinenen Kittel auf den Knien herumrutschen und den Boden mit ihnen fegen! Das mag aushalten wer will: ich nicht! Nun, da kam die Gelegenheit – die unvergleichliche Gelegenheit! Die Hunnen vor den Toren! Attila an der thrakischen Grenze! Wochenlang brannte der Gedanke in mir – ich sprach mit Hyakinthus, dem einzigen Mannsbild, das man mir ließ, weil ... es nichts mehr zu verlieren hatte. Er begriff. Er begriff mehr als gut. Er erklärte sich bereit, für mich den Gang zu tun, nachdem er schon zwei Briefe hinübergeschmuggelt hatte. Er ging in meinem Auftrag, als mein Diener. Als Werkzeug meines Willens. Was ist denn ein Eunuche? Ein Ding, das gehorcht. Natürlich rechnete er auf Lohn. Wer tut das nicht? Sie vielleicht? Als Hyakinthus mit der Antwort Attilas zurückkam, schrie ich vor Freude auf. Attila versprach die Ehe, versprach, mich als Gemahlin in Ravenna anzufordern – forderte mich aber, weil er vermeinte, sich an den rangältesten Kaiser wenden zu müssen, bei Theodosius an. Das Ende wissen Sie. Was habe ich denn getan?«

»Das Imperium verraten«, rief Valentinian, aufstehend. »Das Imperium dem schmutzigsten Heidenhund ausgeliefert, den es heute auf Erden gibt! Er wird sich melden! Er wird seine Ansprüche stellen! Die Mitgift für die edle Römerin fordern! Wenn sie nicht gezahlt wird, wird er in Gallien einbrechen, in Italien! Sich die Braut zu holen, die sich ihm an den Hals geworfen hat!«

»Und wenn er käme, so hätte ich doch wenigstens die eine unerhörte Genugtuung, daß ich dich aus deiner kaiserlichen Ruhe aufgescheucht habe, aus deinen parfümierten Bädern, Lotterbetten, Mohn- und Haschischorgien! Daß ich dir heimgezahlt hätte alles, was du an mir gesündigt hast dein Leben lang! Soll ich reden, Valentinianinus? Was? Habe keine Angst! *Ich* rede nicht! Ich stelle nicht den Bruder bloß! Ich stehe zu dem, was ich tue! Aber ich spucke dir deine Anklage ins gepuderte Gesicht zurück! *Ich* habe Attila keine Erdkrume deines Imperiums versprochen! Ich habe keine Provinzen angeboten, die ich nicht besitze, ich habe ihn nicht gebeten, zu kommen und mich zu holen! Auf dem Gaul wäre ich über die Donau zu ihm geschwommen und hätte ihm gesagt: Meine Freiheit will ich! Bei dir, weil du ein Kerl bist! Heraus will ich aus der Verlogenheit dieser verkommenen römischen Gesellschaft, aus dem Keuschheits- und Gelübdeschwindel einer Kirche, welche gesundem Blut verbietet, den ihm von Gott gewiesenen Weg zu gehen!

Wagt es, mich zu richten! Wagt es, wider die Natur zu stehen! Sie wird als ein Donnerwetter über euch kommen und sich rächen, wie alles Vergewaltigte! Wer von den hohen Richtern hat denn nicht seine Ausschlupfe? Wie ging das zu, Erzbischof, als Sie noch ein junger, hübscher Dekan waren? Alles durch den Heiligen Geist erledigt? Alle Anfechtung mit Kasteien heruntergewürgt? Dann müßte Ihnen die Heiligkeit aus allen Poren triefen. Aber ich sehe, daß Ihre Haut sehr trocken ist! Ich lästere, ja? Es ist mir eine Seligkeit, zu tun, was ihr – lästern nennt! Ich sage die Wahrheit. Wer über den Mund, der die Wahrheit sagt, weinen will, der soll es tun! Es wäre besser, Ihr jubeltet mit mir und bekenntet: Wenigstens *Eine* – eine römische Kaisertochter – die in dem Gestank dieser Zeiten nicht stinkt!«

Noch in derselben Nacht wurde – auf die plötzliche Anordnung des Kaisers hin – das Verhör des Hyakinthus vorgenommen. Es fand in dem »Gerichtszimmer« statt, das neben der Folterkammer lag.

Es waren anwesend: der Kaiser, der Untersuchungsrichter, Aëtius, Sigisvult, zwei Gerichtsschreiber und der Angeklagte.

Die Kaiserin Placidia und Honoria warteten im Obergeschoß.

Der Untersuchungsrichter sagte:

»Wir werden von der Folterung absehen, wenn Sie die Fragen, die wir Ihnen stellen, glaubhaft beantworten. Die Prinzessin Honoria hat ausgesagt. Wir wissen genau, was in ihr vorgegangen ist und sie zu dem verhängnisvollen Schritt bewogen hat. Wir möchten einige Ergänzungen haben ... Ist der Gedanke, sich an Attila zu wenden, in dem Kopf der Prinzessin entsprungen?«

»Ja.«

»Wann?«

»Im Mai 448, als Attilas Truppen vor Byzanz erschienen.«

»Wann hat sie zum erstenmal mit Ihnen über ihre Absicht gesprochen?«

»Anfang Mai 448.«

»Haben Sie sie damals schon ermutigt?«

»Nein.«

»Haben Sie ihr abgeredet?«

»Nein.«

»Warum nicht?«

»Ein Eunuch hat keine Meinung.«

»Wollte Gott, es wäre so. Von wann an haben Sie ihr zugeredet?«

»Von Ende Mai an.«

»Warum?«

»Ich begriff die Lage der Prinzessin und hatte Mitleid mit ihr.«

»Wann waren Sie zum erstenmal bei Attila?«

»Ich war nur wenige Meilen über der Grenze. In den ersten Junitagen.«

»Wie konnten Sie dahin kommen? Die Überwachung auf beiden Seiten soll sehr streng sein.«

»Es gelang mir durch Bestechung hunnischer Flußwachen.«

»Wann waren Sie zum zweitenmal drüben?«

»Am 20. Juni.«

»Woher wissen Sie den Tag diesmal so genau?«

»Weil ich fast von byzantinischen Soldaten gefangen worden wäre.«

»Wie kamen Sie frei?«

»Durch Bestechung.«

»Wann brachten Sie Brief und Ring?«

»Am 10. Juli.«

»Wem?«

»Einem Vertrauensmann Attilas.«

»Und die Byzantiner erwischten Sie nicht?«

»Nein.«

»Wann brachten Sie Attilas Antwort an die Prinzessin?«

»Am 4. August.«

»Sie waren also ein paar Tage bei den Hunnen?«

»Ja.«

»Wurden Sie gut behandelt?«

»Ziemlich gut.«

»Wann kam Attilas Werbung bei dem Kaiser Theodosius an?«

»Am 6. August.«

»Woher wissen Sie das?«

»Ich hörte es gerüchtweise. Es wurde mir bei meiner Festnahme bestätigt, die am 9. August erfolgte.«

»Kennen Sie den Minister Tajuma?«

Hyakinthus hob erstaunte Augen gegen den Richter.

»Jeder kennt ihn.«

»Das glaube ich nicht. Ein so beschäftigter Mann ist nicht leicht zu sehen, außer im Palast. Sahen Sie ihn dort?«

»Nein. Bei einer Prozession.«

»Sah der Minister Tajuma die Prinzessin Honoria?«

»Niemals.«

»Woher wissen Sie das so genau?«

»Die Prinzessin würde es mir gesagt haben, daß sie ihn kennengelernt hat.«

»Ist es für eine Prinzessin des kaiserlichen Hauses etwas so Besonderes, den Minister Tajuma zu sehen?«

»Ich weiß es nicht.«

»Wann sahen Sie ihn zum letztenmal?«

»Bei der Prozession.«

»Und vorher?«

»Auch bei einer Prozession.«

»Und in der Zwischenzeit?«

»Immer nur bei Prozessionen.«

»Ich bedaure, die genaue Reihenfolge dieser Prozessionen durch peinliches Verhör feststellen zu müssen.«

Hyakinthus bemühte sich, seine Haltung zu bewahren, als ihm nun zwei Knechte die Tunika von den Schultern streiften, die Hände auf dem Rücken fesselten und die Beine an den Füßen des eingemauerten Steinsessels festbanden.

»Sie haben die Armkugelpein zu erwarten.«

Noch immer beherrschte sich Hyakinthus. Andere Knechte brachten ein Becken mit Holzkohle, in dem lange Nadeln ausgeglüht wurden.

Als Hyakinthus sah, wie sich langsam die rote Glut in weiße verwandelte, brüllte er auf. Selbst die Generale erschraken vor der Qual dieses Schreies.

»Wollen Sie aussagen?« fragte der Untersuchungsrichter.

Hyakinthus war so erschöpft, daß er nicht antworten konnte. Ein Knecht trocknete ihm die Feuchtigkeit auf Stirn und Schulter.

»Wollen Sie aussagen?« fragte zum zweiten Male der Richter, während er gegen die Zurüster der Nadeln winkte.

Ein feiner, die Luft versengender Strahl kam auf die nackte Schulter zu. Wieder tönte der Schrei, ohne daß eine Berührung stattgefunden hätte.

Die Tür wurde aufgerissen. Die Kaiserin stand in der klaffenden Öffnung.

Die Männer flogen von ihren Sesseln hoch. Der Knecht ließ die Nadel zu Boden fallen.

»Das Becken hinaus«, befahl Placidia. »Losbinden. Vorwärts! Generalissimus, gießen Sie Ihren Wein dem Angeklagten ins Gesicht. Handtücher. Ziehen Sie die Tunika hoch. Die Tür der Folterkammer zu. Das Fenster auf. Können Sie sprechen, Hyakinthus?«

»Jawohl, Majestät.«

»Wollen Sie sich mir bekennen?«

»Jawohl, Majestät.«

»Sie werden nicht hingerichtet und auch nicht geblendet, wenn Sie die Wahrheit sagen. Sie waren das Werkzeug Tajumas?«

Hyakinthus nickte.

»Er hat durch Sie von dem Plan der Prinzessin erfahren und Sie bewogen, die Prinzessin in ihrem Vorhaben zu bestärken?«

»Jawohl, Majestät.«

»Er hat Ihnen ermöglicht, Brief und Ring über die Grenze zu tragen?«

»Er hat alles ermöglicht. Ich überschritt unter seinem Schutz die byzantinischen Linien.«

»Und die Prinzessin wußte das?«

»Die Prinzessin – ahnte von nichts.«

»Sie haben also Ihre Herrin belogen und betrogen. Was hat man Ihnen gezahlt?«

»Hundert Pfund Gold.«

»Ich wünsche, daß die Prinzessin gerufen werde.«

Als Honoria zögernd, verstört den Raum betrat, brach Hyakinthus zusammen.

»Dieser Mann«, sagte die Kaiserin zu Honoria, »hat in Diensten Tajumas gestanden. Tajuma hat dich an Attila ausgespielt, um den Hunnenangriff von Ostrom auf Westrom abzulenken. Weitere Fragen, die uns auf den Lippen brennen, gehören nicht hierher. Wir werden sie an anderem Ort besprechen. Ich befehle Ihnen, Generale, sich in einer Stunde in meinem Palaste einzufinden. Der Kaiser begleitet mich sofort. Ich befehle allen Anwesenden, den Eid auf unverbrüchliches Schweigen zu leisten. Schwören Sie!«

Die Hände hoben sich.

Honoria wankte und fiel auf den Boden.

Die Kaiserin lenkte nur die Augen auf Valentinian.

Er bückte sich und hob die Schwester auf.

»Führe sie ... «

Vor dem Portale warteten die Sänften.

Eine halbe Stunde später saß die Kaiserin in ihrem Wohnzimmer vor der hingebetteten Tochter, die unter dem Einflößen heißen, rosmaringewürzten Weines langsam wieder zu Bewußtsein gekommen war.

»Kannst du dich besinnen, Honoria? Kannst du denken?«

»Besinnen? Denken? Wozu noch, da doch alles zu Ende ist. Alles.«

»Nichts ist jemals zu Ende, nichts. Ein Geschehen geht in das andere über, und nie ist ein Drittes ohne ein Zweites, nie ein Zweites ohne ein Erstes. Ein großes Unglück hat uns alle getroffen. Wir müssen verhindern, daß uns ein noch größeres treffe. Zu

Abrechnungen bleibt uns keine Zeit mehr. Kein Wille mehr ist frei in den Entschlüssen, die wir nun zu fassen haben. Sie werden von einem einzigen Gedanken bestimmt, dem wir uns alle unterzuordnen haben: Imperium. Ja, Honoria: wir alle! Und du zuerst. Diesmal du zuerst. Ich habe mich bemüht, abzutragen, was an dir, gewiß nicht aus bösem Willen, aber aus menschlicher Unzulänglichkeit, gesündigt worden ist. Ich habe dich dein Leben leben lassen, so wie du es dir gewählt hattest – und ich habe dieses Leben erhalten, als die politische Berechnung des Aëtius und die Aufgebrachtheit deines Bruders es opfern wollten. Ich weiß, welche außergewöhnlichen Kräfte in diesem Leben wirksam sind – sie scheinen mir wichtiger als der ungeheure Irrtum, in den sie dein verletztes Rechtsgefühl getrieben haben. Aber selbst verletztes Recht darf nicht so weit gehen, wie du gingst. Es entrechtet sich, wenn es sich selbst überschlägt – und hebt die Forderungen auf, die der Geschlagene an das Schicksal stellen darf. Du würdest mich nicht mehr an deiner Seite finden, wenn du dich nun dem einzigen Ausgleich entzögest, den es gibt. Ich werde dich nicht zwingen, ihn anzunehmen. Aber ich würde – um der Gerechtigkeit willen – auch deinen Bruder im Falle deiner Weigerung nicht mehr verhindern können, aus Staatsgründen über dein Schicksal so zu entscheiden, wie er es für gut befindet. Ich bin hart mit ihm umgegangen, um ihn zur Besinnung zu bringen und über seinen eignen Trieb hinauszuheben. Du kannst nicht leugnen, daß er sich sehr in der Gewalt gehabt hat. Es ist keine Kleinigkeit für einen Kaiser, in Gegenwart eines andren Mannes die Dinge zu ertragen, die du ihm in deiner Raserei versetzt hast. Ganz abgesehen davon, daß auch dem mildesten Urteiler die Wahl des Rächers, auf den du verfielst, unfaßlich bleiben wird.

Nur ein erkrankter Geist kann sich so verstiegene Vorstellungen von einem mongolischen Barbaren machen, welcher nur der Zerstörung lebt und niemals der Erhaltung. Es ist ein anderes, einen solchen ›Helden‹ aus der Ferne anzuschwärmen – oder ein Lager mit ihm zu teilen. Du wärest wohl schon nach der ersten Nacht vor Abscheu erstickt. Hättest du sie aber überstanden, so wärst du wohl bald als königliches Hunnengeschenk in den Umarmungen dieses oder jenes Feldherrn verschwunden. Man müßte Tajuma einen Dankesbrief für deine Rettung schreiben – und für die Warnung, die er uns erteilt hat. Ein Schuft, aber von teuflischem Genie. Sei sicher, daß Theodosius keine Ahnung von dem Spiel hat. Er glaubt, was Valentinian glaubte. Nur die simpelste Form des ursächlichen Denkens ist diesen Gehirnen möglich: Sie sind der ewigen Aufstörung nicht gewachsen, welche Politik heißt. Sie halten eine Sache für erledigt, wenn sie selbst einen Punkt gesetzt haben. Und nichts tun sie lieber als dies! Die Attila-Geschichte aber beginnt erst! Was sich bis jetzt ereignet hat, ist Vorspiel. Es kann nicht lange dauern, bis er dich nun bei Valentinian anfordern wird. Wie hoch er die Mitgift bemißt, wird sich zeigen. Ich nehme an, er fordert Gallien. Es wird Zeit, den Sohn des Aëtius mit meiner zweiten Enkelin zu verloben – und es ist Zeit, dich zu verheiraten. Sofort. Noch heute nacht. In einer Stunde.«

Honoria brachte kein Wort hervor. Ihr Mund stand ein wenig offen, ihre Augen waren wie in einem Starrkrampf aufgerissen.

»Mit wem?« hauchte sie schließlich.

»Mit einem Manne, der dich lange liebt und auf dich gewartet hat – mit einem Manne außerdem, der dir gefiel und schon längst dein Gatte wäre, wenn sich damals Licinia nicht widersetzt hätte: mit Herkulanus.«

Honoria ließ ihren Kopf an die Seite des Rückenpolsters gleiten und schlug die Hände vor das Gesicht.

»Herkulanus wartet auf dich. Ich habe ihm gesagt, daß du ihn nicht abweisen wirst. Der Erzbischof nimmt es – mir zuliebe – auf sich, die Ehe in der Tagesfrühe einzusegnen. Das Gelübde ist gebrochen. In wenig Tagen wird es der Papst auch der Form nach zurücknehmen. Ihr werdet später den Westflügel meines Palastes bewohnen, zunächst aber – für eine Weile – fern vom Hofe das Haus des Herkulanus in Arles. Solange, bis du dich in dir selbst zurechtgefunden hast.«

»Wer hat das alles für mich getan? Und seit wann? Das muß doch vorbereitet sein.«

»Das hat Gott für dich getan seit vier Tagen – und für dich vorbereitet, solange du lebst. Wir wissen nichts von seinem Planen für die Kreatur. Aber es steht in der Schrift geschrieben: ›Denen, die Gott lieben, müssen alle Dinge zum Besten dienen.‹«

Honoria beugte langsam den Kopf:

»Nein, das hat nicht Gott getan – und hätte er es hundertmal vorbereitet.«

Die müden Lippen zuckten, ehe sie sich am Munde Gottes: am Munde der Mutter schlossen.

Die Kaiserin hatte tief und traumlos in den Tag hinein geschlafen. Als sie erwachte, blaute ein umflorter Septembermittag in das Zimmer.

Singledia fragte, ob die Abreise nach dem Posilipp verschoben werde.

»Warum?« erwiderte Placidia. »Um keine Stunde. Wir gehn im Laufe des Abends an Bord. Ich habe nichts mehr hier zu tun.«

»Sie gehen ohne jeden Schmerz?«

»Wir gehen niemals ohne Schmerz, Singledia.«

Sie schaute lange in die flimmernde Hitze über dem Meer. Dann, ihre Schwermut abschüttelnd:

»Hast du gehört, was mit dem Eunuchen geschieht?«

»Er sollte heute morgen als Galeerensklave eingestellt werden. Auf dem Weg nach dem Arsenal ist er ins Wasser gefallen. Da er die Hände gebunden hatte und nicht schwimmen kann, ertrank er.«

»Das Beste, das ihm und uns allen geschehen konnte«, sagte Placidia. »Man wird den Vorgang zwar nicht glauben, aber das ist gleichgültig. Wichtig ist, daß er so war. Hast du Honoria gesehen?«

»Nein. Sie schläft. Herkulanus will schon in den nächsten Tagen nach Arles reisen. Es ist eine palermitanische Trireme zu mieten.«

»Sind Briefe da?«

»Viele. Darunter zwei aus Karthago mit dem Siegel des Kronprinzen Hunerich.«

»Ich werde sie morgen lesen. Wir haben viel Zeit auf dem Schiff. Lasse bestellen, daß ich den Generalissimus um vier Uhr bei mir erwarte und den Fürsten Thanausis um neun. Das Schiff soll um Mitternacht zur Ausreise bereit sein. Die gotische Adelsgarde fährt in der Begleitung des Kriegsschiffes eine halbe Stunde voraus.«

Aëtius fand die Kaiserin im Garten, auf ihrer Lieblingsbank vor den roten Phloxbeeten, dicht an der Mauer über dem Meer.

»Wie dieser Sommer noch leuchtet«, sagte sie. »Kommen Sie zu mir, General. Wir werden so rasch nicht wieder nebeneinander sitzen. Haben Sie sich auch gewundert, daß ich meine Abreise nicht verschiebe? Ich werde besser für das Imperium denken, wenn ich endlich in die Stille komme, die ich mir mein Leben lang gewünscht habe. Der Kirchenstreit, der im Osten wieder auszubrechen scheint, läßt mich ziemlich kalt. Ich hoffe, der Kaiser wird mit seinen Patriarchen fertig werden. Ich habe dem Papste dieser Tage geschrieben, er solle sich nicht ereifern, sondern auf die Rolle des Tertius gaudens vorbereiten. Jede Stärkung des römischen Bischofs ist die Stärkung des Imperiums. Darüber sind wir uns wohl beide klar: Mögen wir auch hundertmal wissen, daß die Hierarchie, welche sich ›Kirche‹ nennt, noch nicht die Statthalterschaft Christi ist. Ich bin zu einem seltsamen Ergebnis in meinem langen Nachdenken über diese ›Kirche‹ gekommen: Die athanasianische Lehre wird um so sicherer den Sieg davontragen, je weniger sie den anderen Lehren mit Gewalt begegnet. Sie hat das Wunder in sich einbezogen. Nur das Wunder aber hat die Macht über die Herzen! Die Hellenen kamen auch nicht aus ohne ihre samothrakischen und eleusinischen Mysterien. Athenaïs hat mir vor vielen Jahren darüber gesprochen. Die guten alten Römer waren es eines Tages ebenfalls müde, sich mit der allzu schlichten Mathematik ihrer Gottheiten zu behelfen: Sie hatten die tausend Mysterienkulte ihrer besiegten Völker kennengelernt – und sich mit einem wahren Heißhunger auf sie gestürzt. Was bei solcher Willkür herauskam, wissen wir. Nun hat der Glaube gesiegt, in dem die anderen Kulte untertauchen. Lassen wir die Woge ansteigen, indem wir die Herzen nicht behelligen. Sie öffnen sich ganz von selbst der befreienden Flut. Die Ereignisse der nächsten Jahre werden dem Glauben zu Hilfe kommen, sehr zu Hilfe.«

»Das werden sie bestimmt – sei es, daß wir sie meistern, sei es, daß sie uns überwältigen.«

»Rechnen Sie mit dieser zweiten Möglichkeit?«

»Ich rechne mit nichts mehr, Majestät. Ich werde auf meinem Posten sein. Weiter kann ich nichts sagen. Die Weltlage ist so, daß jede ›combinatio‹, auch die unwahrscheinlichste, möglich ist. Wir haben ja gesehen, was am Hofe von Byzanz vorgeht. Solange syrische Eunuchen dort regieren, steht der Osten gegen den Westen. Daß der Kaiser Theodosius auch nur noch den Hauch eines imperialen Gefühles habe, glaube ich nicht. Er hat überhaupt kein Urteil mehr über die Lage ... «

» ... oder das einzig richtige, zu dem wir noch nicht fähig sind: Er schaltet den Westen vielleicht deswegen aus, weil ihm Tajuma klargemacht hat, daß die Macht Roms tatsächlich schon auf Byzanz übergegangen ist. Es scheint mir oft, man will uns opfern – und beim Zusammenbruch den großen Fischzug tun.«

»Ich werde Theodosius nicht den Gefallen erweisen, ihm für eine solche Politik Vorschub zu leisten. Er vergißt, daß vielleicht schon in wenig Jahren der Kaiser Valentinian in Byzanz regieren wird. Es gibt ja dort keinen Erben.«

»Nein. Aber es gibt Tajuma und die Seinen. Glauben Sie, daß dieser Mann, der die alanische Partei Aspars hinter sich hat, vor einem Dynastiewechsel zurückschreckt?«

»Ich könnte mich fast fürchten vor der Unerbittlichkeit, mit der Eure Majestät solchen Möglichkeiten ins Auge sehen.«

»Ich meine, General, wir beide hätten genug erlebt, um uns noch irgend etwas vorzumachen. Ich bin gläubige athanasianische Christin, aber ich habe die großen Lehren der Stoa niemals vergessen, welche mir die Vorstufe meines Glaubens zu sein scheint: nec spe, nec metu. Ich möchte über den Rest meines Lebens keinen anderen Wahlspruch mehr setzen.«

»Ich glaube, Majestät, daß die Besten dieser Zeit keinen anderen mehr kennen. Auch die Herzen sind in die Zone der Abwehr getreten.«

Wieder schaute Placidia auf das ruhig andrängende Meer, über dem das Licht langsam zu Blei wurde.

»Wann erwarten Sie den Hunnenangriff?«

»Wir werden die Verhandlungen mit Attila hinziehen müssen. Er wird, trotz der Verheiratung der Prinzessin Honoria, irgendeinen Reichsteil fordern. Ich denke Gallien. Dort ist noch allerlei zu holen. Daß er sich noch länger als ein bis zwei Jahre gedulden wird, glaube ich nicht. Aber er wird nicht marschieren, ehe er Bundesgenossen hat. In Gallien selbst dürfte er sie schwerlich finden.«

»Aber bei den Germanen, die er in Vasallenschaft hält.«

»Einige. Die erste Etappe des Krieges wird also – auf beiden Seiten – die Gewinnung zuverlässiger Bundesgenossen sein.«

»Haben Sie schon mit dem Kaiser diese Frage durchgesprochen?«

»Die nächsten Tage sind für Beratungen mit Seiner Majestät, dem Kriegsminister und dem Präfekten von Gallien vorgesehen, den wir stündlich erwarten.«

»Ich möchte Ihnen einen Wink geben, Aëtius: Unterschätzen Sie den Kaiser nicht, weder seinen Verstand noch seine seelische Kraft. Es gibt Menschen, die erstaunlich spät in ihre Reife treten. Der Kaiser gehört zu ihnen. Meine Abwesenheit wird sein bester Bundesgenosse sein. Er wird eine Trägheit überwinden, die ihm meine Gegenwart länger erlaubt hat, als für ihn gut war.«

»Der Kaiser kann auf jede Förderung seiner politischen Entfaltung durch mich rechnen, Majestät.«

»Auch wenn er andere innenpolitische Ziele verfolgte als Sie?«

»Solange die Verschiedenheit der innenpolitischen Auffassungen die große Linie meiner Politik nicht hemmt, ganz bestimmt.«

»Der Kaiser wird Ihre Politik nicht durchkreuzen. Das könnte höchstens Gaiserich tun, wenn Sie den Kaiser allzusehr beiseite zu schieben versuchten. Gaiserich fühlt sich als der für die Dynastie mitverantwortliche Schwiegervater meiner Enkelin, der Prinzessin Eudokia.«

Aëtius starrte die Kaiserin an.

Placidia lachte:

»Ich will Ihnen keine Gespenster in diesen dunstig-blauen Himmel malen. Ich meine nur: Überspannen Sie nirgends den Bogen, und erst recht nicht, wenn Ihnen das Glück sehr günstig sein sollte. Sie haben ja, soweit mir bekannt ist, noch immer den Wunsch, Ihre Familie der kaiserlichen durch eine Vermählung Ihres Sohnes Gaudentius mit meiner jüngsten Enkelin verbunden zu sehen: Ich werde mich dieser Eheschließung nicht widersetzen. Im Gegenteil. Ich werde sie befürworten. Ihr Sohn ist ein sehr reizvoller und kluger junger Mensch. Ich habe mich neulich einmal eine ganze Stunde mit ihm unterhalten. Er sticht seinen älteren Bruder Carpilion bei weitem aus.«

»Eure Majestät wollen diese Ehe wirklich befürworten?«

»Durchaus! Unter der Bedingung, Generalissimus, daß Sie sich nicht auf Gedeih und Verderb den – Senatoren verschreiben. Wer in das Kaiserhaus Zutritt wünscht und möglicherweise erhält, muß wissen, daß er nicht von den unversöhnlichsten Feinden der Dynastie abhängig sein darf. Er muß diese Feinde – in der Hand haben!

Bringen Sie mich jetzt in den Neuen Palast. Ich möchte noch einmal zu Fuß durch die Straßen meiner Stadt gehen, deren Gesicht ich ja im Laufe der Jahre um einiges verändert habe. Ich möchte sehen, ob die blauen Winden, die ich aus Arcachon kommen ließ, im Garten des Armenasyles ad Lauretum angegangen sind. Wir haben Zeit zu dem kleinen Umweg. Der Kaiser erwartet mich erst um fünf.«

Thanausis fuhr langsam über die Schläfen der Kaiserin, die ihren Kopf auf seinen Knien ruhen ließ. Sie hatten lange in die schwere Nacht gesprochen. Dann waren sie verstummt. Eine einzige Kerze brannte mit breiter Flamme durch den nächtigen Duft des Phloxes, der aus dem Garten in das Zimmer stieg.

Erst als Placidia zu ihm auflächelte, begann Thanausis wieder zu sprechen:

»Wir beide sind und sind nicht mehr. Ich habe nie geahnt, daß man so sehr ein und dasselbe Wesen werden kann. Was heißt noch Sichtbarkeit und was noch Trennung der Gesichte? Es zählen immer nur die Bestätigungen. Seit dem 12. September ist uns befohlen, was wir zu tun haben. Auf welche Weise hätten wir uns nicht unsre Liebe bezeugt? Wie könnte ich sie dir heute anders bezeugen als durch meine Heimkehr? Mein Volk und Rom müssen gemeinsam gegen den Hunnen stehn. Es ist meine Aufgabe, dieses Bündnis zustande zu bringen. Ich habe den Kampf mit der Verstocktheit des alten Theoderich aufzunehmen. Der Sieg über ihn ist die neue, vielleicht die letzte Tat meiner Liebe zu dir. Das letzte Stehn und Einstehn.«

»So ist es, Thanausis. Da wir das gleiche fühlen und erkennen: laß uns ohne Worte einen Abschied nehmen, der kein Abschied ist. Wir wissen nicht, ob wir uns noch einmal mit irdischen Augen wiedersehen. Wie wir aus uns selbst entrückt werden, so werden wir denen entrückt, die bei andrem Stande der Gestirne die Mitte unsres Lebens waren. Aber was heißt den Enthobenen noch Mitte, Anfang, Ende, Umkreis? Sie sind enthoben, weil sie über alle Maßen liebten und alle äußeren Zeichen der Liebe erschöpft haben. Sie sind die vertauschten Horizonte ihrer Himmel geworden – und sie wissen, daß das Tiefste aus dem Abend kommt. Ich sage dir nicht Lebewohl und nicht auf Wiedersehn, ich sage dir nur, daß du nicht mehr gehn und nicht mehr kommen kannst, da du das Ewige in meinem Leben bist. Grüße die blauen Winden von Arcachon und sage ihnen, daß sie für die Ärmsten von Ravenna weiterblühen.«

Sie hatte die Kerze gelöscht und wollte eben aus dem Perlmutterblau der Nacht, das in dem lichtlosen Raume stand, in ihr Schlafzimmer gehen, um sich für die Reise umkleiden zu lassen, als leise an die Tür geklopft wurde. Sie lauschte. Sie hatte verboten, daß irgendwer noch käme. Das Klopfen wiederholte sich, von der Stimme Valentinians begleitet:

»Ich bin es, Mutter.«

Sie machte Licht und öffnete die Tür.

»Ich habe es deinem Verbote zum Trotz gewagt, noch einmal zu kommen.«

Placidia schaute staunend auf den Sohn:

»Es scheint, daß mir Gott einen zuversichtlicheren Abschied

zugedacht hat, als ich erwartete. Ich sehe Anfänge, die ich noch sehr fern glaubte.«

»Ich bin nicht gekommen, Mutter, um dich aufzuscheuchen. Ich bin gekommen, um noch einmal die Umhüllung zu spüren, die von mir geht. Ich werde sehr allein sein, allen Winden preisgegeben.«

»Was dir geschieht, ist allen geschehen, die eine Aufgabe zu bewältigen hatten. Nur wer lange schutzlos war, vollbringt. Kein Mensch kann immer nur geborgen sein. Die Zuflucht ist den Herrschenden nur karg bemessen. Wäre sie das Gewohnte, so verlöre sie ihren Sinn.«

»Ich weiß es, Mutter, daß du dir einen andren Sohn gewünscht hättest.«

Placidia senkte die Wimpern. Ihr ganzes Leben zog in diesem Augenschließen vorüber, groß und weh und herrisch, ein schweres Glück.

»Wir werden nie danach gefragt, was wir uns wünschen, Valentinian, obwohl unsere Sehnsuchten mächtiger sind als unsere Wirklichkeiten. Wer sich nicht bescheiden kann, hat sein Leben verspielt. Der Sohn, mit Constantius gezeugt, kann nur das sein, was er ist. Seine Schwächen sind also, zu halbem Teile, Erbteil meiner selbst. Vielleicht hat er die Hälfte der meinen aus mir fortgenommen und für mich getragen. Geburt ist Anteil und Verpflichtung. Es ist kein Zufall, daß oft die Mütter ihre schwächsten Kinder am meisten lieben. Sie wissen, was sie ihnen schulden. Und wenn sie manchmal streng, ja hart und unerbittlich sind, so ist es, weil sie die unfähigen fähig machen möchten, die Gewichte des irdischen Daseins mit Würde zu tragen. Denn welches größere Leid gäbe es für eine Frau, als einen Sohn mit unzulänglichen Kräften gegen das Leid ankämpfen zu sehen?«

Valentinian, die erste Erschütterung seines Lebens nicht mehr meisternd, emporgejagt aus allen Dämmerungen des Bewußtseins, ließ sich auf das Kissen nieder, auf dem die Füße Placidias ruhten. Sie nahm seinen Kopf und legte ihn an ihre Hüfte.

Wie lange – wie unfaßbar lange hatten ihre Hände diese dunkelblonden Haare nicht mehr angerührt, die sich weich wie Rosenblätter in die Finger schmiegten.

Eines ganzen Schicksals Länge hatte sie warten müssen auf diese Stunde, die nun, aus den vergessenen Tiefen unerfüllter Mutterschaft, emporstieg. Und wie sehr sie auch Gott gehörte, der in dem blaugoldnen Abgrund seiner Ewigkeit den Stoff ihres Lebens aufgelöst hatte: diese letzte Stunde vor dem Abschied rief sie zurück in die Pflichten des Herzens, in die heilige Bestimmung ihres Geschlechtes.

Sie spürte keinen Unterschied mehr zwischen dem Antlitz des Starken, Ausgeglichenen, der ihr Geliebter gewesen war, und dem Gesichte dieses Schwankenden, den sie ihren Sohn nannte; es war das gleiche menschliche Verlangen, das aus beiden zu ihr strebte: gebunden zu sein in dem Einmaligen, das über dem Wirrsal steht.

Sie spürte: In dieser Stunde erst war erwacht, was es noch nie zuvor gegeben hatte: Der Sohn hatte sich als Schatten über den Befehl ›Imperium‹ gelegt. In den Kreislauf schon besiegelten Seins – weit über alle Horoskope des Purpurs hinaus – war das Unaussprechliche getreten. Alle Ziele, für die sie gekämpft hatte, waren in graue Schattengründe zurückgewichen – auch ihr Stehn und Einstehn für das Imperium war zu einem Atom geworden vor dem Wunder der Empfängnis und Geburt.

Leben – ging es in lichter Woge durch ihren Sinn –: was ist es anderes als Ergreifbarkeit? Was uns noch rührt, entscheidet, nicht was wir schon vollendet haben.

Da lag vor ihren Knien, geschlossenen Auges hindämmernd nach dem ersten Schritt in einer verwandelten Welt, die weiche, gütige Schwäche, das Spiel von tausend Reizen des Leibes und der Sinne – und dennoch liebte sie! Da lag das »andere Leid«, das ihr erspart geblieben war.

Es hatten sich keine feuchten Wimpern zu ihr aufgehoben, es hatte kein leidender Mund einen Ton der Klage zu ihrem Herzen hinaufsenden müssen. Ihr Herz stand mit weitgeöffneten Portalen, ein Dom, den Nahenden aufzunehmen.

Sie zog mit beiden Armen den mühevollen Sohn zu sich empor und ging, mit diesem letzten Niederneigen, in den Wert-über-allen-Werten ein, nach dessen Gesetz die Sterne schreiten und der schenkende Schoß vergeht in dem Mit-Leid für die leidende Frucht.

Anhang

Dramatis Personae

Imperium
verkörpert durch die Erscheinung des

Kaisers Theodosius I. (geb. 347 in Spanien, gest. 395 in Mailand), welcher
– als geheime wegweisende Macht – die Ereignisse auch nach seinem
Tode noch mitbestimmt und auf lange Jahre überschattet. In seiner
Hand war zum letztenmal das gesamte Imperium von 392 bis 395 vereinigt. Eine »Aufteilung« des Imperiums in zwei voneinander unabhängi-
ge Staaten hat Theodosius niemals vorgenommen, nur eine aus unzähligen Gründen notwendig gewordene »Gliederung« in einen westlichen
und östlichen Regierungs- und Verwaltungsbezirk. Grundzüge seiner
Politik waren die Aufrechterhaltung eines einheitlichen imperialen Bewußtseins und die Verständigung mit dem Volke der Westgoten.

Westrom

Galla Placidia, Tochter des Kaisers Theodosius I. aus seiner Ehe mit
Galla, der Tochter des Kaisers Valentinian I., Römische Prinzessin.
Verlobte des Eucherius, Sohnes des Stilicho und seiner Gattin Serena.
Stiefschwester der Kaiser Honorius (Westrom) und Arkadius (Ostrom).
Gefangene der Westgoten von 410 bis 414. Westgotische Königin als
Gemahlin Athaulfs von 414 bis 415. Von 417 bis 421 in zweiter Ehe
vermählt mit dem Generalissimus Constantius. 421 weströmische Kaise-
rin. Im gleichen Jahre zweite Witwenschaft. 423 verbannt in Byzanz. Seit
425 weströmische Kaiserin und Regentin für ihren Sohn, den Kaiser
Valentinian III.; geb. 392 in Byzanz, gest. 27. November 450 in Rom.

Flavius Stilicho, Generalfeldmarschall und Reichsverweser, Gemahl der
Prinzessin Serena, Schwiegervater des Kaisers Honorius, Vertreter der
germanenfreundlichen Politik gegen die senatorisch-plutokratischen
Kreise; geb. 365, ermordet am 22. August 408 in Ravenna.

Prinzessin Serena, Gattin Stilichos, Nichte und Adoptivtochter des Kai-
sers Theodosius I., Mutter des Eucherius und der Kaiserin Thermantia,
Pflegemutter der Prinzessin Galla Placidia; geb. 370, ermordet im
Herbst 408 in Rom.

Kaiser Honorius von Westrom, Sohn des Kaisers Theodosius I., Bruder
des Kaisers Arkadius von Ostrom, Stiefbruder der Prinzessin Galla
Placidia, Schwiegersohn Stilichos; geb. 386, gest. 423 in Ravenna.

Kaiserin Thermantia, Tochter Stilichos und Serenas, zweite Gattin des Kaisers Honorius; geb. 394, entthront 408, gest. 415 (in Rom).

Eucherius, Sohn Stilichos, Verlobter der Prinzessin Galla Placidia; geb. 387, ermordet in Rom Herbst 408.

Zeda, Generalstabschef Stilichos, geb. um 365.

Lampadius, Präsident des Senates, Feind Stilichos, Haupt der plutokratischen Schichten; geb. um 350.

Olympius, 408 Hausminister des Kaisers Honorius; geb. um 373 in Kleinasien, hingerichtet 409.

Cinna, Offizier, Vertrauensmann der Prinzessin (Kaiserin) Galla Placidia, steigt bis 439 zu höchsten militärischen Würden auf; geb. um 398.

Philippus, Rechtsanwalt der Senatorenpartei, Ankläger der Prinzessin Serena; geb. um 375.

Maximus Volusianus, Jugendfreund der Prinzessin (Kaiserin) Galla Placidia, Leiter der Reichskanzlei von 425 bis 433, später Stadtpräfekt von Rom; geb. um 390, gest. 437 in Byzanz.

Elpidia, Amme und Dienerin der Prinzessin (Kaiserin) Galla Placidia; geb. um 370 in Ephesus.

Charmion, Sklavin der Prinzessin (Kaiserin) Galla Placidia; geb. um 390 in Byzanz.

Nautilus, Palastarzt der Prinzessin (Kaiserin) Galla Placidia; geb. um 380 in Byzanz.

Laeta, Kaiserinwitwe des Gratian; geb. um 363.

Flavius Constantius, Generalissimus, zweiter Gatte der Prinzessin Galla Placidia (von 417 bis 421), 421 Kaiser Constantius III.; geb. um 378 in Nisch, gest. 2. September 421 in Ravenna.

Postumus Dardanus, Kaiserlicher Statthalter in Gallien, Unterhändler zwischen dem Kaiser Honorius und dem König Athaulf (429); geb. um 375.

Lucius Probus, Beamter des Statthalters Postumus Dardanus von Gallien, Unterhändler seines Vorgesetzten mit König Athaulf (413); geb. um 380.

Graf Heraklianus, Oberbefehlshaber von Afrika; geb. um 370, hingerichtet in Karthago 413.

Euplutius, Getreidekommissar für Afrika; geb. um 380.

Prinzessin Honoria, Tochter des Kaisers Constantius III. und der Kaiserin Galla Placidia, Schwester des Kaisers Valentinian III.; geb. 418 in Ravenna, 448 vermählt mit dem Senator Cassius Herkulanus.

Kaiser Valentinian III., Sohn des Kaisers Constantius III. und der Kaiserin Galla Placidia, Gatte der Erbprinzessin Licinia von Byzanz (437), Vater der Erbprinzessin Eudokia, der Braut des vandalischen Kronprinzen Hunerich, und Vater der Prinzessin Placidia, der Braut des Gaudentius (Sohn des Aëtius); geb. 3. Juli 419.

Genneralissimus *Castinus,* Feind des Grafen Bonifatius und der Galla Placidia; geb. um 380 in Kleinasien, nach 425 aus dem öffentlichen Leben verschwunden.

Johannes, Leiter der Reichskanzlei in Ravenna bis 423, Usurpator des weströmischen Thrones; geb. um 390, von Ostrom (Placidia) besiegt und hingerichtet, Frühjahr 425 in Aquileia.

Cajus Julius Candidianus, Jugendfreund der Prinzessin (Kaiserin) Galla Placidia, General und Adjutant des Kaisers Honorius, später Gouverneur von Ravenna und Küstenkommandant; geb. um 390.

Divodurus, Befehlshaber der Buccellarii des Kaisers Constantius III., nach dessen Tod in hohen militärischen Stellungen; geb. um 390.

Singledia, Nichte des Kaisers Constantius III., Oberhofmeisterin der Kaiserin Galla Placidia seit 425; geb. um 390.

Flavius Constantius Felix, Kriegsminister und Generalissimus von 425 bis 430, geb. um 385, ermordet im Frühjahr 430 in Ravenna.

Padusa, Gattin des Kriegsministers Felix, geb. um 390, ermordet im Frühjahr 430 in Ravenna.

Grunnitus, Dekan in Ravenna, von 425 bis 429 geistlicher Erzieher des Kaisers Valentinian III., geb. um 390, ermordet im Frühjahr 430 in Ravenna.

Graf *Bonifatius,* General im Westgotenkrieg (413), später (423) Oberbefehlshaber von Afrika, 432 Generalissimus, geb. um 390, gest. 1. November 432 in Rimini.

Verimodus, Sohn des Grafen Bonifatius von Afrika aus erster Ehe; geb. um 414, seit 429 als Geisel am Hofe von Ravenna.

Pelagia, Enkelin eines gotischen Fürsten, 426 in erster Ehe zweite Gattin des Grafen Bonifatius, nach dessen Tod (423) in zweiter Ehe zweite Gattin des Generalissimus Aëtius, Mutter des Gaudentius, des Verlobten der zweiten Tochter des Kaisers Valentinian III.; geb. um 410.

General *Darius*, Unterhändler der Kaiserin Galla Placidia in dem Konflikt des Kriegsministers Felix mit dem Grafen Bonifatius; geb. um 390.

Generalissimus *Aëtius*, Oberbefehlshaber in Gallien. 432 aller seiner Ämter entsetzt. Nach dem Tod des Grafen Bonifatius Aussöhnung mit der Kaiserin Galla Placidia. Seit 433 Leiter der weströmischen Außenpolitik in Gemeinschaft mit der Kaiserin; geb. 395 in Silistria.

Gaudentius, Sohn des Aëtius aus dessen zweiter Ehe mit Pelagia, der Witwe des Grafen Bonifatius, Verlobter der zweiten Tochter des Kaisers Valentinian III.; geb. 434.

Graf *Sigisvult*, Kriegsminister unter Aëtius; geb. um 400.

Trygetius, Diplomat »zu besonderer Verwendung«, Unterhändler im Frieden von Bône (435) mit Gaiserich; geb. um 390.

Kaiserin Licinia, 437 Gattin des Kaisers Valentinian III., Tochter des Kaisers Theodosius II. und der Kaiserin Athenaïs von Ostrom; geb. 422 in Byzanz.

Anaximander von Kos, Lehrer an der ärztlichen Hochschule von Rom; geb. um 390 in Kos.

Romanus Phokas (aus Byzanz), Freund der Kaiserin Galla Placidia, Mitberater bei dem Entwurf der Mosaiken ihres Mausoleums in Ravenna; geb. um 410.

Hyakinthus, Eunuche der Prinzessin Honoria, Kreatur des Eunuchen Tajuma, Übermittler der Botschaften Honorias an Attila; geb. um 420, ertränkt 448.

Flavius Cassius Herkulanus, Senator, 448 Gatte der Prinzessin Honoria; geb. 418.

Avitus, Statthalter von Gallien, Freund des Gotenkönigs Theoderich; geb. um 395.

Kaiser Arkadius von Ostrom, Sohn des Kaisers Theodosius I., Bruder des Kaisers Honorius von Westrom, Stiefbruder der Prinzessin Galla Placidia, Vater des Kaisers Theodosius II. und der Prinzessin Pulcheria; geb. 377, gest. 1. Mai 408 in Byzanz.

Rufinus, stellvertretender Reichsverweser für Ostrom; geb. um 365 in Elusia (Aquitanien), ermordet 395 in Byzanz (auf Befehl des Generals Gainas).

General *Gainas*, in oströmischen Diensten; geb. um 365, ermordet 400 in Kleinasien.

Eutropius, Oberster Eunuche und Minister in Ostrom, Nachfolger des Rufinus, Fortführer der antigermanischen Politik; geb. um 350, hingerichtet 399 in der Umgebung von Byzanz.

Prinzessin (Kaiserin) Pulcheria, Tochter des Kaisers Arkadius von Ostrom, Schwester des Kaisers Theodosius II. von Ostrom; geb. 399, seit 414 mit der Regentschaft für ihren noch unmündigen Bruder betraut, treibt zielbewußte Politik auf kirchlicher Grundlage.

Kaiser Theodosius II. von Ostrom, Sohn des Kaisers Arkadius von Ostrom, Bruder der Prinzessin (Kaiserin) Pulcheria, Vater der Kronprinzessin Licinia, Schwiegervater des Kaisers Valentinian III. von Westrom, Stiefneffe der Kaiserin Galla Placidia; geb. 401.

Kaiserin Athenaïs von Ostrom, Tochter des Philosophen Leontius von Athen, Gattin des Kaisers Theodosius II., Mutter der Kronprinzessin Licinia, Schwiegermutter des Kaisers Valentinian III. von Westrom; geb. um 400 in Athen.

Anthemius, Präfekt von Byzanz, leitender Minister, Vertreter der germanenfeindlichen Politik, Gegner Stilichos; geb. um 360, wahrscheinlich gest. 415.

Paulinus, Hausminister des Kaisers Theodosius II. in Byzanz, Freund der Kaiserin Athenaïs; geb. um 400, vom Hofe verbannt um 440.

Ardapur, alanischer Herkunft, Generalissimus in Byzanz; geb. um 365.

Aspar, oströmischer Feldherr, Sohn des Generalissimus Ardapur, vertritt, wie sein Vater, eine möglichst weitgehende Neutralitätspolitik gegenüber den Vandalen in Afrika; geb. um 400.

Graf *Helion*, Hofmarschall des Kaisers Theodosius II., krönt Valentinian III. in Rom (425); geb. um 390.

Tajuma, Obereunuche und Minister am Hofe von Byzanz. In engster Freundschaft dem Kaiser Theodosius II. seit 439 verbunden, heimlicher Leiter der byzantinischen Politik seit diesem Jahre, Anhänger des Eutyches, Feind von Westrom; geb. um 410.

Kirche

Papst *Innozenz III.* (402-417).

Papst *Zosimus* (417-418).

Papst *Bonifatius I.* (419-422).

Papst *Coelestin I.* (422-432).

Papst *Sixtus III.* (432-440).

Papst *Leo I.*, Freund der Kaiserin Galla Placidia, seit 440 auf dem Stuhle Petri, erstrebt Hegemonie des römischen Episkopates.

Hieronymus, Kirchenvater; geb. um 345, gest. 420 in Bethlehem.

Augustinus, Kirchenvater, Bischof von Bône; geb. 354 in Tagaste, gest. 430, während der Vandalenbelagerung von Bône.

Maxentius, Bischof von Ravenna bis 433.

Petrus Chrysólogus, Bischof von Ravenna (Weihe 433), seit 439 Erzbischof.

Kyrillus, Patriarch von Alexandria, heftiger Gegner Westroms, Vertreter einer scharfen Hegemoniepolitik gegen Byzanz, Antiochia und Rom und Anhänger der monophysitischen Lehre. Verantwortlich für die Ermordung der neuplatonischen Philosophin Hypatia in Alexandria (415); geb. um 380, gest. 444.

Salvianus, Presbyter von Marseille, Verfasser des berühmten zeitkritischen Werkes: ›De gubernatione Dei‹, geb. um 400 in Köln (Predigt in Ravenna am 24. Dezember 442).

Alarich, König der Westgoten aus dem Geschlecht der Amaler; geb. um 370, gest. Herbst 410.

Athaulf, Fürst aus dem gotischen Geschlecht der Balthen, seit 410 König der Westgoten, erster Gemahl der Prinzessin Galla Placidia (von 414 bis 415); geb. um 382, ermordet 15. August 415 in Barcelona.

Graf *Rékomer,* Stabsoffizier des Königs Athaulf; geb. um 390.

Sarus, gotischer Heerführer und Abenteurer, Feind des Königs Athaulf; geb. um 360, ermordet von Leuten Athaulfs im Herbst 413.

Dubius, Stallmeister und Mörder des Königs Athaulf, früher in Diensten des Sarus; geb. um 380, hingerichtet am 22. August 415 in Barcelona.

Segerich, gotischer Fürst, Feind des Königs Athaulf, nach dessen Ermordung westgotischer König vom 15. bis 22. August 415; geb. um 370, von Athaulfs Anhängern ermordet am 22. August 415.

Vallia, König der Westgoten von 415 bis 418, Fortführer der romfreundlichen Politik Athaulfs, siedelt sein Volk in Aquitanien als ›Bundesgenosse‹ Roms an; geb. um 385, gest. 418.

Fürst *Thanausis,* aus dem gotischen Geschlechte der Amaler, Sohn der Fürstin Baltaswinta; geb. 392, Sonderbevollmächtigter der Kaiserin Galla Placidia seit 425.

Fürstin *Baltaswinta,* aus dem gotischen Geschlechte der Balthen, Mutter des Fürsten Thanausis; geb. um 370.

Graf *Sisinanth,* Befehlshaber der gotischen Garde der Kaiserin Galla Placidia, später in hohen militärischen Stellungen; geb. um 395.

Fürst *Rékkaréd,* Anführer der gotischen Adelsgarde der Kaiserin Galla Placidia; geb. um 410, nach 440 ersetzt durch Graf Thorismund.

Graf *Vetto,* Mitglied der gotischen Adelsgarde der Kaiserin Galla Placidia, 430 als deren Beauftragter bei König Theoderich; geb. um 410.

Theoderich, König der Westgoten von 418 an, Nachfolger Vallias, bricht mit der romfreundlichen Politik seines Vorgängers; geb. um 390.

Gallier

Jovinus, aus vornehmstem gallischem Adelsgeschlecht (Mainz), Usurpa-
tor-Kaiser in Gallien 412; geb. um 386, vom Statthalter Dardanus 413 in
Narbonne hingerichtet.

Vandalen

Gaiserich, König der Vandalen, Bastard des Königs Godigisel; geb. um
398.

Hunerich, Sohn des Königs Gaiserich, vandalischer Kronprinz, seit 442
Geisel in Ravenna, seit 445 verlobt mit der weströmischen Kronprinzessin Eudokia, der Tochter des Kaisers Valentinian III., geb. um 420.

Hunnen

Ruas, König der Hunnen, Vorgänger Attilas; geb. um 380, gest. 434.

Attila, König der Hunnen, Neffe des Ruas, Bruder des Bleda; geb. um
400, regiert mit Bleda von 434 bis 445, nach Bledas Beseitigung allein von
445 an.

Es ist in dieser Dichtung mit Absicht immer nur die Rede von dem *Imperium* und nicht von dem *Römischen Reich*. Der Begriff *Reich* könnte zu falschen Vorstellungen führen. Das *Imperium Romanum* war kein *Reich* in dem Sinne, wie wir Deutsche heute diesen Begriff anwenden. Es ähnelte – mutatis mutandis – etwa dem heutigen britischen Empire, hatte jedoch, in jedem seiner beiden Teile, eine wesentlich straffere Zentralverwaltung.

Auch bei den germanischen Völkern der sogenannten »Völkerwanderungszeit« gab es keinen *Reichsgedanken* im heutigen Sinn. Es gab *Volksgedanken* und *volksmäßige Siedlungsgedanken* innerhalb des *Imperium Romanum*. Niemals haben die wandernden Germanenstämme dieses *Imperium Romanum* »zerstören« wollen. Sie wollten seine Nutznießer sein.

Eine einzige Ausnahme machen die *Vandalen* unter ihrem König Gaiserich. Von ihnen läßt sich sagen, daß sie die karthagisch-afrikanische Seemacht wiederaufrichten und gegen das *Imperium Romanum* ausspielen wollten. Ihr Versuch ist nur zum Teil gelungen. Byzanz hat sie (534) nicht nur besiegt, sondern sozusagen ausgerottet. Der Staat, den sie zwischen 429 und 439 in Tunesien und einem kleinen Teil des östlichen Algerien gründeten (sofern man ihre Art der Landnahme so nennen kann), stand und fiel mit der Person des politisch hochbegabten Königs Gaiserich. Dieser Staat trug kein ausgesprochen germanisches Gepräge, weil die vandalische Oberschicht (zumal nach ihrer grausamen Dezimierung durch Gaiserich selbst) viel zu klein war, um die eingeborene Millionenbevölkerung verschiedenster Rassen umzuformen.

Die Quellen, auf denen die jahrelange Vorarbeit zu diesem Buche beruht, werden hier nicht namentlich angeführt. Alle Quellen sind benutzt worden. Es sei jedoch darauf hingewiesen, daß die *Geschichtsschreiber* des IV. und V. Jahrhunderts diesen Namen kaum verdienen. Sie sind weit mehr *Berichterstatter* (Reporter) und Anekdotenerzähler als systematische Bearbeiter und Durchgliederer der Ereignisse, welche sie uns übermitteln. Es ist also sehr schwer, sich in ihnen zurechtzufinden und eine kritische Auslese unter ihren Notizen vorzunehmen, ganz abgesehen davon, daß nur Bruchteile ihrer Werke auf uns gekommen sind. Vielleicht werden die – endlich – mit neuem Eifer betriebenen Studien über die frühe germanische Geschichte Aufhellungen über Zusammenhänge bringen, welche heute noch sehr verworren und undurchdringlich erscheinen.

Die Sprache dieses Buches ist selbstverständlich die einfachste Sprache unserer Zeit: wie überhaupt – bei völligem Verzicht auf »Sittenschilderung« um der Sittenschilderung willen – die höchstmögliche Vereinfachung und Durchgeistigung des Stoffes das oberste Ziel der schöpferisch-synthetischen Leistung sein mußte.

Es hätte nur Verwirrung gestiftet, wenn zum Beispiel Begriffe verwendet worden wären, welche bei dem Leser eine genaueste Kenntnis der spätrömischen Verwaltungs- und Militärterminologie vorausgesetzt hätten. Die verschiedenen Rangstufen der Senatoren: Illustres, Spectabiles, Perfectissimi wurden – in sehr freier Angleichung – mit: Durchlauchten, Erlauchten, Exzellenzen wiedergegeben. Mag diese Angleichung auch sehr gewagt erscheinen, sie erlaubte jedenfalls ein Spiel von Nuancen, auf das es dichterisch ankam.

Der Dichter darf verzichten, worauf der Wissenschaftler bestehen muß. Denn für den Dichter entscheiden: die seelische Eindringlichkeit der Darstellung, die Spürbarkeit der Atmosphäre, in der sich die Ereignisse vollziehen, und die Einheit des Stiles.

Eben deshalb auch sind überall die heutigen geographischen Namen verwendet – und die antikischen nur da, wo sie unersetzbar waren. Es ist also die Rede von Bordeaux, von Bône, von Pavia, von Saloniki, von Nisch – und nicht von Burdigala, Hippo, Ticinum, Tessaloniche, Naïssus usw. Die Beifügung einer Landkarte des *Imperium Romanum* im V. Jahrhundert wurde dadurch überflüssig.

Für die griechischen Namen ist durchweg die lateinische Form gewählt. Es heißt also: Arkadius und nicht Arkadios, Hyakinthus und nicht Hyakinthos, Anthemius und nicht Anthemios usw. – Am Hofe von Byzanz wurde zumindest so viel Lateinisch wie Griechisch gesprochen. Die Amtssprache war noch Lateinisch. Byzanz war noch Ostrom.

Bei den westgotischen Namen Athaulf, Thanausis, Theoderich und Thorismund sind die th ungefähr wie das heutige englische th oder das heutige spanische d am Ende eines Wortes auszusprechen.

Das Wort »*Goten*« bedeutet immer: Westgoten.

Das Wort »*Barbar*« bedeutet: der Fremdsprachige (nicht: der Halbwilde).

Die gotische Bezeichnung »*Graf*« bedeutet ganz allgemein: Zugehörigkeit zu alten Adelsgeschlechtern (die römische ist eine militärisch-verwaltungsmäßige Rangstufe [comes]).

Die Beifügung eines genauen Stammbaumes erschien unerläßlich. Wer die in ihm vermerkten Jahreszahlen gut zu lesen versteht, wird erkennen, wie jung – und frühreif – durchschnittlich die handelnden Personen waren. Unsere heutigen Altersmaßstäbe können zu psychologischer Deutung nicht angewendet werden.

Grundsätzlich ist auf jede Beigabe von »Bildern aus der Zeit« verzichtet. Sie haben in einer *Dichtung* nicht das geringste zu suchen. Die Dichtung selbst ist das gewollte Bild.

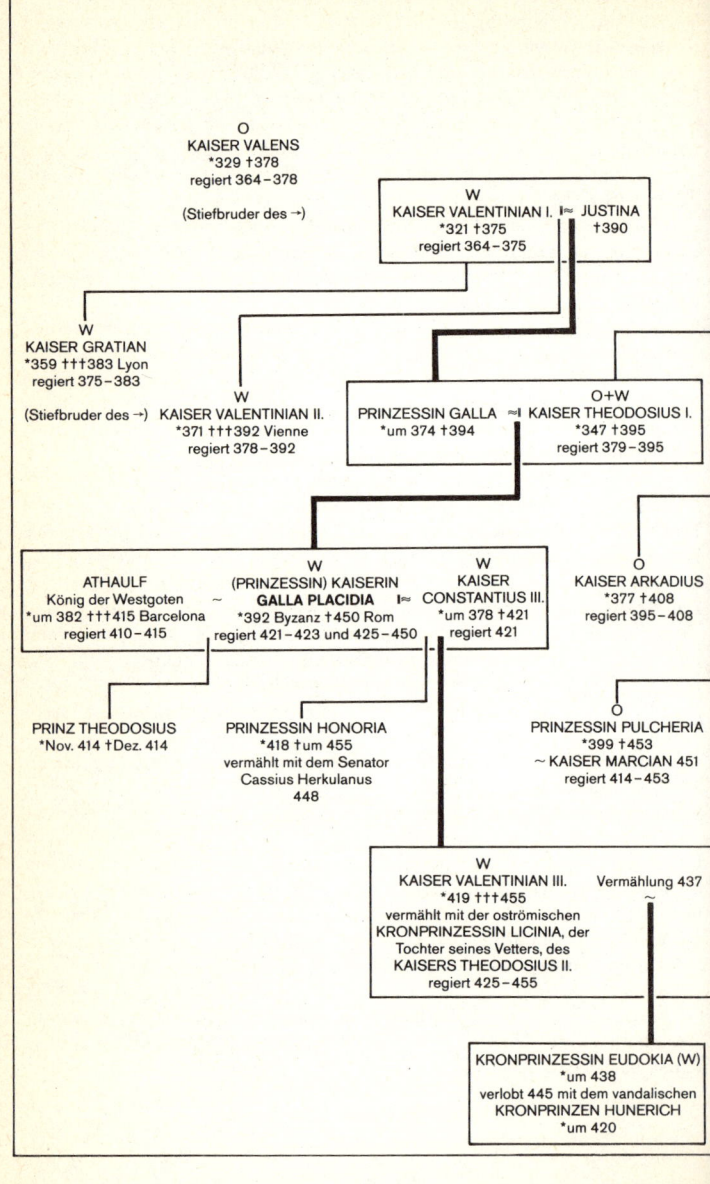

O
KAISER VALENS
*329 †378
regiert 364–378

(Stiefbruder des →)

W
KAISER VALENTINIAN I. I≈ **JUSTINA**
*321 †375   †390
regiert 364–375

W
KAISER GRATIAN
*359 †††383 Lyon
regiert 375–383

(Stiefbruder des →)

W
KAISER VALENTINIAN II.
*371 †††392 Vienne
regiert 378–392

W
PRINZESSIN GALLA
*um 374 †394

≈I **KAISER THEODOSIUS I.**
*347 †395
regiert 379–395

O+W

ATHAULF
König der Westgoten
*um 382 †††415 Barcelona
regiert 410–415

~

W
**(PRINZESSIN) KAISERIN
GALLA PLACIDIA** I≈
*392 Byzanz †450 Rom
regiert 421–423 und 425–450

W
**KAISER
CONSTANTIUS III.**
*um 378 †421
regiert 421

O
KAISER ARKADIUS
*377 †408
regiert 395–408

PRINZ THEODOSIUS
*Nov. 414 †Dez. 414

PRINZESSIN HONORIA
*418 †um 455
vermählt mit dem Senator
Cassius Herkulanus
448

O
PRINZESSIN PULCHERIA
*399 †453
~ KAISER MARCIAN 451
regiert 414–453

W
KAISER VALENTINIAN III.
*419 †††455
vermählt mit der oströmischen
KRONPRINZESSIN LICINIA, der
Tochter seines Vetters, des
KAISERS THEODOSIUS II.
regiert 425–455

Vermählung 437
~

KRONPRINZESSIN EUDOKIA (W)
*um 438
verlobt 445 mit dem vandalischen
KRONPRINZEN HUNERICH
*um 420

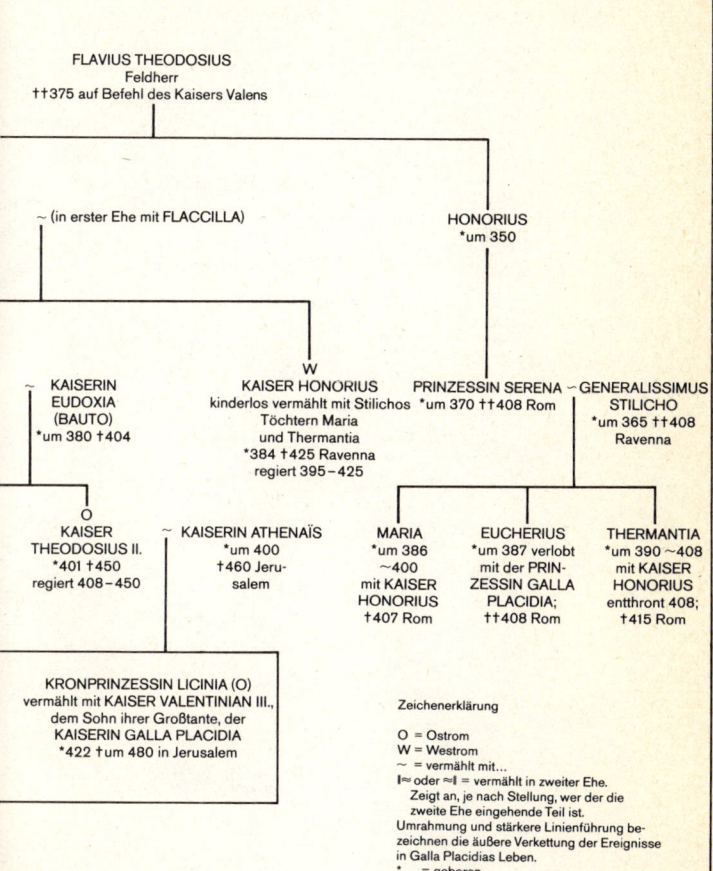

Die Verbindung

A. der valentinianischen und theodosianischen Dynastien durch die (zweite) Ehe des Kaisers Theodosius I. mit der Tochter des Kaisers Valentinian I. (um 390)
B. von Westrom und Ostrom durch die Ehe des Kaisers Valentinian III. mit der ältesten Tochter des Kaisers Theodosius II. 437
C. der theodosianischen (west-oströmischen) Dynastie mit dem vandalischen Königshause durch die Verlobung (später Ehe) der ältesten Tochter des Kaisers Valentinian III. mit dem vandalischen Kronprinzen 445

FLAVIUS THEODOSIUS
Feldherr
††375 auf Befehl des Kaisers Valens

~ (in erster Ehe mit FLACCILLA)

HONORIUS
*um 350

~ **KAISERIN EUDOXIA (BAUTO)**
*um 380 †404

W
KAISER HONORIUS
kinderlos vermählt mit Stilichos Töchtern Maria und Thermantia
*384 †425 Ravenna
regiert 395–425

PRINZESSIN SERENA
*um 370 ††408 Rom

~ **GENERALISSIMUS STILICHO**
*um 365 ††408 Ravenna

O
KAISER THEODOSIUS II.
*401 †450
regiert 408–450

~ **KAISERIN ATHENAÏS**
*um 400 †460 Jerusalem

MARIA
*um 386 ~400 mit KAISER HONORIUS †407 Rom

EUCHERIUS
*um 387 verlobt mit der PRINZESSIN GALLA PLACIDIA; ††408 Rom

THERMANTIA
*um 390 ~408 mit KAISER HONORIUS entthront 408; †415 Rom

KRONPRINZESSIN LICINIA (O)
vermählt mit KAISER VALENTINIAN III., dem Sohn ihrer Großtante, der KAISERIN GALLA PLACIDIA
*422 †um 480 in Jerusalem

Zeichenerklärung

O = Ostrom
W = Westrom
~ = vermählt mit...
I≈ oder ≈I = vermählt in zweiter Ehe.
Zeigt an, je nach Stellung, wer der die zweite Ehe eingehende Teil ist.
Umrahmung und stärkere Linienführung bezeichnen die äußere Verkettung der Ereignisse in Galla Placidias Leben.
* = geboren
† = gestorben
†† = hingerichtet
††† = ermordet

NEUERSCHEINUNG

Henry Benrath
Der Dichter und sein Werk

Von Siegfried Hagen

Ca. 300 Seiten, kart. DM 39.–. ISBN 3-416-01391-3

Abhandlungen zur Kunst-, Musik- und Literaturwissenschaft, Bd. 252

Die grundlegende Darstellung von Leben und Werk Henry Benraths (1882–1949) gewährt zum ersten Mal Einblick in die Welt dieses ungewöhnlichen Mannes, der einer der faszinierendsten Schriftsteller der ersten Hälfte unseres Jahrhunderts war. Benrath publizierte bis 1931/32 unter seinem bürgerlichen Namen Albert H. Rausch, 1938 verließ er Deutschland und starb im Exil, wie Stefan George, dem er in seinen Anfängen nahestand. So facettenreich wie seine Persönlichkeit ist sein Oeuvre: der polyglotte Weltmann und Meister des Gesprächs, der Romancier und Gesellschaftskritiker, der Verfasser vor vier großen historisch-politischen Darstellungen war zugleich ein Lyriker von Eigenart, dessen späte Elegien die letzten Einsichten seines Lebens in einer kühnen Bildsprache zum Ausdruck bringen.

Der Autor, geb. 1925 in Schlesien, seit 1959 Verlagslektor in Köln, begegnete 1952 Benraths Erben, die ihm das Henry-Benrath-Archiv in Friedberg (Hessen) öffneten. Damit stand ihm, neben dem Werk des Dichters, eine Fülle von Material zur Verfügung, das der Öffentlichkeit bisher nicht zugänglich war. Hagen ist der Verfasser der Monographie über FRITZ USINGER (Bonn 1973), den jüngeren Dichter-Freund Rauschs. Auch von dieser Seite her hatte er Zugang zu dem Komplex von Leben und Werk Henry Benraths.

BOUVIER VERLAG · BONN

Geschichte

dtv-Atlas
zur Welt-
geschichte

Karten und
chronologischer
Abriss

Von den Anfängen
bis zur Französischen
Revolution

Band 1

**Hermann Kinder/
Werner Hilgemann:
dtv-Atlas zur
Weltgeschichte**
Karten und chrono-
logischer Abriß
Originalausgabe
2 Bände
3001, 3002

**Konrad Fuchs/
Heribert Raab:
dtv-Wörterbuch
zur Geschichte**
Originalausgabe
2 Bände
3036, 3037

dtv-Lexikon der Antike
Philosophe – Literatur –
Wissenschaft – Religion –
Mythologie – Kunst –
Geschichte – Kultur-
geschichte
13 Bände
3017–3083

**Theodor Mommsen:
Römische Geschichte**
Vollständige Ausgabe
in 8 Bänden
Mit einer Einleitung
von Karl Christ
Originalausgabe
5955

**Herbert Grundmann
(Hrsg.):
Gebhardt
Handbuch der
deutschen Geschichte**
17 Bände
WR 4201–4217

**Georg Iggers:
Deutsche Geschichts-
wissenschaft**
Ein kritischer Rückblick
WR 4059

**Jochen Schmidt-Liebich:
Daten englischer
Geschichte**
Von den Anfängen bis
zur Gegenwart
Originalausgabe
3134

Bildgedichte

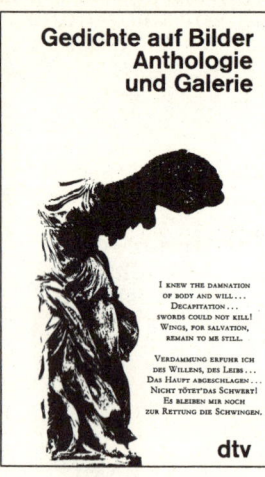

Gedichte auf Bilder
Anthologie
und Galerie

»Eine Anthologie,
zu der es keine
Alternative gibt.«
(Luzerner Neueste
Nachrichten)

**Gedichte auf Bilder
Anthologie und Galerie
Hrsg.: Gisbert Kranz
1086
2. Auflage, 11.–16. Tsd.
Originalausgabe**

176 Bildgedichte von 144 Autoren aus allen Teilen Europas –
die englischen, französischen und lateinischen Texte auch in
der Sprache des Originals – sowie 57 Reproduktionen von
Werken der bildenden Kunst – vom Torso von Milet bis zu
Salvador Dali. 25 Texte sind Erstdrucke, viele andere
wurden bisher nur in Zeitungen und Zeitschriften veröffentlicht; die fremdsprachigen Gedichte wurden zumeist
eigens für diese Ausgabe übersetzt. Ein Anhang informiert
über die Texte und Autoren.

»Beide Welten stehen in der aufschlußreichen Sammlung
stets nebeneinander: Bild- und Wortwelt, und es kommt zu
überraschenden und aufregenden Kombinationen, die die
Spannung nicht abreißen lassen. Das Lesevergnügen gesellt
sich durchaus zu dem optischen Vergnügen.«
(Karl Krolow im ›Hessischen Rundfunk‹)